실전투자
절대지식

## 실전투자
## 절대지식

개정 1쇄 발행 2014년 2월 20일
개정 13쇄 발행 2025년 5월 30일

**지은이** 김형준

**펴낸곳** (주)이레미디어
**전　화** 031-908-8516
**팩　스** 0303-0515-8907
**주　소** 경기도 파주시 문예로 21, 2층
**홈페이지** www.iremedia.co.kr
**이메일** mango@mangou.co.kr
**등　록** 제396-2004-35호
**편　집** 정은아, 최연정
**디자인** 에코북디자인
**일러스트** 김인하
**마케팅** 김하경

ISBN 978-89-91998-87-2 13320

-책값은 뒤표지에 있습니다.
-잘못된 책은 구입하신 서점에서 교환해드립니다.

이 도서의 국립중앙도서관 출판시도서목록(CIP)은 서지정보유통지원시스템 홈페이지(http://seoji.nl.go.kr)와
국가자료공동목록시스템(http://www.nl.go.kr/kolisnet)에서 이용하실 수 있습니다.(CIP제어번호: CIP2014002506)

실전투자대회 4회 우승, 12회 이상 수상의 비결
120일 하향 매매기법, 갭 매매기법 전격 공개!

# 실전투자 절대지식

김형준 지음

 추천사

# 실전 경험을 바탕으로
# 한 투자 노하우

－신달순 | 센트럴시티 대표이사

　세상은 결국 정보의 흐름에 따라 반응하고 움직이며, 정보를 생산합니다. 결국 서로가 서로에게 영향을 주면서 살아 있는 생명체가 되는 것입니다. 언론은 이러한 세상의 움직임을 정확하고 객관적으로 전달하여 좀 더 투명하고 발전하는 세상을 만드는 것을 목표로 하고 있습니다.

　주식도 이러한 언론과 마찬가지로 세상의 움직임과 모습을 반영하여 움직이고, 주가의 움직임에 따라 세상도 변화합니다. 많은 사람들이 주식의 움직임에 관심을 가지고 있으며, 또 그들 중 많은 사람이 주식에 투자합니다.

　하지만 정보도 소수의 사람들이 독점하여 이용하게 되면서 세상의 발전에 저해하듯, 주식시장 역시 소수의 정보를 독점한 사람들과 자본가들의 의도대로 움직이기도 합니다. 하지만 언론에서도 그러한 독점체제가 사라져야 투명하고 올바른 세상이 만들어지듯, 주식시장도 소수에 의해서 움직이게 된다면 시장은 왜곡될 수밖에 없습니다.

　이 책의 저자는 실전투자대회에서 연속 8회나 수상한 고수입니다. 이러한 사람은 주식시장을 바라보며 안전하면서 큰 수익을 내는 정보를 소유하고 있다고 볼 수 있습니다. 많이 가지면 가질수록 더 그것을 놓기 싫어하는 것이 대부분 사람의 마음입니다. 특히 그 비법을 알아내는 데 많은 고통과 시련이 있었다면 더욱 그러할 것입니다.

저자 역시 많은 고통과 시련을 견뎌내고 주식시장의 비밀을 알아낸 사람입니다. 그럼에도 불구하고 자신의 노하우와 비법을 책이라는 형태로 세상과 나누려는 생각을 가진다는 것은 쉽지 않은 결정이라 생각합니다. 저자가 시간과 정성을 다해 자신의 노하우와 비법을 풀어놓은 책이기 때문에 이제 주식을 시작하는 사람부터 기초가 부족한 사람, 더 높은 곳으로 자신의 실력을 업그레이드하고자 하는 사람이라면 필히 읽어볼 것을 권합니다.

 추천사

## 함께 공유하여
## 성장해나가는 투자자

─ 이상근 | 일성콘도 (전)대표이사

항상 세상의 변화와 흐름에 민감해야 하는 언론은 세상의 변화에 민감하게 반응하는 주식과 비슷한 점이 많습니다. 이러한 이유로 주식이란 세상의 흐름을 읽는 하나의 지표나 다름없다고 생각하며 꾸준히 관심을 가지고 있습니다.

토요일 한적한 오후, 이 책을 받은 나는 그 자리에서 단숨에 읽어버렸습니다. 평소에 주식에도 관심이 있었던 나에게는 어느 책에서도 쉽게 볼 수 없는 내용으로 가득 차 있는 이 책이 마치 주식의 이면을 보여주는 것처럼 느껴져 충격으로 다가왔습니다.

사실 정보는 소수의 사람들에게 있을 때 가치를 가지는 것과 많은 사람이 알고 있을 때 가치를 가지는 것이 있지만, 이 책의 저자는 소수의 사람들이 정보를 독점하고 있을수록 빛을 발하는 정보를 여과 없이 풀어놓고 있습니다. 많은 것을 가질수록 그것을 내어놓는다는 것은 굉장한 용기와 결심이 없다면 불가능한 일입니다.

나는 모두가 함께 서로 영향을 주고 도와주면서 성장해나가는 공진화를 믿습니다. 많은 정보를 공유하고 모두 함께 성장해간다면 우리나라에도 반드시 월 스트리트처럼 금융의 중심지가 생길 수 있으리라 생각합니다.

   자신의 비전을 책을 통해서 많은 사람들에게 풀어놓은 저자의 용기에 찬사를 보내며, 이 책이 우리나라 주식시장 발전에 하나의 초석이 되기를 기대합니다.

 추천사

# 기본을 탄탄하게 하는
# 주식투자의 기본서

―최진세 | 하이투자증권 상무이사

    누군가에게 '투자란 무엇이냐?'라고 묻는다면 많은 사람이 주식투자, 펀드투자, 부동산투자 등을 떠올릴 것입니다. 그리고 많은 사람이 주식투자, 펀드투자, 부동산투자 등을 하고 있다고 말을 합니다. 그러나 그들이 진정 주식, 펀드, 부동산 등에 투자를 하고 있는 것일까요?

    사전적 의미에서 투자란 이익을 얻기 위하여 어떤 일이나 사업에 자본을 대거나 시간과 정성을 쏟는 활동을 뜻합니다. 이 투자의 정의에는 몇 가지 중요한 단어들이 있습니다. 바로 이익, 자본, 시간 그리고 정성입니다. 하지만 우리가 하고 있는 투자는 이익을 위하여 자본을 투입하는 활동에 그치는 경우가 많습니다. 눈에 보이지 않는 시간과 정성은 간과되고 있는 것이죠.

    여기서 시간과 정성이라는 것은 그 투자 목적물에 대한 학습이 될 것입니다. 특히 많은 석학과 전문가로 넘쳐나는 투자 목적물(주식)에 투자하는 투자자들은 기초를 탄탄하게 만들기 위해 학습하는 데 많은 시간과 정성이 필요합니다.

이 책의 저자는 많은 투자대회의 수상경력을 가진 주식 전문가입니다. 흔히 들 말하는 주식 고수라고 할 수 있습니다. 오랜 시간 저자의 성장을 지켜보았습니다. 그가 고수가 될 수 있었던 힘은 주식에 대한 시간과 정성이었습니다. 바로 주식에 대한 끊임없는 공부가 그에게 시장과 싸울 수 있는 힘을 준 것입니다.

이 책은 주식투자자들은 물론, 경험은 많지만 기초 학습이 결여된 채 투자하고 있는 수많은 투자자에게 주식투자의 기본서 역할을 충분히 해줄 것이라고 믿습니다. 주식투자의 기본 개념부터 주식 매매에 필요한 실전 노하우까지 짚어주며 투자의 기본을 다져주는 이 책은 무한경쟁의 주식시장에서 살아남을 수 있는 경쟁력 확보에 분명한 도움을 줄 것입니다.

 추천사

# 초보 투자자들을 위한 필독서

—이은진 | 가수 양파

제가 아는 김형준 님은 자신감이 충만하고 늘 주변에 사람이 끊이지 않는 전형적인 '리더형 인간'입니다. 이 책 속에는 그의 솔직담백함이 그대로 녹아들어 있어 읽는 내내 그의 진정성을 느낄 수 있었습니다.

어려운 분야를 다룬 책이 분명하지만, 문외한이었던 저조차도 읽어내려가는 데 전혀 어려움이 없었습니다. 오히려 생소한 단어들도 쉽게 이해가 되어서 이제 막 시장에 입문한 초보 투자자들에게는 반드시 곁에 두고 봐야 할 '필독서'가 아닌가 싶습니다.

이 책을 통해 많은 분이 주식시장에서 이기는 투자를 완성함은 물론, 오랜 기간 사랑받는 '국민 투자 지침서'가 되기를 바랍니다.

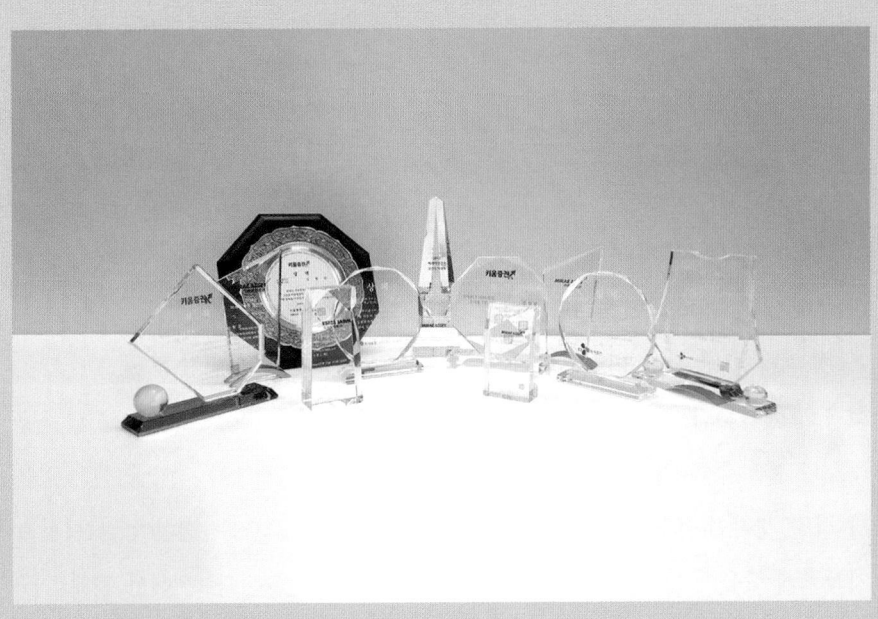

 | 저자의 글

『실전수익률 투자대회 8회 연속 수상자의 실전투자의 비밀』이란 책을 출간한 후에 많은 생각을 했습니다.

첫 책을 출간 후에 여러 분들에게 많은 도움이 되었다는 말씀을 들으며 뿌듯함을 느꼈습니다. 하지만 초보투자자들은 어렵다고 말씀하셨지요. 그 말들을 들으니 정말 주식시장에 접근할 때 어느 정도 기본기나 체계를 잡아줄 책은 없을까 하는 생각이 들면서 정말 실전에서 초보투자자들은 물론, 경험이 많은 투자자들에게 도움이 될 책을 꼭 집필해야겠다고 결심하였습니다. 그래서 실제로 주식시장에 접근할 때 이 책 정도는 읽었으면 하는 바람으로 『실전투자 절대지식』이란 책을 출간하게 되었습니다.

주식투자에는 많은 매매법이 있습니다.

그러나 기초도 다지지 않고, 기본도 갖추지 않은 사람들이 그 매매법을 배워본들 제대로 응용할 수 있을까요? 고등학생 시절 영어는 『성문영어』, 『맨투맨』으로 공부하였고, 수학은 『수학의 정석』으로 기본을 다졌습니다. 웬만한 학생들에게는 교과서 다음으로 필수 서적이었습니다. 이 책도 이런 기본기를 확실히 다져주는 책이 되도록 많은 노력을 기울여 집필하였습니다.

먼저 저의 전작인 『실전수익률 투자대회 8회 연속 수상자의 실전투자의 비밀』을 읽으신 분들이라면 저의 주식 경험담을 통해 주식이 얼마나 무서운 것인지 알고 계실 것입니다. 주식투자는 쉽지 않은 일입니다. 쉽지 않은 주식시장에서 성공적인 투자를 할 수 있도록 이 책은 주식의 기본기를 확실히 다져주는 책이 될 것입니다.

주식투자를 한 지 17년이 되어가고 있습니다.
하지만 지금도 주식투자를 하면서 실전 매매를 할 때는 그렇게 호락호락하지 않다는 것을 느낍니다. 사실 수익은 꾸준히 내고 있지만 겸손한 마음으로 임하지 않을 때는 아직도 가끔 한 번씩 큰 손실을 보기도 합니다. 벼는 익을수록 고개를 숙인다는 말이 있습니다. 즉 고수가 될수록 항상 마음속에 겸손함을 가지고 있어야 한다고 다짐을 하고 있습니다.

이 책으로 많은 도움을 받을 수 있을 것입니다. 주식의 모든 기초 자료들뿐만 아니라 실전 매매 경험담 그리고 고수들의 칼럼 등을 통해 다양한 정보를 얻을 수 있을 것입니다.

주식투자에는 100% 정답은 없습니다. 하지만 정답에 가까워질 수 있는 높은 확률은 기대해볼 수 있습니다. 이 책을 읽는 독자 분들이 차근차근 실력이 업그레이드되면서 탐욕을 버리고 성공하는 투자자가 되기를 진심으로 바랍니다.

― 김형준(보컬)

## 차례

추천사 ·········································································· **4**
저자의 글 ······································································ **12**

들어가는 글 ·································································· **19**

### 실전투자 절대지식 1부

## 주식시장의 진정한 모습

### Part 1 주식투자란 무엇인가?

    01. 주식시장은 어떤 곳일까? ································· **35**
    02. 모래산 허물기를 닮은 주식시장 ························ **37**
    03. 주식투자를 시작하려면 왜 자신의 역량을 알아야 할까? ········ **40**

### Part 2 주식은 어떻게 움직일까?

    04. 회사의 가치로 주식을 움직이는 사람들 ·············· **47**
    05. 사람들의 심리로 주식을 움직이는 사람들 ·········· **57**
    06. 교묘하게 주식시장을 왜곡시키는 사람들 ············ **67**

## 차례

### Part 3 주식투자의 무기, HTS

- 07. HTS를 내 몸처럼 알아야 한다 ···················································· 75
- 08. 환경설정하기 ······································································· 77
- 09. 차트의 모든 것 ···································································· 84
- 10. 주문하기 ··········································································· 91
- 11. 관심종목 설정하기 ································································ 99
- 12. 스톱&스톱로스&감시 ··························································· 101
- 13. 알아두면 유용한 HTS 기능 ···················································· 105
- 보컬의 칼럼 1. 주식투자에서 실패한 사람들의 습관 ························· 113

## 실전투자 절대지식 2부

### 주식을 꿰뚫어보는 방법

#### Part 4 회사에 대한 이해가 투자의 시작이다

- 14. 차트만 보고 투자했다가 망한다! ············································· 119
- 15. 시장과 산업이 기업에 미치는 영향 ··········································· 127
- 16. 기업의 모든 것을 알려주는 보고서 ··········································· 148
- HTS의 기업 분석을 이용해서 기업 분석하기 ································· 185
- 17. 자본금은 어떻게 변동하는가? ················································· 193
- 보컬의 칼럼 2. 주식시장의 폭탄 ················································· 220

## 차례

### 실전투자 절대지식 3부

## 모든 것은 차트에 숨어 있다

**Part 5** 주식시장에서 기술적 분석은 꼭 해야 한다
    18. 기술적 분석이란 무엇일까? ...... **225**

**Part 6** 캔들이란 무엇인가?
    19. 차트의 출발점 호가 ...... **229**
    20. 캔들의 기본적인 모형 ...... **232**
    21. 캔들의 관계 ...... **256**
    22. 지속형 캔들 ...... **262**
    23. 반전형 캔들 ...... **268**

**Part 7** 주가의 흐름, 추세
    24. 지지와 저항 ...... **279**
    25. 지지와 저항의 흐름 추세 ...... **284**

**Part 8** 이동평균선과 거래량을 모르면 주식투자를 하지 마라
    26. 이동평균선이란? ...... **295**
    27. 이동평균선을 이용한 분석 방법 ...... **308**
    28. 주식의 꽃, 거래량 ...... **322**

# 차례

### Part 9 형태를 통해서 주가를 예측하는 패턴, 그리고 기타 보조지표들

29. 추세의 변화를 알려주는 반전형 패턴 — **333**
30. 추세 움직임의 변화를 보여주는 지속형 패턴 — **347**
31. 기타 보조지표들 — **358**

## 실전투자 절대지식 4부
# 기본적 분석과 기술적 분석의 응용

### Part 10 기본적 분석의 응용

32. 성장하는 주식을 골라내는 방법, 윌리엄 오닐의 CAN SLIM — **369**
33. 지수가 빠질 때는 쇼핑기간, 워런 버핏의 종목 고르기 — **379**
    보컬의 칼럼 3. 장기투자 이야기 — **388**

### Part 11 기술적 분석의 응용

34. 이기기 위해서 들어가는 것이 아니라 이긴 후에 들어가라 — **391**
35. 첫째도 안전, 둘째도 안전, 셋째도 안전 — **400**
36. 아무리 힘들어도 반드시 놓치지 말고 해야 하는 손절 — **406**

### 부록 실전투자 절대지식 업그레이드

120일 하향 매매법 — **412**
갭 매매법 — **434**
더 알아야 할 주식 매매법 — **444**
주식시장에서 지켜야 할 것들 — **452**
현명한 투자자의 투자 마인드 — **457**
마치는 글 — **464**

 들어가는 글

# 주식투자하기 전에
# 알아야 하는 것들

### 어설프게 공부한 어느 투자자의 실수

2011년 11월, 대학교 3학년이었던 이승환 씨는 전업투자자를 꿈꾸었다. 주변 사람들뿐만 아니라 쉽지 않은 취업의 벽을 실감한 후 반쯤 포기한 상태였다. 만약 취업을 한다 해도 낮은 보수에 원하지 않는 일을 하게 될 수도 있었기 때문이다. 그런 그에게 전업투자자는 희망찬 미래를 보여주는 즐거운 일이었다.

주식과 재테크에 관심이 많았던 그는 대학 1학년 때 주식동아리에 들어가 열심히 주식 공부를 했다. 동아리 활동도 하면서 선배들이 주식으로 돈을 버는 모습을 보자, 자신도 그렇게 될 것이라는 사실을 의심하지 않았다. 그리고 당시 그가 투자한 주식들은 운 좋게도 상승하고 있었다. 그는 100만 원이라는 돈으로 주식투자를 시작하였고, 약 3년 만에 1,000만 원이라는 돈을 만들 수 있었다. 이로 인해 동아리 내에서 주식투자의 달인이라고 불리게 되었다. 이승환 씨는 자신의 매매 실력에 대해서 굉장한 자신감을 가지게 되었다.

전업투자자로 성공하겠다는 결심으로 부모님이 보내주신 일 년 치 등록금과 생활비를 합한 1,000만 원과 3년간 모은 1,000만 원으로 본격적으로 주식투자를 할 자본금을 만들었다. 그 자본금을 가지고 레버리지 효과[*]를 이용하여 최대한 수익률을 올리기 위해 신용과 미수[*]를 가능한 한도까지 사용하였고, 급등주에서 한방에 승부를 봐서 전업투자자가 될 수 있는 자본금을 마련하겠다고 생각했다.

총 2,000만 원의 자본금으로 종목을 찾던 그의 눈에 유아이에너지가 들어왔다. 2011년 유아이에너지는 이라크 바지안 광구에서 1조 6,000억 세제곱피트에 달하는 천연가스를 발견했다고 발표했다. 이에 대한 수익으로 2조 원가량을 예상하고 있으며, 유아이에너지는 4%의 지분을 확보하고 있다는 신문기사를 보았다. 권위 있는 경제신문에서 발표한 것으로 믿을 만한 정보라고 생각했다.

"2조 원이면 도대체 얼마야? 석유공사가 50%를 가지고 있고 GS 같은 대기업이 4% 정도인데, 유아이에너지 지분이 4%로 대기업과 거의 비슷하잖아? 4%면…… 800억 원? 가만히 앉아서 800억 원이 생기는 거야? 아니지, 가스를 발견한 경험이 있는 회사니까 그 노하우를 통해서 엄청난 가치를 창출할지도 몰라. 한 번 찾았는데 두 번, 세 번 찾지 못하라는 법도 없잖아. 800억 원씩 세 번만 하면 2,400억 원? 이건 상한가 10번을 갈지도 몰라!"

하지만 〈차트 A-1〉에서 보면 10월 21일 상한가 이후 다음 거래일인 24일에 점 상한가를 간 이후 더 이상 올라가지 못하고 하락하는 것이 눈에 들어왔다. 왜 20

---

●**레버리지 효과**: 타인자본을 지렛대 삼아 자기자본이익률을 높이는 효과를 말한다. 예를 들어 100억 원의 자기자본으로 10억 원의 순익을 올렸다고 할 때 자기자본이익률은 10%가 되지만 자기자본 50억 원에 타인자본 50억 원을 도입해 10억 원의 순익을 올리게 되면 자기자본이익률은 20%가 된다.
●**신용과 미수**: 신용거래는 증권회사가 고객으로부터 일정한 보증금을 받은 후 주식 매수 시 필요자금이나 주식 매도 시 주식을 빌려주는 제도이다. 미수거래는 증권거래가 증거금에 따른 3일 결제임으로 보유 자본금보다 일정 금액을 초과해서 주식을 매수한 후 결제일까지 보유하게 되는 것을 말한다.

일 이동평균선˙을 넘지 못하고 떨어지는지 그 이유를 찾지 못한 채 투자할 수는 없었다.

"20일 동안 사람들이 유아이에너지를 이 가격에 샀으니까. 떨어졌던 가격이 본전으로 올라오니 던지려는 것은 알겠는데……. 이 정도 호재면 사려는 사람이 더 많을 텐데 왜 그 가격을 넘지 못하는 거지? 20일 이동평균선 밑으로 내려가지 않는 것을 보면 분명히 20일 동안 유아이에너지를 산 사람들은 자신이 매수한 가격이 평균가격 이하라면 싸다고 생각할 텐데, 뭔가 있는 게 분명해."

한참을 들여다보던 그의 눈에 들어온 것은 주식투자 동아리에서 공부하면서 보았던 유상증자˙였다(표 A-1). 유상증자는 지금 주식의 가격보다 싼 가격에 주

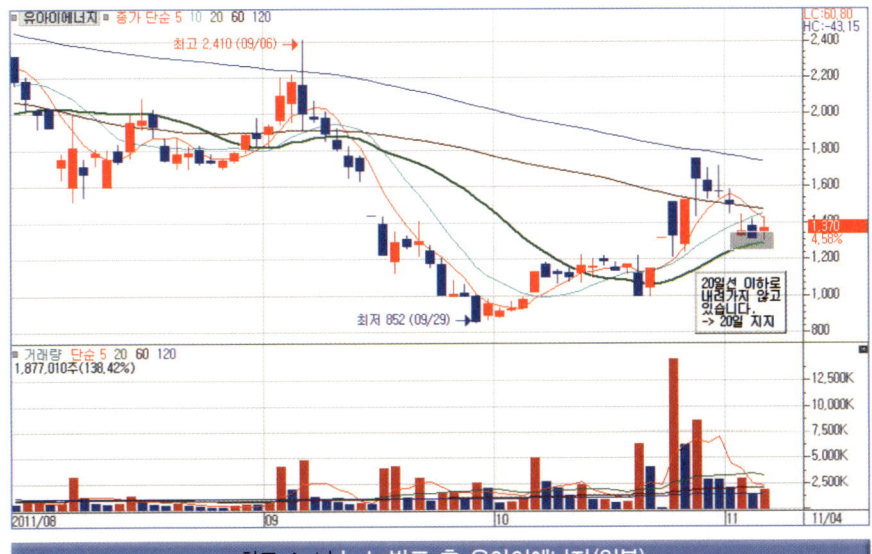

차트 A-1 | 뉴스 발표 후 유아이에너지(일봉)

---

● **이동평균선**: 일정기간 동안의 주가를 평균한 값인 주가이동평균을 차례로 연결해 만든 선으로, 주가의 평균치를 나타내는 지표이다.
● **유상증자**: 쉽게 말해서 기업이 돈이 필요해 주주들이나 일반인에게 신규로 자기회사 주식을 발행해 그 주식을 파는 것이다.

| 유상증자 결정 | | | |
|---|---|---|---|
| 1. 신주의 종류와 수 | 보통주 (주) | | 1,015,000 |
| | 우선주 (주) | | - |
| 2. 1주당 액면가액 (원) | | | 500 |
| 3. 증자전 발행주식총수 (주) | 보통주 (주) | | 40,547,219 |
| | 우선주 (주) | | - |
| 4. 자금조달의 목적 | 시설자금 (원) | | - |
| | 운영자금 (원) | | 999,775,000 |
| | 타법인 증권 취득자금 (원) | | - |
| | 기타자금 (원) | | - |
| 5. 증자방식 | | | 일반공모증자 |
| 6. 신주 발행가액 | 보통주 (원) | | 985 |
| | 우선주 (원) | | - |
| 7. 기준주가에 대한 할인율 또는 할증율 (%) | | | 15 |
| 8. 우리사주조합원 우선배정비율 (%) | | | |
| 9. 청약예정일 | 우리 사주조합 | 시작일 | - |
| | | 종료일 | - |
| | 일반공모 | 시작일 | 2011년 10월 20일 |
| | | 종료일 | 2011년 10월 21일 |
| 10. 납입일 | | | 2011년 10월 24일 |
| 11. 신주의 배당기산일 | | | 2011년 01월 01일 |
| 12. 신주권교부예정일 | | | 2011년 11월 03일 |
| 13. 신주의 상장예정일 | | | 2011년 11월 04일 |
| 14. 대표주관회사(직접공모가 아닌 경우) | | | |
| 15. 이사회결의일(결정일) | | | 2011년 10월 19일 |

표 A-1 | 유상증자 결정

출처 | 금융감독원 전자공시 시스템(http://dart.fss.or.kr) 주요사항 보고서

식을 추가 발행하여 판매하는 것이기 때문에 기존 주주들은 손해를 볼 수밖에 없는 악재이다.

"유상증자 청약이 끝나면 신주의 상장 예정일이 11월 4일이고, 신주 상장 예정일 2일 전부터 매도가 가능하니까 11월 2일부터 사람들이 싸게 산 주식을 팔겠구나. 아하! 11월 2일부터 3일까지 팔 사람들이 다 팔았는데도 20일간 평균가격이 밑으로 내려가지 않는 것을 보면 모두들 20일 이하는 싸다고 생각하는 것이 분명해."

이승환 씨는 유상증자 청약이 끝나고 신주 상장 예정일 2일 전인 11월 2일에

물량이 나온다는 것까지도 알고 있었다. 그러나 11월 2일 물량이 나와서 윗꼬리를 단 양봉을 보이고, 3일에는 물량을 소화하기 위해 음봉이 나왔지만 20일선을 강력하게 지지하고 있다고 생각했다. 그래도 혹시 모를 위험성을 줄이기 위해 4일에도 지지되어 상승을 하면 자신이 가진 모든 돈을 유아이에너지에 투자하기로 결심했다.

"너무 욕심 부리지 말고 상한가 딱 5번만 먹고 나와야겠다. 그러면 원금의 2배니까 4,000만 원! 신용으로 2배를 산다면 8,000만 원. 그래도 내가 초보도 아니고 함부로 들어갈 수는 없지. 혹시라도 위험할 수 있으니까 20일선을 혹시라도 깬다면 들어가지 말아야겠다."

두근거리는 마음으로 7시부터 일어나서 그날의 증시 상황과 분위기를 파악하고 장이 시작되기를 기다렸다. 9시 장이 시작하자마자 갭˙을 형성하더니 슬금슬금 빠지기 시작했다(차트 A-2). 이승환 씨는 잘못 고른 것이 아닌지 걱정되었지만 일봉 차트˙상의 지지점인 1,300원 밑으로 하락하지 않았다. 그러다가 다시 상승을 하더니 1,350원을 넘어 섰다.

'역시나 내 분석이 정확했던 거야. 분할 매수의 원칙을 지켜야지. 1차 매수! 여기서 1,000만 원!'

이렇게 외치면서 이승환 씨는 매수키를 눌렀다. 그 뒤에도 매수한 가격대 밑으로 내려오지 않는 모습을 보면서 자신의 능력에 감탄했다. 그러다 다시 3분봉 상의 가장 높은 가격이었던 1,370원을 11시 후반에 깨더니 강하게 급등하기 시작했다.

'드디어 가는구나! 기다려라 8,000만 원! 여기서 1,000만 원 매수!'

---

● **갭**: 시세가 갑자기 폭등 혹은 폭락할 때 나타나는 차트상의 빈 공간을 의미한다.
● **일봉 차트**: 하루 동안의 주가의 변동을 막대그래프로 나타낸 것이다.

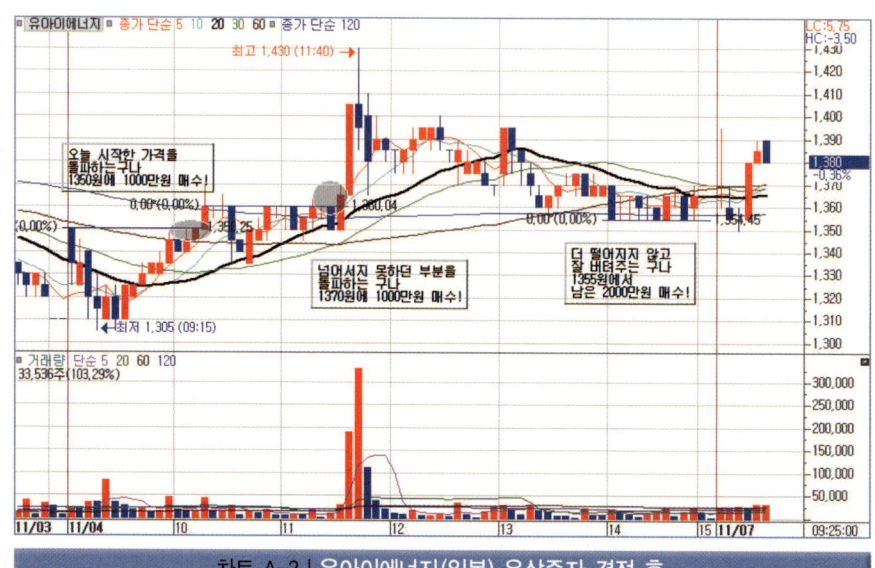

차트 A-2 | 유아이에너지(일봉) 유상증자 결정 후

그러나 그가 매수한 뒤 매수한 가격보다 급등을 하다가 다시 조금씩 하락하기 시작했다. 하지만 20일선을 크게 이탈하지 않으면서 잘 견뎌주는 모습을 보면서 자신의 생각에 확신을 가지게 되었다. 그래서 장 마감시간 50분 전 남은 돈 2,000만 원을 모두 투자하기로 결심했다.

그다음 날에도 20일선 위에서 상승하는 모습을 보면서 마치 자신이 전설적인 투자자의 반열에 오른 느낌을 받았다(차트 A-3 참고). 1% 오를 때마다 계좌에 40만 원씩 늘어나는 것을 보면서 밤을 새워가며 열심히 일하는 회사원들이 모두 바보처럼 느껴졌다. 20일선을 타고 오르는 유아이에너지를 보고 이제 자신은 추세 매매의 달인이 된 것처럼 생각했다. 그리고 이러한 승리를 계속해서 이어나간다면 강남의 중심지에 빌딩을 살 수 있을 뿐만 아니라, 회장님 소리를 듣게 될 것이라는 꿈을 꾸기 시작했다.

11월 9일, 9시 유아이에너지가 상승하는 것을 즐기기 위해서 느긋하게 HTS

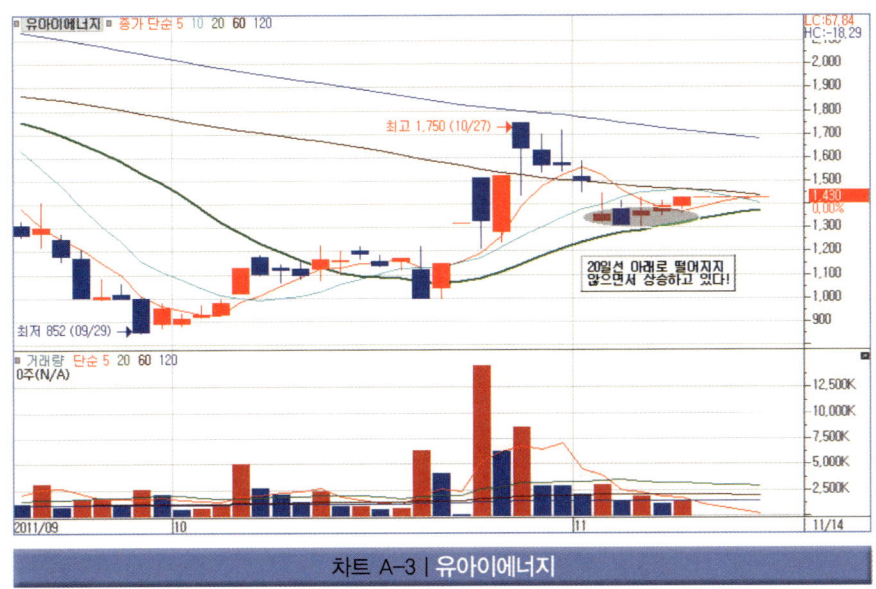

차트 A-3 | 유아이에너지

를 켠 이승환 씨는 9시가 지났는데도 움직이지 않는 유아이에너지를 보고 넋이 나갔다. 분식회계˙설로 인해서 장이 시작되기 전에 거래정지가 되어버린 것이다. 그리고 9시 35분경이 되어서야 거래소는 투자자를 보호하기 위해서 공시를 내보내기 전에 거래를 중지시켰다고 발표했다.

"도대체 투자자를 보호하기 위해서 거래정지라는 것이 말이나 되는 소리야! 내 돈을 다 묶어버리고는 어떤 투자자를 보호하겠다는 거야! 거래정지는 공시를 발표하고 나서 해야 하는 것 아니야?"

이승환 씨는 눈앞이 깜깜해졌다. 부모님 몰래 사용한 대학 등록금과 그가 대학교 1학년 때부터 열심히 모은 돈 모두가 유아이에너지에 묶이게 되었고, 아무

---

● 분식회계: 기업이 재정상태나 경영실적을 실제보다 좋게 보이도록 할 목적으로 부당한 방법을 사용하여 자신의 이익을 부풀리는 것을 말한다.

것도 할 수 없는 상황에 처했다. 단지 그는 그 자리에서, 이 상황에서 도망가고 싶다는 생각밖에 나지 않았다. 하지만 유아이에너지에 묶여버린 돈에 대한 미련이 그의 몸을 컴퓨터 앞에서 떠날 수 없게 붙잡고 놔주지 않았다. 이승환 씨는 유아이에너지 측의 "분식회계설은 근거가 없다"라는 말을 믿고 10일 오후에 모든 것이 잘못된 것으로 밝혀지기만을 바라고 있었다. 그는 간절하게 유아이에너지를 응원했다.

다음 날 아침 일찍 일어나 HTS에 유아이에너지를 맞춰두고서 공시 창만을 바라보고 있었다. 하지만 결국 장 중에는 아무런 공시도 나오지 않았다. 그는 장이 끝난 후에도 계속 HTS의 뉴스 창만 바라보고 있었다. 11월 10일 5시 41분에 공시가 나왔다. 하지만 답변은 다시 12월 9일까지 답변을 하겠다는 공시뿐이었다. 그는 이제 이 상황이 거짓이기를 기도하면서 또 다시 12월 9일까지 기다릴 수밖에 없었다. 그의 인생과 부모님의 기대, 그 모든 것이 유아이에너지에 묶이게 되자 지금까지 믿지도 않던 신을 찾으며 기도하기 시작했다.

세상은 자신의 생각대로 흘러가지 않는 법이라고 했던가? 12월 9일이 되자 또 다시 2012년 1월 9일로 공시가 연기되었다. 그는 좌절하였다. 그에게 이 상황을 막을 방법은 존재하지 않았다.

유아이에너지는 분식회계와 관련된 조회공시 요구에 "회계자료 자체 조사가 아직 완료되지 않아 분식회계로 해석될 부분이 있는지 면밀히 검토해 재공시하겠다"라는 답변만 할 뿐 공시를 계속 연기하고만 있었다. 결국 공급 계약 금액의 50% 이상 변경을 이유로 불성실공시법인●으로 지정되었다(차트 A-4).

---

● 불성실공시법인: 공시제도는 기업으로 하여금 이해관계자를 위해 해당 기업의 재무 내용 등 투자 판단에 필요한 자료를 알리도록 의무화하는 제도인데 이런 공시의무를 성실히 이행하지 않는 것을 불성실공시라고 한다.

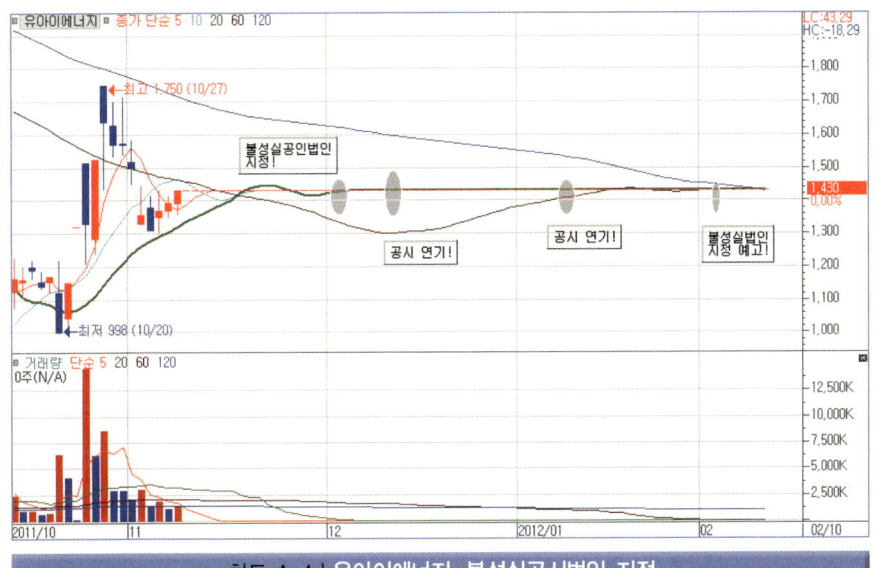

차트 A-4 | 유아이에너지, 불성실공시법인 지정

### 왜 주식투자 공부를 해야 할까?

이승환 씨처럼 처음 주식투자를 하는 사람들은 주식이 올라 한순간에 계좌에 몇십만 원, 몇백만 원이 늘어나는 모습을 보면서 이미 자신은 강남의 중심지에 빌딩을 가지고 있는 모습을 떠올리면서 즐거워한다. 계좌에 돈이 늘어날 때는 차를 타고 가면서 3년 안에 저 정도 빌딩은 가볍게 사주겠다는 식의 자신감으로 넘친다.

하지만 언제 그랬냐는 듯이 주식투자에 실패하게 되면서 커다란 좌절을 맛보게 된다. 잘 불어나던 계좌의 잔고도 자신의 자만심만큼 살금살금 줄어들어 간다. 그제서야 마음을 다잡아 보지만 흐트러진 페이스는 다시 회복되지 않고, 이미 흔들려버린 마음상태는 방향을 잡지 못하게 된다. 그러다 조급한 마음에 손실을 복구해야겠다는 생각이 지배하게 되면 무리를 하게 된다. 이미 조급함과 공포로 가려진 눈에는 주식시장이 올바르게 보일 리가 없다. 조금씩 줄어가던 계좌는 무리하기 시작하면서 점점 손실률만 높아져 간다. 그리고 엄청난 상처를 입은 채 다시는 주식을 바라보지 않겠다고 떠나는 사람들도 있다. 하지만 처음 수익률의 짜릿함을 잊지 못하고 돌아오는 사람들이 대다수이며, 빚까지 내서 자신뿐만 아니라 타인의 인생까지 망가뜨리는 사람들도 있다.

주식투자를 하면서도 왜 주식투자를 공부해야 하는지를 깨닫지 못하는 사람들이 굉장히 많다. 혹은 안다고 하지만 머리로만 막연하게 알다 보니 공부에 대해서 절실하게 생각하지 않는다. 이러한 이유들은 제대로 된 공부를 막아 막연하게 머리로만 공부하게 만들게 된다.

〈표 A-2〉는 한국거래소에서 나온 주식투자인구를 조사한 것이다. 자료를 보면 2010년 479만 명으로 총인구의 9.79%가 주식투자를 하고 있다. 즉 남녀노소 모두를 합쳐서 10명 중 1명은 주식투자를 하고 있다는 것이다. 게다가 주식투자로 돈을 번다는 사람들을 만나게 되면 주식투자를 하려는 사람들의 비율은 늘어난다. 경제활동인구란 쉽게 말해서 회사나 정부 등의 사업체나 공공기관에 고용되어서 돈을 받거나 스스로 사업이나 장사를 해서 돈을 버는 사람들을 말한다. 표를 보면 2010년 이 경제활동인구의 19.51%가 주식투자를 하고 있다.

여기서 우리가 간과하고 있는 것이 있다. 즉 주식시장은 새로운 주식투자자들은 계속해서 들어오지만 실력이 없는 주식투자자들은 시장 밖으로 차갑게 퇴출시켜 버린다는 것이다. 또 한 가지는 최근 대학의 증권투자동아리에는 지원하는 사람이 너무 많아서 심사를 통해 선별할 정도로 주식투자 연령이 낮아지고 있다는 점이다. 이렇게 시장에서 퇴출되어서 또 다시 기회를 노리거나 주식에 관심을 가지는 사람들과 비경제활동인구를 합치면 현재 추산되는 주식투자인구는 1,000만 명, 전업투자자 100만 명 수준이다.

| | 주 식 투 자 인 구 Investing Population | | | | | | |
|---|---|---|---|---|---|---|---|
| 연도별 | 주식투자인구 | | | 경제활동인구 | | 총인구 | |
| | 유가증권시장 | 코스닥시장 | 전체(A) | (B) | 주식인구비율 (A/B) | (C) | 주식인구비율 (A/C) |
| | 천명 | 천명 | 천명 | 천명 | % | 천명 | % |
| 1987 | 3,102 | | 3,102 | 16,873 | 18.38 | | |
| 1988 | 8,541 | | 8,541 | 17,305 | 49.36 | | |
| 1989 | 19,014 | | 19,014 | 18,023 | 105.50 | | |
| 1990 | 2,418 | | 2,418 | 18,539 | 13.04 | | |
| 1991 | 2,150 | | 2,150 | 19,115 | 11.25 | | |
| 1992 | 1,741 | | 1,741 | 19,499 | 8.93 | | |
| 1993 | 1,486 | | 1,486 | 19,879 | 7.48 | | |
| 1994 | 1,708 | | 1,708 | 20,396 | 8.37 | | |
| 1995 | 1,548 | | 1,548 | 20,853 | 7.42 | | |
| 1996 | 1,465 | | 1,465 | 21,243 | 6.90 | 45,525 | 3.22 |
| 1997 | 1,329 | | 1,329 | 21,662 | 6.14 | 45,954 | 2.89 |
| 1998 | 1,915 | | 1,915 | 21,456 | 8.93 | 46,287 | 4.14 |
| 1999 | 2,951 | 1,141 | 3,355 | 21,634 | 15.51 | 46,617 | 7.20 |
| 2000 | 2,701 | 1,574 | 3,304 | 21,950 | 15.05 | 47,008 | 7.03 |
| 2001 | 3,256 | 1,692 | 3,888 | 22,417 | 17.34 | 47,342 | 8.21 |
| 2002 | 3,094 | 1,775 | 3,974 | 22,877 | 17.37 | 47,640 | 8.34 |
| 2003 | 3,239 | 1,595 | 3,937 | 22,916 | 17.18 | 47,925 | 8.21 |
| 2004 | 3,102 | 1,384 | 3,763 | 23,370 | 16.10 | 48,082 | 7.83 |
| 2005 | 2,848 | 14,756 | 3,537 | 23,526 | 15.03 | 48,294 | 7.32 |
| 2006 | 2,832 | 1,623 | 3,613 | 23,773 | 15.20 | 48,497 | 7.45 |
| 2007 | 3,394 | 2,156 | 4,441 | 23,993 | 18.51 | 48,456 | 9.17 |
| 2008 | 3,771 | 1,946 | 4,627 | 24,347 | 19.00 | 48,607 | 9.52 |
| 2009 | 3,795 | 2,093 | 4,665 | 24,394 | 19.12 | 48,747 | 9.57 |
| 2010 | 3,864 | 2,096 | 4,787 | 24,538 | 19.51 | 48,875 | 9.79 |

표 A-2 | 주식투자인구     출처 | 한국거래소

이것이 나타내는 의미는 총인구 4,800만 명 중에서 5명 중에 1명이 주식투자를 해보았다는 말이 된다. 친구가 5명이 모이거나 사무실에 5명이 있으면 그 중에 1명은 주식투자를 한 적이 있는 것이다. 그리고 그 중에서 10분의 1은 전업투자자이다. 이렇게 많은 사람들이 주식투자를 하고 있음에도 신기하게도 투자를 해서 수익을 내는 경우는 5% 정도에 지나지 않는다. 즉 100명 중에 단 5명만이 주식투자에서 손해를 보지 않고 있다는 말이고, 그 중에서 "수익을 내고 있다"라고 말할 수 있는 사람들은 극히 일부라는 것이다.

나 역시도 책을 보고 난 후 마치 고수가 된 것처럼 뿌듯한 감정으로 새롭게 시작해서 수익을 내겠다는 굳은 다짐을 하고 주식시장에 들어갔지만, 왜 항상 내가 사면 떨어지는지 궁금한 적이 있었다. 어떤 방법을 사용해도 왜 수익은 나지 않는 것인지, 나는 정말 주식투자를 하면 안 되는 것일까라는 고민을 한 적도 있다.

처음 주식투자를 시작할 때 나는 마치 돈 놓고 돈 먹는 식의 도박처럼 생각했다. 그러다 보니 나만의 원칙도 없이 이런저런 방법을 따라 하기만 했다. 시행착오를 겪으며 알게 된 것은 주식투자는 확률 게임이고, 더 높은 확률에 매매하기 위해서는 실력의 기반을 쌓을 수 있는 공부가 필수라는 것이었다. 만약 그것을 좀 더 일찍 이해했다면 더 빨리 좋은 기회를 잡아 더 많은 돈을 벌 수 있었을 것이다.

주식투자라는 확률 게임에서 이기려면 먼저 그 회사가 무엇을 하는 회사인지, 회사 주변의 분위기는 어떠한지 이해하고, 튼튼하고 괜찮은 회사인지 파악해야만 한다. 이것이 제대로 선행되지 않으면 이승환 씨처럼 자신이 투자한 돈 모두가 휴짓조각이 될 수 있다.

이승환 씨처럼 되지 않기 위해서는 그곳에서 왜 지지가 되었는지 그리고 왜 이곳에서 저항을 받아 더 올라가지 못하는지를 볼 수 있어야 한다. 캔들●의 모양을 보고 그다음 날 어떻게 움직일지를 예상할 수 있어야 한다. 이동평균선들의 나열이 어떠한 모습인지를 보고 그 안에 담긴 의미를 읽어낼 수 있어야만 한다. 그리고 그곳에서 벌어진 거래량을 보고 그 안에서 사람들이 어떠한 생각을 하고 있는지가 눈에 보여야 한다. 사실 대다수의 보조지표들 역시 이러한 것들을 신호로 만들어낸 것에 불과하다. 그리고 그다음 상승과 하락, 어느 쪽에 더 무게가 실리는지 결론을 내리고 자신이 감당하고 대처할 수 있는 만큼의 리스크라면 받

---

● 캔들: 일정기간 동안 주식 가격을 시가(처음 가격), 고가(가장 높았던 가격), 저가(가장 낮았던 가격), 종가(마감 가격)로 나누어 하나의 봉 형태로 만든 것을 말한다.

아들여 투자를 해야 한다.

물론 이러한 공부는 책으로만 할 수 있는 것은 아니다. 왜 주가가 이렇게 움직이는지 머리로만 이해하는 것이 아니라 "이 주식은 이러한 이유로 이렇게 가는 것이다"라는 것을 몸으로 느껴야만 한다. 몸으로 느끼고 깨닫는 것이 진정한 공부이다. 그렇기 때문에 공부의 마지막은 항상 실전에서 부딪치면서 익혀야만 한다. 깨지고 다치더라도 부딪쳐서 극복해야 하기 때문에 많은 경험자들이 처음에는 소액으로 시작하라고 말하는 것이다. 이렇게 스스로 깨닫는 단계를 거쳐야 공부의 수준을 넘어서 스스로 주식을 연구하고 분석하는 수준에 도달할 수 있는 것이다.

시골의사 박경철은 자신의 책에서 "내 책을 모두 이해하고 난 후에야 겨우 주식투자를 시작할 수 있는 첫걸음을 내디뎠다"라고 말했다. 하지만 괜찮은 책이라고 하는 것들은 어렵고 필요 없는 것까지 담고 있는 경우가 많다. 그리고 초보자를 위한 책에는 주식투자를 하는 데 있어 필요 없는 것들이 너무 많이 들어 있다. 지금부터 주식투자하는 데 정말로 필요하다고 생각하는 것들과 주식투자하는 데 사람들이 놓치고 있는 것들을 하나씩 설명하려고 한다. 이 책을 덮을 때쯤에는 적어도 주식투자에 필요한 것들은 모두 알게 될 것이다.

**Part 1** 주식투자란 무엇인가?
**Part 2** 주식은 어떻게 움직일까?
**Part 3** 주식투자의 무기, HTS

실전투자 절대지식 **1**

# 주식시장의 진정한 모습

# 주식투자란 무엇인가?

# 01 주식시장은 어떤 곳일까?

"**회사를** 100% 믿지 마라."

이 말처럼 갑자기 모든 것이 거짓이라고 말한다면 황당할 수 있다. 하지만 다시 한 번 생각해보자. 우리는 많은 정치인이 뒤에서 비리를 저지르는 것을 알고 있다. 앞에서는 좋은 말과 나라를 위한다고 말을 하지만 결국에는 비리로 문제가 터지게 된다. 그리고 모든 정황증거가 분명한데도 자신은 관련이 없다며 교묘히 빠져나가려고 한다. 지금 우리는 왜 이 이야기를 하고 있을까? 다른 예를 들어보자. 한 기업의 회장이 회사 자본의 4%가량을 배임 횡령한 혐의가 포착되어 기소되었다. 하지만 재미있는 일은 이 일이 일어나기 며칠 전에 한 경제신문에 공공의 의무를 다하는 친사회적 기업 이미지를 부각하는 기사가 실렸다. 겉으로는 좋은 기업이라고 홍보하면서 그 이면에는 회사의 돈을 자기 마음대로 주무르고 있다면 진실된 기업이라고 볼 수 없을 것이다.

주식이 존재하는 배경 역시 그리 밝고 청렴하며 깨끗한 곳이 아니라는 사실을 인정하고 시작하는 것이 좋다. 주식투자를 하는 데 있어서 가장 기본 바탕이 되는 전제는 "기업가치가 올라가면 주가도 상승한다" 또는 "기업가치가 쌀 때 사고, 기업가치보다 비쌀 때 판다"라는 교과서적이고 이상적인 이야기가 아니다. 바로 "눈앞에 보이는 것이 과연 진실인가?"라는 가정이다.

기업을 분석하는 이유는 미래 성장성이 있고 저평가된 기업을 찾아내기 위해서이다. 하지만 반대로 말하면 기업의 거짓말을 꿰뚫어보고 사회의 거짓말을 올바로 이해하기 위한 흔들림 없는 통찰력을 가지기 위해서인 것이다.

차트 역시 마찬가지이다. 주식의 주변에는 자본과 정보, 실력이라는 무기를 가지고 주식을 마음대로 쥐고 흔들면서 이익을 가져가는 소위 세력들이 존재한다. 그들은 개인투자자들의 공포를 키워서 그들의 주식을 싼 가격에 매입해서 비싼 가격에 팔아 이익을 쟁취한다. 또한 주가를 급등시켜 따라오는 개인투자자들에게 모든 물량을 넘겨버리기도 한다.

차트를 분석하는 것은 매수/매도 타이밍을 알기 위해서도 중요하지만 또 다른 중요한 이유는 가격을 왜곡시키는 소위 '세력'들에게 휘둘리지 않기 위해서이다. 사기꾼, 소위 사짜라고 불리는 이들 역시 주식시장 근처를 어슬렁거린다. 요즘 주식투자로 100억 원을 벌었다라고 광고를 하거나 모든 것을 버리고 개인투자자들을 위해 사업을 시작했다고 말하는 사짜들도 많이 생기고 있다. "과연 그 사람들이 주식으로 돈을 벌었을까?" 하는 의문이 생긴다.

주식시장 근처에 있는 일부 회사들 역시 우리의 자본금을 얻기 위해서 눈에 불을 켜고 있다. 달콤하고 순수해 보이는 거짓말 속에 당신의 돈을 노리는 늑대가 있는 것이다. 또한 어설프게 알고 들어오는 개인투자자, 소위 돼지라 불리는 투자자의 자본금을 빼앗아가기 위해서 타짜들은 차트를 거짓으로 꾸며놓고 유혹하고 있다. 거기다 거짓으로 자신의 능력을 꾸미고 자신을 따라오면 엄청난 돈을 벌게 해주겠다며 유혹하고 있다. 주식시장에서 이들을 이기려면 실력으로 무장하는 방법밖에는 없다.

# 02 모래산 허물기를 닮은 주식시장

옛날에는 돈을 벌기 위해서 총과 칼을 들고 싸웠지만 요즘은 돈으로 싸움을 벌인다. 말 그대로 주식시장은 돈이라는 총과 칼을 사용하여 싸움을 하는 전쟁터이다. 어느 곳에서 경쟁하고 싸우더라도 그곳의 본질과 규칙을 알지 못하면 싸움에서 이길 수 없다.

총과 탱크가 난무하는 전쟁터에 갑자기 칼을 들고 나타나서 탱크에 탄 군인과 정면으로 싸우려는 것만큼 미련한 짓도 없을 것이다. 전투의 최전방에서 갑자기 후방 지원군이 나타나서 마치 그곳이 후방인 것처럼 행동하는 것도 정말 위험한 짓이다. 그런데도 사람들은 눈앞에 있지 않다는 이유 하나만으로, 모든 것이 차트에 오르고 내리는 그래프로 나타난다는 이유 하나만으로 주식을 너무나 쉽게 생각하고 바라보고 있다.

적어도 여러분이 싸우게 될 주식시장이 어떠한 곳인지는 알아야만 전쟁터에서 이기는 싸움을 할 수 있는 준비를 할 수 있다. 그곳이 덥고 습한 열대우림일 수도 있고, 굉장히 추운 극지방일 수도 있다. 심지어 열대우림과 추운 극지방을 넘나드는 말도 안 되는 기후를 가진 곳일지도 모른다.

내가 다니던 초등학교 운동장 한구석에는 폐타이어로 주변을 둘러놓은 씨름장이 있었다. 방과 후 그 씨름장에 쪼그리고 앉아서 모래산을 쌓아 맨위에 깃발을 꽂아두고 아랫부분을 덜어내는 놀이를 한 적이 있다. 친구와 모래를 걷어내면서 깃발이 쓰러지지 않도록 조마조마하게 모래를 덜어내던 기억이 있다.

그런데 만약 모래산에 꽂아두었던 깃발을 모래가 아닌 시멘트나 돌 위에 꽂아두었다면 모래를 덜어낸다고 해도 과연 그 깃발이 쓰러질까? 어떠한 일이 있어도 그 깃발은 쓰러지지 않을 것이다. 깃발이 단단히 고정되어 있다면 모래를 다 퍼낸다고 해도 절대 쓰러지지 않을 것이다.

유치한 비유처럼 보일 수도 있겠지만, 주식시장은 모래산과 같다. 그리고 대다수의 주식투자자들은 이 사실을 잊고 있다. 단지 '모래산 허물기'가 주식시장과 다른 점은 주식시장이라는 모래산에는 끊임없이 '신규 투자자의 자본'이라는 모래가 채워진다는 것이다. 그렇기 때문에 모래산 근처에 앉아서 '자본'이라는 이름의 모래를 계속 자신의 쪽으로 가져오고 가져와도 계속 '자본'이 생겨나는 화수분 같은 곳이다. 단 자신의 자본은 절대 쓰러지지 않는 원칙으로 깃발에 단단히 고정해놓고 있다는 것이 다를 뿐이다.

자신의 자본은 고정되어 있는 깃발에 붙여놓은 채 모래산의 주위에 앉아서 모래를 자신의 쪽으로 가져오는, 그리고 한없이 모래를 채워주는 모래산이 바로 주식시장이다. 원칙도 능력도 마인드도 갖추지 않은 주식투자자는 결국 자신의 자본을 주변에 앉아 있는 투자자들에게 나누어주는 것과 같다.

주식의 시작은 큰 자본이 필요한 사업을 행하기 위해서 위험을 감당할 능력도, 그만한 돈도 없는 사람들이 위험을 낮추고 돈을 모으기 위해 주식회사를 만들면서 생겨난 것이다. 동인도회사의 경우 "우리는 전쟁 없이는 무역을 하지 않고, 무역 없이는 전쟁도 하지 않는다"라고 말할 정도로 큰 위험을 안고 있었다. 하지만 성공하면 엄청난 부를 이룰 수 있었기 때문에 주식은 주주들에게는 유용한 제도인 것은 확실하다.

　현재에 와서도 여전히 이 이론 그대로 대학이나 많은 책에서 주식은 아직도 함께 윈-윈win-win이 가능한 것이라고 말하고 있다. 하지만 주식을 사고파는 시장이 생긴 이상 어느 한 사람은 그 주식을 팔고 어느 한 사람은 주식을 사게 된다. 이것은 결국 이익을 본 사람과 손해를 본 사람이 생기는 구조인 것이다. 이러한 구조를 이해한 사람은 남들보다 빠르게 정보를 얻어서 자신의 뜻대로 시장을 쥐고 흔들었다. 대표적인 예로 엄청난 부를 축적한 로스차일드 가문을 들 수 있다.

　주식은 회사의 위험도를 낮추기 위해 돈을 모집하려고 만들어졌지만, 그 주식을 거래하는 시장이 생기면서 사람들의 심리에 의해 좌우되기 시작했다. 그로 인해서 사람들의 심리에 의해 휘둘리는 시장의 시스템을 이용하려는 사람까지 생기게 되었다.

　이러한 주식의 가장 근본적인 뿌리인 회사를 바라볼 수 있는 렌즈가 바로 기본적 분석이며, 사람들의 탐욕과 공포에 마구 흔들리는 주식을 바라볼 수 있게 도와주는 렌즈가 기술적 분석이다. 그리고 이 두 가지를 한쪽 눈에 하나씩 끼고 바라볼 때 돈을 벌 수 있는 기회와 돈을 잃지 않는 방법이 눈에 보이게 된다. 그리고 그것을 할 수 있게 만들어주는 것이 그 사람의 마인드와 역량인 것이다.

## 03 주식투자를 시작하려면 왜 자신의 역량을 알아야 할까?

이슈가 되기 전에 안철수연구소를 한 번이라도 본 사람들은 저점에서 잡았으면 돈을 얼마나 벌었을지 생각하면서 안타까워한다(차트 1-1). "5,000원 초반에 잡았으면 3,000%를 먹을 수 있었는데……"라면서 안타까워한다. 200만 원을 넣어두고 2~3년 잊고 살았으면 6,000만 원이 되었을 것이라면서 말이다. 혹자는 크게 승부를 걸어 2억 원을 대출받아서 안철수연구소 주식을 매수했더라면 60억 원이 되어서 평생 먹고 살 수 있는 돈을 벌었을 거라고 안타까워하는 사람도 있다.

그 중 어느 누구도 3년이라는 엄청난 시간을 버틸 수 있는 참을성과 여유가 있는지에 대해서 생각해보지 않는다. 또한 오르는 도중 나오는 엄청난 급락을 참아낼 수 있는 용기가 있는지 생각하지 않는다. 차트 안에 숨어 있는 역경과 고난은 보지 못한 채 단순히 달콤한 수익률만을 바라보고 있는 것이다.

보험에 가입할 때 그 혜택이 돈보다 큰 가치가 있다는 것을 부정하지 않는다. 심지어 요즘은 만기가 되면 돈을 그대로 돌려주는 상품까지 나왔기 때문에 보장은 보장대로 받고 돈은 돈대로 받을 수 있다. 하지만 보험 역시 자신이 해지하는

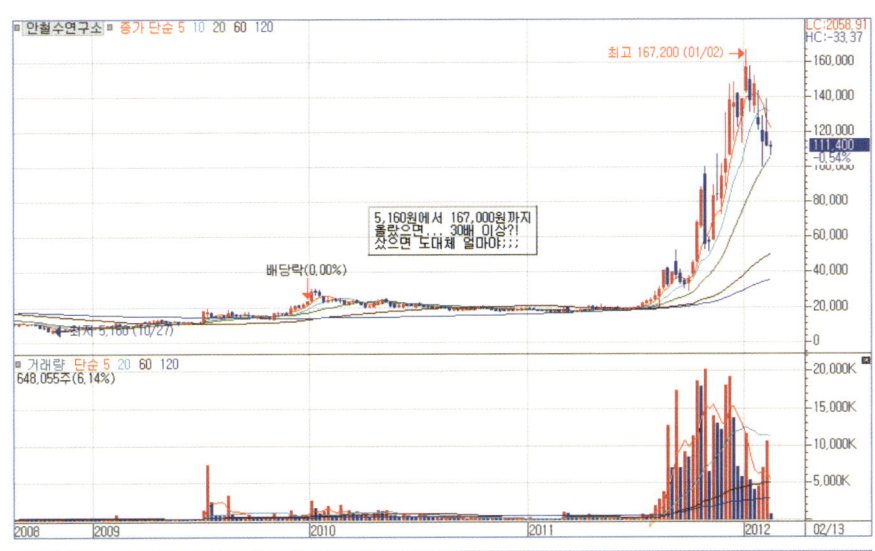

차트 1-1 | 안철수연구소(주봉) 저점에서 샀으면 도대체 얼마나 벌었을까?

경우에 대해서는 생각하지 않는다. 결국 해지로 인한 위약금은 보험사에게 커다란 수익을 안겨준다. 결국 그 장밋빛 시나리오 안에는 자신의 능력과 인내력 그리고 용기가 포함되어 있지 않은 것이다.

하지만 〈차트 1-2〉를 보면서 이 상황에서 과연 이 주식이 오를 것이라고 어느 누가 장담할 수 있겠는가? 이 순간 장밋빛 환상을 가지고 있던 매수자들은 공포에 질려서 마구 매도키를 연타하고 있을 것이다. 이때 혼란상태에 빠져서 손절도 하지 못한 채 안절부절 오르기만을 기도하는 사람도 반드시 존재할 것이다. 또한 이 상황에서 벗어나고자 컴퓨터를 끄고 밖으로 나가는 사람들도 반드시 있을 것이다. 마치 강도가 집에 들어왔는데 이불 속에 머리만 숨기고는 자신의 눈에 보이지 않으니 상황에서 벗어난 것이라고 생각하는 바보 같은 행위와 다를 것이 없다.

그러다가 공포에 질려서 손절마저 못한 사람, 그 상황에서 하늘에 운을 맡기

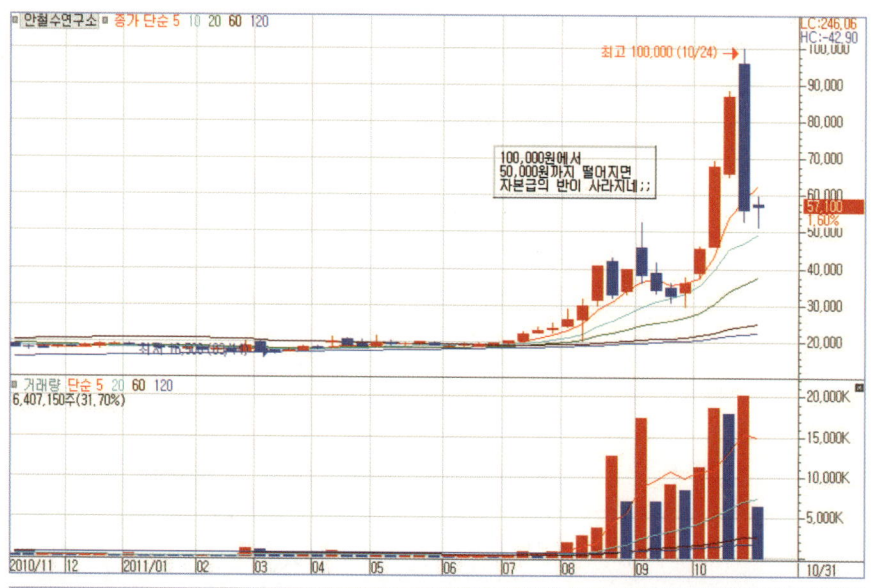

차트 1-2 | 안철수연구소(주봉) 헉! 절반이나 떨어졌네

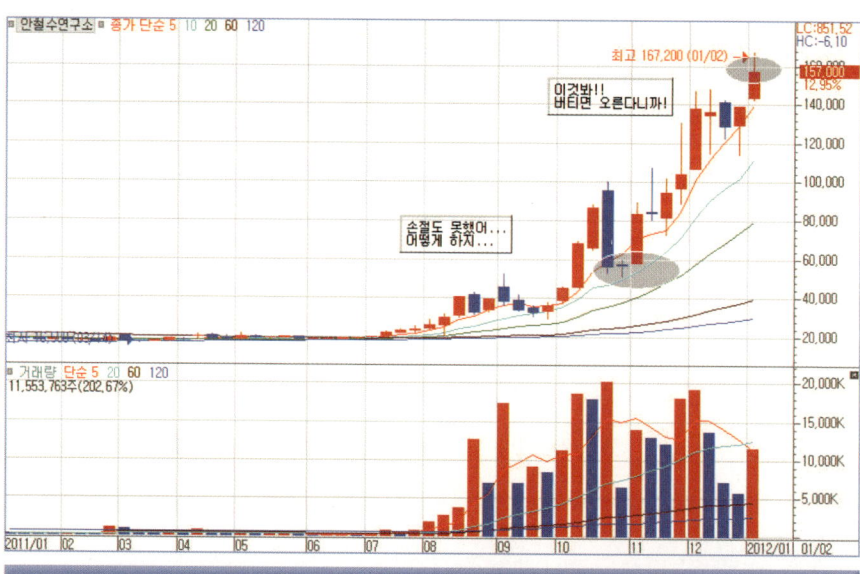

차트 1-3 | 안철수연구소(주봉) 버티면 오른다니까!

고 도망갔던 사람은 다시 오르는 것을 보고 급락 때 느꼈던 공포는 신기하게도 모두 다 잊어버린다(차트 1-3). 이전의 공포는 어느새 환희로 바뀌어서 참고 버틴 것이 마치 자신의 능력과 통찰력 때문이라고 믿으면서 자신감을 회복한다. 하늘에 기도하고 조상님을 찾았던 기억은 어디로 사라지고 그 힘든 과정을 참아낸 자신의 능력에 스스로 감탄을 하는 것이다.

시장의 밖에서는 너무나도 이성적인 사람들이 감정에 휘둘리게 되는 곳이 주식시장이다. 이러한 시장을 구성하는 사람들이 바로 나와 이 책을 보는 독자들인 것이다. 그렇기 때문에 상승에 모두들 열광하게 되면 갑자기 급등이 나오고, 하락할 때는 공포가 공포를 불러오면서 강력한 급락을 가져오게 되는 것이다.

시장 밖에서 바라보고 이야기를 듣다 보면 너무나도 쉬워 보이고 자신도 간단하게 돈을 벌 수 있을 것이라고 생각한다. 하지만 눈에 보이는 것과 다르게 지지되는 부분에서 정확한 타이밍에 매수키를 누르기 위해서는 자신의 생각에 확신을 가지고 있어야만 한다. 그리고 자신의 생각대로 움직이지 않을 때 대처할 수 있는 유연함을 반드시 가지고 있어야 한다. 자신의 생각에 확신을 줄 수 있는 것 그리고 자신이 산 주식을 가지고 버틸 수 있게 하는 것, 반대로 자신의 시나리오에 따라 움직이지 않을 때 대처할 수 있게 만들어주는 힘은 바로 탄탄한 공부에서 나오는 것이다.

주식공부를 하는 이유는 주식을 매수, 매도할 시점을 정확히 찾기 위해서이다. 또한 매수할 시점에 흔들리거나 망설이지 않게 만들어줄 자신만의 확신을 가지기 위해서이다. 또한 익절과 손절할 시기를 알고 있을 때 망설이지 않게 만드는 것 역시 주식공부를 통해 가능한 것이다. 결국 주식을 공부하는 이유는 매수, 매도할 시점을 아는 것이 목표가 아니라 실제로 매수를 하고 매도를 하는 것을 목표로 하는 것이다.

많은 책에서 "마인드를 세우는 것이 중요하다" 또는 "자신만의 원칙을 가져야 한다"라고 말을 하고 있다. 그러면서 정작 중요한 것은 이야기하지 않은 채 실제 주식투자와는 크게 관계없는 이야기만을 늘어놓으며 비법이나 비밀이 있는 듯, 자신이 마치 모든 것을 알고 있다는 듯 이야기한다. 하지만 사실 가장 큰 비법은 결국 매수할 때 매수를 하고, 손절할 때 손절을 하게 만들어주는 마인드, 들어가지 말아야 하는 잡주에 매수키를 누르지 않을 수 있도록 만들어주는 원칙이다. 정말 그것이 왜 필요한지를 이해하고 있지 않다면 결국 어떤 공부도 소용없게 된다. 중국의 옛말에 "비전은 두 눈썹 사이에 있다"라는 말처럼 보이지 않고 느껴지지 않을 뿐이지 중요한 것은 정말 가까운 곳에 존재한다. 단지 그것을 보지 못하고 있는 것이다.

PART 1에서 왜 자신의 역량과 마인드가 필요한지를 설명했다. PART 2에서는 회사의 가치에 의해 움직이는 주식의 모습과 사람들의 심리에 의해 움직이는 주식의 모습 그리고 주식을 이용해서 돈을 버는 세력의 모습을 살펴보도록 하자.

# 주식은 어떻게 움직일까?

# 04
# 회사의 가치로 주식을 움직이는 사람들

　**광주에서** 학원을 운영하고 있는 나경상 씨는 좋은 회사의 주식을 사 모으는 것이 취미이다. 그에게 있어서 주식이라는 것은 마치 4차원 퍼즐 맞추기와 같은 것이었다. 여러 곳에 흩어져 있는 전혀 상관없어 보이는 정보들이 한 곳에 모여서 그림이 만들어질 때의 그 희열을 잊을 수 없었다. 그래서 학원 사업으로 바쁜 나날을 보내고 있음에도 불구하고 짬짬이 세상에서 벌어지는 일을 관찰하고 회사를 연구하는 것을 취미로 삼아 살아가고 있었다.

　어느 일요일 저녁 가족과 함께 텔레비전 앞에 앉아서 치킨을 먹으면서 〈남자의 지격〉이라는 프로그램에서 라면을 개발하는 모습을 보았다. 여러 가지 재미있는 라면들이 많이 나왔지만 그의 눈에 확 들어온 것은 이경규가 만들었던 '꼬꼬면'이었다.

　꼬꼬면을 만들기 위해서 파와 고추의 조각부터 물의 용량까지 정확하게 계량해서 만들던 모습은 그에게 있어 이경규를 다시 보게 만드는 계기였다. 거기다 그가 만든 라면은 다른 라면들에 비해 특별한 재료가 필요한 것이 아니면서도 상당히 맛있어 보였다. 고추와 파, 숙주를 넣은 국물은 칼칼하면서도 시원해 보였고, 꼭 한 번 먹어보고 싶은 욕구가 생겼다. 결국 그날 저녁에 재료를 사다가 꼬꼬면을 재연해서 만들어보았다.

이슈가 된 꼬꼬면의 열기는 사그라지지 않고 결국 인스턴트 라면으로까지 나오게 되었다. 가족과 함께 마트에서 장을 보다가 꼬꼬면을 발견하게 되었다. 하지만 그 자리에 꼬꼬면은 달랑 5개들이 한 봉지만 남아 있었다. '역시 이슈가 되어서 그런지 매진될 정도로 잘 팔리나 보구나'라고 생각했다. 나경상 씨는 꼬꼬면 한 봉지와 옆에 있던 나가사끼 짬뽕을 사들고 돌아왔다.

다음 날 저녁 늦게 집에 들어와 출출하던 나경상 씨는 전날 사왔던 꼬꼬면과 나가사끼 짬뽕이 떠올랐다. 이미 곤히 자는 딸만 빼고 아내와 그는 꼬꼬면과 나가사끼 짬뽕을 나눠먹기로 결정했다. 설명서에 나와 있는 것처럼 물을 500ml 넣고 4분 끓였는데 꼬꼬면의 국물은 그의 입맛에는 싱겁게 느껴졌다. 게다가 매운 맛을 좋아하는 그에게 있어서 칼칼한 맛이 약했다는 게 굉장히 아쉬웠다.

반면에 나가사끼 짬뽕은 진한 육수가 깊고 시원했다. 꼬꼬면같이 매운 향은 없지만 오히려 국물을 마실 때 은은하게 올라오는 칼칼함이 그의 입맛에 딱이었다. 특히 그의 입맛을 사로잡은 것은 쫄깃하면서도 부드러운 면발이었다. 그는 항상 하던 습관대로 라면 봉지에서 회사의 이름을 찾아보았.

'삼양식품이었군. 이 정도 맛의 차이가 나고 대형 할인매장에 라면을 넉넉하게 공급하는 생산체계를 비교해보면 꼬꼬면에 대한 관심이 나가사끼 짬뽕으로 몰려갈 수 있겠는걸? 그럼 당연히 삼양식품의 수익은 좋아지겠는데?'

"자신이 좋아하는 제품을 만드는 회사를 사라"는 워런 버핏의 말을 좋아하는 그는 또 다른 놀잇감이 생겼다는 기대감에 마음이 들떴다.

다음 날 일찍 학원에 출근한 나경상 씨는 바로 HTS를 켜고 삼양식품을 찾아보았다. 평창올림픽의 테마주였던 삼양식품은 테마가 소멸한 뒤 대략 50%의 급락이 나와서 1만 5,050원으로 가격이 떨어져 있었다. 그 후 약간의 반등이 있은

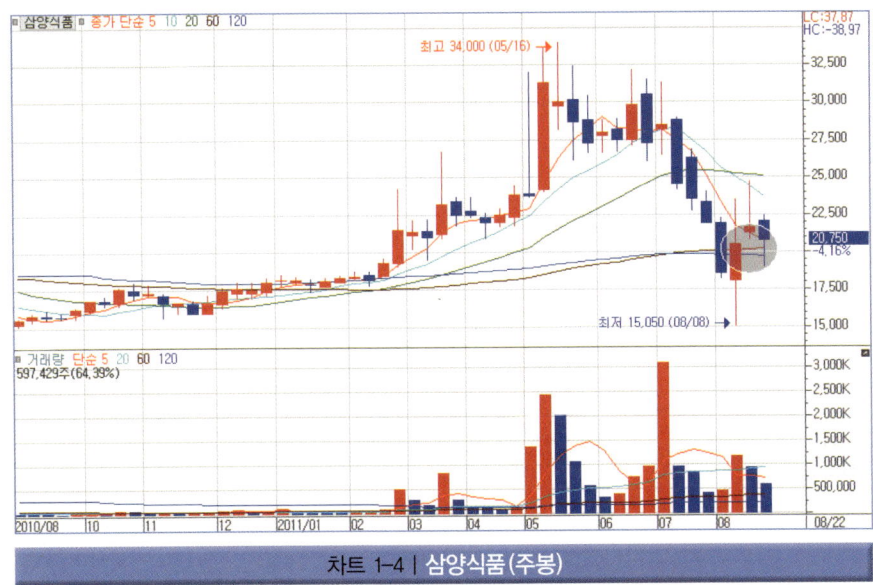

차트 1-4 | 삼양식품(주봉)

후에 횡보하고 있었다(차트 1-4). 그는 주식이란 항상 달아오를 때는 정도를 넘어서 과열되고 내려갈 때는 내려갈 만한 부분보다 항상 더 내려가는 조울증 증상을 보인다는 것을 알고 있었다.

느긋하게 조금 매수해둔다면 수익이 나겠다는 생각이 들었다. 하지만 이번에 삼양식품에 관심을 가진 것은 주가의 흐름이 아니라 회사의 상품이었기 때문에 매수하고 싶은 마음을 잠시 미뤄두었다. 그리고 회사의 보고서를 보기 위해서 DART(다트)●에 접속했다. 전자공시 시스템인 다트를 보는 이유는 공시의 원본을 보여주기 때문에 생략된 부분까지 모두 볼 수 있기 때문이다.

다트에서 삼양식품을 검색한 나경상 씨는 의자에 등을 기대고 앉아 느긋하게 최근에 올라온 반기 보고서를 훑어보기 시작했다(보고서를 보는 방법과 재무제표를 보

---

● 금융감독원 전자공시 시스템, http://dart.fss.or.kr/

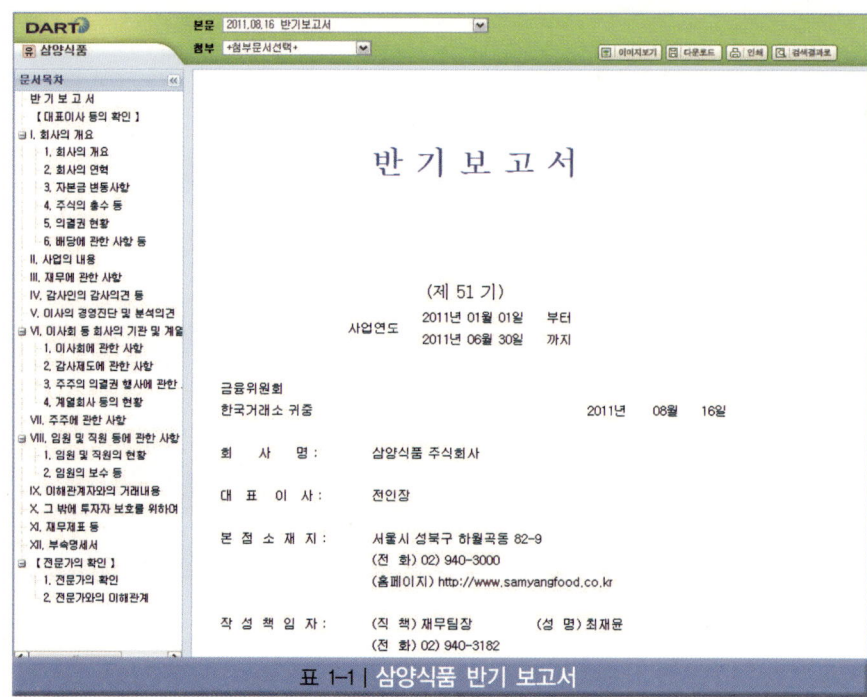

표 1-1 | 삼양식품 반기 보고서

출처 | 금융감독원 전자공시 시스템(http://dart.fss.or.kr/)

는 방법은 2부에서 자세히 설명할 것이다).

"회사의 대표이사 이름이 전인장이네? 선인장과 연결시키면 절대 잊어버리지 않겠다. 회사의 개요는 설립일자가 1961년부터 시작되었네? 이 정도로 오랫동안 사업을 유지한 장수기업이 하루아침에 몰락하지는 않을 것이니 튼튼할 테고……. 계열회사로 골판지, 우유, 유지, 수송업, 원자재 선별하는 계열사까지 다 식품 관련 회사들이니 돈이 밖으로 나가지는 않겠네. 이건 뭐 원자재부터 제품까지 혼자서 다 만드는 거 아냐?"

그는 항목 하나하나 클릭해가면서 훑어보기 시작했다.

"사업 내용에서 면류 사업의 현황이라…… 경기 변동이 작은 산업이구나. 하긴 우리나라 사람들은 라면을 아주 좋아하지. 더 이상 성장은 어렵다고 하지만 그래도 하얀 국물 라면으로 라면시장을 세분화시켜서 새로운 시장을 만들어 낸 것이니까 한동안은 경쟁력을 유지할 거야. 재무는 보니까 이익이 조금 줄어들기는 했는데……. 왜 줄었지? 회사 본업을 통해서 돈을 벌어들인 것은 별 차이가 없는데? 회사 본업은 별 관계가 없어 보이네."

나경상 씨는 머릿속으로 여러 가지 정보를 마치 퍼즐을 맞추듯이 조합해갔다. 오랜 세월을 존속시켜온 기업이니 당연히 안정적일 것이고 이익이 떨어지기는 했지만 크게 변화한 것이 아니라는 점, 이미 성숙해진 라면시장을 하얀 국물로 시장을 세분화시킨 것은 새로운 성장 동력이 될 수 있다는 점이 주가의 상승 쪽으로 예상하게 만들었다.

하지만 항상 회사를 분석할 때 해야 하는 마지막 작업이 남아 있었다. 바로 회사의 주식담당에게 전화를 하는 것이다. 회사의 주담에게 현재 회사의 상황과 돌아가는 제반 환경 그리고 이번에 나가사끼 짬뽕의 업황이 어떤지에 대해서 질문을 하고 난 후 확신을 했다.

결국 삼양식품은 최고 5만 6,200원까지 주가가 상승했다. 다시 말하지만 기본적 분석과 기술적 분석은 떼려야 뗄 수 없는 관계이다. 하지만 무엇보다 기본적 분석이 먼저이다. 실적은 영원한 테마이며, 회사의 성장성은 사람들에게 환상을 심어준다. 또한 저평가되어 있는 기업은 사람의 관심을 받으면 재평가되어서 자신의 자리를 찾아가게 된다.

다시 삼양식품으로 돌아가서 정리를 해보자. 삼양식품에서 파는 상품인 나가사끼 짬뽕은 사실 하얀 국물 라면과 빨간 국물 라면으로 시장을 세분화시키는 상품이다. 그런데 하얀 국물 라면이 엄청난 이슈가 되어서 사람들의 관심을 한 몸에 받게 되었다. 하지만 꼬꼬면을 생산하는 한국야쿠르트는 상장기업이 아니기 때문에 하얀 국물 라면이라는 시장을 독점하는 대표적인 주식은 삼양식품

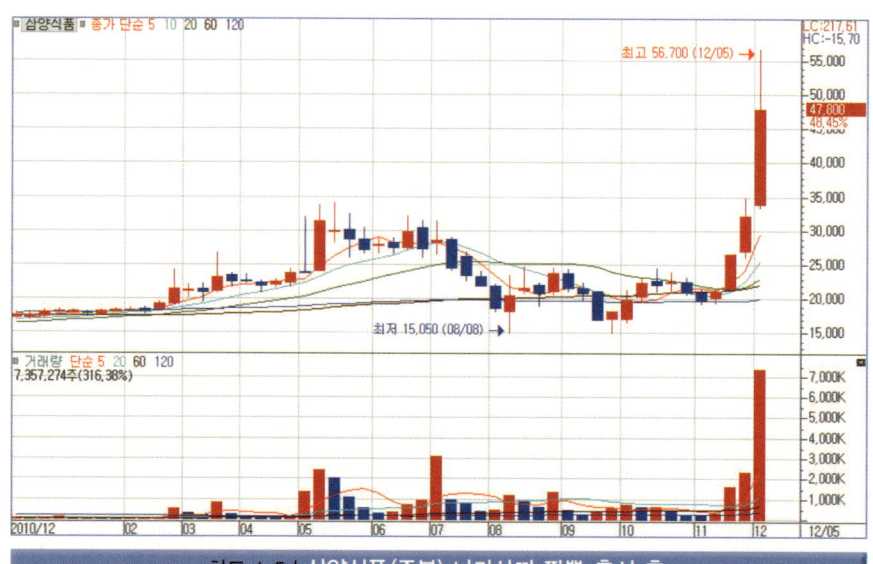

차트 1-5 | 삼양식품(주봉) 나가사끼 짬뽕 출시 후

이 된 것이다. 결국 꼬꼬면으로 인해 생긴 하얀 국물 라면시장의 혜택을 삼양식품이 독점하게 되면서 엄청난 급등을 이루게 된 것이다.

주식이 시장에서 매매되면서 많은 왜곡이 있지만 그래도 주식의 기본은 회사의 가치에 있다. 아무리 주식이 올라도 결국은 회사가 변함이 없다면 제자리로 돌아오기 마련이다. 또한 주가가 상승할 때 모든 기업들이 함께 성장하는 것도 아니다. 수많은 회사가 주식시장 뒤로 사라지고 새로운 도전자가 또 들어오면서 성장해가는 것이다. 결국 오랜 시간 기업이 주식시장에서 살아남아 있다는 것은 그 자체만으로도 능력이 있는 회사임을 증명하는 것이다.

이것은 매우 중요하다. 망하는 회사에 투자를 한다는 것은 한순간에 자신의 돈이 먼지처럼 사라져버릴 수 있기 때문이다. 반대로 언제인지는 알 수 없지만 회사가 망하지 않고 계속 발전할 수 있는 성장 동력이 있는 한 그 가치를 찾아가게 된다.

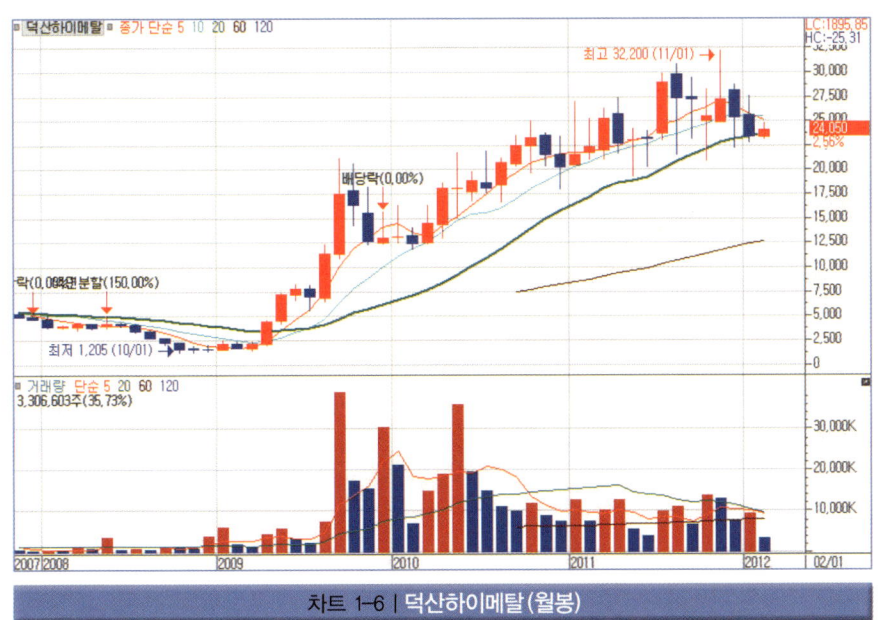
차트 1-6 | 덕산하이메탈(월봉)

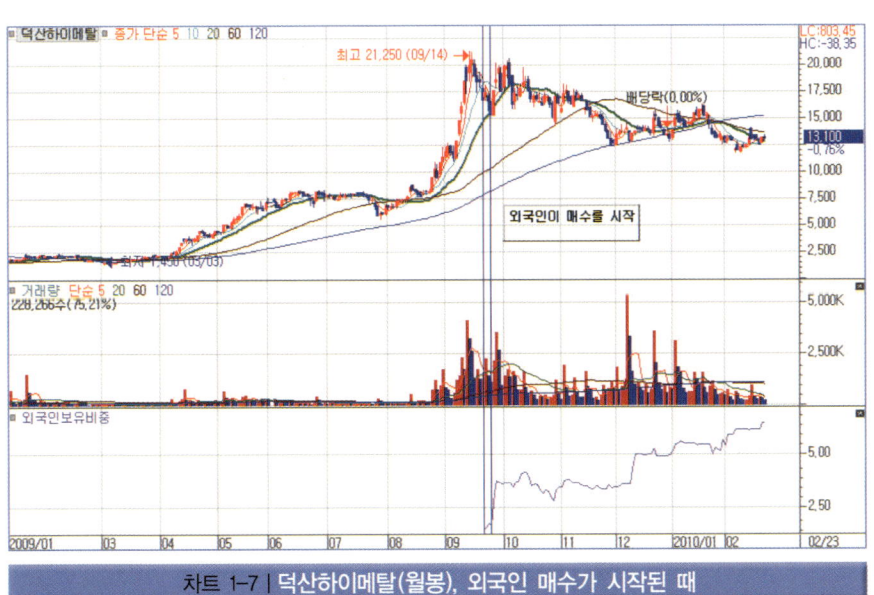
차트 1-7 | 덕산하이메탈(월봉), 외국인 매수가 시작된 때

Part2 주식은 어떻게 움직일까?

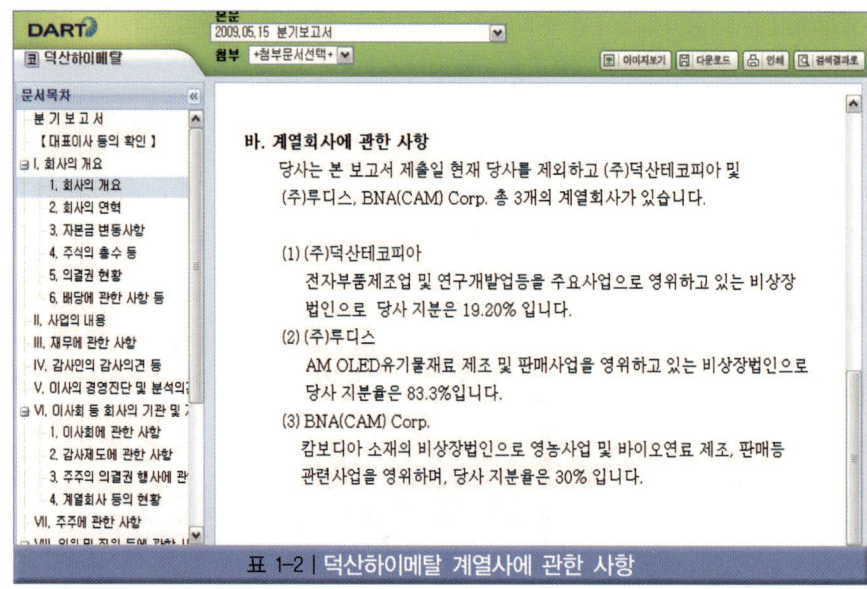

표 1-2 | 덕산하이메탈 계열사에 관한 사항

출처 | 금융감독원 전자공시 시스템

반도체시장의 영향을 받는 덕산하이메탈은 매년 20% 팽창을 보이는 세계 솔더볼시장에서 18% 점유, 국내시장에서 70~80%를 점유하고 있는 기업이다. 기술력과 함께 안정적인 시장을 구축하고 있는 회사로 볼 수 있다.

〈표 1-2〉를 보면 이 회사의 자회사 중에는 (주)루디스라는 회사가 있다. 아몰레드 관련 유기물을 생산 판매하는 회사로, 2009년 아몰레드 관련 주식들이 이슈화되면서 비상장회사 루디스를 소유하고 있는 덕산하이메탈의 주가가 급등하였다. 하지만 다음 장에서 보여주겠지만 정치주와 같은 테마는 빠른 시간에 급등했다가 그 소재가 사라지는 순간 폭포수처럼 급락한다.

하지만 실적이 받쳐주는 좋은 회사나 시장 그리고 제품에 대한 테마는 덕산하이메탈의 경우처럼 급락하지 않는다. 정말 괜찮은 회사라면 그 이슈를 기점으로 재평가받게 되는 것이다. 기관과 외국인이 관심을 가지는 주식들은 최소 시가총액이 1,000억 원 이상이며 1,500억 원 정도인 주식들을 좋아한다. 덕산하이메

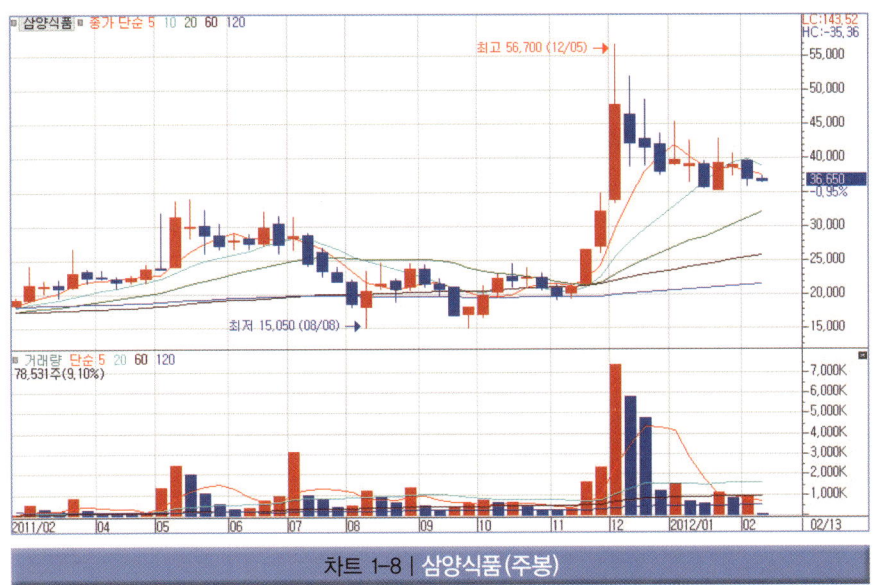

차트 1-8 | 삼양식품(주봉)

탈의 경우 저점인 1,205원에서 주식 수를 곱하여 시가총액을 구해보면 234억 원밖에 되지 않는다. 하지만 6월에 횡보할 때 시가총액을 구해보면 1,550억 원 정도가 된다. 결국 덕산하이메탈은 저점 1,205원에서 최고 3만 2,200원으로 수익을 수익을 평가해보면 약 26배의 상승을 보이고 있는 것이다(차트 1-6).

정말 좋은 기업을 찾아서 꾸준히 적금이나 예금처럼 주식을 사서 모은다면 2~3년 동안 2,600%라는 은행 수익률과는 비교도 안 되는 수익을 얻을 수 있다. 사람들의 광기로 올라간 주식은 엄청난 급등을 가능하게 하지만, 그들의 발밑에는 지지해줄 발판이 없기 때문에 사람들의 심리상태에 따라 극심하게 출렁거리게 된다. 하지만 회사의 가치라는 발판은 그렇게 쉽게 무너지지 않는다. 왜냐하면 관심을 시작으로 그 회사의 진짜 가치 역시 재평가받기 때문이다. 언젠가 사람들의 관심을 받으면 한순간에 급등하지는 않더라도 안전하고 편안한 마음으로 느긋하게 갈 수 있다.

가치가 있는 회사는 마치 다듬어지지 않은 보석과 같기 때문에 사람들의 관심을 받게 되는 그 순간, 어느 한 기점을 시작으로 회사의 가치가 발하는 황홀한 빛에 사로잡혀 이성을 잃고 서로 가지려고 매수키를 눌러대게 된다. 결국 사람들의 심리로 급등을 하더라도 기업의 가치가 좋은 주식은 다른 급등주들보다 더 높이 올라가게 되는 것이다. 하나의 테마로 묶인 주식들 중에서도 역시 실적도 좋고 회사도 괜찮다면 사람들의 마음은 당연히 좋은 회사로 가기 때문이다.

다시 삼양식품의 차트를 살펴보자(차트 1-8). 덕산하이메탈처럼 재평가를 받지는 못했지만 제자리로 돌아가지 않고 시장에 회사의 가치에 반영된다는 것이 이해될 것이다.

## 05 사람들의 심리로 주식을 움직이는 사람들

**전업** 트레이더로 활동하는 임현준 씨는 항상 아침 7시에 일어나서 많은 사람이 관심을 가졌던 이슈나 테마를 찾는 것이 일상이다. 어차피 하루 안에 사고파는 것이 일인 그에게 있어서 여러 나라를 볼 필요도 없이 미국 장만 어떻게 흘러갔는지 알면 된다. 아무리 장이 안 좋아도 갈 종목은 반드시 가게 마련이고, 관심이 몰리는 종목은 폭락장에서도 상한가<sup>•</sup>를 가게 마련이다. 테마주의 주가는 세력들이 올리는 것이겠지만 그런 것은 큰 문제가 되지 않는다. 주가는 항상 옳고 그는 그 안에서 결과적으로 벌었으면 자신이 옳은 것이라고 생각하기 때문이다. 어떠한 이유에서든지, 어떠한 원칙을 가지고 있든지 상관없이 돈을 못 벌었으면 자신이 틀린 것이라고 생각한다.

요즘의 사람들이 가장 관심을 많이 가지는 곳은 바로 정치 테마주다. 추세가 상승과 하락을 보일 때는 어떻게든 수익을 낼 수 있다. 하지만 사람들의 관심을

---

• **상한가/하한가**: 상한가란 한 종목의 주가가 일별로 상승할 수 있는 최고 가격을 말한다(+15%). 하한가란 한 종목의 주가가 일별로 하락할 수 있는 최저 가격을 말한다(-15%).

받지 못하는 주식은 움직이지 않기 때문에 어떤 방법을 써도 수익을 낼 수가 없다. 임현준 씨 같은 전업 트레이더에게는 가지고 있는 자금이 묶이는 것만큼 무서운 것이 없다. 왜냐하면 묶여 있는 자금만큼 돈을 벌 수 있는 기회를 놓치게 되기 때문이다. 차라리 손해를 보더라도 남은 자금을 빼는 것이 이득이라고 생각한다.

게다가 캔들의 크기가 크게 나오는 종목일수록 수익을 낼 수 있는 규모도 커지고, 요동을 심하게 치는 종목일수록 수익을 낼 수 있는 기회도 늘어나게 된다. 그에게는 지금 정치 테마주들만큼 많은 수익을 주는 종목들도 없다.

그 중에서 가장 강한 힘으로 급등하고 있는 정치인 문재인과 관련된 주식, 즉 문재인 테마가 힘을 받고 있다. 안철수가 1월 21일에 귀국하면서 "미국에서 보니까 민주당도 전당대회 잘 치르고, 한나라당도 강한 개혁 의지를 가진 것 같아서 국민의 한 사람으로 기대된다. 이대로 간다면 굳이 저 같은 사람까지 그런 고민을 할 필요가 있을까 싶다"라는 말이 안철수 관련주의 급락을 가져왔고, 상대적으로 유력한 후보인 문재인 주의 급등을 가져왔다.

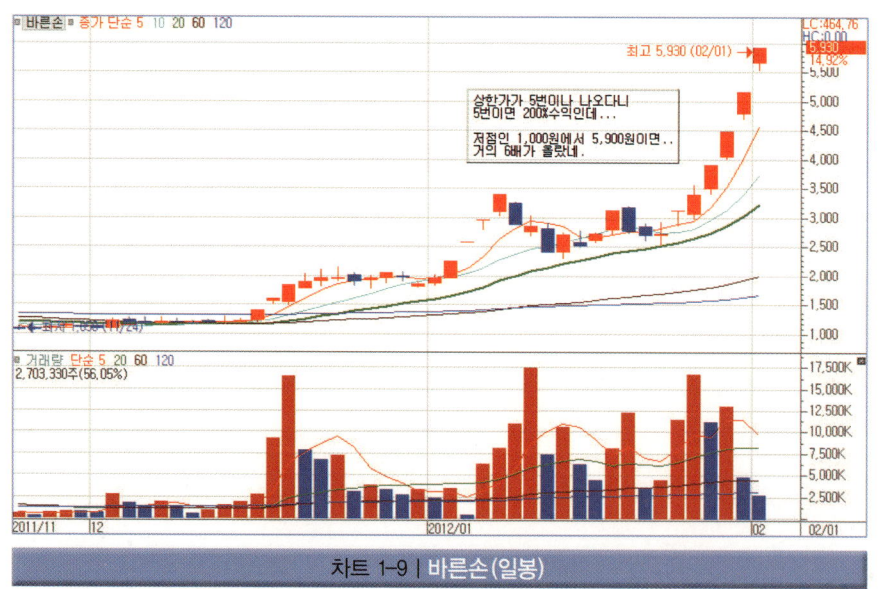

차트 1-9 | 바른손(일봉)

그러한 문재인 관련주 중에서 2월 1일에 가장 강력한 대장주는 역시나 바른손이다(차트 1-9). 매번 바뀔 수 있는 정치 테마 대장주이지만 현재로는 먼저 상이 갔고, 유성티엔에스가 저점으로부터 4배 상승했을 때 바른손은 저점으로부터 6배나 올랐다. 유성티엔에스가 상한가를 2번 갔을 때 바른손은 이미 5번이나 갔다. 결국 남들보다 빠르게, 남들보다 더 높게 가는 주식이 대장주인 것이다. 그리고 노하우라면 노하우이지만 주식 가격과 시가총액이 낮은 주식이 가벼워서 더잘 날아간다. 바른손은 시가총액이 약 1,340억 원, 유성티앤에스는 약 1,421억 원으로 바른손이 주식 가격도 낮고 시가총액도 낮다. 그는 문재인 관련주의 대장은 바른손이라고 확신했다.

2월 1일에 안철수가 공익재단 설립에 대한 발표 일정을 공개했다. 문재인은 사실 주식의 흐름이나 정치적인 견해로는 안철수를 대신하기 위한 인물이라는 생각을 가지고 있던 그였기에 내일의 주가흐름은 문재인 주의 폭락으로 나타나리라고 생각했다. 사람들이 열광하는 초기에 사서 열광이 광기로 변하는 그때에

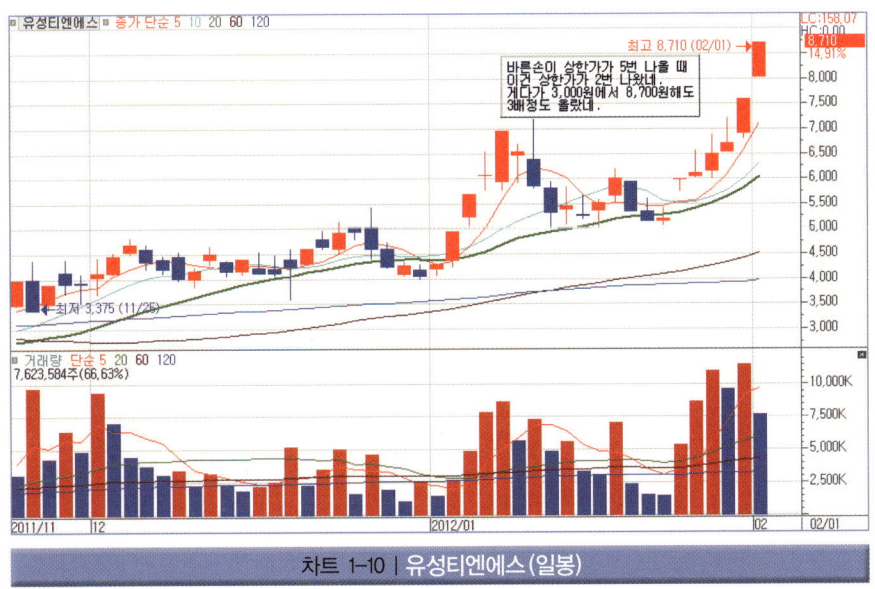

차트 1-10 | 유성티엔에스 (일봉)

팔아버린다. 그리고 사람들이 공포에 질려서 급락이 나오는 그때에 바닥을 공략해서 캔들이 꼬리를 달고 올라갈 때 파는 것이 주로 그가 사용하는 매매법으로 2월 2일은 큰돈을 벌 수 있는 기회가 될지도 모른다는 생각이 들었다.

2월 2일의 공략 종목으로 안철수연구소와 바른손을 정했다. 총 1억 원의 자금을 굴릴 생각이다. 주식은 대응이기에 분할로 올라갈 때 힘을 실어주기 위해서 매수하여 수익을 높이고, 떨어지면 매수 단가를 낮추기 위해서 더 매수해서 반등할 때 빠져나올 생각이다.

새벽에 내려놓은 원두커피를 마시면서 머릿속으로 움직일 몇 가지 패턴과 그에 따른 대응 방법들을 생각하면서 3개의 모니터에 종목들을 세팅해두었다. 그리고 조용히 주변을 정리하고 새로운 뉴스나 이슈가 되는 것이 있는지 찾으면서 장이 시작될 시간을 기다렸다.

장 시작 30분 전 예상 체결가가 움직이기 시작했다. 어차피 이 안에서 움직이는 것은 거짓된 정보가 많기 때문에 큰 신뢰는 가지 않지만 대략적인 그날의 주

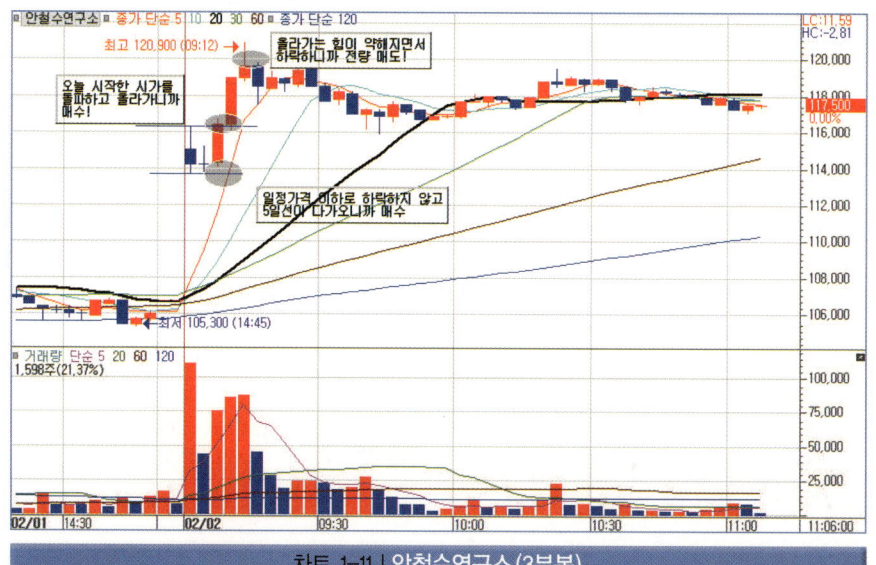

차트 1-11 | 안철수연구소 (3분봉)

가가 어떨지를 생각해볼 수 있다. 역시나 예상 체결가에서 그날 안철수연구소가 강하게 시작할 것이라는 것을 체결가가 나와 있는 호가를 보고 알 수 있었다.

예상대로 7%가 약간 넘는 갭을 형성하면서 시장이 열렸다. 3분봉에서 캔들의 움직임과 호가 창의 모습을 보면서 감을 잡아 보았다. 3분, 6분……. 바닥에서 더 이상 떨어지지 않고 있다. 5일선이 위로 올라오는 것을 보고 9분째 새로운 봉이 시작하자마자 바닥인 11만 4,300원에 100주를 매수했다.

매수키를 누르자마자 운 좋게 매수세가 들어오면서 호가가 오르기 시작했다. 잠시 후 9분째 봉은 3분 때 봉의 고점을 기분 좋게 돌파했다. 그는 그 자리에서 11만 6,400원에 200주를 더 매수하여 상승하는 데 힘을 더했다. 점점 오르면서 12분 때의 봉, 15분 때의 봉에 도착하자마자 호가의 움직임이 주춤거리기 시작했다. 이렇게 고가권에서 빠르게 움직이는 주식은 빠지기 시작하는 움직임이 보일 때 바로 던져버려야 한다. 더 기다리다가 내 돈을 잃는 것보다 차라리 돈 버는 것을 포기하는 것이 옳다고 생각하기 때문이다.

임현준 씨는 더 이상 올라가지 못하고 주춤거릴 때 11만 9,500원에 300주를 모두 던져버렸다. 그리고는 숨 돌릴 새도 없이 바른손으로 넘어가 매매할 준비를 했다. 계좌에는 15분 만에 100만 원이 넘는 돈이 추가되었지만 그것을 생각할 여유는 없었다.

바로 바른손으로 넘어갔을 때 이미 9분봉에서 매매 타이밍이 지나가 있었다(차트 1-12). 하지만 15분 때의 봉에서 호가는 상승하지 못하고 마구 흔들리고 있었다. 18분이 되자 새로운 봉이 나타났다. 그러자 갑자기 매도 물량이 쏟아지기 시작했다. '빠져라~ 빠져라~.' 속으로 염원을 하면서 HTS에 집중하기 시작했다. 봉이 하나씩 더 생길 때마다 하락하는 파란봉의 길이는 점점 길어져만 가고 매도 물량은 점점 더 많아졌다. 그러다 엄청난 물량이 쏟아지면서 장대음봉이 길게 흘러나왔다.

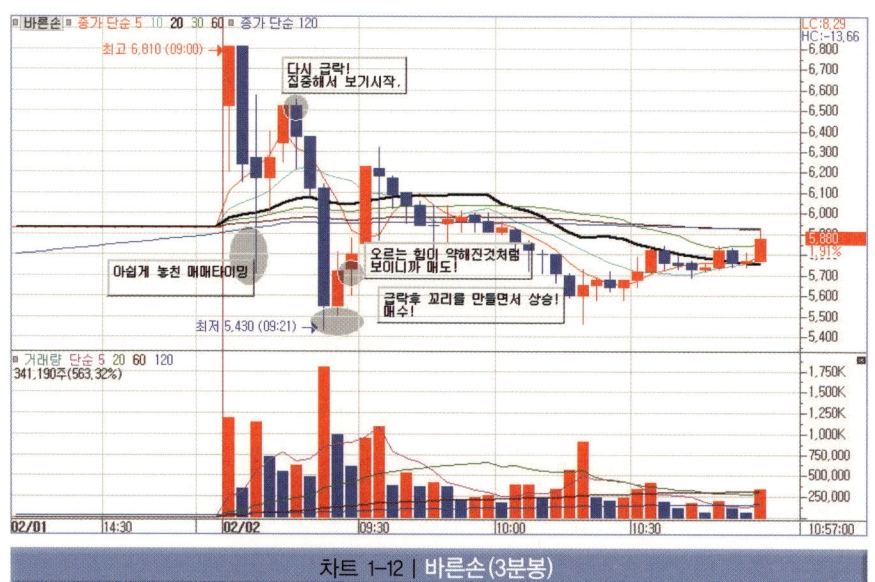

차트 1-12 | 바른손(3분봉)

"됐다!"

그는 자신도 모르게 입 밖으로 말을 흘리면서 호가의 움직임에 집중하기 시작했다. 매수 타이밍을 잡기 위해서였다. 하나, 둘씩 매수세가 들어오기 시작했다. 그리고는 장대음봉에 꼬리를 만들며 위로 올라가는 듯하자 역시 매수세에 가담했다. 이럴 때는 크게 질러서 기선제압을 해야만 한다. 단번에 9,000주를 매수했다. 시장가로 매수했기에 평균단가 5,518원에 9,000주가 매수되었다. 매수를 확인하자마자 시장가 매도를 클릭해놓고 확인에 마우스 포인트를 올려놓고 꾹 누른 채 집중하고 있었다. 마우스에서 손가락이 떨어지는 순간 매도가 되어 버릴 것이다.

눈이 어지럽게 움직이는 체결가는 빠르게 흔들리면서 위로 올라갔다. 빠르게 흔들렸다. 27분째 봉에서 위로 올라가더니 5,800원에서 더 가지 못하고 점점 매도 물량이 나오기 시작했지만, 좀 더 오를 것이라고 생각하고 기다렸다. 30분이 되자 10번째 봉, 즉 캔들이 하나 더 생기면서 상승을 했다. 이번에도 다시 올라가는 힘이 약해지자 결국 5,800원에서 시장가로 모두 던져버렸다. 결국 평균 매도가는 이미 내려가서 5,650원까지 떨어져서 매도가 되어 있었다. 6분 정도의 시간에 100만 원을 벌어들이고, 이후 200만 원을 더 벌고 나서야 긴장이 풀리면서 느긋하게 의자에 기대어 한숨을 내쉬었다.

그에게 있어서 위험관리라는 것은 말 그대로 '감당할 수 있는 위험을 받아들이는 행위'일 뿐이다. 그는 이 정도 위험을 짊어질 수 있을 정도로 능력이 있다고 믿으며, 할 수 있는 경험도 가지고 있다. 오늘도 그는 자신을 믿었고 결국 오늘도 승리했다. 그리고 항상 자신감을 가지되 자만하지 않도록 스스로를 다듬어 가고 있다. 만약을 위한 준비를 하고 있는 한 내일도 승리할 자신이 있다.

사람의 심리라는 것은 사실 막연한 것이다. 집에서 살림하는 가정주부가 아침에 남편과 싸운 후 기분 나쁜 상태에서 HTS를 켜고 매매를 하려고 할지도 모른다. 좋은 기분상태가 아니다 보니 조금만 떨어져도 짜증을 내면서 팔아버릴 수 있다. 혹은 갑자기 돈이 필요해진 사업가가 돈을 끌어다 쓰기 위해서 계속 모아오던 주식을 갑자기 대량으로 매도해버릴지도 모른다. 이러한 이유들로 주식시장의 심리를 이해한다는 것은 사실상 불가능하다.

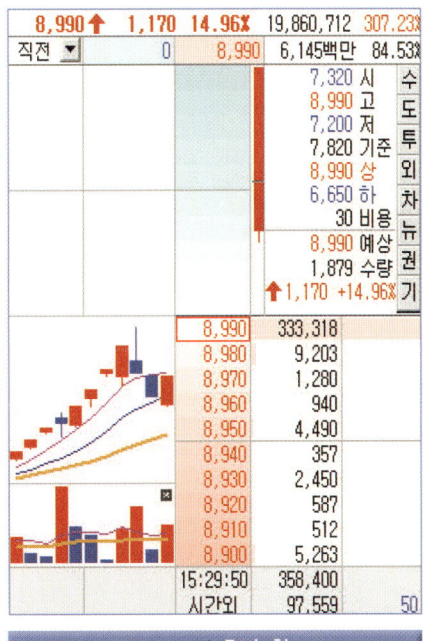

표 1-3 | 호가 창

하지만 생각을 바꿔보면 어떨까? 시장에서 투자하는 사람은 결국 '매수자, 매도자, 관망자'로 나눌 수 있다. 그리고 그 사람들은 호가의 '체결 가격'을 보고 행동에 옮긴다. 매수자와 매도자는 항상 자신에게 유리하게 거래하기 위해서 노력한다. 수백 명의 사람들이 한 호가라도 내려서 매수하고, 한 호가라도 위에 매도하기 위해서 노력한다. 하지만 그 모든 것은 우리의 눈앞에 보이지 않는다.

그러한 모든 것은 현재가 창에서 체결된 가격과 제시하는 호가로만 나타난다. 서로가 자신이 원하는 가격을 욕심대로 받으려 하면 계약은 체결되지 않고 단순하게 제시하는 매도가만 쌓여갈 것이다. 그리고 매수하려는 사람에게는 그들이 제시하는 매수가만 계속 쌓여가게 될 것이다. 그러면 매도자와 매수자는 고민할 수밖에 없다.

매도하기 위해서 기다려야 하는지, 아니면 지금 더 낮은 가격이라도 당장 팔아야 하는지, 반대로 매수하려는 사람은 더 높은 가격이라도 당장 사야하는지, 아니면 느긋하게 시간을 가지고 기다려야만 하는지 결정을 해야만 한다. 결정이 되면 사고팔려는 가격대가 일치하는 부분이 나올 것이다. 그때가 바로 매매할 타이밍이다. 그렇다면 팔려고 할 때 더 낮은 가격에 팔려고 하는 이유와 사려고 할 때 더 높은 가격이라도 우선은 사고 보려는 이유는 무엇일까? 그것은 바로 공포와 탐욕 때문이다.

정치 테마주 같은 급등주의 주식은 폭탄과도 같다. 그것도 누군가 사줄 때는 굉장히 비싼 가격에 팔 수 있는 주식이다. 실제 예로 〈차트 1-13〉은 이화공영의 차트로 이명박 대통령 때 이슈가 되었다. 대선 전까지만 해도 최저 817원 하던 주가가 대선 테마주로 이슈를 받더니 3만 1,926원까지 올라갔다. 약 39배까지 상승한 것이다.

이러한 급등은 저 하늘 위에는 화려하고 아름다우며 행복한 천국이 있으니

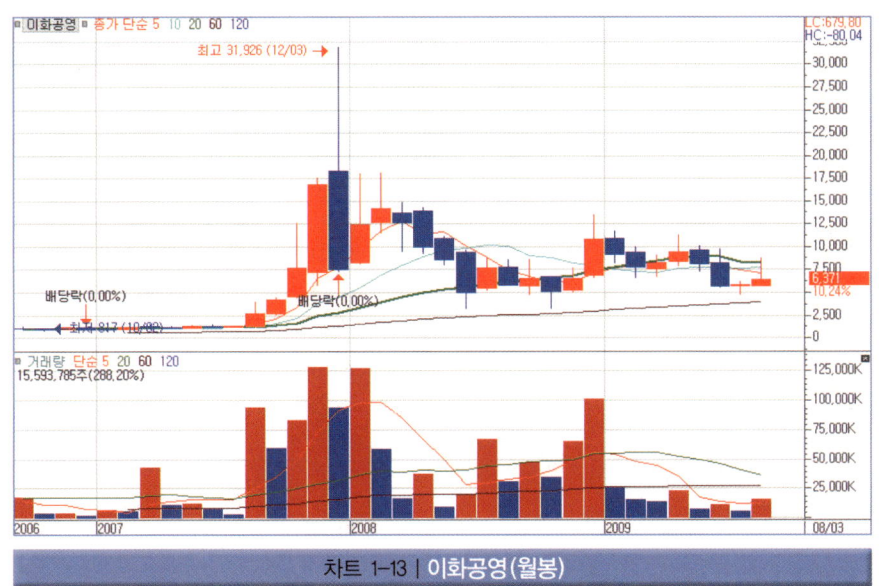

차트 1-13 | 이화공영(월봉)

나와 함께 가자고 사람들에게 손짓하는 비행기와 같다. 그리고 그 길은 금은보화로 이루어져 있다. 하지만 그곳으로 가는 비행기에 탑승하는 티켓은 한정되어 있어서 다른 사람이 낚아채 가버릴 수도 있다. 이로 인해 생겨나는 조급함은 탐욕을 부채질해서 눈을 멀게 만든다.

처음에는 티켓이 많기 때문에 느긋하게 생각된다. 하지만 사람들의 탐욕이 커지는 만큼 티켓이 줄어들어가는 속도는 빨라지면서 자신의 조급함도 점점 커져간다. 그러다가 그 길이 정말 옳은 것인지 안전한 것인지 고려하지 않은 채 단지 지금 중요한 것은 '저 티켓을 잡는 것뿐이다'라고 생각하는 순간, 이미 많던 티켓은 사라져버린 후이다. 게다가 티켓을 사기 위해 비용을 지불한 여행객들도 더이상 날아가지 못하게 된다. 결국 하늘로 높이 올라간 비행기는 이제 올라간 만큼 추락하는 일만 남게 된다.

현명한 사람은 하늘로 올라가는 비행기에서 경치를 구경한 후 티켓을 다른 사람에게 비싸게 넘기고 자신은 비행기에서 내린다. 티켓의 수가 적어질수록 티켓은 비싼 가격에 팔릴 것이다. 하지만 반대로 티켓이 다 팔릴 때까지 가지고 있으면 다른 사람에게 넘기지도 못하고 함께 추락하게 된다.

그렇기 때문에 모두들 탐욕에 눈이 멀었을 때나 공포에 사로잡혀 있을 때 휩쓸리지 않고 냉정한 상태에서 기회를 엿보는 사냥꾼이야말로 심리를 이용해서 주식을 매매하는 것이라고 할 수 있다.

다시 현재가 창으로 돌아가 보자(표 1-3). 매수자와 매도자 그리고 관망자는 결국 호가의 체결 가격으로 나타나게 된다. 그 체결가를 알아보는 것은 기본적으로 3가지밖에 없다. 바로 차트와 거래량 그리고 이동평균선이다. 다른 거의 모든 지표들은 이것을 가공해서 만들어낸 것일 뿐이다. 이 3가지를 제대로 이해하면 거의 모든 지표를 이해한 것이나 다름없다. 결국 공포와 탐욕을 차트와 거래량, 이동평균선을 통해서 찾아내고 그것을 이용할 수 있어야 한다.

지금 저 상한가에 걸려 있는 매수 대기량이 어떻게 보이는가? 저 안에 담겨 있는 욕망이 보인다면 당신은 트레이더가 될 자격을 갖추기 시작한 것이다.

# 06 교묘하게 주식시장을 왜곡시키는 사람들

2009년 펀드매니저의 꿈을 품고 증권사에 입사한 손지은 씨는 2010년에 회사에서 개최하는 대회에 참가하게 되었다. 회사 내부의 지원자 중에서 자격이 되는 사람들에게 상대적으로 적은 자본으로 한 종목을 골라 1년간 운용한 뒤 운용 방법과 운용 실적을 평가하여 실제로 정식 펀드매니저가 되는 기회를 부여하는 대회였다.

그녀의 눈에 들어온 것은 업황이 좋고 연일 다른 증권사들에게서 추천이 나오고 있으며 증권사들에서도 매수세가 들어오는 신성델타테크였다. 우선 영업이익이 전년 대비 42%로 1987년에 설립된 이 회사는 분기사상 최대의 실적을 달성한 것으로 보였다. 또한 성장 중에 있는 LED시장에 참여하면서 성장성을 획득하기까지 했다. 그녀에게 신성델타테크는 실적과 성장성 2가지를 모두 가지고 있는 최고의 회사로 보였다. 이렇게 모든 것을 갖춘 회사라면 안정적으로 커다란 수익을 얻을 수 있을 것이라는 확신을 가졌다.

거기다가 기관의 매수세가 계속 들어오는 상황에서 함께 매수해서 물린다고 해도 다른 기관들이 수익률 관리차원에서 그냥 두지는 않을 것이라는 생각이 그녀의 확신을 더욱 확고하게 만들었다. 그래서 그녀는 우선 5월 말에 투자금의 10%를 신성델타테크에 투자했다. 하지만 자신의 생각처럼 주가의 상승은 일어나지 않았다. 아무런 변동 없이 횡보만 하는 주가를 보면서 손지은 씨는 속이 타

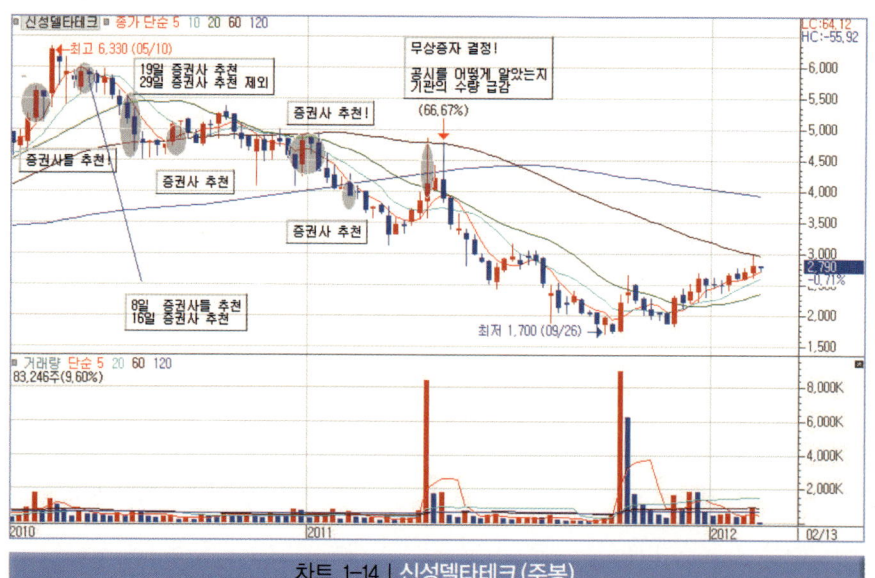

표 1-4 | 신성델타테크 종목 뉴스

차트 1-14 | 신성델타테크(주봉)

들어갔다. 다른 기관들도 그녀와 같은 마음이었는지 신성델타테크를 마구 추천했다. 하지만 그러한 노력도 아무런 효과가 없었다. 7월부터 주가는 아래로 흘러내려가기 시작했고, 하루하루 그녀의 속은 타들어만 갔다.

그러던 중 9월 성장 원동력을 더해주었던 LED에서 첫 매출이 나오자, 포트폴리오를 늘려서 매수 단가를 낮출 절호의 기회라고 생각했다. 그녀는 기회를 보다가 주가가 빠질 때 포트폴리오에 20%를 더 추가했다. 10월까지는 주가의 흐름이 반등을 하기 시작했다. 그러자 우선 수익보다는 원금을 지키기 위해서 약간의 이익을 남기고 모두 팔아버렸다. 한참 상승하는 종목을 왜 팔았는지 주변에서는 어리석게 생각했지만 주가의 흐름이 하락하기 시작하자 그녀를 바라보는 눈이 조금씩 달라졌다.

우연히 손지은 씨는 자신을 찾아오던 사람들 중 한 명으로부터 4월 중반에 무상증자에 대한 이야기가 나온다는 내부정보를 듣게 되었다. 2010년 5월에 시작된 대회는 2011년 5월이면 끝나기 때문에 그 정보에 마지막 승부를 걸어보기로 했다. 그 길로 그녀는 신규 사업이 정상화된 것을 빌미로 자본의 100%를 모두 3번에 걸쳐서 분할 매수하기 시작했다. 매수 단가는 3,700원에 맞춰놓았다. 그리고 무상증자의 공시가 나오길 조용히 기다렸다.

2011년 4월 19일 드디어 무상증자 공시가 나왔고, 주가는 상한가까지 올라갔다. 상한가가 나온 뒤 많은 이들의 관심을 받고 매수하려는 사람들이 넘칠 때 바로 보는 물량을 던질 시나리오를 짰다. 계획한 대로 된다면 주변에서 신성델타테크에 투자해서 모두 손해를 볼 때 유일하게 이익을 보고 나온 사람이 될 수 있었다. 그렇다면 펀드매니저의 자리도 꿈은 아니라 생각했다.

결전의 당일 시가는 13% 이상 상승한 상태에서 시작했다. 그러더니 빠른 속도로 상한가까지 올라갔다. 그리고 상한가에 엄청난 물량이 쌓여가자 자신의 모든 물량을 던져버렸다. 결국 그녀는 자신의 꿈을 위해서 내부정보를 이용해서

차트 1-15 | 신성델타테크(일봉)

| 일자 | 현재가 | 전일비 | 거래량 | 개인 | 외국인 | 기관계 | 증권 |
|---|---|---|---|---|---|---|---|
| 11/04/26 | 7,030 ▼ | 270 | 207,126 | +2,761 | -12,762 | -7,000 | |
| 11/04/25 | 7,300 ▲ | 440 | 357,340 | +7,553 | +14,508 | -42,507 | |
| 11/04/22 | 6,860 ▼ | 290 | 451,214 | +71,064 | +323 | -93,200 | |
| 11/04/21 | 7,150 ▼ | 330 | 806,450 | +65,882 | +6,215 | -82,385 | |
| 11/04/20 | 7,480 ▲ | 420 | 2,787,670 | +569,216 | -5,350 | -357,088 | |
| 11/04/19 | 7,060 ↑ | 920 | 967,132 | +312,039 | +2,159 | -217,544 | -25,000 |
| 11/04/18 | 6,140 ▼ | 260 | 31,497 | +6,330 | -3,588 | -945 | |
| 11/04/15 | 6,400 ▲ | 40 | 34,143 | +464 | -1,464 | +1,000 | +1,000 |
| 11/04/14 | 6,360 ▲ | 120 | 105,071 | +9,461 | +8,207 | -20,308 | +282 |
| 11/04/13 | 6,240 ▲ | 310 | 226,225 | +98,727 | +145 | -59,282 | +23,718 |
| 11/04/12 | 5,930 ▼ | 200 | 36,258 | +8,036 | +9,584 | -8,800 | |
| 11/04/11 | 6,130 ▼ | 20 | 30,438 | +9,732 | -1,808 | -7,924 | |
| 11/04/08 | 6,150 ▲ | 210 | 43,063 | +8,237 | +1,010 | -8,000 | |
| 11/04/07 | 5,940 ▼ | 50 | 19,827 | +5 | +95 | | |
| 11/04/06 | 5,990 ▲ | 150 | 33,024 | +4,125 | +2,675 | | |
| 11/04/05 | 5,840 | 0 | 27,097 | +6,674 | +326 | -7,000 | |
| 11/04/04 | 5,840 ▲ | 90 | 18,799 | +4,416 | +217 | -4,633 | |
| 11/04/01 | 5,750 ▲ | 190 | 38,860 | +5,067 | +1,943 | -7,010 | |
| 11/03/31 | 5,560 ▼ | 160 | 37,749 | +3,099 | -3,099 | | |
| 11/03/30 | 5,720 ▼ | 10 | 34,266 | +4,474 | +526 | -7,000 | |

표 1-5 | 기관 외국인 순매수

작전을 짜고 자신의 물량을 모두 무상증자 소식에 열광하면서 들어오는 다른 투자자들에게 넘겨버렸다. 순식간에 엄청난 수익을 얻을 수 있었다.

그날 저녁 그녀는 마음 한구석의 찝찝한 기분을 애써 외면한 채 스스로에게 참 잘한 일이라고 칭찬해주었다. 그리고 오늘 있었던 주식시장의 흐름과 주요 이슈들을 살펴보기 시작했다. 관심 종목들의 흐름을 복기하면서 신성델타테크의 차례가 되었을 때 그곳에는 내부정보를 알고 상한가에 가기 전 2만 5,000주를 사는 자신의 모습이 그대로 드러나 있었다.

주식시상은 기관은 기관끼리, 외국인은 외국인끼리 싸우는 곳이 아니다. 초보부터 고수까지, 기관부터 외국인까지 모든 참여자가 모여 싸우는 곳이다. 기관에서 돈을 운영하는 사람 역시 실적이 좋아야 회사에서 승진을 하고 인정받을 수 있으며, 인센티브도 많이 받을 수 있다. 증권회사에서 돈을 운용하는 직원 역시 자신이 이루어낸 수익률을 지키기 위해서 투자한 자본을 비싼 가격에 다른 투자자들에게 넘겨야만 한다. 그렇기 때문에 매수자를 늘려 좀 더 쉽게 매도하기 위해서 고점에서 추천을 하기도 한다. 물론 그들의 말이 틀리지는 않다. 만약 틀렸다면 큰 문제가 될 수 있기 때문이다. 하지만 그들은 "이 정도면 좋아 보이네. 하지만 이미 그 전에 더 좋아 보일 때 샀던 물량을 가져갈 만큼은 좋아 보이지 않아" 아니면 "너무 많이 손해를 보고 있는데 이번에 매수자를 끌어 모아서 반등하면 손해는 적게 보면서 비중을 줄여야겠다"라는 이유로 추천을 하고 있는 것이다.

고승덕 변호사와 증권회사의 소송 사건 사례를 살펴보자.
고승덕 변호사는 과거 한 증권사 지점장에게 거액의 돈을 맡겼다. 당시 주문을 어떻게 넣는지도 몰랐던 그는 지점장에게는 쉬운 먹잇감이었을 것이다. 고승덕 변호사는 지점장에게 두 종목의 주식을 사달라고 주문했다.

앞에서 말했던 "모든 것은 거짓이다"라는 말을 기억할 것이다. 아마 지점장은 달콤하고 좋은 말로 고승덕 변호사를 안심시켰을 것이다. 그리고는 엉뚱하게도 작전주에 가담하여 원금을 반 토막 내버렸다. 그는 화를 냈지만 증명할 수 있는 길이 없었다. 결국 주식에 대해 몰랐기 때문에 이길 방법을 찾지 못했던 것이다. 그 소송에서 이기기 위해서 고승덕 변호사는 주식을 공부하기 시작했다. 그리고 결국 소송에서 이겨서 손실액의 30%를 받아냈다.

나 역시도 이런 경험을 한 적이 있다. 내가 활동하고 있는 카페에서 매매 실력이 괜찮게 보이는 회원이 활동을 시작했다. 그는 증권사 직원이었고, 만나다 보니 사람도 괜찮고 실력도 있는 것 같아 조금씩 친해졌다. 그러던 어느 날 그는 반드시 오를 주식이라는 내부정보를 가지고 있다고 말하며 나에게 투자를 권유했다. 나는 그 사람을 믿고 그 회사에 투자를 했다. 하지만 주가는 기대와 다르게 빠지기만 했다.

"이게 어떻게 된 거죠?"

그에게 이렇게 묻자 그는 반드시 오른다면서 만약 떨어지면 자기가 돈을 물어주겠다고 자신 있게 말했다. 나는 그의 자신감에 손절을 하지 못하고 가지고 있다가 결국 이것은 아니다라는 생각이 들었다. 그리고 그 사람의 만류에도 불구하고 손절을 해버렸다.

그 회사는 결국 상장폐지되었고, 그 사람은 연락이 되지 않았다. 알아보니 카페의 다른 회원들에게도 투자를 권유해 피해를 입힌 것이 밝혀졌다. 물론 그 종목을 강력하게 추천한 그 사람 역시 피해자라고 생각할 수도 있다. 그 사람도 다른 사람에게 당했다고 생각할 수도 있기 때문이다.

주식시장은 환상이 존재하는 곳이다. 모든 것은 실력으로 해결할 수 있다고 생각하는 곳이다. 이곳에서는 자신을 괴롭히는 상사도 없다. 비밀스러운 무엇인가를 알게 된다면 수백억 원을 벌 수 있을 것 같은 생각이 든다. 그래서 주식투자를 하면서 거의 대다수의 사람들이 수백억 원의 거부가 되는 꿈을 꾸게 되는 것이다.

달콤한 향기를 가득 품고 맛있는 꿀을 잔뜩 머금은 꽃과 같은 주식시장에는 달콤한 향기를 즐기고 꿀로 배를 가득 채우기 위해 벌과 나비가 항상 바글거린다. 벌과 나비가 많은 곳에는 그들을 잡아먹는 파충류가 나타나게 되는데, 그들이 바로 사짜들이다. 사짜들은 대체로 많은 것을 알고 이해하고 있다. 그들이 하는 말은 굉장히 화려하여 사람들을 유혹하기에 충분하다. 그들의 이력 역시 사람들을 현혹시키기 위해 꾸며진 경우도 많다.

물론 좋은 사람들도 있을 것이고, 정말 실력 있는 사람도 있을 것이다. 하지만 모든 것은 자신으로부터 시작되어야만 한다. 그리고 진정으로 괜찮은 것이 무엇인지 골라낼 수 있는 능력이 생겼을 때 시간을 들여서 이해하고 구별해야 한다. 그리고 그것을 소중히 여기되, 아니다라고 생각되면 미련을 가지지 말고 손절해야 한다.

주식은 사람을 만나고 자신의 인생을 살아가는 것이다. 지금 글을 쓰고 있는 나 역시도 100% 믿어서는 안 된다. 왜 그럴까를 생각한 후 스스로 결론을 내려야만 한다. 모르면 당할 수밖에 없다. 그리고 함부로 믿으면 모든 것을 빼앗길 수도 있다.

# Part 3

# 주식투자의 무기, HTS

# 07
# HTS를 내 몸처럼 알아야 한다

주식투자는 총과 칼 대신 돈과 HTS를 이용해서 자본을 쟁취하는 전쟁이라고 할 수 있다. 기관과 외국인 같은 적들의 자본이 어떠한 속성을 가지고 있는지 아는 것도 중요하지만, 자신이 사용할 수 있는 무기인 HTS를 제대로 사용할 줄 알아야 한다.

대학교에서 오픈 북으로 시험을 본 경험이 있을 것이다. 오픈 북으로 시험을 보게 되면 대충만 알고 있어도 답을 다 찾을 수 있을 것 같아 열심히 공부를 하지 않는다. 하지만 느낌과 다르게 막상 시험에 들어가게 되면 어디에 무엇이 있는지 찾지 못한다. 혹여 대충 어디 있는지 찾아내더라고 내용 자체가 정리되지 않아서 무엇을 어떻게 연결시켜야 하는지 혼란스럽기까지 하다.

아이러니하게도 많은 사람이 매수와 매도를 헷갈려 하는 경우가 많다. 어느 정도 주식 경험이 있는 사람들도 스톱로스를 제대로 사용하지 못하는 경우도 많다. 시간외 매매에 대해서도 이야기만 들어봤지 실제로 사용해보지 않은 사람들도 많다. 이것은 기본이다. 이런 기본조차 알지 못한 채 주식시장에 겁 없이 뛰어들어서는 안 된다. 순식간에 자신의 돈이 사라지는 것을 두 눈으로 지켜보게 될 것이다.

HTS를 이용해서 어디에 무엇이 있는지는 기본으로 알고 있어야만 하며, 그 내용을 어떻게 연결시켜서 자신만의 것으로 만들어낼지를 고민해야 한다.

　HTS들도 제각기 고유한 기능이나 특성을 가지고 있다. 나는 다양한 HTS를 사용하고 있다. 독자 여러분은 각 증권사의 HTS 특성을 모두 파악할 필요는 없다. 하지만 적어도 자신이 사용하는 HTS는 이해하고 있어야 한다. 우리나라에서 개인투자자가 가장 많이 사용하는 증권사의 HTS는 키움증권의 '영웅문'이다. 키움증권의 가장 많은 수익이 매매 수수료에서 나오다 보니 HTS에 기능을 추가하거나 유지하는 데 신경을 써서 잘하고 있다. 굳이 키움증권의 '영웅문'을 사용할 필요는 없다. 주식을 시작하는 분들은 자신에게 맞는 증권사의 HTS를 골라 자신에게 잘 맞는 방법으로 세팅하면 된다.

　주식투자를 하기 위해서 HTS에 대해서 반드시 이해하고 있어야 할 기능들이 있다. 이 책에서는 모든 기능들을 알지는 못해도 꼭 알고 넘어가야 하는 것들만을 소개해두었다. 또한 사람들이 쉽게 놓치거나 잘 모르지만 유용한 기능들에 대해서도 소개하려고 한다. 이 책에서는 키움증권의 '영웅문'을 예시로 들어 설명할 것이다.

　HTS를 처음 다루는 분들에게는 조금 어렵게 느껴질 수도 있다. 하지만 이 책에 소개된 부분만 마스터한다면 HTS에 대해서는 모두 이해한 것이나 마찬가지이다. 명심할 것은 모르면서 가진 것에만 익숙해진다면 한계에 부딪치게 될 것이다. 그 한계는 HTS의 사용법을 익혀 자신에게 꼭 필요한 것을 골라냄으로써 극복할 수 있을 것이다.

# 08 환경설정하기

이제부터 항상 보게 될 HTS의 초기 화면이다. 처음 사이트에 들어가면 뭐가 뭔지 몰라 어떤 것부터 해야 하는지 엄두가 나지 않는다. 먼저 HTS의 내용에 들어가기 전에 기본적인 환경설정을 살펴보도록 하자.

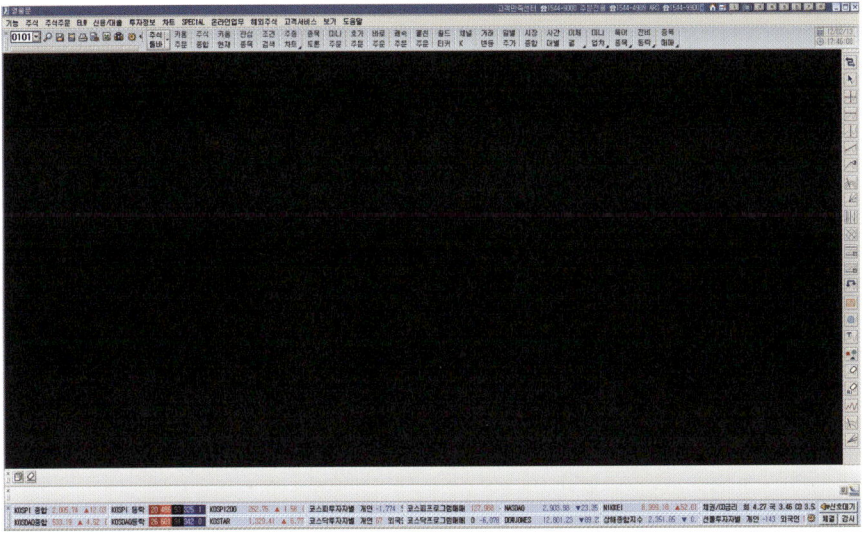

그림 1-1 | 영웅문 초기 화면

Part3 주식투자의 무기, HTS

77

## 기본 환경

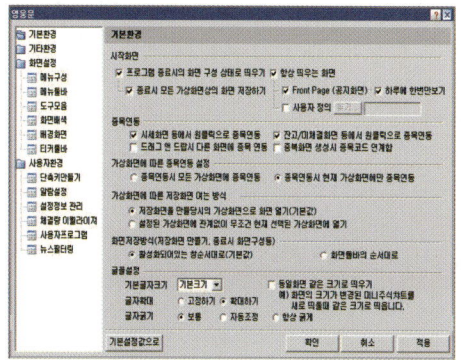

그림 1-2 | 기본 환경

환경설정은 '메뉴〉환경설정'을 통해서 들어갈 수 있다. 공지 화면을 보지 않으려면 미리 끄기를 설정한다. 그리고 '종료 시 모든 가상화면상의 화면 저장하기'를 체크해두지 않으면 종료할 때 다른 가상화면의 세팅이 사라져버릴 수 있다.

## 가상화면

그림 1-3 | 가상화면 버튼

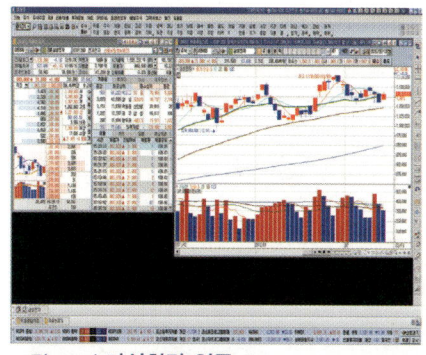

그림 1-4 | 가상화면 연동 1

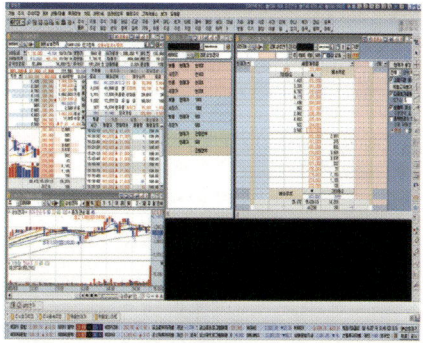

그림 1-5 | 가상화면 연동 2

화면의 오른쪽 상단을 보면 1~8까지의 가상화면 버튼이 있다. 가상화면을 설정하면 관심 종목과 차트들을 각기 다른 형태로 배열할 수 있다. 또한 이러한 가상화면은 독립적으로 종목들을 운용할 수도 있지만 모두를 연동시켜서 운용할 수도 있다.

예를 들어 8번 가상화면에서 현재가 창과 키움종합차트를 보고 있는 도중에 삼성전자가 눈에 들어왔다. 삼성전자를 클릭한 후 현재가 창뿐만 아니라 7번에 세팅해둔 주문 창들도 보고 싶다면 7번 가상화면을 누르면 자연스럽게 주문 창들이 뜨게 된다.

뿐만 아니라 현재 가상화면에만 종목 연동을 해둔다면, 예를 들어 오늘 오전에 볼 종목을 몇 개 설정한 뒤 같은 세팅으로 각 가상화면마다 다른 종목을 띄워 놓고 가상화면을 오가면서 여러 종목을 볼 수 있다.

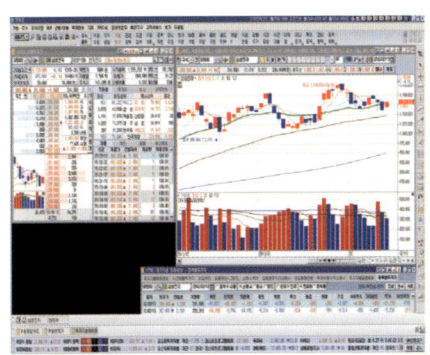
그림 1-6 | 가상화면 연동 3

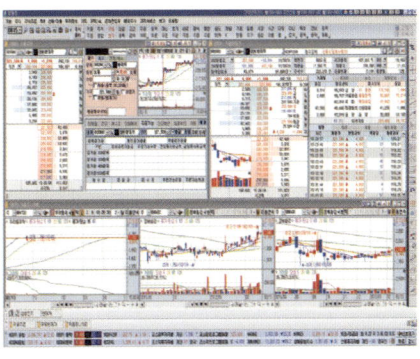
그림 1-7 | 가상화면 연동 4

삼성전자를 가상화면 8번에서 보고 있다가 바로 매매할 수 있도록 띄워둔 우리들제약을 보기 위해서 가상화면 7번을 누르면 바로 화면이 바뀌면서 종목도 바뀌게 된다. 종목연동에 대해서 제대로 알고 있다면 HTS를 사용할 수 있는 전략이 늘어나게 된다.

## 기타 환경

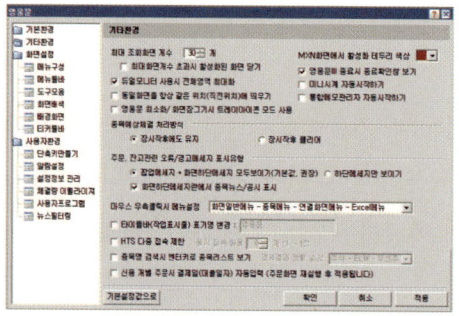

그림 1-8 | 기타 환경

기타 환경에서는 '듀얼모니터 사용 시 전체 영역 최대화'를 클릭하면 모니터를 가득 채운 커다란 창이 만들어진다. 하지만 이 부분을 꺼놓으면 전체화할 때 한 모니터에서만 보이게 된다. 이러한 것은 취향에 따라서 선택하면 되지만 생각보다 모르는 분들이 많아 듀얼모니터의 사용법에 대해서 간략하게 설명해보았다.

## 메뉴 구성

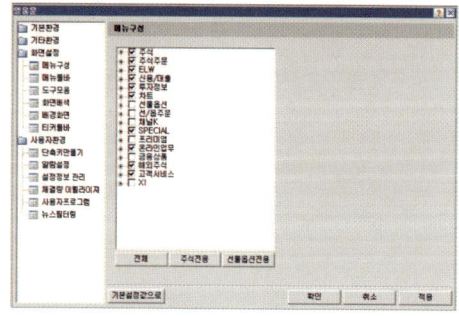

그림 1-9 | 메뉴 구성

메뉴 구성의 경우 선물과 옵션을 같이 할 게 아니라면 메뉴 구성에서 빼버리면 된다. 종목별 토론실이나 금융상품 역시 쓸 필요가 없다. 여러분이 사용할 메뉴는 어차피 한정되어 있다. 그리고 추천 방송이나 종목 추천 내용은 수백, 수천 명이 함께 보는 것이다. 추천을 했을 때 종목에서 수급의 불균형이 일어나게 되면 원래라면 가지 않아야 할 종목도 가게 되고, 가야 할 종목이 가지 않게 된다. 편하게 추천 종목을 통해 수익을 내려고 하지 말고 과감하게 모두 제거하자. 그리고 그 시간에 조금이라도 더 연구하고 자신의 매매를 복기하는 것이 좋다.

## 티커툴바

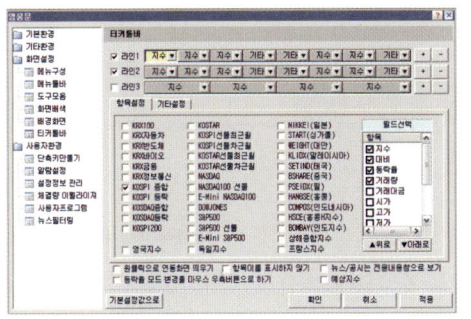

그림 1-10 | 티커툴바

그다음 설정해야 할 부분은 티커툴바이다. 이 부분 역시 사람에 따라서 사용하는 방법이 다르다. 해외 증시는 미국 사람만 보면 된다고 생각하는 프로 트레이더가 있는가 하면 채권, 금리에 이르기까지 연동하여 영향을 주는 해외 증시를 모두 다 봐야 하는 사람도 있다. 하지만 적어도 여러분은 우리나라 주식에 투자하고 있으니 적어도 코스피, 코스닥종합과 등락 그리고 선물이 어떻게 움직이는가를 보기 위해서 코스피200 정도는 추가해두기 바란다.

## 단축키 만들기

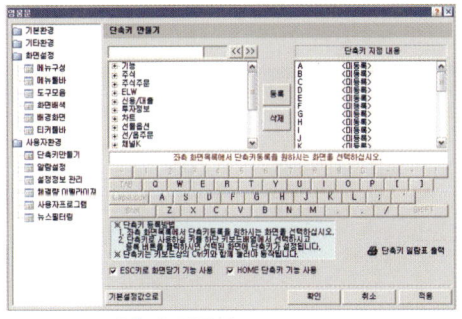

그림 1-11 | 단축키 만들기

그다음으로 살펴볼 것은 단축키 만들기이다. 이러한 기능은 사실 많이 사용하지도 않고 관심을 두지 않는다. 하지만 하나의 화면 가득 차트나 창을 띄워두고 보는 사람은 주문 창을 띄우려고 할 때 힘들어질 수 있다.

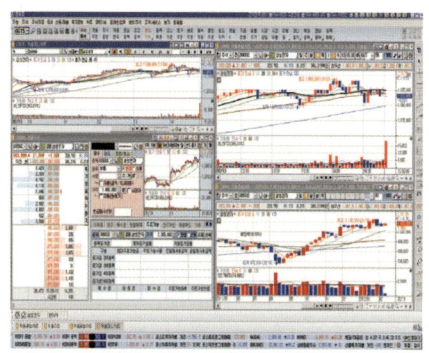
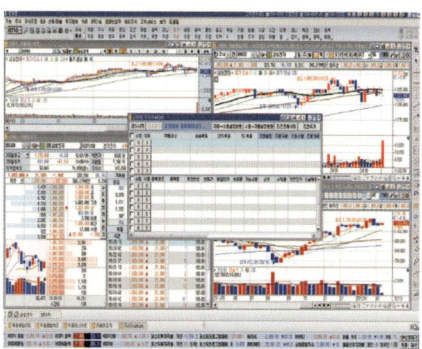

그림 1-12 | 단축키 만들기 예시-1 　　　그림 1-13 | 단축키 만들기 예시-2

　그럴 경우 위에 주문 창을 띄울 수 있는 단축키를 만들어두면 마우스로 찾아 클릭해야 하는 번거로움을 줄일 수 있다. 타이밍과 시간의 예술인 주식에서 1초도 짧은 시간이 아니라는 것을 명심한다면 편하고 빠른 방법이 될 수 있는 단축키 만들기를 고려해보는 것도 좋다.

## 메뉴툴바

그림 1-14 | 메뉴툴바

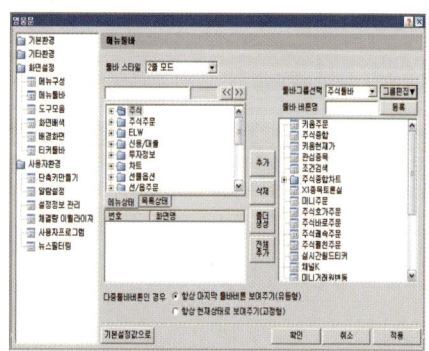

　메뉴툴바는 그룹 편집에서 새로운 그룹을 만들고 원하는 메뉴를 원하는 순서대로 추가할 수 있다. 그러면 쉽고 빠르게 자신이 사용하고 싶은 기능들을 바로 쓸 수 있다.

그림 1-15 | 메뉴툴바 예시

## 알람 설정

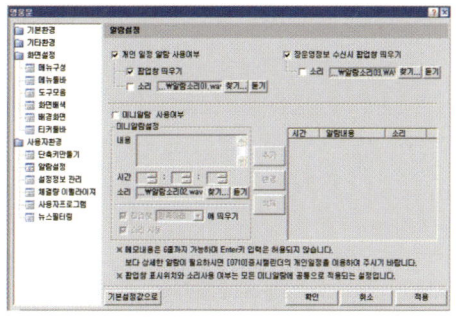

그림 1-16 | 알람 설정

마지막으로 알람 설정이다. 아직 시간관리에 익숙하지 않은 분들에게 유용한 메뉴이다. 예를 들어 2시 40분 정도에 장 마감시간이 얼마 남지 않았다는 것을 알려줄 수도 있으며, 시간외 단일가 시장이 열리는 시간과 마감시간을 미니 알람을 통해서도 알 수 있다. 오랜 경험과 노력을 통해서 시간관리가 몸에 베인 프로 투자자가 아닌 이상 작지만 이러한 기능을 통해서 자신의 시간관리를 익히는 것은 굉장히 중요하다.

## 09 차트의 모든 것

**과거** 개인투자자는 미래에셋과 키움의 HTS를 많이 사용하였다. 이동통신사 중에서 LG텔레콤이 더 싼데도 불구하고 브랜드 이미지 때문에 SK텔레콤을 많은 사람이 사용하듯이 미래에셋의 경우 수수료도 키움에 비해서 비싸지만 브랜드 이미지 때문에 사용하는 사람들이 제법 있었다. 키움의 경우 HTS 수수료가 큰 소득원이기 때문에 HTS에 많은 정성을 기울였다. 하지만 상대적으로 펀드 수수료가 큰 수익원인 미래에셋의 경우 HTS에 많은 노력을 기울이지 않았다. 요즘은 미래에셋의 펀드에서 수익이 줄어들면서 HTS에 많이 신경 쓰고 있는 것처럼 보이지만 그래도 키움에 비하면 조금 떨어진다는 느낌이다.

차트의 모든 것을 설명하려고 하면 결국은 기술적 분석의 대부분과 보조지표에 대한 설명이 모두 들어갈 수밖에 없다. 기술적 지표에 대한 자세한 설명은 3부에서 다시 설명을 하도록 하고, 여기서는 다양한 차트와 차트에 속해 있는 것들 중 초보투자자들이 알아두면 좋은 것들에 대해 설명하려고 한다.

### 키움종합차트

그림 1-17 | 키움종합차트 창

〈그림 1-17〉은 키움종합차트이다. 키움종합차트는 주식, 업종, 선물, 해외 증시를 모두 볼 수 있기 때문에 종합차트라고 한다. 만약 주식차트만 본다면 키움식 차트와 똑같다. 우선 그림에서 하이닉스의 이름 아래를 보면 네모난 상자가 있는데, 이것을 누르면 차트 안에서 호가 창을 볼 수 있다.

### 미니 호가

그림 1-18 | 미니 호가

차트 창 안에서 캔들의 움직임과 호가 창을 한꺼번에 볼 수 있다. 차트와 함께 호가 창을 보기 위해서 창을 열었다 닫았다 할 필요 없이 차트 창 안에서 두 가지를 볼 수 있기 때문에 매우 편리하다.

### 전환/추가 버튼

그림 1-19 | 전환/추가 버튼

차트의 종목 코드 칸 옆에 '전'이라는 버튼이 있다. 이것을 누르면 '추'로

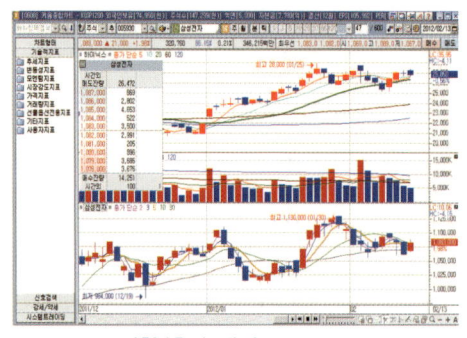

그림 1-20 | 전환/추가 예시

변하는데 '전'은 전환을 뜻하고 '추'는 추가를 뜻한다. 전환으로 맞춰둔 뒤 종목을 검색하면 차트 창은 검색한 종목으로 전환된다.

하지만 '추'로 맞춰 놓으면 검색한 종목이 차트 창 아래에 추가된다. 이러한 방법을 통해서 대장주와 2등주를 하나의 창에서 같이 볼 수도 있다.

### 복합비교차트

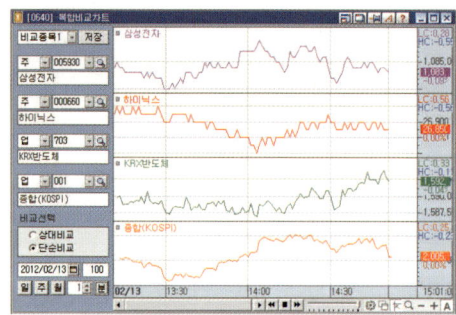

그림 1-21 | 복합비교차트 창

이와 비슷한 기능으로 복합비교차트(차트)비교차트)복합비교차트)가 있다. 이것을 통해서 여러 차트의 움직임을 비교할 수 있다. 복합비교차트는 대장주의 변화를 빠르게 찾아내는 데 유용하게 사용할 수 있다.

### 일주월차트

많은 사람들이 일간, 주간, 월간 차트를 함께 비교하는데, 이러할 때 사용하

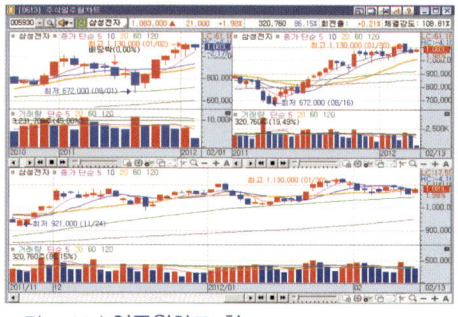

기 좋은 기능이 일주월차트(차트〉주식차트〉주식일, 주, 월차트)이다. 여러 가지 세팅을 하거나 계속 클릭할 필요가 없이 한 창에서 일간, 주간, 월간 차트를 한꺼번에 볼 수 있다는 점에서 유용하다.

그림 1-22 | **일주월차트 창**

### 미니차트

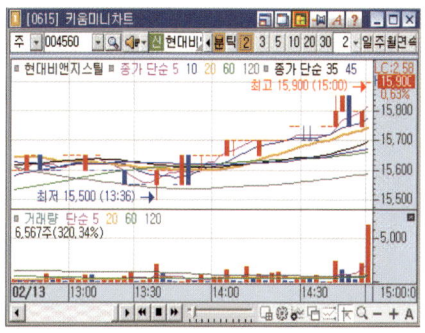

그림 1-23 | **미니차트 창**

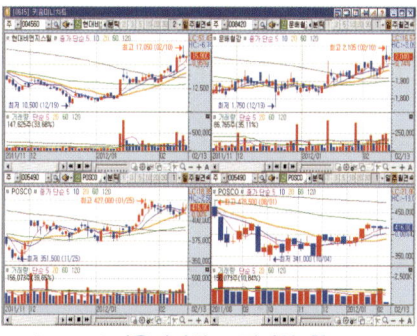

그림 1-24 | **키움미니차트 멀티화 창**

키움증권에는 미래에셋같이 멀티차트 같은 창이 따로 없다. 하지만 그 기능을 대신 하는 것이 키움미니차트이다. 이 창의 오른쪽 상단에 있는 버튼들 중에서 왼쪽에서 세 번째 버튼인 '가로×세로' 버튼을 누르면 원하는 만큼의 멀티 창을 만들 수 있다.

이것을 통해서 여러 개의 분 차트를 함께 본다거나 일주월 차트를 원하는 식으로 세팅하는 것 역시 가능하다. 또는 각각의 차트에 다른 지표를 사용하거나 각기 다른 이동평균선을 두고 사용할 수도 있다.

Part3 주식투자의 무기, HTS

## 미니모아차트

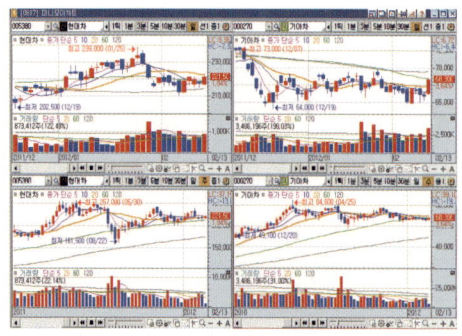

그림 1-25 | 미니모아차트 창

미니차트와 비슷한 차트로는 미니모아차트가 있다. 이것은 각각의 차트를 따로 세팅하는 것이 가능하다는 것을 제외하면 기능은 거의 비슷하다. 사용해보고 편한 것을 선택하면 된다.

## 초보자에게 추천해주고 싶은 기능

HTS는 물론 주식에도 익숙하지 않은 분들에게 추천해주고 싶은 기능으로는 자동추세선, 자동 패턴 분석, 캔들 패턴 분석이다.

### • 자동추세선

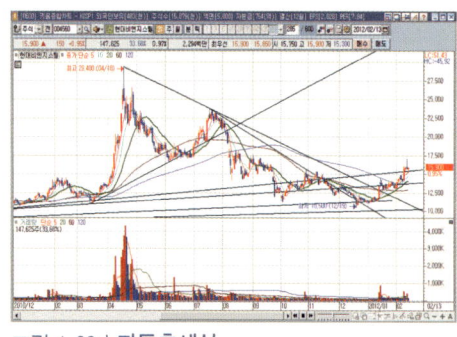

그림 1-26 | 자동추세선

추세선과 지지, 저항이 중요하다는 것은 잘 알고 있을 것이다. 하지만 추세선과 지지선을 긋는 습관이 안 되어 있는 사람들이 많다. 주식은 많이 알고 잘 아는 사람만이 이기는 게임을 하는 것은 아니다. 작은 것이라도 잘 행하는 사람이 돈을 버는 것이다. 우선은 지지, 저항에 익숙해지기 위해서 자동지지선은 왜 이렇게 표시된 것인지에 대해 공부하고 익숙해져야 한다. 장기 지지선으로 시작해서 익숙해지면 스스로 추세선 긋는 연습을 해보자. 그 전까지는 시스템에서 자동으로 그어주는 자동지지선을 사용하면 된다.

• **자동 패턴 분석**

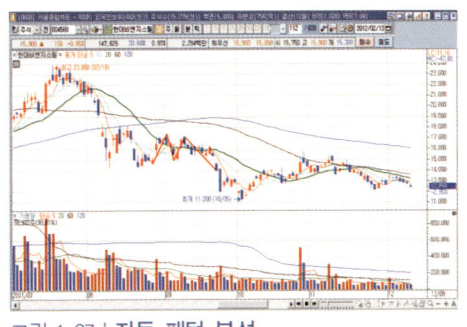

그림 1-27 | **자동 패턴 분석**

아직 갈 길이 먼 분들은 자동 패턴 분석을 사용하는 것이 좋다. 100가지 패턴을 알고 있다고 해도 익숙해지지 않으면 쓸모가 없다. 100가지를 알아도 실전에서 사용하지 못하면 그것은 진짜로 공부한 것이 아니다. 차트에서 쌍봉으로 표시된 부분이 자동 패턴 분석을 사용하지 않고도 쌍봉으로 볼 수 있어야 한다. 그것도 다 내려가서 '아 여기가 쌍봉이구나'라고 알아서는 안 되고, 두 번째 봉우리에서 더 못 올라갈 때 이상하다는 것을 본능적으로 느낄 수 있을 때까지 충분히 익혀야 한다.

• **캔들 패턴 분석**

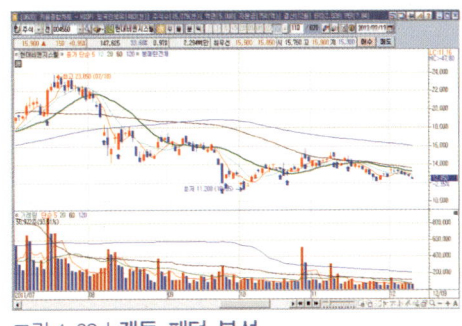

그림 1-28 | **캔들 패턴 분석**

마지막으로 캔들 패턴 분석이다. 캔들 패턴이 다 맞는 것은 아니다. 이것은 당연한 것이다. 왜냐하면 주식은 확률 게임이기 때문이다. 다른 것들을 모두 분석하고 캔들로 인해서 확률이 조금이라도 상승한다면 당연히

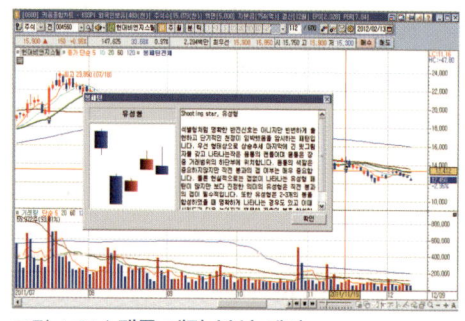

캔들 분석을 해야만 한다. 뜨는 캔들이 있다면 왜 여기서 캔들이 떴는지 공부하고 몸에 익히는 것이 중요하다.

캔들에 마우스 커서를 갖다 대고 두 번 클릭하면 그 패턴에 대한 설명이 자세하게 나온다.

그림 1-29 | 캔들 패턴 분석 예시

꾸준히 읽고 패턴을 분석해보면서 많이 공부하고 익히자.

# 10 주문하기

주식에 대해서 아무리 제대로 분석한다고 해도 매수와 매도가 되지 않는다면 결국 아무것도 한 것이 아니다. 주문이야말로 전쟁터의 제일 앞에서 싸우고 있는 전투병이다. 분석을 통해서 필승의 전략을 세웠다고 해도 실제로 전략을 실행해주는 것은 매수와 매도이기 때문이다.

실제로 스캘퍼●들의 매매법을 알려줘도 보통사람들은 따라 하지 못한다. 그들 역시도 자신의 몸에 주문하는 법을 익히기 위해서 엄청난 시간이 들었다고 말한다. 그렇기 때문에 주식투자의 마무리를 잘하기 위해서는 주문에 대해서 잘 알고 있어야만 한다. 먼저 실제로 주문을 하기 전에 주문과 관련된 용어들을 살펴보도록 하자.

---

● 스캘퍼: 몇 초~몇 분가량의 아주 짧은 시간 동안의 가격 변동을 보고 하는 초단타 매매 기법으로 하루에 수십~수백 번씩 주식을 사고팔면서 수익을 노리는 사람을 일컫는 말이다.

## 주문과 관련된 용어

### • 지정가(보통 주문)

종목, 수량, 가격을 지정하는 주문으로 가장 많이 사용하는 주문 방법이다. 보통 지정가를 사용해서 매도를 걸어두거나, 떨어질 만한 부분을 예상해서 매수 물량을 올려둔다. 호가 창의 움직임에 따라 지정가 주문은 여러 가지 전략으로도 사용된다. 적어도 지정가에 대해 명확하게 이해하지 못하고 있다면 호가의 움직임을 이해하는 데 한계가 있다.

### • 시장가

가격을 정하지 않고 즉시 매수와 매도를 하는 방법이다. 대체로 많은 사람이 시장가를 이용하여 매도를 할 때 잘못하는 점이 있는데, 바로 던지는 '타이밍'이다. 아무리 사람이 빨라도 스톱로스에 걸려 있는 컴퓨터를 따라갈 수 없다. 물량이 한꺼번에 나올 때 한발 늦게 시장가로 던져 놓고서는 자신은 손절을 잘했다고 뿌듯해한다.

초반에 이상한 기류가 감지된다면 바로 시장가 매도를 사용하는 것이 좋다. 엄청난 급락이 나오겠다 싶으면 어쩔 수 없이 시장가로 던져야겠지만, 출렁임에 한발 늦을 것 같다고 생각된다면 지정가로 걸어두는 것이 좋다. 욕심을 부리지 않는다면 반등 시 시장가보다 비싼 가격에 팔 수 있다. 이렇게 시장가 역시 지정가만큼 실전에서의 이해가 반드시 필요하다.

### • 조건부 지정가

조건부 지정가는 오후 동시호가 전까지 주문이 체결되지 않을 경우 오후 동시호가에서 시장가 주문으로 전환하는 것을 조건으로 하는 주문이다. 다음 날까지 들고 갈 생각을 가지고 주식을 장 후반에 매수하려고 할 때 사용하면 유용하다.

• 최우선 지정가

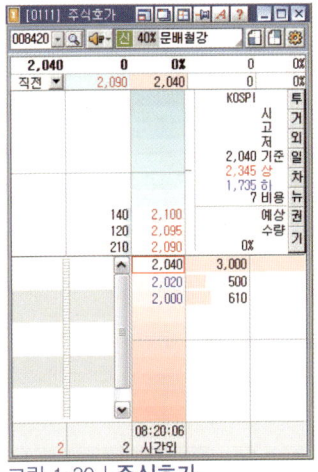

그림 1-30 | 주식호가

개념을 설명하려면 어렵게 느껴질 수 있기 때문에 예를 들어 설명하려고 한다. 문배철강의 호가 창에서 최우선 지정가로 주문을 넣게 되면 가격을 적어 넣는 부분이 사라진다. 그러면 매수량만 정하면 된다.

예를 들어 최우선 지정가에 100주를 매수한다면 2,040원에 매수 물량이 쌓인다. 결국 최우선적으로 매수될 수 있는 매수 대기 물량에서 매수를 하겠다는 의미이다. 적어도 가격을 써넣는 시간만큼은 벌 수 있다.

• 최유리 지정가

최유리 지정가에 문배철강을 100주 매수한다면 2,090원에 매수를 하게 된다. 이는 시장가 매수와도 비슷하다. 하지만 시장가는 모든 물량을 매수할 때까지 가격은 점점 올라가지만 최유리 지정가는 매수한 뒤에 매수하지 못한 물량은 매수 대기 물량으로 바뀐다. 이것 역시 지정가에서 가격을 써넣는 시간만큼 벌 수 있어 조금 더 빠르게 매수 또는 매도할 수 있다.

• Fill or Kill(FOK)

전량이 체결되지 않으면 전체 주문을 취소하는 것이다. 한 번에 매수 혹은 매도하기 위해 주문을 넣으려고 할 때 누가 자신의 주문보다 빠르게 빼서 가버리면 주문에서 몇 주가 남게 되면서 매수 대기량 혹은 매도 대기량이 되어서 미체결로 계속 남게 된다. 상승하면서 내려오지 않는데 미체결이 있을 경우에는 신경 쓰일 수 있다. 그런 것이 싫다면 FOK를 사용한다.

- **Immediate or Cancel(IOC)**

체결 후 미체결 전량은 즉시 취소가 된다. 예를 들어 350주를 1,000원에 매수 주문을 넣었는데 250주밖에 매도 대기에 걸려 있지 않다면 250주만 체결되고 100주는 취소된다. FOK처럼 미체결 물량이 신경 쓰일 경우 사용하면 된다.

### 실제 주문하기

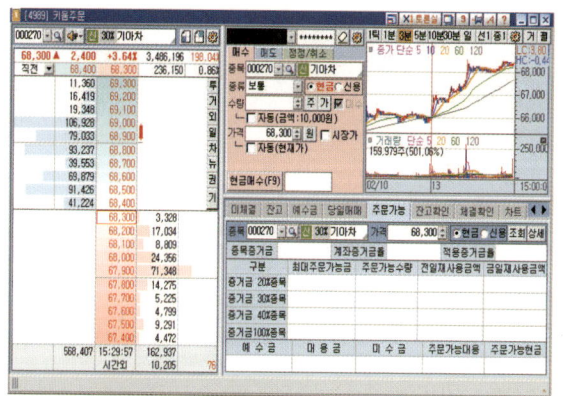

그림 1-31 | 키움 주문 창

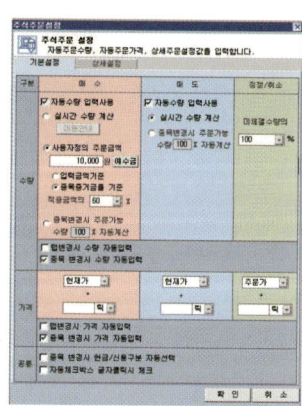

그림 1-32 | 주식 주문 설정

주문과 관련된 용어에 대한 설명은 끝났다. 이제 실제 주문하는 법을 살펴보자. 가장 기본이 되고 많이 사용되는 키움 주문 창이다. 매수/매도에서 미체결, 잔고, 주문 가능 창들은 자주 보게 되는 창들이다. 특히 주문 가능의 경우 바로 어느 정도 매수가 되는지 알려주기 때문에 생각보다 많이 보게 된다.

• 자동수량 입력

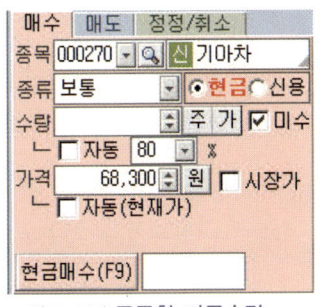

그림 1-33 | 주문창 자동수량

수량을 써넣거나 가진 돈에서 계산하기 힘든 경우가 많다. 그럴 때는 자동수량 입력을 클릭하면 '자동'이라는 부분이 생기는데 이 부분을 클릭하면 퍼센트로 매수 또는 매도할 수 있다.

그리고 매번 같은 금액으로 계속 사고팔게 된다면 사용자 지정금액을 이용하면 된다. 이 경우는 '자동'을 체크할 경우 그 금액만큼을 항상 매수, 매도한다.

• 주식바로주문

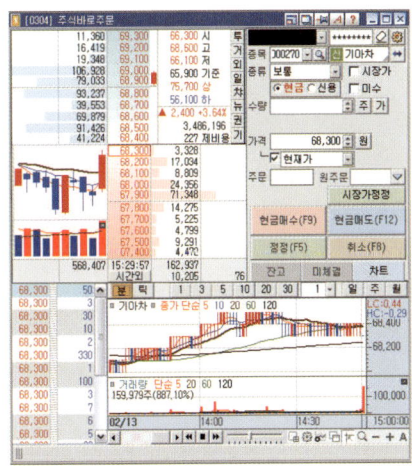

그림 1-34 | 주식바로주문 창

주식바로주문은 키움주문에서 매수, 매도, 정정 탭을 사용하지 않고 단축키로 주문을 할 수 있다. 단축키를 사용한다는 점에서 여러 가지 방법을 다양하게 사용할 수 있다.

이것 역시 사용하기에 따라서 좀 더 빠르고 편리하게 주문을 할 수 있다. 이것과 비슷한 것으로 미래에셋에는 '떴다주문'이 있다.

• 주식호가주문

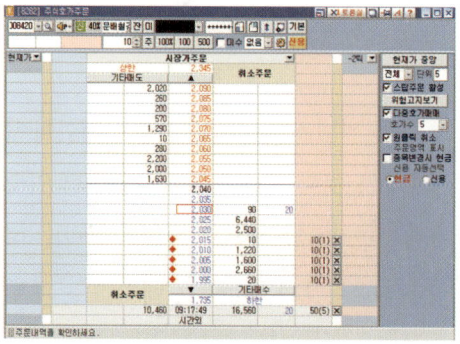

그림 1-35 | 주식호가주문 창

주식호가주문 역시 굉장히 유용한 기능들이 있다. 바로 수량을 써두고 호가를 클릭하면 바로 주문이 가능하며, 한 번 클릭으로 주문을 취소할 수도 있다. 또한 스톱주문으로 호가에 거래되면 자동으로 주문이 되도록 하는 편리한 기능도 있다. 그리고 호가를 보다 보면 가끔 한꺼번에 같은 수량의 주문이 깔리는 것을 볼 수 있는데 그 기능 역시 여기에 있는 다중호가매매라는 기능을 사용한 것이다.

예를 들어 10주를 2,015원부터 1,995원까지 매수하고 싶다면 다중호가매매를 클릭하고 호가 수를 5개로 바꾼다. 이렇게 10주를 맞춰두고 2,015원의 매수 창을 더블클릭하면 5개의 주문이 한꺼번에 들어가게 된다. 매우 유용한 기능이므로 잘 이용하면 편리하다.

• 주식쾌속주문

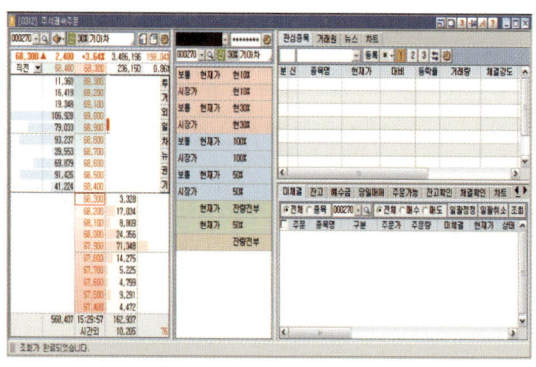

그림 1-36 | 주식쾌속주문 창

주식쾌속주문은 주문과 퍼센트를 정해놓고 마우스 클릭으로 바로 주문을 넣을 수 있다. 주식바로주문의 마우스 버전이라고 할 수 있다. 전략에 맞는 주문을 넣어

둔 뒤 바로 주문이 가능하다는 점에서 역시 많이 사용하는 기능이다. 변동이 빠른 호가 창의 움직임에 다양한 대응을 할 수 있다는 점에서 유용하다.

• **주식바이앤셀주문**

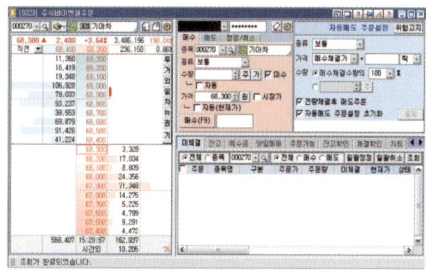

그림 1-37 | **주식바이앤셀주문 창**

주식바이앤셀 주문은 주식을 사는 동시에 자동으로 매도주문이 들어가게 된다. 정말 빠르게 상하로 움직이는 주식에서 안전하게 수익을 올리는 데 사용할 수도 있다. 주식바이앤셀주문 역시 폭락할 때 매매 수수료보다 더 낮은 가격에서 매수할 경우 사용하면 편리하다.

• **시간외 단일가주문 종합**

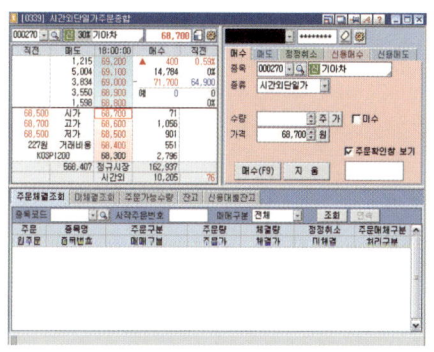

그림 1-38 | **시간외 단일가주문 종합 창**

마지막으로 시간외 단일가주문 종합이다. 정규 매매시간(오후 3시)에 장이 마감한 후 3시~3시 30분까지를 시간외 종가시간이라고 한다. 시간외 종가시간에는 당일의 종가로만 주문이 가능하다. 3시부터 3시 10분까지는 주문만 가능하며, 3시 10분부터 3시 30분까지 체결 수량이 있으면 실시간으로 체결된다.

시간외 단일가는 이 시간외 종가시간이 끝난 후 3시 30분부터 6시까지 상·하한가 범위 내에서 종가 기준 ±5% 범위 내에서 가격이 결정되며, 30분 단위(4시, 4

시 반, 5시, 5시 반, 6시)로 총 5번 체결된다. 즉 상한가에서 마감이 되었다면 ±5% 사이에서만 거래가 된다는 뜻이다. 장 마감 후에도 공시나 뉴스가 나올 경우, 혹은 장이 끝난 후 거래를 하고 싶을 때 유용하게 사용할 수 있다.

# 11 관심종목 설정하기

**많이** 사용하게 될 관심종목 창이다. 함께 연동되는 종목들을 그룹을 나누어서 저장해두거나 그날의 관심종목들을 그룹으로 만들어놓으면 편리하게 사용할 수 있다. 자신만의 관심종목을 만들고 종목들을 매매법별로 그룹을 만들어 정리해두면 편리하게 사용할 수 있다.

그림 1-39 | 관심종목

## 관심종목 설정

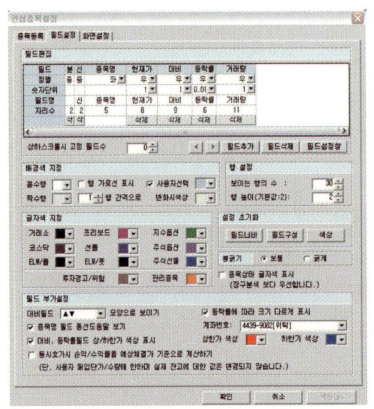

그림 1-40 | 관심종목 설정 창

관심종목 설정은 상단의 등록키를 이용해 설정할 수 있다. 관심종목 설정 창에서 필드 설정을 클릭하면 관심등록 필드를 편집할 수 있다. 원하는 자료를 넣거나 제거하여 자신이 원하는 내용을 실시간으로 볼 수 있다.

## 메모와 북마크

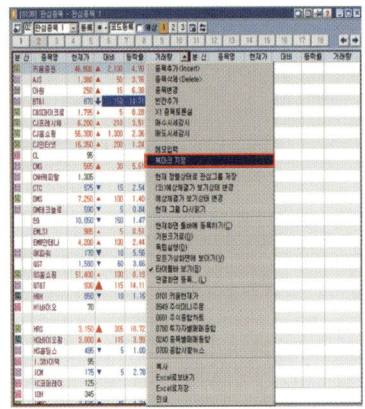

그림 1-41 | 메모와 북마크 보기

관심종목에 추가된 종목에 마우스 오른쪽을 클릭하면 북마크와 메모장이 나오는데, 그것 역시 유용하게 사용할 수 있는 기능이다. 많은 경험과 공부를 하지 않는 이상 종목을 한 번 보고 개명 전의 명칭이 무엇인지, 어떤 특징을 가지고 있는지 등 모든 것을 기억하기는 힘들다. 그렇다면 메모장 사용을 추천한다.

그리고 북마크는 종목에 색을 넣을 수 있다. 관심종목으로 각각을 구성해두어도 그 중에서도 중요하고 관심을 가져야 하는 종목이 나올 수 있다. 그렇다면 그 종목에 색을 입혀서 눈에 더 잘 띄도록 만들 수 있다.

# 12
# 스톱 & 스톱로스 & 감시

**많은** 활용도를 가진 화면 중에 하나가 바로 스톱주문과 스톱로스주문이다. 스톱과 스톱로스는 주문까지 자동으로 넣어주지만 감시는 그 가격이 오면 알려주는 기능을 가지고 있다. 이러한 스톱과 스톱로스는 개별적으로도 사용가능하지만 주식의 매입과 매도라는 큰 줄기에서 동시에 사용할 수 있다.

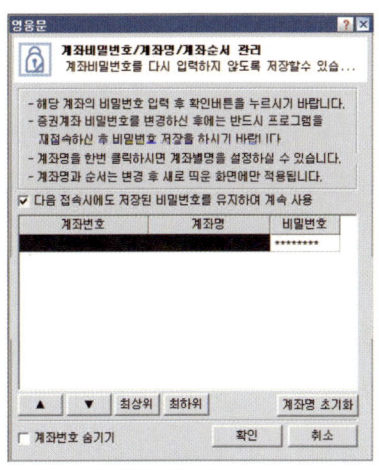

그림 1-42 | 계좌비밀번호

스톱주문과 스톱로스를 사용하기 위해서는 반드시 '기능〉계좌비밀번호 관리'에서 계좌의 비밀번호를 미리 입력하여야 사용이 가능하다.

Part3 주식투자의 무기, HTS

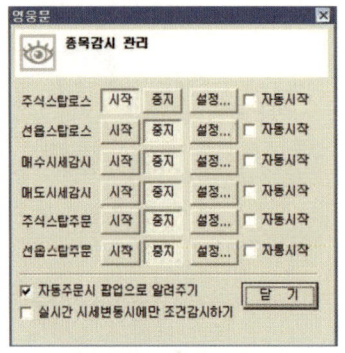

그림 1-43 | 종목감시 관리

또한 미리 감시조건을 설정한 후 저장해야만 종목을 감시할 수 있다. 하지만 뒤에 설명할 종목감시는 관리화면에서 종목감시가 시작되었다면 화면을 종료하더라도 시세 감지 및 자동주문이 실행된다. 단순하게 스톱주문은 매수하는 데 쓰이고, 스톱로스 주문은 매도 시에 사용할 수 있다.

### 주식 스톱주문

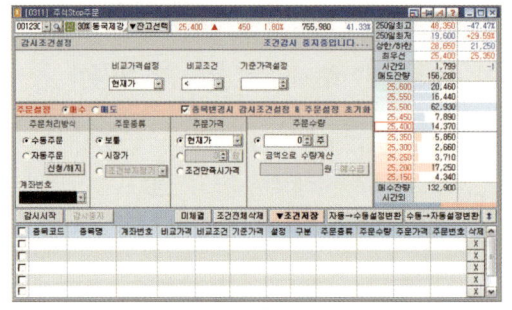

그림 1-44 | 주식 스톱주문 창

스톱주문은 감시 중인 종목에 대해서 현재가 또는 매도호가로 지정한 가격이 되면 매수 주문이 나가게 된다. 어느 지지선을 넘어섰을 때 자동으로 매수를 하거나 지지선 이하로 떨어졌을 때 자동으로 매수하게 된다. 원칙적으로 스톱 주문은 매수만 가능하지만 많은 고객의 요청으로 매도, 즉 스톱로스 기능까지 첨부되었다. 그렇기 때문에 혹시라도 스톱주문 창에 왜 매도가 있는지 혼란스러워 하지 말자.

- '현재가<1,000원'으로 설정한다면 현재가가 1,000원보다 가격이 낮아질 때 주식 스톱이 움직이게 된다.
- '현재가=1,000원'으로 설정한다면 현재가가 1,000원이 될 때 주문이 시작된다.

- '현재가 ≦ 1,000원' 이라면 당연히 1,000원보다 낮다면 주문이 시작된다.
- '현재가 ≧ 1,000원' 이라면 1,000원보다 현재가가 높아질 때 주문이 실행된다.

## 주식 스톱로스주문

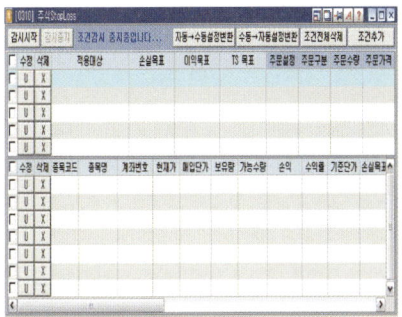

그림 1-45 | 주식 스톱로스주문 창

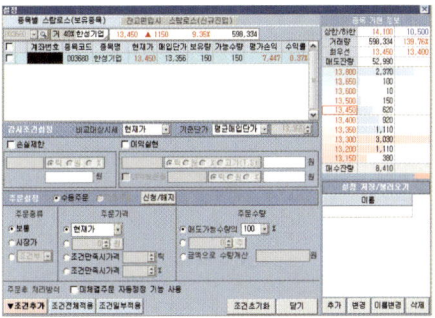

그림 1-46 | 주식 스톱로스주문 설정 창

스톱주문이 매수하는 주문이라면 스톱로스는 자동으로 매도를 하게 되는 주문이다. 간단하게 손실이나 이익을 조건으로 지정하여 이익을 확보할 때 사용하거나, 손실이 클 경우 더 이상 손실이 늘어나는 것을 막아준다. 초보투자자들은 손절할 때 망설이다가 타이밍을 놓쳐서 더 낮은 가격에 팔거나 아니면 팔지 못하고 계속 보유하게 된다. 그렇기 때문에 손절에 대해서 많은 훈련이 되기 전까지는 스톱로스주문을 사용하는 것이 좋다.

## 매수 시세감시

매수 시세감시와 매도 시세감시는 스톱과 스톱로스보다 조금 더 복잡하다.

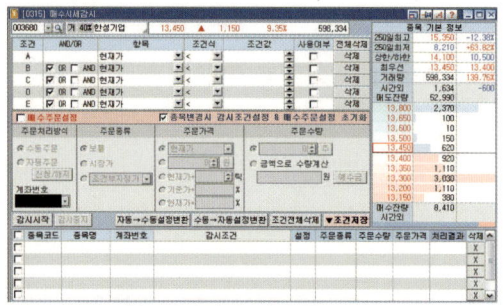

그림 1-47 | 매수 시세감시 설정 창

현재가, 등락률, 체결량, 거래량, 총 잔량 등 다양한 항목에 조건을 지정할 수 있으며 주문을 감시할 수도 있다. 게다가 주문 설정을 해둘 경우 매수주문 창까지 띄울 수 있다.

# 13 **알아**두면 **유용**한 HTS 기능

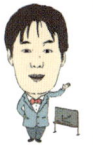

## 시간대별 전일거래비중

[0125] 시간대별 전일비거래비중

003680 거 한성기업 ⊙1분 ○3분 ○5분 ○10분 ○15분 ○30분 ○60분 조회

| 시간 | 체결가 | 전일비 | 등락률 | 체결량 | 거래량 | 순간비율 | 누적비율 |
|---|---|---|---|---|---|---|---|
| 15:27:00 | 13,450 | ▲ 1,150 | +9.35 | 2,037 | 594,247 | 0.47% | 138.80% |
| 15:23:00 | 13,450 | ▲ 1,150 | +9.35 | 1 | 592,210 | 0% | 138.33% |
| 15:19:00 | 13,450 | ▲ 1,150 | +9.35 | 10 | 592,209 | 0% | 138.33% |
| 15:11:00 | 13,450 | ▲ 1,150 | +9.35 | 38 | 592,199 | 0% | 138.33% |
| 15:10:00 | 13,450 | ▲ 1,150 | +9.35 | 4,391 | 592,161 | 1.02% | 138.32% |
| 15:01:00 | 13,450 | ▲ 1,150 | +9.35 | 21,410 | 587,770 | 5.00% | 137.29% |
| 14:49:00 | 13,950 | ▲ 1,650 | +13.41 | 13,470 | 566,360 | 3.14% | 132.29% |
| 14:48:00 | 13,850 | ▲ 1,550 | +12.60 | 11,810 | 552,890 | 2.75% | 129.14% |
| 14:47:00 | 13,700 | ▲ 1,400 | +11.38 | 6,400 | 541,080 | 1.49% | 126.38% |
| 14:46:00 | 13,550 | ▲ 1,250 | +10.16 | 4,130 | 534,680 | 0.96% | 124.89% |
| 14:45:00 | 13,500 | ▲ 1,200 | +9.76 | 4,830 | 530,550 | 1.12% | 123.92% |
| 14:44:00 | 13,550 | ▲ 1,250 | +10.16 | 4,520 | 525,720 | 1.05% | 122.80% |
| 14:43:00 | 13,550 | ▲ 1,250 | +10.16 | 3,980 | 521,200 | 0.92% | 121.74% |
| 14:42:00 | 13,600 | ▲ 1,300 | +10.57 | 14,010 | 517,220 | 3.27% | 120.81% |
| 14:41:00 | 13,400 | ▲ 1,100 | +8.94 | 1,690 | 503,210 | 0.39% | 117.54% |
| 14:40:00 | 13,300 | ▲ 1,000 | +8.13 | 1,790 | 501,520 | 0.41% | 117.14% |
| 14:39:00 | 13,400 | ▲ 1,100 | +8.94 | 9,650 | 499,730 | 2.25% | 116.73% |

그림 1-48 | **시간대별 전일거래비중**

이것은 주가 분석에 시간 개념을 도입하여 일중 주가흐름을 분석할 수 있도록 구성한 화면이다. 대부분의 화면을 보면 장이 시작할 때와 장이 끝날 때 가장 활발한 것을 볼 수 있다.

외국인들의 경우 일정 시간대 동안 주가의 평균값을 기준으로 매수 및 매도 주문을 내는 경우가 많다. 따라서 이 화면을 크게 다음 두 가지의 경우로 사용할 수 있다.

첫째, 해당 종목을 주로 사는 시간대를 파악할 수 있다. 조회 항목 중에서 순간비율이 있는데, 이 항목을 잘 관찰하면 특정 시간대에 거래비중이 늘어나는 경우가 있다. 이를 통해서 전일에 비해 금일의 집중거래 시간대를 파악해볼 수 있다.

둘째, 주가를 중심으로 시간대를 파악해볼 수 있다. 시간별 주가를 보면 특정 시간 동안 주가가 정체 혹은 하락 압력을 거두는 시간대가 있다. 이 시간대 이후의 거래를 보면 순간비율이 늘어나면서 주가가 상승 혹은 하락하게 되는데, 이를 통해서 세력의 성격을 잡아낼 수 있다.

## 일별 주가

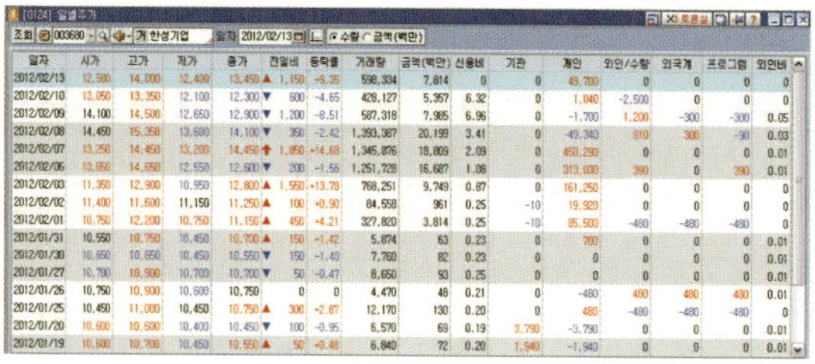


| 일자 | 시가 | 고가 | 저가 | 종가 | 전일비 | 등락률 | 거래량 | 금액(백만) | 신용비 | 기관 | 개인 | 외인/수량 | 외국계 | 프로그램 | 외인비 |
|---|---|---|---|---|---|---|---|---|---|---|---|---|---|---|---|
| 2012/02/13 | 12,500 | 14,000 | 12,400 | 13,450 ▲ | 1,150 | +9.35 | 598,334 | 7,814 | 0 | 0 | 49,700 | 0 | 0 | 0 | 0 |
| 2012/02/10 | 13,050 | 13,350 | 12,100 | 12,300 ▼ | 600 | -4.65 | 428,127 | 5,357 | 6.32 | 0 | 1,040 | -2,500 | 0 | 0 | 0 |
| 2012/02/09 | 14,100 | 14,500 | 12,650 | 12,900 ▼ | 1,200 | -8.51 | 587,318 | 7,985 | 6.96 | 0 | -1,700 | 1,200 | -300 | -300 | 0.05 |
| 2012/02/08 | 14,450 | 15,350 | 13,600 | 14,100 ▼ | 350 | -2.42 | 1,393,387 | 20,199 | 3.41 | 0 | -49,340 | 910 | 300 | -90 | 0.03 |
| 2012/02/07 | 13,250 | 14,450 | 13,200 | 14,450 ↑ | 1,850 | +14.68 | 1,345,876 | 18,809 | 2.09 | 0 | 450,290 | 0 | 0 | 0 | 0.01 |
| 2012/02/06 | 13,650 | 14,650 | 12,550 | 12,600 ▼ | 200 | -1.56 | 1,251,728 | 16,687 | 1.08 | 0 | 313,030 | 390 | 0 | 390 | 0.01 |
| 2012/02/03 | 11,350 | 12,900 | 10,950 | 12,800 ▲ | 1,550 | +13.78 | 768,251 | 9,749 | 0.87 | 0 | 161,250 | 0 | 0 | 0 | 0 |
| 2012/02/02 | 11,400 | 11,600 | 11,150 | 11,250 ▲ | 100 | +0.90 | 84,558 | 961 | 0.25 | -10 | 19,920 | 0 | 0 | 0 | 0 |
| 2012/02/01 | 10,750 | 12,200 | 10,750 | 11,150 ▲ | 450 | +4.21 | 327,820 | 3,814 | 0.25 | -10 | 85,500 | -480 | -480 | -480 | 0 |
| 2012/01/31 | 10,550 | 10,750 | 10,450 | 10,700 ▲ | 150 | +1.42 | 5,874 | 63 | 0.23 | 0 | 700 | 0 | 0 | 0 | 0.01 |
| 2012/01/30 | 10,650 | 10,650 | 10,450 | 10,550 ▼ | 150 | -1.40 | 7,760 | 82 | 0.23 | 0 | 0 | 0 | 0 | 0 | 0.01 |
| 2012/01/27 | 10,700 | 10,900 | 10,700 | 10,700 ▼ | 50 | -0.47 | 8,650 | 93 | 0.25 | 0 | 0 | 0 | 0 | 0 | 0.01 |
| 2012/01/26 | 10,750 | 10,900 | 10,600 | 10,750 | 0 | 0 | 4,470 | 48 | 0.21 | 0 | -480 | 480 | 480 | 480 | 0.01 |
| 2012/01/25 | 10,450 | 11,000 | 10,450 | 10,750 ▲ | 300 | +2.87 | 12,170 | 130 | 0.20 | 0 | 480 | -480 | -480 | -480 | 0 |
| 2012/01/20 | 10,600 | 10,600 | 10,400 | 10,450 ▼ | 100 | -0.95 | 6,570 | 69 | 0.19 | 3,790 | -3,790 | 0 | 0 | 0 | 0.01 |
| 2012/01/19 | 10,600 | 10,700 | 10,450 | 10,550 ▲ | 50 | +0.48 | 6,840 | 72 | 0.20 | 1,940 | -1,940 | 0 | 0 | 0 | 0.01 |

그림 1-49 | **일별 주가 창**

원하는 종목의 수량과 금액에 따른 주가의 수급을 한눈에 파악할 수 있다. 특히 기관과 외국인, 프로그램 매매● 일별 현황을 볼 수 있다. 이는 수급에 큰 영향을 미치는 요인이나 어떠한 곳에서 관심을 가지고 있는지 알 수 있다. 수급의 주체가 누구인지를 파악하는 것 역시 주식을 관찰할 때 중요한 점임을 명심해야 한다.

---

● **프로그램 매매:** 주가지수선물과 현물주가(KOSPI 200지수)의 가격 차이를 이용하여 현물과 선물을 동시에 사고팔아 차익을 남기는 것을 말한다. 주가 등락에 관계없이 항상 일정한 수익을 얻을 수 있기 때문에 투자 리스크는 거의 '제로'에 가깝다. 프로그램 매매는 '바스켓 매매'라고 부르기도 하는데 그 기원은 1976년 뉴욕 증시와 아메리칸 증시에서 가동되기 시작한 DOT(Designated Order Turnaround)라는 주문 시스템이다. 프로그램 매매에서 중요한 점은 개별 종목을 사고팔듯 여러 주식으로 구성된 주식 바스켓을 한꺼번에 사고판다는 데 있다. 즉 선물이 높게 평가되어 있으면 선물을 팔아 현물을 싸게 살 수 있으므로 프로그램 매수가 일어난다. 반면에 선물이 낮게 평가되어 있으면 선물을 사기 위해 현물을 팔아야 하기 때문에 프로그램 매도가 나온다. 그러나 수많은 현물주식과 선물 종목으로 구성되어 있는 바스켓 종목을 한꺼번에 사고팔 수는 없어 컴퓨터 프로그램을 통해 빠른 속도로 미리 등록된 종목들을 하나하나 주문하여 처리한다.

### • 자사주 일별 추이

[0262] 자사주일별추이

코드 008080 삼양옵틱스 조회

| 일자 | 구분 | 장전신청 | 장중신청 | 시간외신청 | 체결수량 | 체결가 | 전일비 | 등락율 | 거래량 |
|---|---|---|---|---|---|---|---|---|---|
| 2012/02/13 | 직접매수 | | 350,000 | | | 1,025 ▲ | 15 | +1.49% | 2,363,349 |
| 2012/02/10 | 직접매수 | | 350,000 | | | 1,010 ▲ | 5 | +0.50% | 2,283,776 |
| 2012/02/09 | 직접매수 | | 400,000 | | 60,000 | 1,005 ▼ | 5 | -0.50% | 3,219,694 |
| 2012/02/08 | 직접매수 | | 500,000 | | 500,000 | 1,010 ▼ | 30 | -2.88% | 5,597,681 |
| 2012/02/07 | 직접매수 | | 500,000 | | | 1,040 ▼ | 5 | -0.48% | 8,646,061 |
| 2012/02/06 | 직접매수 | | 500,000 | | | 1,045 ▼ | 15 | -1.42% | 3,005,691 |
| 2012/02/03 | 직접매수 | | 500,000 | | 500,000 | 1,060 ▲ | 20 | +1.92% | 5,500,682 |
| 2012/02/02 | 직접매수 | | 500,000 | | 500,000 | 1,040 ▼ | 20 | -1.89% | 3,733,101 |
| 2012/02/01 | 직접매수 | | 500,000 | | 20,000 | 1,060 ▼ | 10 | -0.93% | 5,119,468 |
| 2012/01/31 | 직접매수 | | 500,000 | | 22,220 | 1,070 ▲ | 10 | +0.94% | 2,122,338 |
| 2012/01/30 | 직접매수 | | 500,000 | | 110,000 | 1,060 ▼ | 35 | -3.20% | 2,506,866 |
| 2012/01/27 | 직접매수 | | 500,000 | | 50,000 | 1,095 ▲ | 5 | +0.46% | 2,270,169 |
| 2012/01/26 | 직접매수 | | 500,000 | | 50,000 | 1,090 ▲ | 20 | +1.87% | 2,470,135 |
| 2012/01/25 | 직접매수 | | 500,000 | | 306,790 | 1,070 ▲ | 25 | +2.39% | 2,609,185 |
| 2012/01/20 | 직접매수 | | 500,000 | | 30,000 | 1,045 ▲ | 40 | +3.98% | 4,020,121 |

그림 1-50 | **자사주 일별 추이 창**

수급을 보면서 또 하나 같이 볼 수 있는 것이 바로 자사주 일별 추이다. 만약 회사에서 주가 방어에 힘쓰겠다고 말하면 그 기업에는 호재로 작용한다. 그러나 말하지 않고 조용히 회사의 주식을 사들일 수도 있다. 어떤 방식으로든 회사의 주식을 사들인다는 것은 자신의 회사에 자신감이 있다는 말이 된다. 이 경우 장기투자를 하는 것도 어느 정도 안전하다고 볼 수 있다.

## 종목별 신용 매매 동향

[0141] 종목별 신용매매동향

010060 OCI 2012/02/13 ⊙ 융자 ○ 대주 조회 연속 차트

| 일자 | 현재가 | 전일비 | 거래량 | 신규 | 상환 | 잔고 | 금액(백만) | 대비 | 공여율 | 잔고율 |
|---|---|---|---|---|---|---|---|---|---|---|
| 2012/02/10 | 304,500 | ▲ 2,500 | 776,893 | 55,495 | 49,597 | 389,520 | 78,062 | 5,898 | 9.64 | 1.62 |
| 2012/02/09 | 302,000 | ▲ 23,500 | 1,300,645 | 64,298 | 77,751 | 383,622 | 76,879 | -13,453 | 11.09 | 1.60 |
| 2012/02/08 | 278,500 | ▲ 7,000 | 575,103 | 68,573 | 63,301 | 397,039 | 78,615 | 5,272 | 17.18 | 1.66 |
| 2012/02/07 | 271,500 | ▼ 3,000 | 579,147 | 52,683 | 68,381 | 391,767 | 77,006 | -15,698 | 12.47 | 1.63 |
| 2012/02/06 | 274,500 | ▼ 4,000 | 398,845 | 47,106 | 84,476 | 407,465 | 79,503 | -37,370 | 9.46 | 1.70 |
| 2012/02/03 | 278,500 | ▲ 3,000 | 422,242 | 125,868 | 118,861 | 444,845 | 86,008 | 7,007 | 20.51 | 1.85 |
| 2012/02/02 | 275,500 | ▲ 3,500 | 497,450 | 51,813 | 62,994 | 437,838 | 84,632 | -11,181 | 13.72 | 1.83 |
| 2012/02/01 | 272,000 | ▲ 10,500 | 613,461 | 75,640 | 93,029 | 449,039 | 86,826 | -17,389 | 14.18 | 1.87 |
| 2012/01/31 | 261,500 | ▲ 3,500 | 377,380 | 91,577 | 119,203 | 466,428 | 89,885 | -27,626 | 10.59 | 1.94 |
| 2012/01/30 | 250,000 | ▼ 5,500 | 633,362 | 69,662 | 60,991 | 494,064 | 94,580 | -1,429 | 12.99 | 2.06 |
| 2012/01/27 | 263,500 | ▲ 11,000 | 863,818 | 102,265 | 66,365 | 495,493 | 95,344 | 35,900 | 13.54 | 2.07 |
| 2012/01/26 | 252,500 | ▲ 9,000 | 458,107 | 115,293 | 100,567 | 459,593 | 87,737 | 14,726 | 11.75 | 1.91 |
| 2012/01/25 | 243,500 | ▼ 7,500 | 754,705 | 92,230 | 110,862 | 444,867 | 85,667 | -18,632 | 16.04 | 1.86 |
| 2012/01/20 | 251,000 | ▼ 6,000 | 980,715 | 174,779 | 192,049 | 463,499 | 88,822 | -17,270 | 17.82 | 1.94 |
| 2012/01/19 | 257,000 | ▼ 3,000 | 574,660 | 98,944 | 82,947 | 480,764 | 89,808 | 15,997 | 18.55 | 2.01 |
| 2012/01/18 | 260,000 | ▲ 5,500 | 979,877 | 97,397 | 86,166 | 464,767 | 85,992 | 11,231 | 15.98 | 1.94 |
| 2012/01/17 | 254,500 | ▲ 2,000 | 533,148 | 164,226 | 162,400 | 453,536 | 83,002 | 1,826 | 12.22 | 1.89 |
| 2012/01/16 | 252,500 | ▼ 4,000 | 609,078 | 211,277 | 252,717 | 451,707 | 82,522 | -41,440 | 11.10 | 1.88 |
| 2012/01/13 | 256,500 | ▲ 1,500 | 1,342,640 | 59,018 | 54,457 | 493,147 | 88,560 | 4,561 | 15.90 | 2.06 |
| 2012/01/12 | 255,000 | ↑ 33,000 | 1,901,863 | 38,719 | 43,830 | 488,586 | 88,019 | -5,111 | 11.32 | 2.04 |

그림 1-51 | **종목별 신용 매매 동향 창**

신용거래란 증권회사가 고객으로부터 일정한 돈을 증거금으로 받고, 주식 매입자금(융자)이나 주식을 빌려주는 것(대주)을 말한다.

신용거래보증금은 증권시장의 상황을 파악하는 중요한 수단이 되며, 현금 대신 주식으로 빌려주는 대주와 함께 신용거래로 불린다. 신용거래가 많다는 것은 그만큼 과열되었다는 말이 되며, 위험하다는 의

미이다. 주식의 과열 상태나 위험도를 파악하는 데 유용하다.

### • 공매도 추이

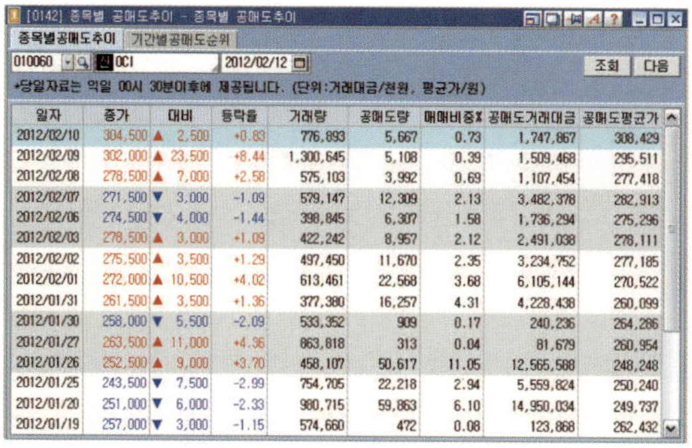
[0142] 종목별 공매도추이 - 종목별 공매도추이

종목별공매도추이 | 기간별공매도순위

010060 OCI 2012/02/12 조회 다음

•당일자료는 익일 00시 30분이후에 제공됩니다. (단위:거래대금/천원, 평균가/원)

| 일자 | 종가 | 대비 | 등락율 | 거래량 | 공매도량 | 매매비중% | 공매도거래대금 | 공매도평균가 |
|---|---|---|---|---|---|---|---|---|
| 2012/02/10 | 304,500 | ▲ 2,500 | +0.83 | 776,893 | 5,667 | 0.73 | 1,747,867 | 308,429 |
| 2012/02/09 | 302,000 | ▲ 23,500 | +8.44 | 1,300,645 | 5,108 | 0.39 | 1,509,468 | 295,511 |
| 2012/02/08 | 278,500 | ▲ 7,000 | +2.58 | 575,103 | 3,992 | 0.69 | 1,107,454 | 277,418 |
| 2012/02/07 | 271,500 | ▼ 3,000 | -1.09 | 579,147 | 12,309 | 2.13 | 3,482,378 | 282,913 |
| 2012/02/06 | 274,500 | ▼ 4,000 | -1.44 | 398,845 | 6,307 | 1.58 | 1,736,294 | 275,296 |
| 2012/02/03 | 278,500 | ▲ 3,000 | +1.09 | 422,242 | 8,957 | 2.12 | 2,491,038 | 278,111 |
| 2012/02/02 | 275,500 | ▲ 3,500 | +1.29 | 497,450 | 11,670 | 2.35 | 3,234,752 | 277,185 |
| 2012/02/01 | 272,000 | ▲ 10,500 | +4.02 | 613,461 | 22,568 | 3.68 | 6,105,144 | 270,522 |
| 2012/01/31 | 261,500 | ▲ 3,500 | +1.36 | 377,380 | 16,257 | 4.31 | 4,228,438 | 260,099 |
| 2012/01/30 | 258,000 | ▼ 5,500 | -2.09 | 533,352 | 909 | 0.17 | 240,236 | 264,286 |
| 2012/01/27 | 263,500 | ▲ 11,000 | +4.36 | 863,818 | 313 | 0.04 | 81,679 | 260,954 |
| 2012/01/26 | 252,500 | ▲ 9,000 | +3.70 | 458,107 | 50,617 | 11.05 | 12,565,588 | 248,248 |
| 2012/01/25 | 243,500 | ▼ 7,500 | -2.99 | 754,705 | 22,218 | 2.94 | 5,559,824 | 250,240 |
| 2012/01/20 | 251,000 | ▼ 6,000 | -2.33 | 980,715 | 59,863 | 6.10 | 14,950,034 | 249,737 |
| 2012/01/19 | 257,000 | ▼ 3,000 | -1.15 | 574,660 | 472 | 0.08 | 123,868 | 262,432 |

그림 1-52 | **종목별 공매도 추이 창**

이와 비슷한 것으로 종목별 공매도[•] 추이가 있다. 기관과 외국인은 최대 일 년까지 공매도가 가능하다. 하지만 개인은 주식을 빌려서 팔고 되갚는 대주거래만 가능하다. 상환기관은 3개월에서 최근에 6개월로 확대되었다. 공매도의 수량 역시 하락시키는 요인이 될 수 있지만 언젠가는 다시 사야 한다는 압력이 있기 때문에 참고로 알아두면 유용하게 사용할 수 있다.

## 특이종목

신고가[•]/신저가[•], 상한가/하한가, 고가/저가 근접, 가격 급등/급락 등 시세

---

•**공매도:** 말 그대로 '없는 걸 판다'라는 뜻으로 해당 주식이나 채권을 가지고 있지 않은 상태에서 매도주문을 내는 것을 말한다. 이렇게 없는 주식이나 채권을 판 후 결제일이 돌아오는 3일 안에 주식이나 채권을 구해 매입자에게 돌려주면 된다. 약세장이 예상되는 경우 시세 차익을 노리는 투자자가 활용하는 방식이다.

•**신고가:** 주가가 과거에 없었던 높은 가격을 기록하는 것으로 일정한 기간 중 가격 상승이 최고치를 경신한 것을 말한다.

•**신저가:** 신고가와 반대의 개념이다.

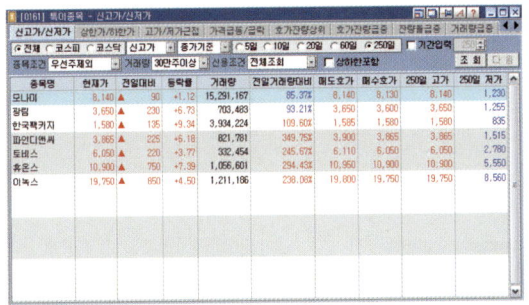

그림 1-53 | **특이종목 창**

분석의 화면을 모아놓은 창이다. 이 창은 굉장히 많이 사용하게 될 것이다. 신고가를 갔다면 이론적으로 위로는 저항이 없다는 의미이기 때문에 올라가는 데 방해되는 것이 없다.

상한가 역시 상한가 따라잡기나, 아침에 변동성을 이용해 매매하는 사람들이 많다는 것을 나타낸다. 거래량 급증 역시 갑자기 사람의 관심을 받는다는 것은 위나 아래로 크게 움직일 수 있다는 이야기가 된다. 이런 이유로 말 그대로 특별한 종목을 좀 더 쉽고 편리하게 찾을 수 있게 도와준다.

## 종목별 예상 체결

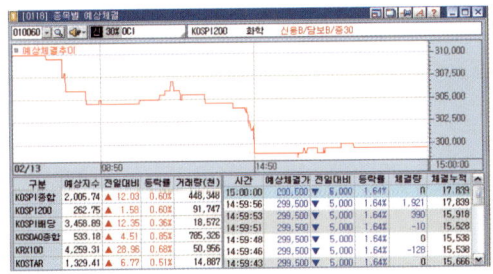

그림 1-54 | **종목별 예상 체결 창**

조회하고자 하는 종목의 장전 혹은 마감 직전의 동시호가* 시간의 예상 체결가를 데이터와 차트를 통해 조회할 수 있다. 이 시간에는 호가밖에 볼 수 없지만, 이러한 차

---

● **동시호가**: 보통 호가는 시간우선 원칙, 가격우선 원칙, 수량우선 원칙을 적용하여 개별 경쟁으로 매매거래가 체결된다. 하지만 매매를 개시하여 처음으로 가격을 결정하거나 매매 중단 이후 재개 시 최초의 가격, 일정한 종목의 후장 종료 시의 가격 등 시간의 선후를 가릴 수 없을 때는 단일 가격으로 정하게 되는데 이를 동시호가라고 말한다. 즉 동시호가란 동시에 접수된 호가 및 시간의 선후가 분명하지 않은 호가를 뜻한다. 동시호가는 접수된 시간에 따라 매매가 이뤄지는 개별 경쟁 매매에 비해 거래 체결률이 높고 보다 공정한 가격 결정이 이뤄질 수 있어 선진국에서는 대부분의 증권거래에서 실시하고 있다.

트와 함께 보게 되면 좀 더 쉽게 접근이 가능하다.

### 키움복기차트

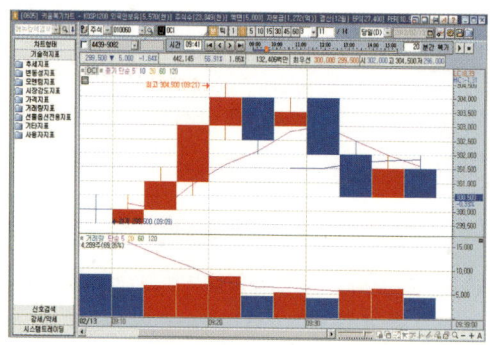

그림 1-55 | 키움복기차트 창

미래에셋에 가상 매매 시뮬레이션 메뉴가 있다면 키움에는 차트를 복기*할 수 있는 기능이 있다. 항상 그렇듯이 그날 매매한 종목을 복기하는 것은 굉장히 중요하다. 그리고 호가와 차트의 움직임을 보는 것 역시 중요하다.

하지만 매매법을 만들려면 많은 샘플을 비교해보아야 하는데, 이러한 비교를 위해 이 두 가지 메뉴는 굉장히 유용하다. 또한 그 기법을 익히기 위해서 연습하는 데도 굉장히 유용한 기능이다.

사람의 몸은 하나고 볼 수 있는 것들도 한정되어 있다. 또한 시장이 열리는 시간도 한정되어 있다. 하지만 이런 기능이 있음으로 인해서 여러분에게 공부할 수 길이 열려 있는 것이다. 이러한 기능을 이용하는 것은 여러분이 주식의 고수가 되는 지름길이 될 것이다.

---

●**복기**: 국어사전의 정의에 따르면 바둑에서 한 번 두고 난 바둑의 판국을 비평하기 위하여 두었던 그대로 다시 처음부터 놓아본다라는 의미이다. 주식을 매매하는 데 있어서의 복기라는 것도 마찬가지이다. 내가 어떤 장세에서 어떤 종목을 어떻게 투자해서 얼마나 손실을 입었는지 등 손실을 입은 원인을 꼼꼼히 분석하는 것이다.

## X-RAY 잔량 분석

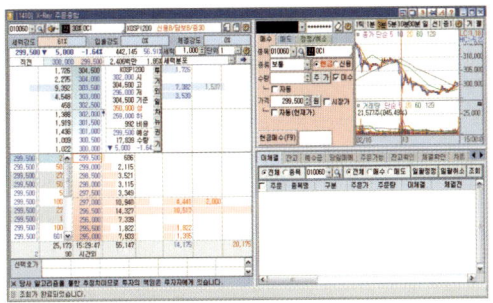

그림 1-56 | X-RAY 잔량 분석 창

기존의 호가 창은 각 호가당 주문 잔량만을 표시한다. 하지만 이 화면은 호가의 주문 잔량을 분석하여 주문별로 진입한 순서 및 수량을 건별로 나누어서 표시해준다. 이러한 호가 잔량의 분석을 통해서 매매하고자 하는 종목에 대하여 건당 주문 수량을 파악하는 것이 가능해져서 세력의 활동 여부 등에 대해서 관찰할 수 있다. 호가별 진입한 주문의 순서, 건당 주문 수량, 세력으로 판단되는 큰 수량의 위치와 변동을 한눈에 파악할 수 있으므로 유용하게 사용할 수 있다.

## 패턴 검색

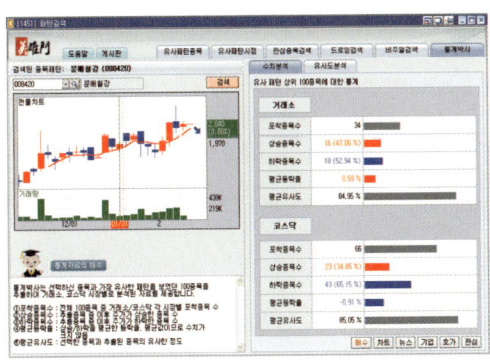

그림 1-57 | 패턴 검색 창

종목을 검색하다 보면 항상 비슷하게 움직이는 패턴이 눈에 들어올 때가 있다. 그것을 검증하려면 사실 종목을 모두 하나하나 돌려가면서 비교해보는 것이 가장 좋다. 하지만 시간적으로나 노력이 너무 많이 들어가기 때문에 다른 일을 하는, 즉 전업투자자가 아닌 분들은 하기가 어렵다. 그런 분들은 패턴

검색을 이용하면 매우 유용하다.

    같은 패턴을 종목 내에서도 찾아주는데 이러한 패턴이 해당 종목에 어떤 식으로 반응하는지도 알아볼 수 있다. 또한 주가의 흐름을 대략적으로 그어보면 그 선과 비슷한 움직임을 보이는 주식을 검색해주는 드로잉 검색도 좋다. 하지만 역시 최고의 방법은 모든 차트를 하나하나 돌려보는 것이다.

## 주식투자에서 실패한 사람들의 습관

### 1. 소개자 또는 중개인을 탓한다

주변 지인이나 아는 분들이 믿을 만한 정보라며 알려주었다고 해보자. 작전주든 실적주든지 간에 정보를 준다고 해서 무작정 매수한다는 건 위험한 일이다. 그 사람을 믿는다고? 말도 안 되는 소리다. 만약 주가가 떨어진다면 그 종목을 소개시켜준 사람을 비난할 것이다. 나에게도 여기저기서 많은 정보가 들어온다. 하지만 나 같은 경우는 기술적 분석, 기본적 분석을 해본 후 그것이 내 맘에 들어올 때만 매수한다. 만약 실패한다면 소개한 사람의 잘못이 아니라 내 자신이 잘못 매매해서 손실을 본 것이기 때문이다.

### 2. 돌발 뉴스에 불평을 갖는다

나쁜 소식이 발생하여 주가가 하락을 하면 화가 나지 않을 사람이 있을까? 주식은 항상 돌발 악재라는 것이 있다. 아무리 좋은 차트, 좋은 회사라도 돌발 악재라는 건 주식시장이 돌아가는 한 계속해서 존재할 수밖에 없다. 정말로 예상할 수 없던 뉴스, 예를 들어 북한이 핵실험을 감행한다든가 유명한 애널리스트가 실적 악화에 대한 전망을 발표한다면 실패자들은 여기서 이런 생각을 한다.
"아 역시 내가 주식을 사면 재수가 없구나. 맨날 악재만 뜨고……."
하지만 현명한 거래자들은 예를 들면 북한 핵실험의 뉴스는 단기 악재로 끝나기 때문에 추가 하락 시 주식을 매수한다는 전략을 갖든가 또한 실적 악화에 대한 전망이 나오면 그 회사를 분석해서 손절매를 한다. 아니면 그 애널리스트의 예상에 오류가 있다면 추가 매수를 하는 게 정답일 것이다.
거래 계획에는 갑작스런 사건으로 인한 반등, 반락 가능성을 항상 포함시켜야 한다. 자신이 감당할 수 있는 손실도 미리 계산해야 한다. 주식시장에는 지뢰가 매설되어 있다. 지뢰를 물론 피해나가야겠지만 지뢰를 밟았다면 그 상황에 불평만 갖지 말고 현명하게 대처해야 한다.

3. 내가 산 주식은 항상 오를 것이다

주식거래를 함에 있어서 실패자들을 보면 주식을 사놓고 이 주식은 무조건 보유한다면 오를 거라고 자기 암시를 건다. 그러다가 계좌는 박살이 나기 시작한다. 주식은 복권이 아니다. 손절을 하려면 과감히 하고 물타기 또한 과감한 결단력이 있어야 한다. 사실 주식거래의 프로들은 손실을 받아들인다. 예를 들면 이 주식을 보유하고 있으면 오를 것이라는 사실을 알면서도 손절 후 재진입할 때도 있다. 왜냐하면 그 자본금의 기회비용을 살리기 위해서이다. 그 종목이 보름 뒤에 오른다고 해보자. 그전까지는 주가 하락이 눈에 보인다. 그러면 우선 손절한 후 그 자본을 이용해 다른 종목을 매매하는 게 더 효율적이기 때문이다. 내가 주로 하는 매매법이 이것이다.

"어떨 때는 상향 물타기, 어떨 때는 하향 물타기 그리고 칼 손절 후 바로 재진입하기!"

하지만 일반사람들이 사용하기에는 어려운 방법들이다. 일반거래자들이 프로들처럼 그렇게 손절 후 재진입을 한다는 건 절대 쉬운 일이 아니다. 일반거래자들은 일단 포트의 조절을 잘하는 것이 중요하다. 한 주식에 몰빵을 한다면 나중에 물타기를 할 돈도 없어질 것이다. 자기 실력이 어느 정도인지 자기 스스로 항상 테스트하길 바란다.

항상 주식을 산 다음 오르기만을 기도하지 말자. 기도한다고 그 주식이 오른 적이 있는가? 철저한 분석 후 매수를 했는데, 만약 주가가 반대로 간다면 그다음 대처 방향을 생각해두어야 한다.

4. 주식시장에 대한 오만

주식거래에서 성공하려면 자신감과 조심성이 필요하다. 둘 중 하나만 가지고 있어도 위험하다. 예를 들어 자신감만 있다는 건 결국 한방에 큰 손실을 불러올 수 있고, 조심성만 있다는 건 결국에는 주식으로 큰돈 벌기는 포기해야 한다고 생각한다. 종목에 대한 확신이 들 때, 매수키를 누르려고 할 때 일반 투자자들은 리스크를 생각하기 어렵다. 하지만 강한 베팅을 하더라도 리스크를 생각하지 않으면 만약 실패했을 때 허둥지둥하기 십상이다.

A라는 종목에 대해 나의 경우에는 일단 "이 종목은 어느 정도까지는 올라갈 거야"라고 자신 있고 과감하게 생각한다. 하지만 일단 조심스럽게 잘못되었을 경우나 손실이 났을 때 내가 어디까지 감당할 수 있을까를 생각해본다. 일단 수익을 내기 위해 주식에 투자하지만 손실이 났을 때 어떻게 해야 하

는지에 대해서도 생각해두어야 하는 것이다. 그리고 내가 산 주식이 다음 날 급등하게 될 경우에는 일단 겸손한 마음을 가지려고 노력한다. "난 역시 대단해!" 이런 오만은 절대로 도움이 안 되기 때문이다.

### 5. 자제심의 결여

트레이더로서 큰 성공을 거둔 사람들은 확실한 자리를 노리고 들어간다. 일단 스윙투자나 장기투자는 배제하고 설명하기로 한다. 상위 0.1% 안에 드는 트레이더가 된다는 것은, 분석이나 느낌손절의 방법 등은 모두 비슷하다고 가정할 때, 결국 베팅을 강하게 하기 때문이다. 자기가 원하는 시점이 하루에 5번이 올지 3번이 올지 아니면 1번도 오지 않을지는 모르는 것이다.

자신이 원하는 시점까지 참고 또 참아야 한다. 물론 너무 참다가 그 위까지 올라갈 경우는 많지만 자기가 원하는 자리에 왔을 때는 강하게 베팅을 해야 한다. 진정한 프로들은 그 자리에서 미수까지 동원하여 베팅을 한다. 하지만 자기 스킬도 모른 채 그런 프로들의 행동을 따라 한다면 순식간에 깡통으로 가는 길이 될 것이다. 하지만 프로들에게 배워야 할 것은 자제심이다. 패배자들의 실패 원인은 일단 생각도 안 하고 매수 클릭을 한다는 것이다.

**Part 4** 회사에 대한 이해가 투자의 시작이다

실전투자 절대지식 **2**

# 주식을 꿰뚫어보는 방법

# 회사에 대한 이해가
# 투자의 시작이다

# 14
## 차트만 보고 투자했다가 망한다!

전형적인 차트 신봉자인 김상현 씨는 차트 안에 모든 회사의 가치가 녹아 있다고 생각한다. 항상 차트만 보고 패턴을 연구하면서 같은 패턴이 나타나는 경우 비슷하게 움직인다고 생각했기 때문에 주식투자를 하는 데 다른 것이 필요하지 않았다. 또한 그러한 방법으로 돈을 꾸준히 벌기도 했다.

그런 김상현 씨가 즐겨 사용하는 방법 중에 하나가 급등하는 종목이 120일선에서 지지되고 있을 때 종목을 사서 들고 가는 것이다. 120일선은 사람들이 많이 보는 이동평균선으로 가장 오랜 기간 동안 사람들이 산 가격을 알 수 있다. 여기서 주가가 120일 이동평균선 아래로 내려가지 않는다는 것은 120일 동안 사람들이 산 가격 이하는 이 주식에게 너무 싼 가격이라고 생각하는 것과 같다. 결국 두 번, 세 번 120일선에서 지지해주는 주식은 반등이 충분히 나올 수 있다고 생각했다.

그런 그에게 대한해운이라는 종목이 눈에 들어왔다. 7월 말 대한해운 주가는 두 배 이상 급등했고, 20일선과 60일선에서도 지지를 보여줬다. 그러니 더 많은 사람들이 지켜보는 120일선에서 지지를 받는다는 것은 괜찮은 반등을 보여주리

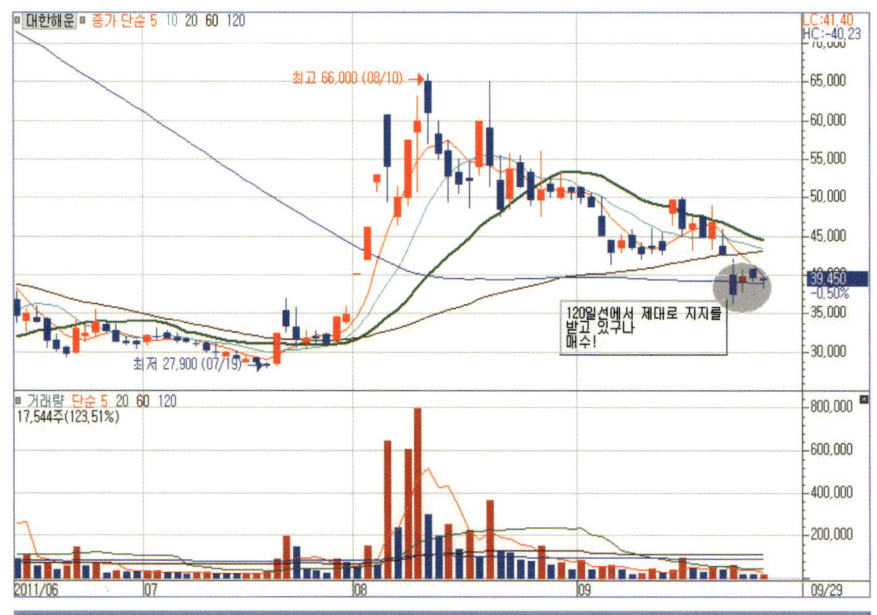

차트 2-1 | 대한해운(일봉)

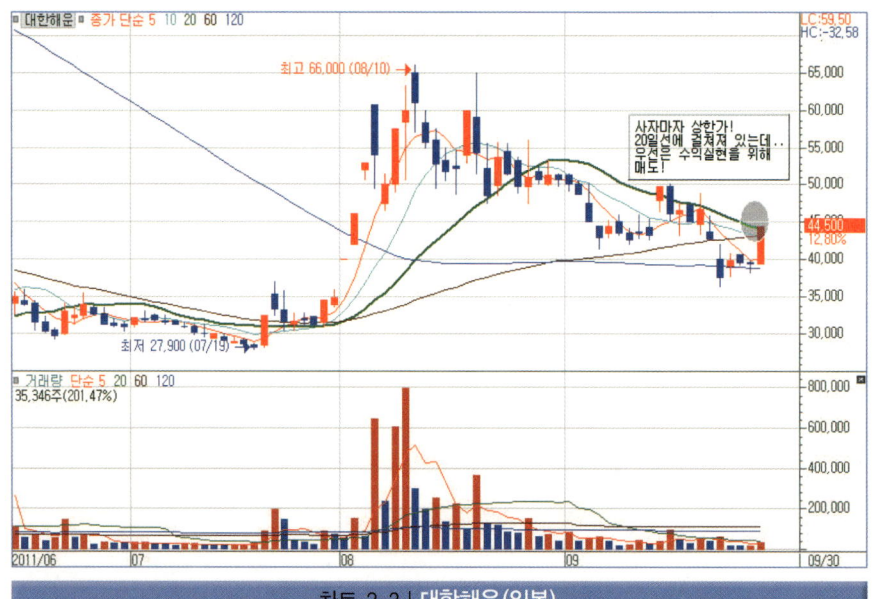

차트 2-2 | 대한해운(일봉)

라 믿었다. 게다가 120일선에서 지지된 후에 다시 상승 추세를 보여줄 수도 있을 것이라고 생각했다(차트 2-1).

장 마감시간에 120일선 근처에서 매수한 김상현 씨는 다음 날 강하게 상승하는 주가를 보고 상승 추세로 변하는 것이 아닐까라는 생각이 불현듯 들었다. 그러나 상한가에 도착했지만 상한가의 매수호가에 대기 매수 잔량이 얼마 되지 않는 점이 마음에 걸렸다. 또한 20일선에 걸쳐 있다는 점이 왠지 눈에 거슬리기도 했다. 그는 결국 불확실한 기대보다 확실한 이익을 얻는 것이 좋다고 생각하고 상한가에 매도했다(차트 2-2).

그다음 날 종가보다 낮게 시가가 시작되는 것을 보고 매도하길 잘했다고 생각했다. 하지만 주가는 5일선을 타고 상승하더니 결국 자신이 매도했던 상한가를 돌파한 후 지지를 받는 모습을 보여주었다. 그가 보기에는 이제 상승 추세에 들어선 것처럼 보였다. 김상현 씨는 이번에는 매도했던 종가 근처에서 장 마감시간에 매수했다(차트 2-3).

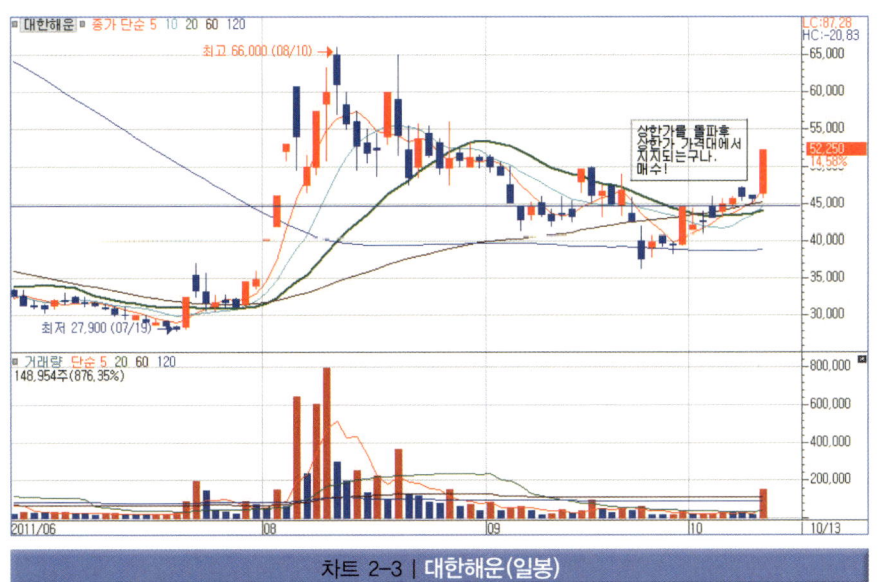

차트 2-3 | 대한해운(일봉)

Part 4 회사에 대한 이해가 투자의 시작이다

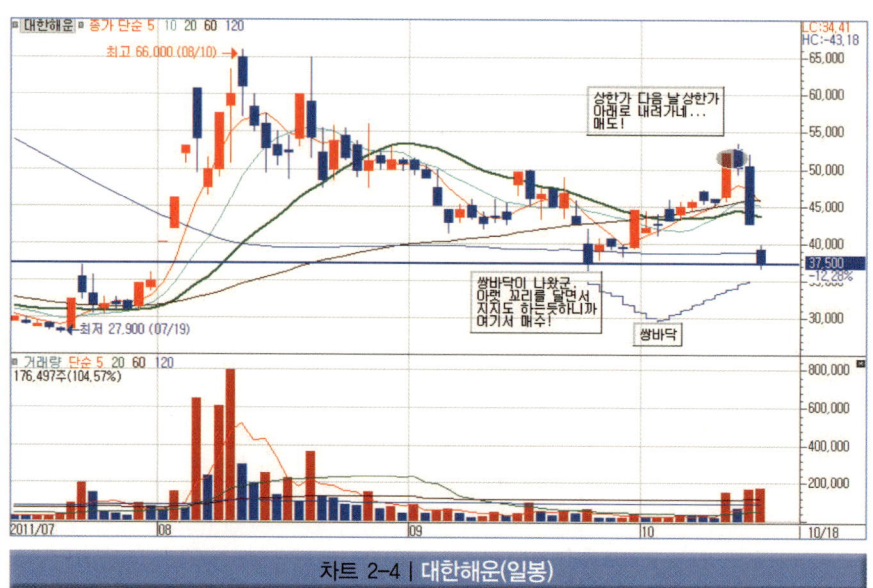

차트 2-4 | 대한해운(일봉)

　이번에도 운 좋게 상한가까지 올라갔다. 그는 상승 추세라고 생각했기 때문에 상한가에서 매도하지 않았다. 하지만 그다음 날 상한가 가격 아래로 내려가는 것을 보고 바로 전량 매도해서 이익을 실현했다. 김상현 씨는 2주간 대한해운에서 상한가를 두 번이나 맞게 되자 자신과 잘 맞는 주식이라고 생각했다. 그런데 다음 날 하한가까지 가격이 떨어지고 그다음 날도 거의 하한가까지 떨어진 모습에 자신감은 더욱 커져갔다. 그런 그에게 쌍바닥을 찍는 대한해운의 주가가 여기서 작게라도 반등을 줄 것이라고 기대하며 또 종가에서 매수를 했다 (차트 2-4).

　다음 날 아침 일어나서 기분 좋게 컴퓨터 앞으로 가 HTS를 켰을 때 깜짝 놀랐다. 대한해운이 거래정지를 당한 것이었다(차트 2-5). 어떤 일인지 알아보기 위해서 애를 썼지만 그 이유를 알 수 없었다. 하지만 포기할 수 없었다. 대한해운에 상당한 자금을 투자하였기 때문에 혹시라도 잘못되어서 사라진다면 큰 문제이기 때

차트 2-5 | 대한해운(일봉)

표 2-1 | 대한해운, 기타 주요경영사항

출처 | 금융감독원 전자공시 시스템

문이다. 결국 그는 대한해운의 주식담당자에게 전화를 걸어보았다.

"기타 주요경영사항을 보시면 알 수 있어요. 감자를 하기 위해서 인가된 날로부터 7일이 경과한 날에 효력이 발생하게 됩니다. 회생계획 인가가 10월 14일에 나왔으니까 그로부터 일주일이죠. 21일이 일주일이 경과한 날이죠? 그 안에

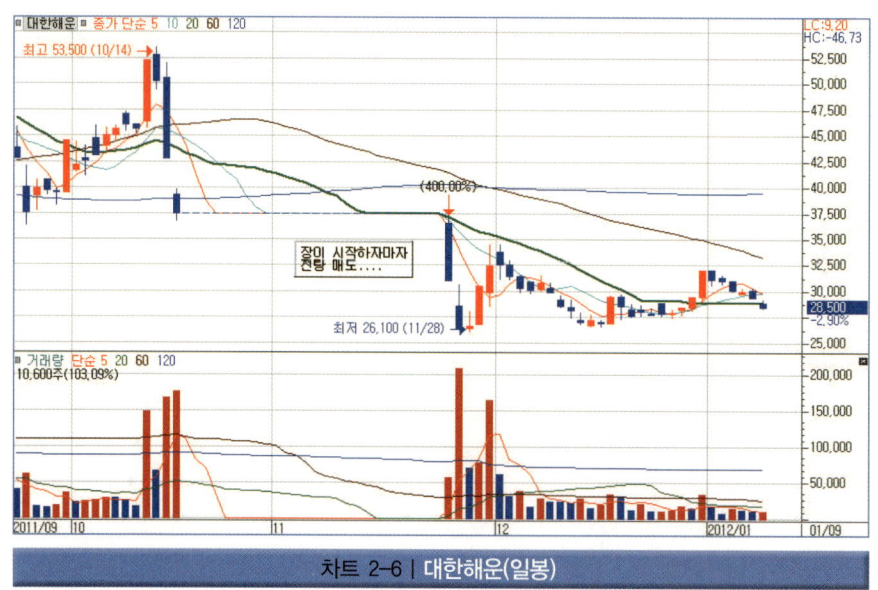

차트 2-6 | 대한해운(일봉)

주권을 제출하려면 21일부터 2일 전까지 가지고 있어야 되니까 19일에 가지고 계신 분들부터 거래가 정지된 것입니다."

항상 차트만 바라보던 김상현 씨에게 이것은 굉장히 어려운 이야기였다. 뉴스도 잘 보지 않던 그에게 공시라는 것은 이해하기 힘든 내용이었다. 특히 거래정지는 기타 주요경영사항을 자세하게 읽어보지 않는다면 절대 알 수 없는 내용이었다. 항상 차트 안에 모든 것이 있다고 생각했던 그에게 있어서 뉴스와 공시를 제대로 이해하지 않고 투자했던 것에 대해서 큰 후회를 했다. 하지만 이미 거래정지가 된 뒤 후회해보았자 소 잃고 외양간 고치기밖에 되지 않는다.

김상현 씨는 결국 장이 시작되기를 기다릴 수밖에 없었다. 한 달이 넘는 시간이 지나고 감자로 인해서 7,500원에 거래가 정지된 주식은 5개의 주식을 하나로 줄였으니 이론적으로 3만 7,500원으로 시작해야 함에도 불구하고 3만 6,500원으로 장이 시작되었다. 그는 시장가로 장이 시작하자마자 전량을 매도해버렸다(차트 2-6).

전업투자자에게 매매를 제대로 하지 못하는 한 달이라는 거래정지 기간은 매우 긴 시간이었다. 하지만 세상은 자신이 돈을 벌지 못했다고 기다려주지 않았다. 여전히 자신이 살고 있는 집의 월세와 생활비들은 나갈 수밖에 없었다. 친구를 만나더라도 돈을 쓸 것을 알기 때문에 친구나 지인들을 만나는 것 역시 부담스러워졌다. 그에게 있어서 한 달이라는 시간은 참 긴 시간이었다.

시장이 열려 있는 중에 주식을 사고파는 것은 회사와 관계없다고 생각하는 데이 트레이너들이 굉장히 많다. 하지만 주식의 근본은 회사의 가치로부터 나오는 것이다. 심리는 회사의 가치를 매매하기 시작하면서 생겨난 것이지 주식 그 자체에서 나오는 것이 아니다. 그리고 장중에 나온 공시로 갑자기 급락이 되면 어쩔 수 없이 손해를 보면서라도 그 회사의 주식을 매도해야만 한다. 특히 장중에 갑자기 문제가 생겨서 매매정지가 되어버리는 종목도 존재한다.

장기투자자는 말할 필요도 없지만 단기투자자에게도 회사 분석은 매우 중요하다. 현재 시장을 끌고 가는 사업이 무엇인지, 요즘 이슈가 되는 테마의 동향은 어떠한지, 업종별로 어떤 중요한 사항과 이슈가 있는지, 각각의 회사가 지금 어떤 상태인지 모두 알아야 하기 때문에 중·장기투자자보다 실시간으로 빠르면서도 정확하고 깊이 있게 정보를 이해해야만 한다.

이것이 되지 않는다면 돈을 잘 벌다가도 어느 한순간에 자신이 벌었던 돈을 모두 주식시장에 반납하는 일이 벌어지기도 한다. 그렇게 된다면 짧게는 몇 달, 길게는 몇 년 동안 조금씩조금씩 벌어온 돈을 시장에 다시 토해내게 되고, 오히려 처음 시작할 때의 자금보다 줄어든 상태에서 다시 시작해야만 한다. 이것이 얼마나 무서운 일인지 반드시 기억해야 한다.

결국 회사를 분석하는 가장 큰 이유는 대다수의 책들에서 이야기하는 것처럼 좋은 회사를 미리 사기 위해서가 아니다. 한순간에 여러분의 계좌를 반 토막 혹은 담배 값으로 만들어버릴 수 있는 들어가서는 안 되는 종목을 골라내기 위해서이다. 또한 들어가더라도 오랜 시간 보유해서는 안 되는 종목들을 구별하기 위해서이다.

하지만 수많은 자료가 쏟아지는 상황에서 이러한 것들을 모두 알아낸다는 것은 사실상 불가능하다. 대개는 그 회사가 속해 있는 시장이나 업황을 이해하는 것은 쉽지 않은 일이다. 게다가 회사의 재무제표와 분기나 반기 보고서를 분석하는 것 역시 시간이 굉장히 많이 드는 일이다. 그렇기 때문에 아직 실력이 부족하다고 생각한다면 먼저 중기나 스윙으로 주식시장에 접근하는 것이 좋다. 중기나 스윙으로 접근하면서 회사에 대한 분석을 꾸준하게 해보는 것이다. 그러다 보면 경험이 쌓이게 되고, 경험이 쌓이다 보면 뉴스에 요약된 내용만 보고 흐름을 파악할 수 있게 된다. 이것은 한순간에 해결할 수 없는 일이다.

많은 사람이 회사에 대해 파악하는 기본적 분석이 어렵다고 생각한다. 막상 기업 분석을 시작하려고 하는데 오히려 필요 없는 것들만 잔뜩 설명해서 혼란을 주기도 한다. 또 어떻게 사용해야 하는지는 알려주지 않은 채 어려운 용어들과 이해하기 힘든 법칙을 제시하기도 한다. 그래서 이 책에서는 정말 필요한 것들만 설명하려고 한다. 물론 이 안에 담은 것이 기업 분석의 모든 것은 아니다. 하지만 이것만 알아도 주식투자에 문제가 없도록 필요한 모든 것을 담았다. 모든 것을 알 필요는 없다. 이 책에 나온 내용만으로도 충분할 것이라고 생각한다.

# 15
# 시장과 산업이
# 기업에 미치는 영향

　**회사의** 가치는 시장과 업황에서 생각해볼 수 있다. 사람도 좋은 환경에서는 많은 혜택을 받으면서 굴곡 없이 안전하고 편안하게 성장해나갈 수 있다. 하지만 아무리 머리가 좋은 사람도 환경이 받쳐주지 않으면 인생이 매우 굴곡지고 성공하기 위해서 환경이 좋은 사람들보다 몇 배의 노력을 해야 한다. 회사 역시 사람의 인생과 똑같다. 시장이 좋을 때는 모든 기술적 분석도 잘 맞는다. 하지만 시장이 좋지 못할 때는 어떠한 매매법도 기술적 분석도 무용지물이 된다. 그렇기 때문에 기본적 분석을 공부할 때 가장 먼저 시장과 업황에 대해서 공부하고 넘어가야만 한다.

　어르신들과 이야기를 하다 보면 살아온 인생에 대한 말씀을 듣게 된다. 이야기를 듣다 보면 그분들은 굴곡 많은 삶을 살아오셨음을 알 수 있다. 때를 잘 만나서 마치 보이지 않는 힘이 도와주는 것처럼 모든 일이 술술 잘 풀리고 승승장구하다가, 정말 사소한 사건을 계기로 하나둘씩 넘어가기 시작한다. 그런 때는 무엇을 해도 잘 안 풀리고 생각지 못한 곳에서 온갖 일들이 일어나 자신을 괴롭

했다고 한다. 하지만 나이를 먹으며 경험이 쌓이다 보니 인생을 조금씩 이해하게 되면서 올라갈 때가 있으면 내려갈 때가 있다는 것을 알게 되더라고 말씀하신다. 인생에서 '때'를 이해하고 그 상황에서 어떻게 '대처'해야만 하는지 경험을 통해서 깨닫게 된 것이다.

절대 망하지 않을 것 같았던 거대기업이 한순간에 사라지는 것을 보면서 주식시장도 인생과 비슷하다는 생각이 들었다. 인생에서처럼 작게 위아래로 흔들리는 파동들이 모여서 큰 파도를 이루는 것이다.

• 항상 똑같은 큰 흐름을 보여주는 주식시장

주식시장 역시 오르면 내리고, 내려가면 올라간다. 많이 올라가면 그만큼 많이 내려간다. 이것은 주식의 속성이기도 하지만, 주식을 움직이는 것은 사람이고 사람들은 사회의 영향을 받기 때문에 이런 모습을 보이는 것이다.

외환위기 이전에 세상은 장밋빛 이야기로 가득했다. 외국에서는 싸게 돈을

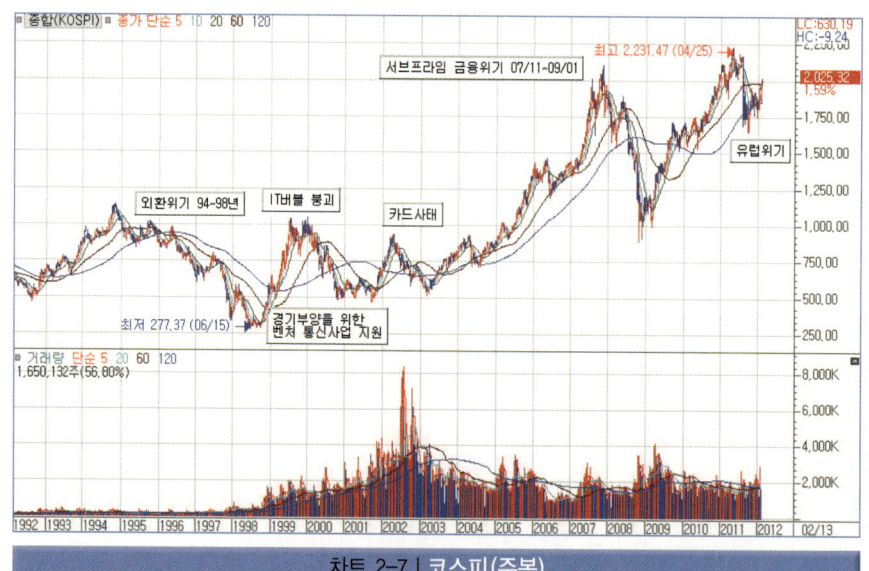

차트 2-7 | 코스피(주봉)

마구 빌려주었고, 정부와 기업은 빌려온 돈을 이용해 해외에서 돈놀이로 큰돈을 벌었다. 잘 나갈 때에는 힘들 때를 대비해야 하지만 전 국민의 머릿속에 그런 생각은 없었다. 그렇게 아무런 준비 없이 마냥 좋을 것이라고 생각하였다. 결국 다른 나라에 빌려준 돈을 못 받게 되면서 갚아야 할 돈을 제대로 갚지 못하게 되자 문제가 심각해지기 시작했다. 산이 높으면 골이 깊다고 4년의 시간을 거슬러 올라가 경기가 퇴보하게 된 것이다(차트 2-7).

정부에서는 경기를 부양시키기 위해서 벤처와 통신 사업을 지원하기 시작했다. 경기 부양을 위해 성장 동력을 키워 크게 성장시키려는 것이 목표였다. 시도는 좋았지만, 외환위기 때 정부와 기업의 행태처럼 허점이 넘치는 제도를 통해서 돈을 지원해주었다. 이러한 벤처 열풍에 너도나도 환상 속에 빠져 투자를 했고, 벤처기업들은 넘쳐나는 돈을 흥청망청 써댔다.

이렇게 '묻지마' 식으로 투자를 하다 보니 거품이 생길 수밖에 없었던 것이다. 이 거품 역시 붕괴가 되면서 엄청난 하락을 보였다. 결국 정부는 열풍을 만들기 위해서 엄청난 돈을 투자하고 거품이 꺼질 때 이걸 막기 위해서 또 엄청난 돈을 투자했다. 그때 발표된 것만 7,000억 원 정도라고 하니 배후로는 얼마나 들어갔을지 상상할 수조차 없다. 결국 기업과 정부의 무분별한 투자로 인해 외환위기 때와 비슷한 결과를 초래한 것이다(차트 2-8).

카드대란도 마찬가지이다. 정부가 묵인하고 기업은 무분별하게 카드를 발급해서 소비를 조장했다. 이것 역시 소비를 단기간에 촉진시키려는 정부의 속셈과 조금이라도 돈을 더 벌려고 하는 기업의 행태 그리고 아무런 생각 없이 환상을 좇아서 이리저리 휩쓸려 다니는 사람들이 만들어낸 결과였다. 결국 엄청난 부채가 문제가 되자 정부는 나라의 돈으로 막아주는 사태가 벌어지기도 했다.

이 책의 초반에 보았던 CEO의 횡령으로 거래중지에 상장폐지 심사까지 갈 뻔했던 회사의 대마불사 사건을 기억할 것이다. 다른 기업과 다르게 주말에는

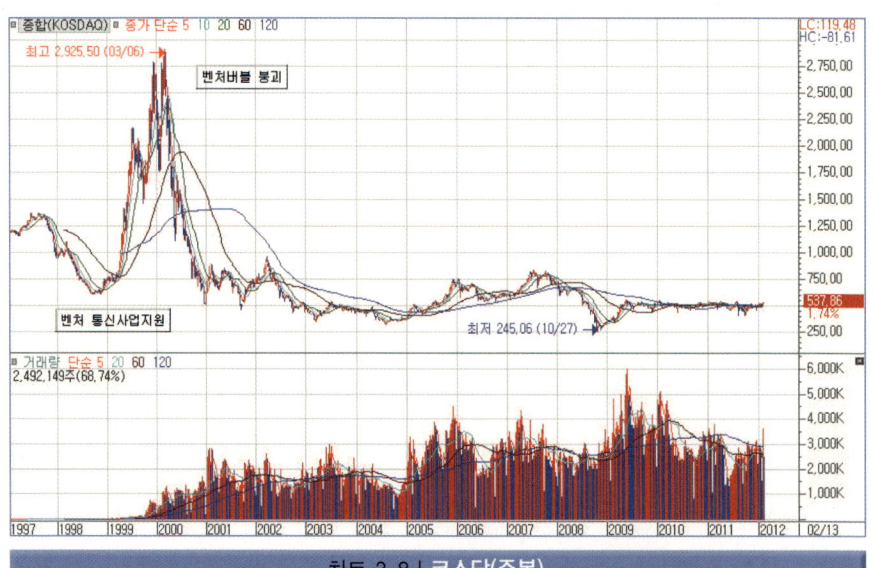

차트 2-8 | 코스닥(주봉)

일하지 않는 정부가 주말 동안 모든 것을 결정하고 상장폐지 심사 요건이 아니라고 판결하면서 실질적으로 단 하루도 거래정지를 당하지 않았다. 이런 일들은 세상에서 계속 벌어지고 있다. 오르면 내리고, 내리면 오르지만 그 안에서 움직이는 사람들의 행태는 비슷하다는 것을 잊지 않는다면 주식의 큰 움직임을 이해할 수 있을 것이다.

• 시장의 환경에 따라 움직이는 종목의 예 1

〈차트 2-9〉는 앞에서 실례로 살펴보았던 대한해운의 차트이다. 앞의 사례에서 보았던 차트를 생각하면 안 좋은 회사처럼 보이지만, 이 회사 역시 시장이 좋을 때는 엄청나게 우량한 종목이었다. 그렇지 않으면 차트에서 이런 모습이 나타날 수 없다. 차트를 보면 2007년부터 급등하기 시작하는 모습을 볼 수 있다. 이 시기가 바로 중국이 급성장하던 시기이다.

차트 2-9 | 대한해운(월봉)

　　중국은 급성장을 위해 물건을 엄청나게 만들어 해외에 싼 가격에 판매했다. 오죽하면 세계의 공장이라는 칭호까지 받았겠는가? 또한 인접해 있는 우리나라가 중국 경제의 초고속 성장 수혜를 톡톡히 받으며 조선, 철강, 해운, 에너지 등의 업종에서 이익이 증가하게 되었다. 그 전까지 대한해운은 주목받지 못하던 종목이었다. 하지만 갑자기 환경이 좋아지자 사람들의 주목을 받게 되고, 외국인의 매수까지 들어오자 주가가 10배 정도 오르게 된 것이다.

　　주식의 근본 가치는 회사에 있는 것이며, 회사가 성장하기 위해서는 때(시기)를 잘 만나야 한다. 성장하기 좋은 시기란 회사가 속해 있는 시장의 업황과 관계가 있다. 그래서 각 종목을 볼 때 업황을 고려하는 것이 중요하다.

• 시장의 환경에 따라 움직이는 종목의 예 2

　　〈차트 2-10〉은 기아차의 주봉 차트이다. 기아차는 2011년 3월 24일에 누적수

차트 2-10 | 기아차(주봉)

출 1,000만 대를 달성했다. 이러한 업적은 하루이틀 만에 이루어진 것이 아니다. 꾸준하게 시장이 좋아지고 성장의 원동력을 얻었기 때문에 가능했던 것이다. 그리고 역시 때를 잘 만났기 때문에 가능했던 것이다. 2009년 말에 K7이 나오면서 굉장한 호평을 받았지만 그것만으로는 5,000원대 주식이 8,000원대까지 올라가는 것은 불가능하다.

    2009년 3월 미국 자동차업계에서 빅 3에 속하는 GM이 파산보호를 신청했다. 경쟁이 치열한 시장에서 메이저 회사의 파산으로 살아남은 회사들의 파이는 그만큼 커지게 된다는 의미이다. 전 세계에서 1위 자동차업체가 파산을 했으니 그 빈자리가 얼마나 크겠는가? 당연히 시장 상황이 좋으니 실적도 좋아질 것이라는 기대감이 생기고, 그 기대감이 주가를 끌어올리는 것이다.

    미국 자동차회사의 파산으로 인한 반사이익의 효과가 떨어질 때쯤 이번에는 도요타 리콜 사태가 벌어지게 되었다. 품질 하나는 믿을 수 있다는 일본차에 품

질에서 문제가 생겼다는 것은 치명타였다. 역시나 타 업체의 하락은 다른 회사들이 더 많은 자동차를 팔 수 있는 기회가 된다. 당연히 우리나라의 자동차회사가 반사적으로 엄청난 이득을 취하게 되었다.

2011년 초반 또 한 차례의 큰 사건이 발생한다. 일본에서 일어난 강진으로 인한 쓰나미로 일본 자동차회사들의 작업 중단 사태를 초래한 것이다. 일본의 거의 모든 자동차회사가 작업을 중단한다는 것은 하나의 자동차 생산국이 멈춰버린다는 것을 의미했다. 이렇게 하나의 사건이 끝날 무렵 또 다른 사건으로 인해 경쟁업체가 시장에서 물러나게 되면 성장할 수 있는 때를 잡게 되는 것이다.

시장의 환경은 회사가 성장하는 데 큰 기여를 한다. 이러한 업황이 회사에 미치는 영향에 대해 이해하지 못한다면 절대 주가의 움직임에 빠르게 대응할 수 없다. 그렇기 때문에 투자자라면 업황에 대해서 반드시 알아야 한다.

산업 분석과 주가의 관계를 고려하는 것은 기업의 가치를 중심으로 주가를 고려하는 것과 같다. 하지만 기업의 가치는 실제 그 기업이 가지고 있는 가치일 수도 있지만, 속해 있는 시장의 상황과 떼어서 생각해서는 안 된다. 시장에서 고성장의 발전 기회가 있는지 항상 살피고, 시장의 이슈들이 어떻게 그리고 얼마나 영향을 미치게 될지 생각하는 습관을 들여야 한다.

워런 버핏은 "주식으로 돈을 벌고 싶으면, 눈과 귀를 막으라"고 말했다. 이 말은 다른 것들에 휩쓸리지 말고 스스로 결정을 내리라는 의미이지, 정말 눈과 귀를 막으라는 의미는 아니다. 성공적인 주식투자를 위해서는 눈과 귀를 열고 항상 주변을 살펴야 한다.

역사는 유사한 사건의 반복으로 이루어진다. 주식도 마찬가지이다. 상승장과 하락장에 대해서 분류하고 나누지만 결국 그것에는 큰 의미가 없다. 상승장 안에서도 하락장은 존재하고 하락장 안에서도 상승장은 분명히 존재한다. 큰 흐름과 작은 흐름이 흘러가는 원리와 느낌을 잡는 것이 중요하다. 시장과 환경도 유기적으로 연결되어 있어서 서로 간에 영향을 준다. 그렇기 때문에 한발 떨어진 곳에서 세상을 관찰하고 그 흐름에 휩쓸리지 않는 것이 중요하다.

### 해외 주식시장과 국내 주식시장

요즘 주식투자를 하는 사람들과 이야기를 해보면 해외 증시를 꼼꼼하게 체크하는 사람들보다 오히려 미국장만 체크하면 된다는 사람들이 많이 늘어나고 있다. 미국이 오르면 우리나라도 오르고, 미국이 내리면 우리나라도 내리는 경우가 많기 때문이다. 세계는 이제 서로 연결돼서 하나만을 떼어두고 생각하는 것이 불가능해졌다. 미국에서 휘청하면 우리나라 역시 휘청하듯이, 일본에서 원자력이 문제되었을 때 미국 증시도 출렁였다. 모두가 연결되어 있기 때문에 결국은 하나만 보아도 모든 것을 본 것과 같은 상황이 되어버린 것이다.

게다가 요즘은 세계 이슈나 해외 시장의 흐름을 쉽게 알 수 있다. 증권회사의 보고서나 신문, 개인들이 운영하는 증권카페에서도 정리가 잘 되어 있다. 때문에 조금만 노력하면 그 내용을 쉽게 손에 넣을 수 있다. 하지만 오히려 손에 쉽게 넣을 수 있기 때문에 그 가치와 중요성을 간과하기 쉽다. 별것 아니라고 생각한다면 정말 큰코 다치게 된다. 이제 해외 주식시장과 우리나라 주식시장이 함께 간다는 것의 의미와 그 위력에 대해서 알아보도록 하자.

〈차트 2-11〉은 5년 동안 우리나라와 미국, 영국의 주가 변화를 수익률로 비교한 것이다. 차트를 보면 우리나라가 영국과 미국에 비해 수익률이 2배 정도 되는 것을 볼 수 있다. 그래서 좀 더 높은 수익률을 얻기 위해서 외국인들이 우리나

차트 2-11 | 미국/영국 시장과 한국 시장의 비교

라에 많이 투자를 하는 것이다.

하지만 그들은 미국이나 영국에서 포트폴리오를 관리한다. 왜냐하면 우리나라에서 돈을 벌어서 우리나라 돈으로 가지고 있는 것이 아니라 자국의 돈으로 얼마를 벌었느냐가 중요하기 때문이다. 그러므로 환율이나 그들 나라의 정세, 주가흐름이 굉장히 중요한 요소로 작용하게 된다. 그래서 우리나라에서 한 축을 차지하는 외국인들이 자국의 증시 흐름에 영향을 받기 때문에 증시의 모습이 비슷하게 나타나는 것이다.

우리나라는 내수로만 유지될 수 없는 나라이다. 결국 수출을 통해서 나라의 경제를 성장시켜야 한다. 1위의 수출 대상국이 바로 미국이기 때문에 우리나라는 미국의 증시 흐름에 울고 웃게 되는 것이다.

이렇게만 이야기하면 얼마나 이것이 중요한지 별로 와 닿지 않을 것이다. 단지 동조한다는 이유로 잘 보고 잘 참고하라는 식으로 생각한다면 곤란하다. 이

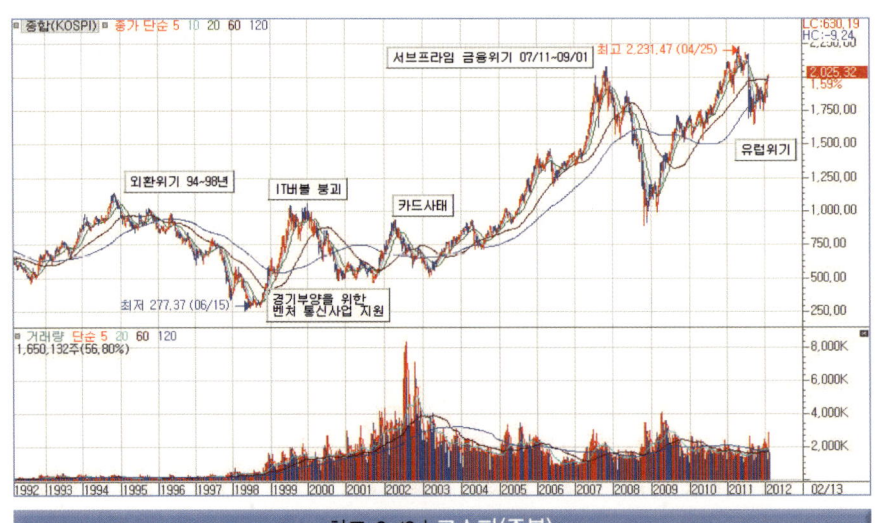

차트 2-12 | 코스피(주봉)

렇게 영향을 받는 것이 얼마나 위력을 가지고 있는지를 실감할 수 있도록 다시 한 번 코스피 차트를 보도록 하자(차트 2-12). 서브프라임 금융위기와 유럽위기 때를 다시 한 번 보면 충분히 그 위력을 이해할 수 있을 것이다.

서브프라임 모기지 사태•는 미국의 빚을 모두 하나로 묶어서 그 빚을 사고팔수 있는 금융상품으로 만든 것으로, 즉 부채를 팔기 위한 파생상품으로 인해 생겨났다. 이러한 파생상품은 전 세계로 팔려 나갔고, 미국은 들어온 돈을 다시 빌려준 뒤 또 빚을 만들어냈다. 그리고 또 그 빚을 금융상품으로 만들어 전 세계에 팔았다. 말 그대로 빚이 무한정 늘어나는 구조로 전 세계에 그 위험을 공유시킨 것이다. 전 세계와 빚을 공유한다는 것은 미국이 무너지게 되면 전 세계 모든 은행들 역시 엄청난 위기에 직면한다는 말과 같다.

---

• 서브프라임 모기지 사태(Subprime Mortgage Crisis): 미국의 TOP 10에 드는 초대형 모기지론 대부업체가 파산하면서 시작된 미국만이 아닌 국제 금융시장에 신용경색을 불러온 연쇄적인 경제위기를 말한다.

그 위기의 공포가 얼마나 강력했는지 그리고 실제로 어느 정도로 위력이 강력했는지는 우리나라의 대장주인 삼성전자를 보면 쉽게 이해할 수 있다(차트 2-13). 시가총액이 100조 원이 넘는 회사가 한순간에 50조 원까지 떨어지게 되었다. 튼튼하다는 삼성전자가 이 정도로 내려갔으니, 다른 회사와 투자자들 역시 엄청난 피해를 입었을 것이다. 우리나라가 보유하고 있는 자본의 반이 어디론가 날아가버릴 정도의 충격은 상상하기조차 쉽지 않을 것이다. 이 정도로 미국 시장이 우리나라에 미치는 영향은 크다.

유럽위기 때도 엄청난 급락이 있었지만 그래도 미국에 비하면 새 발의 피라고 할 수 있다. 여기에는 커다란 의미가 있다. 바로 외국계 자본이 한순간에 빠져나갈 때 어떤 일이 벌어지는가라는 점이다. 외국인 자본이 많이 들어오면 당연히 증시가 빠르고 크게 성장한다. 하지만 우리나라의 자본이 아닌 이상 언제든 떠날 수 있는 돈이라는 것을 사람들은 잊고 있다. 유럽위기 당시 자본금이 반 토막이 난 사람들은 굉장히 많았다. 외국계 자본이 빠져나갈 때 얼마나 무서운 일이

차트 2-13 | 서브프라임 때의 삼성전자(주봉)

생기는지 몸소 체험한 것이다.

　세계는 모두 연결되어 있다. 때문에 세계의 어느 한 곳에서 문제가 생긴다면 반드시 우리나라에도 영향을 미치게 된다. 그리고 그들이 얼마나 큰 위력을 가지고 있는지도 살펴보았다. 여러분은 그들의 위력을 잊지 말고 항상 외국인의 동향과 이슈에 대해서 체크하는 것을 게을리해서는 안 된다. 이것을 꼭 기억하자! 돈 버는 것은 어려워도 잃는 것은 한순간이다. 위험에 대한 긴장을 늦추는 순간 당신의 돈을 잡아먹기 위해서 누군가 숨어서 지켜보고 있다!

### • 외국계 자본의 성질

　외국계 자본에는 영국계 자본과 미국계 자본으로 나눠볼 수 있다. 이분법적으로 나누는 것에는 무리가 있지만 크게 보아 내가 느끼기에 영국계 자본이 미국계 자본보다 단기성이 강한 것 같다.

　영국계 자본으로는 우선 CS(크레디트스위스)증권을 들 수 있는데, 매수 주체 중에 CS증권의 이름을 자주 보았을 것이다. 이들은 외국의 키움증권 정도로 생각하면 된다. 크레디트스위스는 이름에 스위스가 붙어 있는 것으로 보아 이용자의 비밀이 잘 지켜지는 회사임을 알 수 있다. 원칙적으로 주식매매가 허용되지 않는 증권 관련 업종의 직원이나 회사 고위층이 내부정보를 이용해 주식거래를 할 때 많이 이용하는 곳이다. 내부의 정보를 가지고 있는 만큼 CS증권의 승률은 꽤 좋은 편이다. 그리고 단기적인 성격이 매우 강하다. 물론 비밀보장 때문에 외국인이 가장 많이 이용하지만 그것은 일부에 불과하다.

　미국계 자본을 대표하는 것으로는 피드로우펀드가 있다. 피드로우펀드는 전설적인 투자가 피터 린치가 피델리티에서 저평가된 종목만을 매수하여 운용하는 펀드이다. 이 펀드가 매수하는 종목은 꽤 오랜 시간을 보유한다. 그렇게 오래 보유할 수 있다는 것은 성장성과 안전성에서 인정을 받았기 때문에 가능한 것이

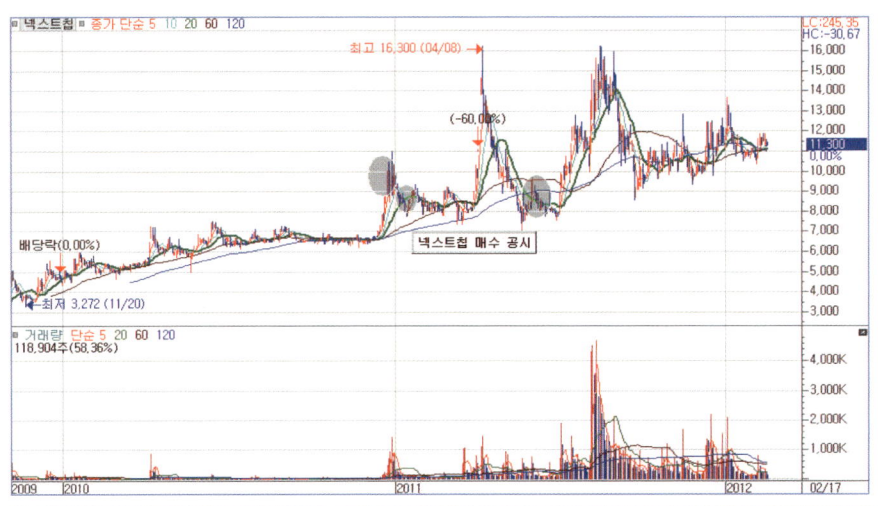

차트 2-14 | 넥스트칩(주봉) 피드로우 매수 후

| 번호 | 공시대상회사 | 보고서명 | 제출인 | 접수일자 | 비고 |
|---|---|---|---|---|---|
| 1 | 넥스트칩 | 임원·주요주주특정증권등소유상황보고서 | 권경국 | 2012.02.14 | |
| 2 | 넥스트칩 | [기재정정]현금배당결정 | 넥스트칩 | 2011.12.28 | 공 |
| 3 | 넥스트칩 | 주식명의개서정지(주주명부폐쇄) | 넥스트칩 | 2011.12.15 | 공 |
| 4 | 넥스트칩 | 분기보고서 (2011.09) | 넥스트칩 | 2011.11.14 | |
| 5 | 넥스트칩 | 영업(잠정)실적(공정공시) | 넥스트칩 | 2011.11.10 | 공 |
| 6 | 넥스트칩 | 기업설명회(IR)개최 | 넥스트칩 | 2011.10.10 | 공 |
| 7 | 넥스트칩 | 반기보고서 (2011.06) | 넥스트칩 | 2011.08.16 | |
| 8 | 넥스트칩 | [기재정정]분기보고서 (2011.03) | 넥스트칩 | 2011.08.12 | 공 |
| 9 | 넥스트칩 | 영업(잠정)실적(공정공시) | 넥스트칩 | 2011.08.08 | 공 |
| 10 | 넥스트칩 | 주식등의대량보유상황보고서(약식) | FIDLowPricedStockF... | 2011.06.10 | |
| 11 | 넥스트칩 | 영업(잠정)실적(공정공시) | 넥스트칩 | 2011.05.06 | 공 |
| 12 | 넥스트칩 | 소속부변경 | 코스닥시장본부 | 2011.04.22 | 공 |
| 31 | 넥스트칩 | 주요사항보고서(무상증자결정) | 넥스트칩 | 2011.03.21 | |
| 32 | 넥스트칩 | 자기주식처분결과보고서 | 넥스트칩 | 2011.03.18 | |
| 33 | 넥스트칩 | 증권발행실적보고서 | 넥스트칩 | 2011.03.18 | |
| 34 | 넥스트칩 | [기재정정]주요사항보고서 (자기주식처분결정) | 넥스트칩 | 2011.03.10 | |
| 35 | 넥스트칩 | [기재정정]투자설명서 | 넥스트칩 | 2011.03.10 | |
| 36 | 넥스트칩 | [발행조건확정]증권신고서(지분증권) | 넥스트칩 | 2011.03.10 | |
| 37 | 넥스트칩 | 주주총회소집공고 | 넥스트칩 | 2011.03.10 | |
| 38 | 넥스트칩 | 수시공시의무관련사항(공정공시) | 넥스트칩 | 2011.02.25 | 공 |
| 39 | 넥스트칩 | 자기주식처분결정 | 넥스트칩 | 2011.02.25 | 공 |
| 40 | 넥스트칩 | 감사보고서제출 | 넥스트칩 | 2011.02.23 | |
| 41 | 넥스트칩 | 주주총회소집결의 | 넥스트칩 | 2011.02.21 | |
| 42 | 넥스트칩 | 영업(잠정)실적(공정공시) | 넥스트칩 | 2011.02.14 | 공 |
| 43 | 넥스트칩 | 주식등의대량보유상황보고서(약식) | FIDLowPricedStockF... | 2011.01.10 | |
| 44 | 넥스트칩 | [기재정정]현금배당결정 | 넥스트칩 | 2010.12.30 | 공 |
| 45 | 넥스트칩 | 주식등의대량보유상황보고서(약식) | FIDLowPricedStockF... | 2010.12.22 | |

표 2-2 | 넥스트칩 변동 내역

출처 | 금융감독원 전자공시 시스템

다. 게다가 장기적으로 승률도 꽤 좋은 편이다.

2011년에 피드로우펀드가 진입한 곳으로 넥스트칩이 있다. 〈차트 2-14〉를 보면 피드로우펀드에서 매수 공시를 올린 후 꾸준하게 우상향하는 모습을 보여주고 있다. 피드로우펀드는 매수한 종목이 급등해도 펀드의 이념에 맞게 매도하지 않는다. 장기투자를 하는 분들은 피드로우펀드에 편입해보는 것도 좋은 방법이 될 것이다.

### 코스피, 코스닥과 주식

많은 회사가 자신의 회사를 상장시키는 꿈을 가지고 있다. 상장이 되지 않은 회사의 주식은 의결권과 배당을 받을 수 있는 권리를 제외하면 휴짓조각이나 마찬가지이다. 의결권도 과반수를 넘기지 않으면 회사에 영향을 주기 힘들다. 지분이 많은 사람이 배당이 안 되도록 운용한다면 배당마저도 못 받게 될 수도 있다. 하지만 상장을 하게 된다면 주식은 돈과 바꿀 수 있게 된다. 즉 환금성이 생기는 것이다. 이렇게 되면 휴짓조각이던 주식은 하루아침에 돈으로 바뀌게 되는 것이다.

만약에 아무 조건 없이 회사를 상장시켜준다면 어떻게 될까? 수만 개, 수십만 개의 회사가 상장될 것이며, 그 중에는 파산하기 직전에 회사를 보기 좋게 꾸며서 자신의 주식을 돈과 바꾸기 위해서 여러분을 유혹할 것이다. 이러한 것을 미연에 방지하기 위해서 최소한의 자격을 갖추어야만 상장이 가능하도록 규정을 만들었다.

상장이 가능한 시장으로는 크게 코스피와 코스닥이 있다. 코스피는 어느 정도 큰 규모의 주식회사들이 상장되어 있기 때문에 안전성이 뛰어나다. 우리가 흔

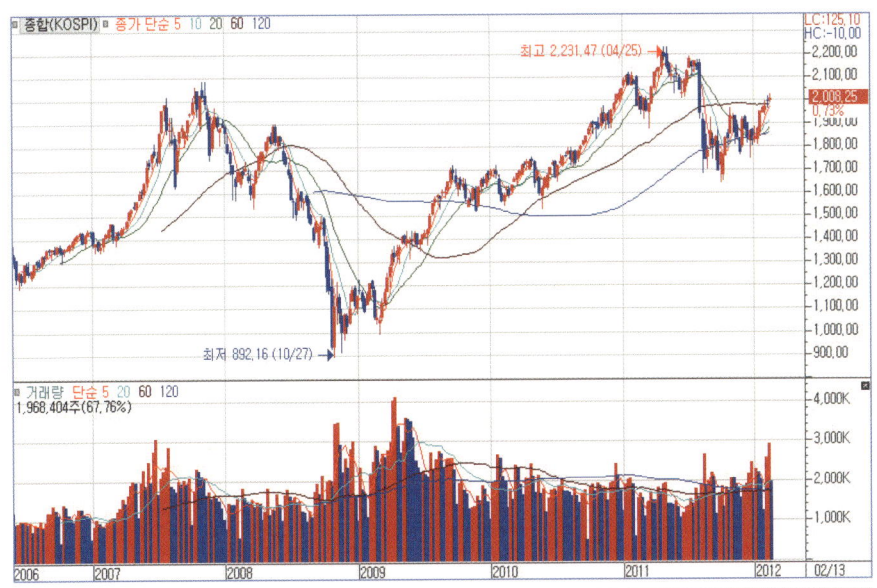

차트 2-15 | 코스피(주봉)

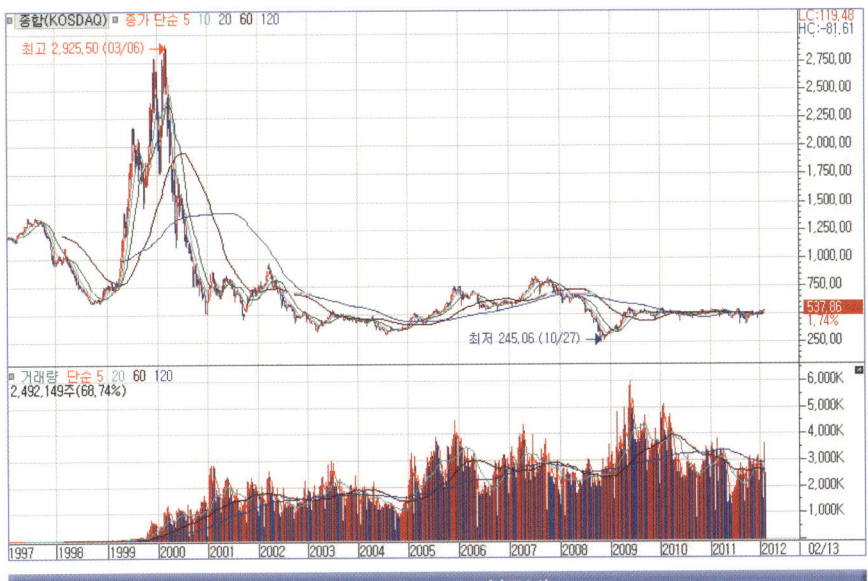

차트 2-16 | 코스닥(주봉)

| 매출액 및 이익 등 | • 최근 매출액 300억 원 이상 및 3년 평균 200억 원 이상<br>• 최근 사업연도에 영업이익, 법인세차감전 계속사업이익 및 당기순이익 각각 실현<br>• 다음 중 하나를 충족하면 됨<br>① ROE: 최근 5%, 3년 합계 10% 이상<br>② 이익액 : 최근 25억 원, 3년 합계 50억 원 이상<br>③ 자기자본 1,000억 원 이상 법인 : 최근 ROE 3% 또는 이익액 50억 원 이상이고 영업현금흐름이 양(+)일 것 |
|---|---|
| 매출액 및 기준 시가총액 | • 최근 매출액 500억 원 이상<br>• 기준 시가총액 1,000억 원 이상 |
| 매출액, 기준 시가총액 및 영업현금흐름 | • 최근 매출액 700억 원 이상<br>• 최근 기준 시가총액 500억 원 이상<br>• 최근 영업현금흐름 20억 원 이상 |

표 2-3 | 코스피 등록 요건

| | 일반 기업 | 벤처 기업 |
|---|---|---|
| 이익 규모와 매출액, 기준 시가총액(택1) | • ROE 10%<br>• 당기순이익 20억 원<br>• 최근 매출액 100억 원, 기준 시가총액 300억 원 이상 | • ROE 5%<br>• 당기순이익 10억 원<br>• 최근 매출액 50억 원, 기준 시가총액 300억 원 이상 |

표 2-4 | 코스닥 등록 요건

히 알고 있는 대기업과 한국 경제의 중추가 모여 있다고 할 수 있다. 또 여기에는 부동산 리츠REITs*나 선박투자회사도 포함되어 있기 때문에 우리나라의 산업과 기업의 가치를 보여주는 경제지표라고 할 수 있다.

대체로 기관과 외국인은 안전하면서도 시가총액이 큰 종목들을 좋아한다. 그래서 그들은 코스피에서 활발한 활동을 보이고 있다. 사실 우리나라 투자자

---

• **부동산 리츠**: 부동산투자를 전문으로 하는 뮤추얼펀드를 말한다. 리츠는 증권의 뮤추얼펀드와 같이 전문 펀드매니저들이 일반인과 기관투자자들의 돈을 모아 펀드를 구성, 부동산에 투자해 얻은 수익을 투자자들에게 되돌려준다.

입장에서는 코스닥보다 안전하고 기관과 외국인의 투자가 활발하다는 정도만 알면 된다. 좀 더 생각해본다면 기관과 외국인의 수급이 원활하기 때문에 그 둘의 속성에 대해서 알고 있는 것이 중요할 것이다.

간단히 이야기하자면 기관은 매수를 하거나 매도를 하는 데 이유가 있어야 한다. 아무런 이유 없이 사고팔았다가는 문제가 생길 수 있다. 무엇을 하든지 정당한 이유가 있어야 한다. 그리고 타인의 돈을 운용하기 때문에 정당한 이유 없이 매매했다가 소송이라도 걸리게 되면 정말 큰 문제가 된다. 그래서 그들은 눈에 보이는 흔적에 따라서 매수/매도를 하게 되는 것이다.

외국인의 경우에는 우리나라의 주식시장에 들어오기 위해서는 먼저 환율이라는 장벽을 한 번 거쳐야 한다. 또한 우리나라에서 번 돈을 우리나라에서 쓰는 것이 아니라 자국에서 쓰기 위한 것이기 때문에 자국 시장의 영향을 크게 받는다. 그리고 외국인의 가장 큰 특징은 추세 매매를 즐겨한다는 점이다. 계속 매수하다가 많이 올라가면 일정 부분을 매도하여 이익을 본다. 그리고 전체적으로 이익을 보고 있는 상태에서 매도하고, 주가가 너무 많이 내려가면 또 일정 부분 매수한다. 당연히 이런 매매를 하기 위해서는 1년 정도 뒤의 경기를 예측해야 한다. 하지만 요즘은 외국인이나 기관도 단기투자를 많이 하기 때문에 성격에 얽매여서 수급을 볼 필요는 없다.

반면에 코스닥은 중소기업과 신생 벤처회사들의 자금 조달과 상장을 주목적으로 만들어진 거래소이다. 코스피와 코스닥의 고객은 전혀 다르다. 코스닥은 코스피의 상장요건에 충족되지 못하나 중소 우량기업이나 미래에 유망한 기술을 가지고 있는 벤처기업들에게 자금 조달을 지원하기 위해서 생겨난 곳이다.

코스피보다 안전하지도 않고 시장이 작아서 많은 금액을 투자하지도 못하지만 등락률은 코스피보다 크다. 그러다 보니 코스피보다 상장 기준이 낮은 편이다. 상장 기준 중에서 이익 규모와 매출액, 기준 시가총액 둘 중에 하나만 성립하면 상장이 가능하다. 때문에 바이오산업처럼 매출액이 낮아도 기술력만으로 투자를 받아 요건을 성립하는 회사를 만들 경우 상장이 가능하다. 이러한 점이 바로 코스닥을 고위험 고수익이라는 생각을 가져오게 만든 것이다. 그래서 실적보다는 단기적인 이슈나 수급에 의해서 크게 움직인다.

〈차트 2-17〉은 코스닥에서 코스피로 이동한 대표적인 기업인 NHN이다. 한눈에 봐도 코스닥과 코스피의 기울기가 다른 것을 알 수 있다. NHN은 코스피로 이동한 후에는 큰 움직임을 보이지 않으면서 우상향하는 모습을 보여주고 있다. 이러한 이유로 안전성과 지속적인 성장을 추구하는 사람들은 코스피의 주식을 선호하는 것이다. 하지만 코스닥을 보면 가격이 50배 정도 상승할 정도로 움직임이 큰 것을 알 수 있다. 그래서 한 번이라도 크게 수익을 내고 싶어 하는 사람들은 크게 움직이는 코스닥 시장을 좋아하는 것이다.

하지만 코스닥은 정말 위험하다. 회사가 모든 부분을 갖추고 있어도 한순간에 상장폐지가 될 수 있다. 그런데 코스닥은 매출도 잘 나오지 않고 안정화되지

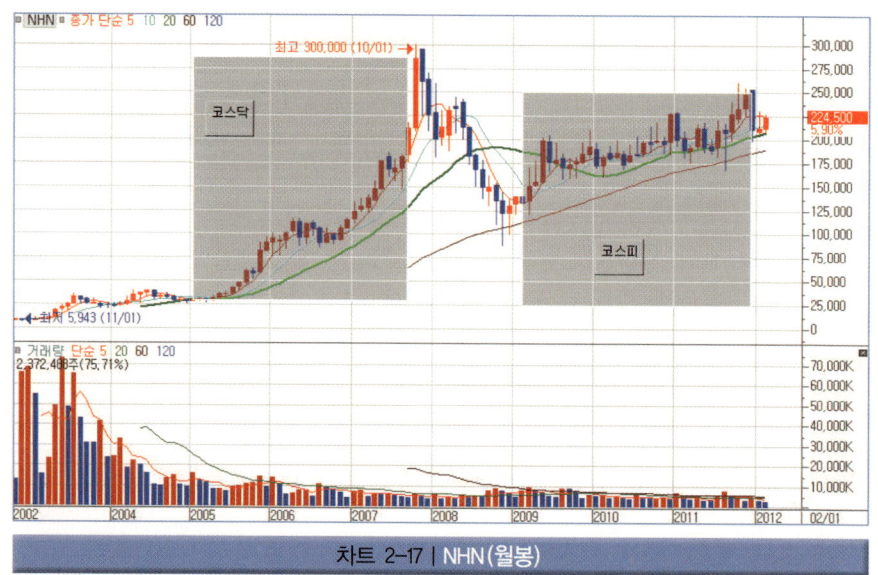

차트 2-17 | NHN(월봉)

도 않았으며 규모도 크지 않은 회사들이 기대감만으로 갈 수 있는 곳이다. 잘되면 좋겠지만 안 되면 반대로 한순간에 사라져버릴 수도 있다는 말이다. 언제 어떻게 무슨 일이 터질지 알 수 없는 것이다.

〈차트 2-18〉은 헤파호프코리아의 월봉 차트이다. 네오시안과 합병하여 헤파호프코리아로 사명을 변경한 후 2006년에 상장하였다. 차트를 보면 2006년에 근 한 달 사이에 주가가 4배 이상 올라간 것을 볼 수 있다. 주가가 2배 오르려면 연속으로 5번의 상한가가 나와야 가능하다. 그리고 주가가 4배가 되려면 당연히 10번 이상의 상한가가 나와야 한다. 이 차트를 보고 얼마나 많은 사람이 환상을 가지고 뛰어들었는지 상상할 수 있는가? 그들 중에는 분명히 급락할 때 손절을 하지 못하고 다시 오르는 날만을 기다리며 들고 있던 사람이 있을 것이다. 탐욕과 환상에 사로잡혀 투자한 것이면서 자신은 회사의 가치를 믿는 장기투자자라고 스스로 속이는 것은 강제로 장기투자자가 되는 것이다. 세상에는 '만약'이란 경우는 없다.

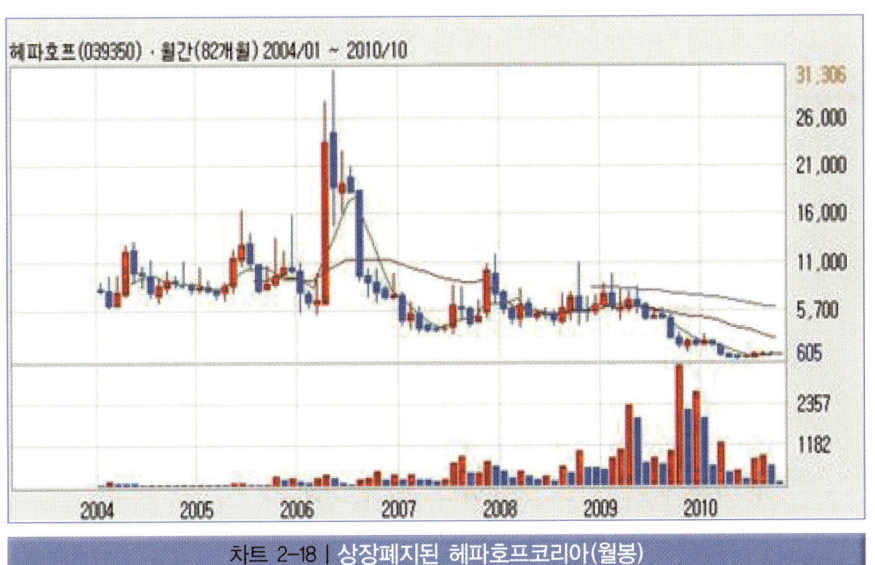

차트 2-18 | 상장폐지된 헤파호프코리아(월봉)

차트 2-19 | 상장폐지된 헤파호프코리아(일봉)

〈차트 2-19〉를 보면 올라가기는커녕 20일선을 뚫지도 못하고 계속 하락을 하더니 결국 거래정지를 당하게 된다. 마지막 갭 하락하기 전에도 끝까지 희망과 환상을 놓지 못하면서 상승할 것이라고 믿고 베팅한 투자자들의 말로는 결국 상장폐지인 것이다. 한순간에 자신의 모든 투자금과 함께 많은 것들이 사라지게 된 것이다.

온라인게임업체 (주)네오시안과 합병하여 우회상장한 (주)헤파호프코리아는 2006년에 상장된 후 계속해서 엄청난 적자를 보면서 회사를 운용해왔다(표 2-5). 하지만 많은 사람이 그런 것에 신경을 쓰지 않고 투자를 했다. 왜냐하면 성공하면 복권에 당첨된 것이나 다름없었기 때문이다. 장밋빛 미래에 사로잡혀 발밑에 도사리고 있는 낭떠러지를 보지 못한 것이다.

돼지 간을 이용해 만든 인공 간이 FDA만 통과한다면 굉장한 이슈가 될 것은 분명했다. 하지만 결국 로또에 당첨될 확률에 비교할 수 있을 만큼 힘든 것이었다. 하지만 세상에 '확률'은 존재해도 '만약에'는 절대 존재하지 않는다. 혹시라는 기대감에 모두들 눈이 멀어서 폭탄 돌리기를 하는 것이다. 문제는 결국 언젠가는 터진다는 것이고, 그때가 언제인지는 아무도 모른다는 것이다. 그러한 것

단위 | 100만 원

| 구분 | 2007년 | 2008년 | 2009년 | 2010년 |
|---|---|---|---|---|
| 상시 종업원 수 | 15 | 12 | 15 | 39 |
| 매출액 | 6,176 | 4,029 | 1,505 | 4,896 |
| 영업이익 | −2,970 | −4,084 | −4,032 | −9,385 |
| 당기순이익 | −3,884 | −5,089 | −15,769 | −19,052 |
| 자산총계 | 16,900 | 17,895 | 18,300 | 14,769 |
| 자본금 | 2,910 | 3,023 | 8,412 | 16,163 |
| 자본총계 | 13,372 | 11,879 | 13,898 | 8,429 |
| 부채총계 | 3,528 | 6,015 | 4,402 | 6,340 |
| 현금흐름-영업활동 | −6,704 | −1,221 | −4,918 | −8,835 |

표 2-5 | 헤파호프코리아 연간 통계

을 알아보고 대처할 수 있는 능력을 키우지 않는다면 고르고 골라서 투자를 해야 한다. 볼 수 있는 능력과 대응할 수 있는 능력 그리고 감당할 수 있는 능력이 된다면 당연히 투자를 해도 좋다. 하지만 자신의 능력을 모르고 덤빈다면 계좌만 줄어들 뿐이다. 항상 이야기하지만 올라가는 것은 어렵지만 사라지는 것은 한순간이다. 이 말을 꼭 명심해야 한다. 열광하는 감정으로 자신의 눈을 가리는 순간이 가장 위험하다.

회사를 분석하기 위해서 기본적으로 알고 있어야만 하는 주식시장과 회사의 환경에 대해서 간략하게 설명했다. 무엇을 알고 있어야 하고 어떠한 것들에 관심을 가져야 하는지에 대해서 기억하고 잊지 않는다면 스스로 공부하는 데 있어 시행착오를 크게 줄일 수 있다. 아무리 이야기하고 가르쳐줘도 경험하고 스스로 고민하지 않으면 아무 소용이 없다. 반드시 고민하고 많은 생각을 하길 바란다.

# 16
# 기업의 모든 것을
# 알려주는 보고서

　**주식은** 결국 '어떠한 때에 어떤 종목을 쌀 때 사서 팔 때 파는 것'이다. '쌀 때 사서 팔 때 파는 것'이 기술적 분석이라면 '어떠한 때에 어떤 종목을'은 기본적 분석이다. 그런데 사실 '어떠한 때'라는 것은 따로 존재하지 않는다고 생각한다. 상승장에서만 수익을 낼 수 있는 투자자라면 반쪽짜리 투자자밖에 안 되기 때문이다. 그렇기 때문에 큰 흐름에서 쌀 때를 잡는 것은 시장이 어떠한 곳인지를 알고 있다가 그 대세 상승의 초기가 어떠한 것인지 그리고 조심해야 할 때가 언제인지를 알고 있어야 한다.

### 보고서와 공시가 왜 필요할까?

　자, 그럼 '어떠한 종목'에 대해 이야기해보자. 어떤 기업을 고르는가에 대해서는 사실 고려할 것들이 굉장히 많고 어렵다. 실제로 경영진의 능력이 어떠한지, 인성이 어떠한지를 파악한다는 것은 사실상 불가능하다. 그렇기 때문에 이러한 부분에 대해서 생각할 때는 항상 조심스럽게 접근해야 한다. 또한 시장에 새롭게 나온 상품을 직접 사용해본 후 정말 괜찮다고 평가할 수 있다. 혹은 주변사람들의 평가를 통해서 상품의 가치를 평가할 수도 있다. 하지만 이것 역시 주관적이기 때문에 좋다고 평가한 사람들은 극소수일 수 있다. 어떤 상품의 가치를 평가할 때 주관적인 부분을 배제한다는 것은 굉장히 어려운 일이다.

그나마 가장 객관적으로 회사를 평가할 수 있는 것이 보고서이다. 보고서 역시 회사에서 장난칠 수 있다. 그럼에도 불구하고 회사의 고위층이나 관계자, 권력을 가진 기관이 아닌 이상 재무제표보다 정확한 자료를 얻는다는 것은 불가능하다. 이러한 이유로 보고서가 중요한 것이다.

이제부터 보고서를 확인하고 공시들을 확인하기 위해서 하루에도 몇 번씩 살펴보게 될 전자공시 시스템에 대해 살펴보자. 다트는 금융감독원에서 만든 사이트로 기업의 입장에서는 금융감독원을 방문하지 않고도 모든 공시 자료를 올릴 수 있어서

그림 2-1 | 다트 초기 화면

출처 | 금융감독원 전자공시 시스템

그림 2-2 | 키움증권 기업 분석 창

매우 편리하다. 또한 투자자 입장에서도 모든 공시 자료를 열람할 수 있다.

〈그림 2-2〉는 키움증권의 기업 분석 창이다. 다양한 정보들이 잘 정리되어 있어서 많은 사람들이 이용하고 있다. 시세 현황 등의 중요한 내용에 대해 계산할 필요 없이 보여준다는 점에서 굉장히 유용하다. 하지만 여기에 올라오는 내용은 전부를 보여주는 것은 아니며 내용 중에서는 빠진 부분도 있다.

다트와 비교해보면 한눈에 봐도 모든 정보가 나와 있지 않다는 것을 알 수 있다. 대량 보유 상황 보고서 같은 것은 눈에 띄지 않는다. 그렇기 때문에 항상 최신에 올라온 내용을 확인하기 위해서 다트를 이용하는 습관을 들여야만 한다. 그리고 보고서에는 기업 분석에서는 나오지 않지만 반드시 체크해야 되는 내용들이 많이 있다.

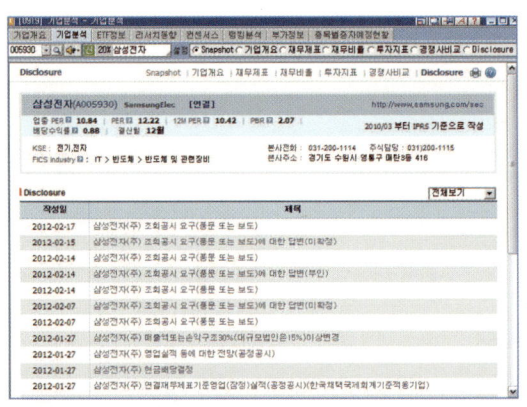

표 2-6 | 키움증권 기업 분석 디스클로저

표 2-7 | 다트 공시

출처 | 금융감독원 전자공시 시스템

· **대량 보유 상황 보고서를 잘 확인해야 하는 이유**

사람들이 어떤 것을 사는 데는 분명한 이유가 있다. 아무런 이유 없이 주식을 매수하는 사람은 없을 것이다. 그리고 큰돈을 가

표 2-8 | 와토스코리아 대량 보유 상황 보고서

출처 | 금융감독원 전자공시 시스템

지고 있다는 것은 다시 말하면 그만큼의 돈을 운용할 능력이 있다는 의미이다. 그런 능력이 있는 사람이 대량의 주식을 매수했다는 것은 무언가 있다는 말이 된다. 실제 그렇지 않다고 해도 많은 사람들은 그렇게 생각한다. 그렇다면 누군가 대량으로 주식을 매집했다는 것은 주가에 큰 영향을 준다는 의미가 된다.

2011년 2월에 박영옥 씨가 와토스코리아의 주식을 6.7% 정도 매수했다. 그러자 위로도 아래로도 움직이지 않던 주식은 박영옥 씨가 매수한 이후 커다란 주가의 움직임을 보여준다.

차트 2-20 | 대량 매집 후 주가의 움직임

〈차트 2-21〉은 피드로우펀드가 아이디스의 주식을 매집한 후 일봉 차트이다. 동그라미 부분은 10월 4일에 주식 등의 대량 보유 상황 보고서를 올린 후 주가가 올라가는 모습을 보여준다.

다트에 들어가서 공시 부분을 열심히 확인하다 보면 누군가 지분을 많이 매입하는 경우를 볼 수 있다. 대량 보유 상황 보고서의 내용은 그 자체만으로도 회

차트 2-21 | 아이디스(일봉)

| 성명 (명칭) | 생년월일 또는 사업자 등록번호 등 | 변동일 | 취득/처분 방법 | 주식 등의 종류 | 변동내역 | | | 취득/처분 단가 | 비고 |
|---|---|---|---|---|---|---|---|---|---|
| | | | | | 변동 전 | 증감 | 변동 후 | | |
| FID LOW P RICED STO CK FUND | 1280 | 2011년 09월 26일 | — | 보통주 | 0 | 310,558 | 310,558 | — | SPIN-OFF |

자본시장과 금융투자업에 관한 법률 시행령 제154조 제4항의 규정에 따라 국가, 지방자치단체, 한국은행, 보고 특례 적용 전문투자자(증권의 발행 및 공시에 관한 규정 제3-14조)의 경우에는 「변동일」란은 보고의무 발생일을 의미하고 「취득/처분방법」, 「취득/처분단가」 란은 그 기재를 생략할 수 있음

표 2-9 | 피드로우펀드 아이리스 매입(10월 4일 접수)

사의 주가에 큰 영향을 준다. 또한 매집한 사람의 성격을 어느 정도 파악하게 된다면 좀 더 다양한 전략을 사용할 수 있다. 지금 당장 대량 보유 상황 보고서를 찾아서 연구해보고 싶은 마음이 생기지 않는가?

### 보고서란 무엇인가?

이제부터 우리가 보게 될 공시는 분기 보고서와 반기 보고서이다. 재무제표는 뒤에서 따로 이야기하겠지만 재무제표를 빼고도 보고서에는 많은 정보가 있다.

〈차트 2-22〉는 삼양식품의 주봉이다. '꼬꼬면'이 주목을 받은 후 '나가사끼 짬뽕'까지 출시되면서 하얀 국물 라면이 시장에서 이슈가 되었다. 그 이슈를 타고 바로 올라가는 종목이 있는가 하면 이렇게 2~3개월이 지난 후 오르는 종목들도 있다.

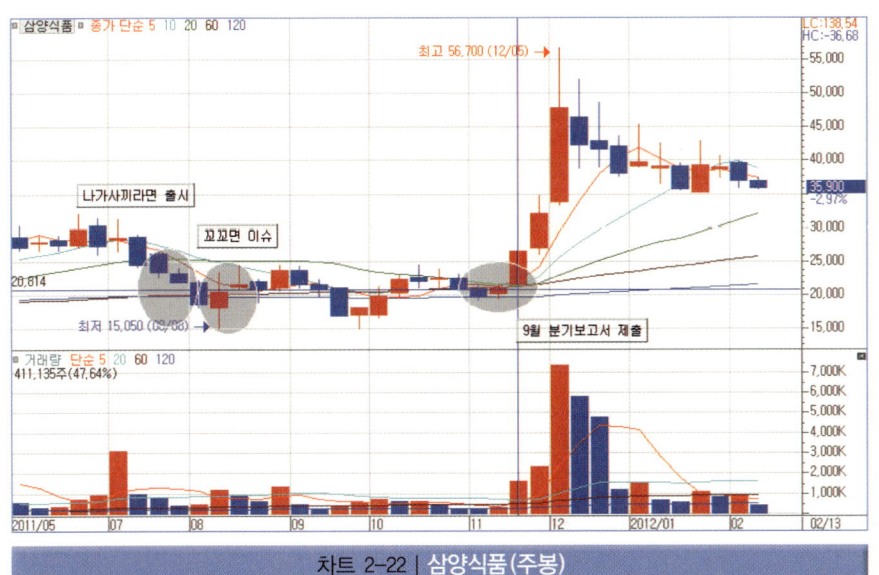

차트 2-22 | 삼양식품(주봉)

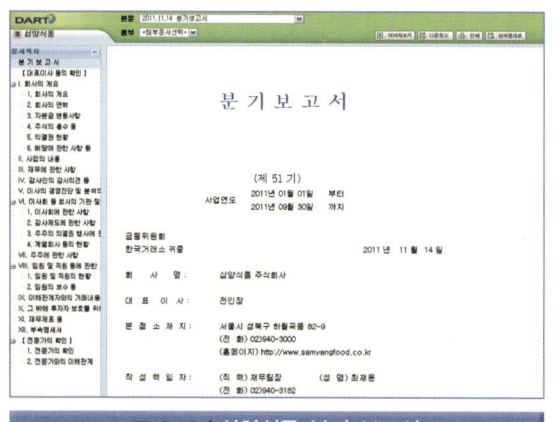

표 2-10 | 삼양식품 분기 보고서
출처 | 금융감독원 전자공시 시스템

이 경우 자신의 생각에 확신이 없는 사람들이라면 어떤 식으로 행동할까? 자신의 생각에 확신이 없다면 당연히 찾아보고 검증하려고 할 것이다. 그때 정확한 내용을 알기 위해서 보고서를 기다리게 되는 것이다.

왼쪽의 카테고리에서 〈문서 목차〉를 보면 다양한 내용들이 있음을 볼 수 있다. 재무제표를 제외하면 크게 봐야 할 부분이 바로 회사의 개요와 회사의 연혁, 자본금의 변동사항, 사업에 관한 내용이다. 너무 복잡하고 어렵게 생각할 필요는 없다. 각각의 항목에서 체크해야 할 부분만 보면 된다.

### 1) 회사의 개요

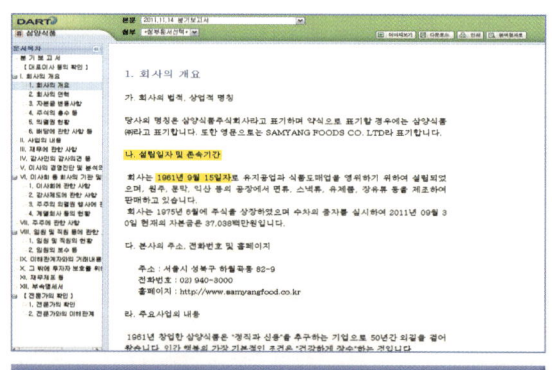

표 2-11 | 삼양식품 회사의 개요
출처 | 금융감독원 전자공시 시스템

'(나) 설립일자 및 존속기간'을 보면 삼양식품은 1961년에 설립되었다. 50년이 넘는 시간, 즉 반백년 동안 회사가 성장해왔다는 것은 쉬운 일이 아니다. 그 정도로 오랜 기간 사업을 영위했다면 삼양식품에 관련된 사람들은 굉장히 많을 뿐만 아니라 인맥들도 엄청나게 축적되었다는 의미가 된다. 우리나라에서뿐만 아니라 그런 회사는 쉽게 망하지 않는다. 즉 망할 위험이 없으니 어느 정도 안전하게 투자를 할 수 있다는 의미가 된다.

• 계열사에 관한 사항

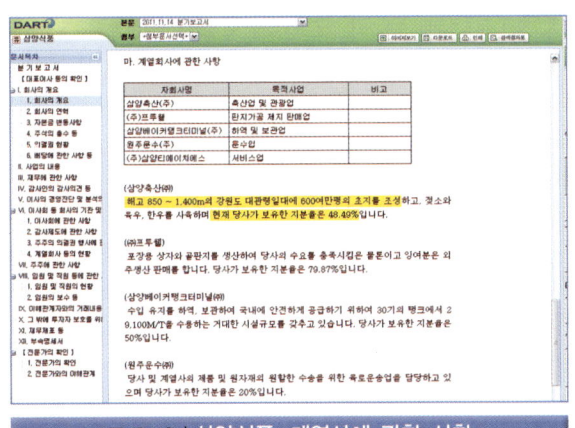

표 2-12 | 삼양식품, 계열사에 관한 사항
출처 | 금융감독원 전자공시 시스템

분기 보고서의 회사의 개요에서 또 살펴볼 것은 '계열회사에 관한 사항'이다. 삼양식품의 계열회사에 대한 사항을 보면 삼양축산이라고 쓰여 있는 것을 볼 수 있다. 이 회사는 강원도 대관령 일대에 600만 평의 초지를 가지고 있다. 삼양식품의 보고서를 살펴보다가 계열회사 중 한 곳이 강원도 대관령 일대에 엄청난 크기의 토지를 가지고 있다는 것을 평창 동계올림픽이 이슈화되기 전에 알았다고 상상해보라.

평창 동계올림픽으로 인해 그 지역과 관련된 주식의 주가가 엄청나게 급등할 때 미리 삼양식품을 사둘 수 있었을 것이다. 그랬다면 주식이 2배나 오르는 기쁨을 맛볼 수도 있었을 것이다(차트 2-23). 주식에 가장 편하게 투자하는 방법은 정말 올라갈 만한 주식을 오르기 전에 사두는 것이다.

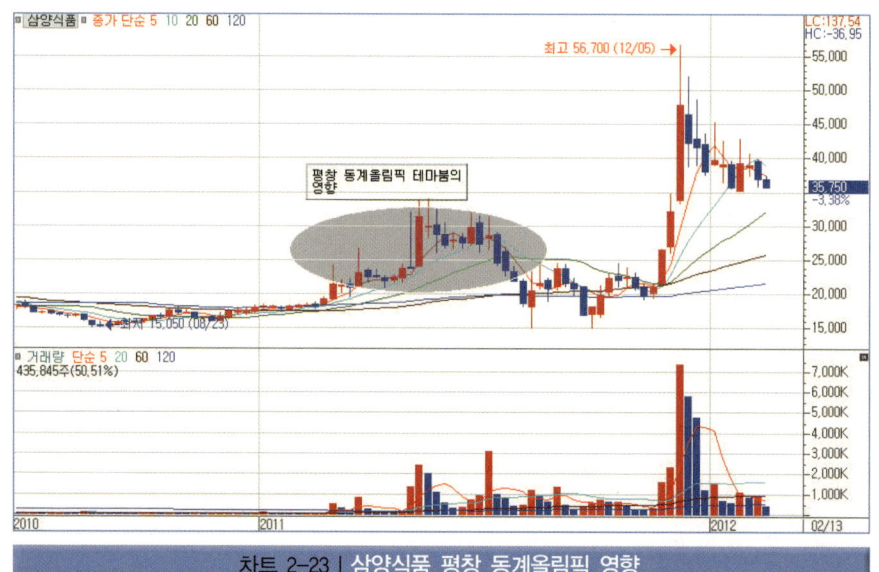

차트 2-23 | 삼양식품 평창 동계올림픽 영향

## 2) 회사의 연혁

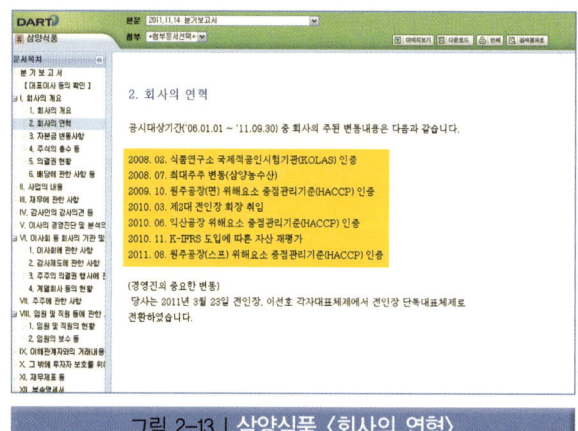

그림 2-13 | 삼양식품 〈회사의 연혁〉

출처 | 금융감독원 전자공시 시스템

삼양식품의 회사 연혁에서는 그다지 크게 살펴봐야 하는 것이 눈에 들어오지 않는다. 이것은 나름 괜찮은 회사라는 증거이다. 정말 괜찮은 회사라면 본업으로 승부를 봐야 한다. 그러면 그에 관련된 경력들을 확인할 수 있을 것이다. 하지만 본업에는 신경을 쓰지 않고 다른 곳에서 돈을 끌어와서 그 돈으로 편하게 사업을 하려고 하면 자본금 변동의 흔적들만 잔뜩 남게 될 것이다. 또한 여러 가지 일들을 벌이고는 다른 회사인 척하기 위해서 회사의 상호를 변경하기도 한다. 하지만 그런 것들도 회사의 연혁에 그 흔적이 남게 된다.

• 상호변경

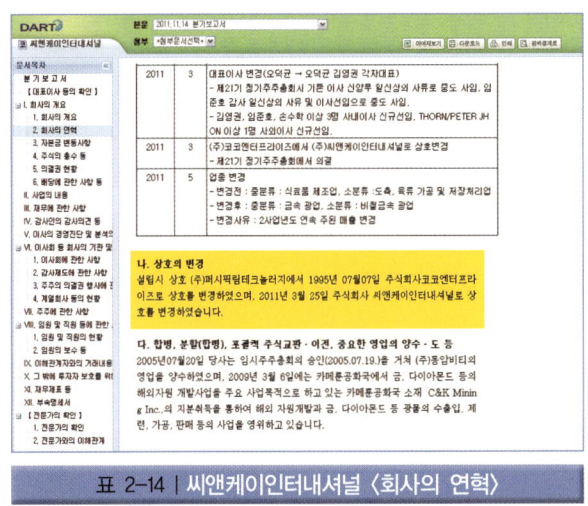

표 2-14 | 씨앤케이인터내셔널 〈회사의 연혁〉

출처 | 금융감독원 전자공시 시스템

다이아몬드 사기로 정부의 고위 관료층까지 연루되어 이슈가 되었던 씨앤케이인터내셔널의 회사 연혁이다. 상호의 변경을 보면 이름이 계속 바뀌는 것을 볼 수 있다. 상호 변경된 코코엔터프라이즈 역시 작전주로 그 이름을 들어본 사람이 많을 것이다.

신재생에너지와 자원탐사 같은 산업은 큰 자본이 들어가고 성공률이 매우 낮음에도 불구하고 이 회사는 성공이 눈앞에 있는 것처럼 이야기하고 있다. 이러한 사업은 천문학적인 금액이 꾸준하게 들어가야만 하는 사업이기 때문에 우리나라 대기업조차도 쉽게 하지 못하는 사업이다. 물론 성공한다면 엄청난 일이다. 하지만 세상에 '만약'은 없다. 다시 한 번 강조하지만 만약의 경우에 자신의 모든 돈과 목숨, 가족들의 행복을 걸어서는 절대 안 된다.

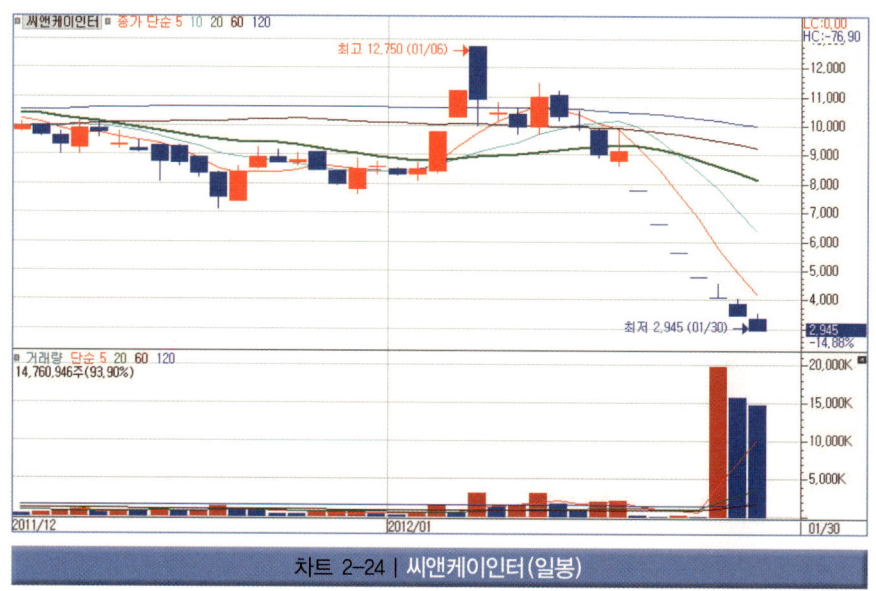

차트 2-24 | 씨앤케이인터(일봉)

조심하지 않으면 〈차트 2-24〉에서 보듯이 하한가를 당할 수 있다. 이것이 현실이다. 하한가를 갈 때는 팔고 싶어도 매수 물량이 없어서 팔 수도 없다. 그냥 아무것도 못한 채 지켜만 봐야 한다. 항상 우리는 먼저 '세상의 모든 것을 100% 믿지 마라'는 것을 생각하고 있어야 한다. 그리고 자신의 역량을 제대로 파악하고 조심해서 접근해야만 한다. 만약 확신이 없다면 이러한 종목은 바라보지 않는 것이 계좌를 지키는 방법이다. 결국 씨앤케이인터내셔널 역시 좋지 못한 일들이 하나씩 흘러나오게 되었다. 부디 '만약에'라는 것에 자신의 인생을 걸지 말기를 바란다.

### 3) 자본금 변동사항

자본금의 변동사항도 중요하다. 밖에서 돈을 끌어오는 이유는 회사에 돈이 부족하기 때문이다. 돈을 끌어오는 이유는 사실 회사가 어려워져서 생존을 위해서이

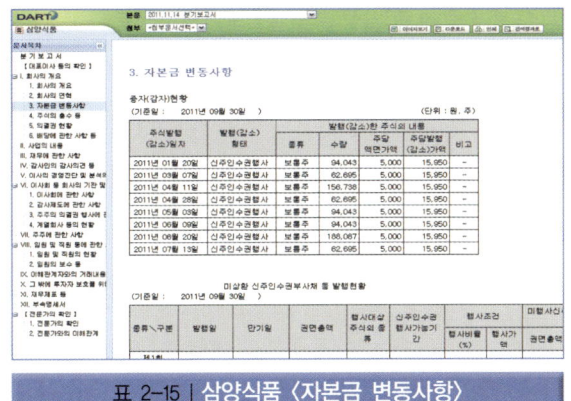

표 2-15 | 삼양식품 〈자본금 변동사항〉

출처 | 금융감독원 전자공시 시스템

기도 하지만, 회사가 사업을 확장하기 위해서이기도 하다. 그러나 어떤 식으로든 정말 좋은 회사라면 회사 내부에 유보금을 쌓아두고 그 돈으로 회사의 사업을 확장시킬 것이다. 그렇기 때문에 어떤 식으로든 무상증자와 주식배당을 제외하고 증자(감자) 현황이 있는 것은 좋지 못한 일이다.

• 자본금 변동이 없는 경우

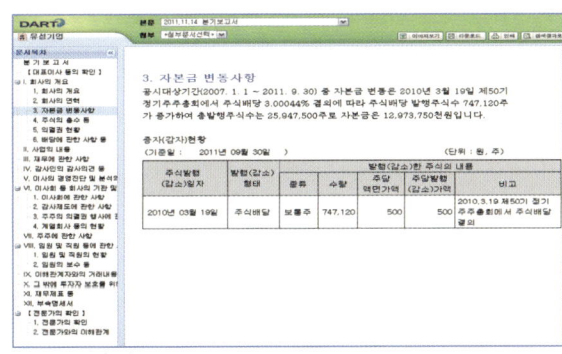

표 2-16 | 유성기업 〈자본금 변동사항〉

출처 | 금융감독원 전자공시 시스템

유성기업은 1960년에 설립하여 아직도 사업을 영위하고 있는 건실한 기업이다. 〈표 2-16〉에서 보는 것처럼 주식배당을 제외하고는 단 한 번도 증자(감자)가 없었다. 주식배당의 경우 현금배당과 마찬가지로 회사에 쌓인 유보금을 주주들에게 나눠주는 것이기 때문에 주주들에게는 호재이다. 이렇게 자본금 변동이 없다면 당연히 본업을 통해서 회사가 잘 유지되고 있다는 의미이다.

• 자본금 변동이 많은 경우

반면에 씨앤케이인터내셔널의 자본금 변동사항은 너무 많아서 한 페이지에 다 들어가지도 않는다(〈표 2-17〉). 자원탐사 사업의 특성상 엄청난 돈이 계속 투자되어야 한다. 결국 돈 없이 이런 사업을 하는 씨앤케이인터내셔널은 유상증자 같은 방법으로 돈을 계속해서 끌어들이고 있는 것이다. 정말 괜찮은 회사라면 적게라도 수익을 내고, 그 수익들을 키워가며 투자를 한다. 하지만 이런 회사는 말 그대로 잘 되면 대박, 안 되면 쪽박이다. 또 그렇게 끌어들인 돈을 모두 사업에 쓴다는 보장도 없다. 이렇게 자본금 변동이 많은 주식은 쳐다보지 않는 것이 자신의 계좌를 지키는 것이다.

표 2-17 | 씨앤케이인터내셔널 〈자본금 변동사항〉
출처 | 금융감독원 전자공시 시스템

### 4) 사업의 내용

그다음 언급하고 싶은 부분은 사업의 내용이다. 사실 사업의 내용은 모두 꼼꼼하게 읽을 필요는 없다. 왜냐하면 이 부분은 주주들에게 '잘 봐주세요' 하면서 좋은 부분에 대해서 객관적인 척 나열한 것들이 많기 때문이다. 소설을 읽듯이 가벼운 마음으로 재미있게 읽으면 된다.

사업의 내용을 읽다 보면 그 종목이 속해 있는 시장을 보는 눈이 생기게 된다. 이것이 쌓이면 굉장한 무기가 될 수 있다. 뉴스나 작은 정보로도 시장이 어

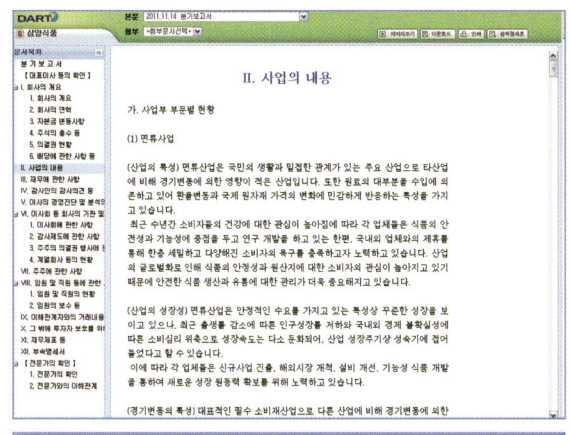

표 2-18 | 삼양식품 〈사업의 내용〉

출처 | 금융감독원 전자공시 시스템

떻게 돌아갈지 대충 감을 잡을 수 있게 된다. 거기다가 회사에서 하는 사업들의 비중이나 매출들도 알 수 있기 때문에 회사의 성장성이나 현 상황에 대해서도 짐작이 가능하다.

### 5) 감사인의 감사의견

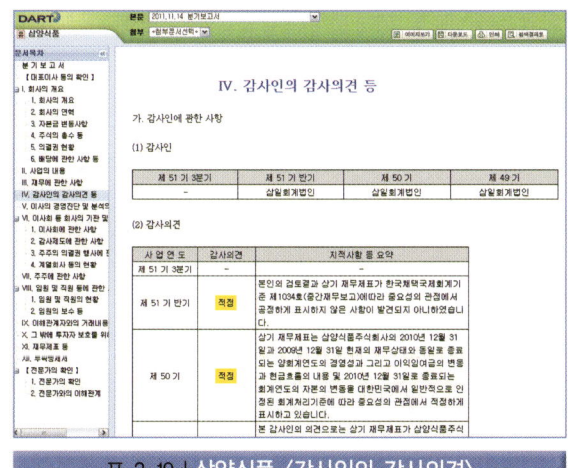

표 2-19 | 삼양식품 〈감사인의 감사의견〉

출처 | 금융감독원 전자공시 시스템

마지막으로 짚고 넘어가야 할 부분이 감사인의 감사의견이다. 이것은 계속 볼 필요도 없고 그 내용을 다 읽을 필요도 없지만 반드시 적정한지는 확인해야 한다. 또한 감사 시즌인 2, 3월에 감사와 관련되어 나오는 공시는 반드시 확인해야 한다. 특히 코스닥의 경우에는 흑자로 우량한 기업이지만, 감사인의 거절로 퇴출된 경우도 있다.

여기까지가 재무제표를 제외하고 기본적 분석을 공부하려는 사람이 반드시 보고 넘어가야만 하는 요소들이다. 물론 깊게 들어가면 한도 끝도 없이 어려운 분야이지만, 지금까지 언급한 내용만 제대로 숙지하고 종목을 골라내도 갑자기 상장폐지를 당한다거나 거래정지를 당하는 일은 절대 없을 것이다. 그렇기 때문에 혹 어렵고 이해가 되지 않는다고 넘겨버리면 안 된다. 열심히 씹어 삼킨 후 자신의 것으로 소화시켜야 한다. 많이 고민하고 연구하라. 그래야만 자신의 것이 된다. 그럼 이제부터 재무제표에 살펴보도록 하자.

### 기업이 얼마나 잘 생활했는가를 알려주는 손익계산서

손익계산서란 기업이 일정 기간 동안 회사를 잘 운영했는지를 보여주는 명세서이다. 주식시장에 상장되어 있는 회사들은 회사를 투명하게 운영하기 위해서 매분기마다 실적을 발표하도록 되어 있다. 그리고 이 실적을 통해서 투자자들은 투자 의사를 결정하게 된다. 결국 투자자들은 실적이 더 상승할 것이라는 기대감으로 투자를 하는 것이기 때문에 실적이 계속 좋아지는 회사의 경우 주가는 점점 더 상승하게 된다.

하지만 많은 사람이 회사를 볼 때 매출이 얼마나 잘 늘어나고 있는가와 당기순이익만 간단히 보면 된다고 생각한다. 기업이 운영을 잘해서 이익을 냈는지 손

---

- 감사의견에는 적정의견, 한정의견, 부정적 의견, 의견거절이 있다.
  적정의견: 모든 항목이 적절히 작성되어 기업 회계기준에 일치하고 불확실한 사실이 없다.
  한정의견: 회계처리 방법과 재무제표 표시 방법 중 일부가 위배되거나, 합리적인 증거가 없다.
  부정적 의견: 전제적으로 합리적이지 못하고 왜곡 표시되어 무의미하다.
  의견거절: 감사를 하는데 필요한 증거물을 얻지 못해서 의견을 말할 수가 없다.

실이 났는지만 확인하면 끝이라고 생각한다. 이것은 정말 잘못된 생각이다. 얼마나 이익이 났는지, 얼마나 손실이 났는지도 중요하지만, 그 이익과 손실의 내용과 성격 역시 굉장히 중요하다. 기관이나 외국인, 전문투자자의 경우 이익이 났어도 그 회사에 매력을 못 느끼는 경우도 많다. 그런가 하면 대규모 손실이 나서 주가가 급락할 때 오히려 매수의 기회라고 생각하는 경우도 있다. 그들은 단순하게 이익과 손실을 바라보는 것이 아니라 그 안의 내용과 성격을 보기 때문이다.

손익계산서는 다음과 같이 구성되어 있다.

- 매출액
- 매출원가
- 매출총이익
- 판매비와 관리비
- 영업이익
- 영업외수익
- 영업외비용
- 법인세비용차감전순이익
- 법인세비용
- 당기순이익
- 주당손익

빨대를 만드는 회사를 예로 들어보자. 빨대를 팔아서 들어온 100만 원의 돈이 있다. 그럼 빨대회사의 매출액은 100만 원이 된다. 하지만 그 빨대를 만들기 위해서 공장을 돌리고, 재료를 사오는 데 돈이 들었을 것이다. 이렇게 제품을 만들기 위해서 들어간 돈이 바로 매출원가이다. 매출원가가 10만 원이 들었다면 '100만 원-10만 원'이라는 계산을 통해서 90만 원이라는 이익이 나온다. 이러한 이익을 매출총이익이라고 한다.

여기서 '이익=수익-비용'이라는 것을 알 수 있다. 매출액에서 비용인 매출원가를 빼면 이익을 알 수 있다. 이 공식은 당기순이익이 나올 때까지 계속된다.

- 매출액-매출원가=매출총이익
- 매출총이익-판매비와 관리비=영업이익
- 영업이익+영업외수익-영업외비용=법인세비용차감전순이익(경상이익)
- 법인세비용차감전순이익-법인세비용=당기순이익

계속해서 빨대회사를 살펴보자. 이 회사의 매출총이익은 90만 원이었다. 하지만 물건을 만들어두고 가만히 두면 아무도 사가지 않는다. '이런 빨대가 있으니까 사세요'라고 광고를 해야 하고, 가지고 있는 빨대도 망가지지 않게 잘 보관해야 한다. 그래서 광고비와 보관료가 20만 원이 들었다. 이것이 바로 판매비와 관리비이다. 즉 '90만 원-20만 원=70만 원'으로 계산한 결과 영업이익을 구하게 되었다. 결국 영업이익은 매출총이익에서 영업을 하는 데 들어가는 비용을 제외한 것이다. 영업비용을 뺐으니까 당연히 남은 돈은 영업이익인 것이다.

하지만 이 빨대회사의 사장이 투자에도 관심이 많아서 설탕을 만드는 회사에 100만 원을 빌려주고 10만 원씩 받고 있다면 이것은 영업을 통해서 벌어들인 돈이 아니기 때문에 따로 분류해야 한다. 그래서 이러한 것들을 본업에서 번 것이 아니라고 해서 영업외수익으로 잡게 된다. 반대로 회사가 은행에서 돈을 빌려와 이자가 10만 원씩 나가고 있다면 이것은 영업외비용이 된다.

본업을 통해서 벌어들인 영업이익과 영업외수익의 합에서 영업외비용을 제하면 회사에서 진짜로 벌어들인 이익을 구할 수 있다. 그래서 이것은 경상이익, 또는 법인세차감전순이익이라고 한다. 계산해보면 '70만 원+10만 원-10만 원=70만 원'으로 법인세비용차감전순이익을 구할 수 있다. "죽음과 세금은 피할 수 없다"라는 말이 있듯이 세금은 반드시 내야만 한다. 그래서 경상이익은 세금을 제하기 전 이익으로 법인세비용차감전순이익이라고 부르는 것이다. 만약 세금으로 10만 원이 나왔다면 '70만 원-10만 원=60만 원'으로 최종적인 수익인 60만 원으로 당기순이익을 계산할 수 있게 된다.

이것이 손익계산서의 내용이다. 이제 이것을 통해서 영업이익과 당기순이익이 잘 성장하고 있는지를 확인하면 된다. 덕산하이메탈을 예로 들어 좀 더 자세히 살펴보자.

• **매출총이익**

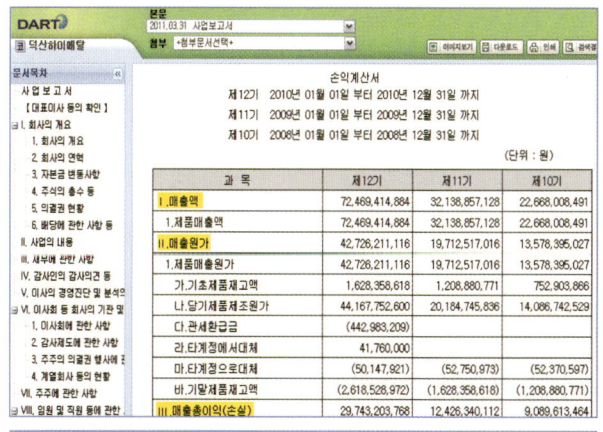

표 2-20 | 덕산하이메탈, 손익계산서
출처 | 금융감독원 전자공시 시스템

〈표 2-20〉은 덕산하이메탈의 3년 동안의 손익계산서이다. 매출액을 비교해보면 꾸준하게 큰 폭으로 증가하는 것을 볼 수 있다. 당연히 이렇게 우상향하면서 실적이 좋아지는 회사는 기업가치에도 플러스가 있다.

매출액과 매출원가를 비교해보면 매출액에서 매출원가가 차지하는 비율을 구해볼 수도 있다. 이 비율이 큰폭으로 상승하면 기업에는 안 좋은 상황이다. 이 회사를 살펴보면 제10기부터 제12기까지 모두 59% 정도를 매출원가가 차지하고 있다. 매출원가비율에 변화가 없기 때문에 문제없이 안정적으로 제품을 생산하고 있는 것이다. 당연히 매출액이 증가하고 있는데 매출원가비율의 변화가 없으니 매출총이익도 기분 좋게 상승하고 있다.

• 영업이익

| | 제12기 | 제11기 | 제10기 |
|---|---|---|---|
| Ⅲ.매출총이익(손실) | 29,743,203,768 | 12,426,340,112 | 9,089,613,464 |
| Ⅳ.판매비와관리비 | 16,621,390,942 | 7,727,027,368 | 4,174,474,299 |
| 1.급여 | 3,078,847,956 | 1,929,445,169 | 1,726,439,581 |
| 2.퇴직급여 | 234,634,659 | 94,652,957 | 75,354,280 |
| 3.복리후생비 | 536,574,962 | 346,957,892 | 324,265,729 |
| 4.여비교통비 | 491,515,895 | 246,541,625 | 225,230,631 |
| 5.접대비 | 218,578,420 | 143,655,660 | 69,586,613 |
| 6.통신비 | 62,082,803 | 28,763,523 | 21,687,590 |
| 7.수도광열비 | 6,768,354 | | |
| 8.세금과공과 | 62,507,888 | 72,663,921 | 33,834,689 |
| 9.감가상각비 | 373,747,592 | 215,531,099 | 147,536,701 |
| 10.무형자산상각비 | 6,471,566,151 | 2,108,894,562 | 53,938,175 |
| 11.수선비 | 19,087,909 | 31,192,547 | 45,318,636 |
| 12.대손상각비 | 49,241,793 | 32,228,212 | 1,218,018 |
| 13.보험료 | 13,735,834 | 7,457,595 | 29,102,244 |
| 14.임차료 | 362,991,086 | 127,565,889 | 56,198,471 |
| 15.차량유지비 | 135,844,467 | 113,700,654 | 123,985,714 |
| 16.문반비 | 157,827,574 | 90,091,496 | 1,763,500 |
| 17.교육훈련비 | 9,476,528 | 1,036,039 | 3,695,123 |
| 18.도서인쇄비 | 17,883,485 | 24,406,495 | 18,896,577 |
| 19.사무용품비 | 23,911,775 | | |
| 20.소모품비 | 59,842,725 | 41,898,662 | 33,097,087 |
| 21.지급수수료 | 2,381,325,908 | 1,393,374,504 | 1,100,304,343 |
| 22.주식보상비용 | 1,793,340,721 | 598,511,847 | |
| 23.광고선전비 | 18,090,000 | 28,531,600 | 30,500,000 |
| 24.견본비 | 41,966,659 | 49,709,420 | 52,370,597 |
| 25.잡비 | | 216,000 | 150,000 |
| Ⅴ.영업이익(손실) | 13,121,812,826 | 4,699,312,744 | 4,915,139,165 |

표 2-21 | 덕산하이메탈 〈손익계산서〉
출처 | 금융감독원 전자공시 시스템

기분 좋게 매출총이익도 보고 밑으로 내렸는데 엄청나게 많은 항목의 판매비와 관리비를 발견했다. 하지만 내용이 많다고 겁낼 필요는 없다. 항목 중에서 갑자기 늘어나는 부분이 없는지 살펴보면 된다. 이 회사의 경우 크게 문제될 만한 부분은 없다.

특이한 점이라면 무형자산상각비가 큰 폭으로 상승했다는 점이다. 무형자산이란 특허권같이 독점할 수 있는 권리를 말한다. 당연히 특허를 받으려면 기술을 개발해야 되고, 기술을 개발하려면 개발비가 많이 들어가게 된다. 이 경우 당연히 매출에서 개발비용을 빼야 한다. 특허가 끝날 때까지 그 비용을 나눠서 매출액에서 빼는 것이다. 그러므로 무형자산상각비가 제11기, 제12기에 큰 폭으로 증가했다는 것은 특허권 같은 무형자산을 취득했다는 말이 된다.

그런데 무형자산상각비가 큰 폭으로 증가할 때 매출이 제자리라면 문제가 된다. 하지만 제10기와 비교했을 때 제11기의 영업이익을 보면 무형자산상각비가 적용되면서 약간 감소한 것을 볼 수 있다. 하지만 매출총이익이 50% 정도 상승한 것으로 보아 다음해 매출의 상승을 기대해볼 수 있다. 그리고 실제로도 제12기에 무형자산상각비가 증가함에도 영업이익은 3배가 오른 것을 보면 이러한 예상이 맞음을 확인할 수 있다.

### •경상이익 (법인세비용차감전순이익)

이제 본업 외의 손익이 어떻게 났는지를 볼 차례이다. 〈표 2-22〉의 보고서를 살펴보면 가장 먼저 눈에 들어오는 것이 제11기에 영업외수익이 큰 폭으로 증가한 것이다. 이렇게 눈에 띄게 수치가 변화하면 세부 항목을 보면 왜 그렇게 되었는지 유추가 가능하다. 그 다음으로 지분법이익* 항목에서 큰 이익이 난 것을 볼 수 있다. 이 부분을 통해서 왜 영업외이익이 증가했는지 알 수 있다.

제10기에 영업외비용에서 특이하게 비용이 높게 나타나고 있다. 세부 항목을 보면 지분법손실과 매도가능증권처분손실이 눈에 띈다. 2008년은 키코* 문제가

---

- **지분법이익**: 다른 회사의 지분을 보유하고 있을 때 대상 기업에 손해나 이익이 발생하면 그 보유량만큼 이익과 손해를 받는 것을 말한다. 이때는 덕산하이메탈이 루디스라는 기업과 합병을 앞두고 합병 전에 미실현이익을 현재가치로 평가해서 재무제표를 좋게 꾸미기 위한 의도이다.
- **키코**: 수출과 수입을 할 때 환율 변동으로 인한 손해를 줄이기 위한 파생상품으로, 환율옵션거래 중 하나이다. 이것이 문제가 된 이유는 환율이 급등세를 연출하자 환율 하락을 전망하고 키코 옵션계약을 했던 중소기업들이 수출로 벌어들인 달러화를 시장 환율보다 터무니없이 낮은 가격으로 매도하게 되면서 문제가 되었다.

표 2-22 | 덕산하이메탈, 손익계산서

출처 | 금융감독원 전자공시 시스템

대두되었던 해로 많은 회사들의 주가가 급락했었다. 영향력을 행사하기 위해서 가지고 있던 회사의 주식들은 급락으로 인해 지분법손실로 나타나게 되었고, 영향력을 행사하지는 않지만 장기적으로 가지고 있던 주식의 주가 하락이 매도가능증권처분손실로 나타나게 된 것이다. 덕산하이메탈 역시 키코의 피해를 입었는지 파생상품평가손실이 있다. 이렇게 영업외비용에서 큰 손실을 입은 덕산하이메탈은 제10기에는 큰 손해를 보는 해였다. 하지만 이런 부분은 일시적이기 때문에 오히려 피해가 적다면 과도한 급락에서 매수의 기회를 찾을 수도 있다.

• 당기순이익

〈표 2-23〉에서 제10기에는 큰 손실을 보았지만 흔들리지 않고 제11기, 제12기에는 더 큰 성장을 보여주고 있다. 법인세비용까지 빼고 나면 이제야 비로소 당기순이익을 볼 수 있다. 이 기업처럼 당기순이익이 손실을 보이다가 이익으로 전환되는 것은 큰 의미가 있으며 주가에도 큰 영향을 준다.

| | 제 12기 | 제 11기 | 제 10기 |
|---|---|---|---|
| VIII.법인세비용차감전순이익(손실) | 12,524,170,755 | 5,699,054,814 | (2,179,628,662) |
| IX.법인세비용 | 2,380,934,879 | 959,635,232 | (505,777) |
| X.당기순이익(손실) | 10,143,235,876 | 4,739,419,582 | (2,179,122,885) |
| XI.주당손익 | | | |
| 1.기본주당순이익(손실) | 489원 | 251원 | (118)원 |
| 2.희석주당순이익(손실) | 479원 | 210원 | (118)원 |

표 2-23 | 덕산하이메탈, 손익계산서

출처 | 금융감독원 전자공시 시스템

　마지막으로 주당손익은 당기순이익을 주식 수로 나눈 것인데, 이것을 통해서 회사가 벌어들이는 돈을 확인할 수 있다. 또한 신주인수권같이 아직 발행되지 않은 주식의 수까지 합한 주식 수로 나누어 봄으로써, 기본주당순이익과 비교해 볼 수 있다.

　〈차트 2-25〉는 덕산하이메탈의 손익계산서에서 살펴본 내용을 확인할 수 있다. 실제로 키코로 문제가 생긴 해에는 하락하는 모습을 보여주고 있다. 그리 큰 변동이 없어 보일 수도 있지만 2007년도 말에 5,000원 정도 했던 주가가 1,200원대로 떨어져 엄청난 급락을 보여주고 있다.

　하지만 적자 상태에서 이익으로 전환된 2009년에는 큰 폭으로 상승하는 것을 볼 수 있다. 주식에서 실적은 영원한 테마이고, 그 중에서 실적이 적자에서 흑자로 돌아서는 것은 큰 의미를 가지고 있다. 게다가 매출도 큰 폭으로 증가했다. 2010년 역시 마찬가지이다. 영업이익과 당기순이익이 큰 폭으로 증가한 것은 위아래로 크게 흔들리지도 않으면서 우상향하는 안정적인 상승을 보여준다. 2009년에 비하면 별로 오르지 않은 것처럼 보일 수 있지만, 가격을 비교해보면 1만 2,500원대에서 2만 5,000원으로 두 배가 오른 것이다.

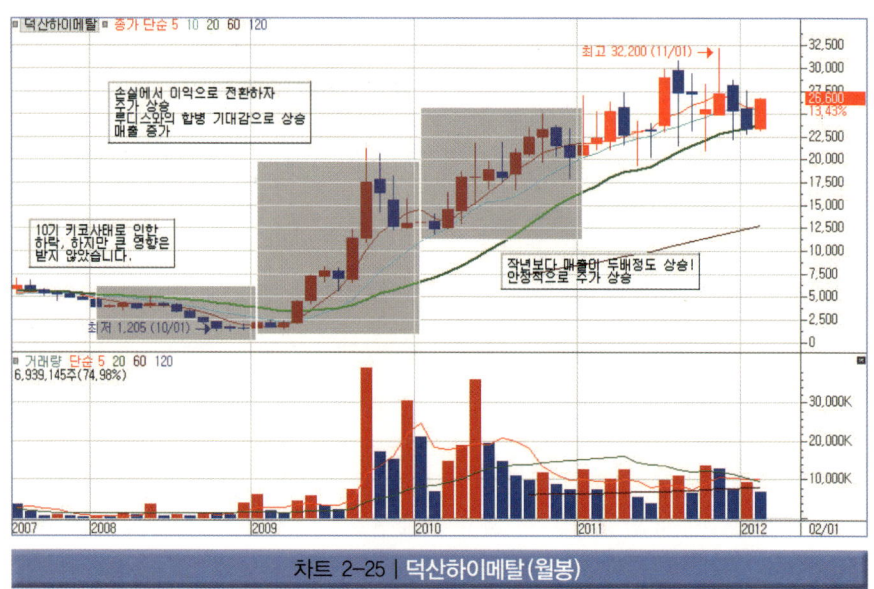

차트 2-25 | 덕산하이메탈(월봉)

　이렇게 손익계산서를 통해서 주가의 움직임을 이해하고 더 나아가서 주가가 나갈 수 있는 방향까지 생각해볼 수 있다.

> **손익계산서에서 발견할 수 있는 부실 징후**
>
> • 매출액이 감소한다. 생산시설 투자 이후 매출 감소는 특히 위험하다.
> • 매출원가가 상승한다.
> • 매출 부진 속에서도 판매비와 관리비가 증가한다.
> • 금융비용이 증가한다.
> • 대규모 혹은 연속 당기순손실이 발생한다.
> • 매출채권 증가율과 재고자산 증가율이 매출액 증가율보다 크다.

## 기업이 어떤 상태인가를 보여주는 재무상태표

재무상태표는 주식투자의 기본 중의 기본이라고 할 수 있다. 주가가 꼭 회사의 재무상태대로 움직이는 것은 아니지만, 투자의 위험을 최소화하려면 반드시 점검해야 한다. 재무상태표는 기업의 설립 이후부터 현재까지 회사의 경영 성과가 집적된 재무상태를 보여준다. 이를 통해서 현재 기업의 상태를 파악함은 물론 더 나아가 미래의 현금흐름까지 예측해볼 수 있다.

이러한 재무상태표는 보통 사람들이 생각하는 개념과 다른 부분이 있다. 그것은 바로 자산의 개념이다. 사람들은 대부분 자산이라고 하면 자신이 가지고 있는 것만을 생각한다. 은연중에 부채를 제거하고 보유하고 있는 것만을 생각하는 것이다. 하지만 자산에는 부채가 포함되어 있다. 예를 들어 10억 원짜리 집을 사기 위해서 자신의 돈 5억 원과 대출 받은 돈 5억 원을 사용했다면 집을 사기 위해 준비된 자산은 10억 원이 된다. 자산은 이처럼 회사가 사업을 하기 위해서 준비한 모든 돈을 말한다.

부채를 제외한 자산을 재무상태표에서는 자본이라고 한다. 부채는 당연히 대출이나 아직 갚지 않은 외상값을 말한다. 그래서 재무상태표에서 자산은 다음과 같은 형태를 지니고 있다.

자산＝부채＋자본

자산과 부채는 보통 1년을 기준으로 그 내용이 달라진다. 자산 중에서 1년 이내에 현금화할 수 있는 자산을 유동성이 좋은 자산이라 하여 유동자산이라고 한다. 그리고 1년 이내에 현금화하기 어려운 자산을 비유동자산이라고 한다. 부채도 역시 1년 내에 갚아야 하는 부채를 유동부채, 그렇지 않은 부채를 비유동부채로 구분한다. 이를 통해 자산은 다음과 같이 구할 수 있다.

자산(유동자산+비유동자산)=부채(유동부채+비유동부채)+자본

이제, 재무상태표의 항목들을 살펴보도록 하자.

### 1) 자산

표 2-24 | 대주산업 재무상태표
출처 | 금융감독원 전자공시 시스템

자산은 유동자산과 비유동자산으로 나눌 수 있다.

• 유동자산

〈표 2-24〉는 대주산업의 재무상태표이다. 재무상태표에는 현금화가 용이한 순서대로 표시되어 있다. 현금 그 자체인 당좌자산과 달리 재고자산은 제품을 만들어 팔아야 현금으로 바꿀 수 있기 때문에 당좌자산이 더 위에 있는 것이다.

당좌자산 중에서 매출채권과 대손충당금이 있다. 매출채권은 나중에 돈으로

주겠다는 차용증서와 같다. 하지만 어디나 외상값을 떼어먹고 도망가는 사람들이 존재한다. 그러한 사람 때문에 어느 정도 떼어먹힐 것을 예상한 것이 바로 대손충당금이다. 즉 매출채권은 그대로이지만, 미리 못 받을 돈을 제거하는 것이다.

• 비유동자산

표 2-25 | 대주산업 재무상태표
출처 | 금융감독원 전자공시 시스템

비유동자산은 크게 투자자산과 유형자산, 무형자산, 기타비유동자산으로 나누어진다.

투자자산은 1년 내에는 처분할 의사가 없는 금융상품을 말한다. 그 중에서 장기투자증권에 매도가능증권이 있다. 흔히 투자자산을 증권으로 가지고 있는 경우는 다음 세 가지가 있다.

첫째, 일정기간 가지고 있으면 이자와 함께 돌려주는 예금처럼 투자하기 위해 만기보유증권이라는 항목이 있다.
둘째, 1년 이상 처분할 생각이 없는 주식을 가지고 있는 경우가 바로 매도가능증권이다.
셋째, 지분법적용투자주식이라는 것이 있다. 매도가능증권은 주식을 가지고 있는 회사에 영향력을 행사할 생각이 없이 단순히 투자의 이유로 주식을 매수한 것이라면, 지분법적용투자주식은 그 회사에 지배하거나 영향력을 행사하기 위해 주식을 매수하는 것을 말한다.

그다지 중요하지는 않지만 이 회사가 주식을 사들인 이유가 어떤 것인지는 알고 있는 것이 좋다.

유형자산의 경우 토지와 설비자산(건물, 구축물, 기계 등)으로 구분된다. 〈표 2-25〉 제46기 221억 원에서 제47기에 461억 원으로 두 배 이상 상승하였다. 세부 항목을 보면 토지에서 240억 원 정도가 증가한 것을 볼 수 있다. 이에 대해서는 기타 주요경영사항에서 확인해볼 수 있다.

• 기타 주요경영사항

표 2-26 | 대주산업, 기타 주요경영사항
출처 | 금융감독원 전자공시 시스템

이러한 이유는 토지를 매입한 결과일 수도 있지만 여기에서는 국제회계기준을 도입하면서 토지나 건물 등이 재평가되었기 때문이다. 이 결정은 2009년 2월에 났지만, 참고사항에 나와 있는 것처럼 아직 보고서가 나오기 전에 결정된 사항이기 때문에 2008년의 재무제표에도 반영한 것이다. 이런 식의 유형자산의 재평가는 따로 비용이 들지 않으면서도 장부상에 자산이 크게 증가한 것으로 나타난다. 그리고 그 자산은 전부 자본으로 들어가게 된다. 결국 자고 일어났더니 240억 원이라는 돈이 생긴 것이나 다름없는 것이다. 이 부분은 후에 자본에 대해 이야기할 때 좀 더 자세히 설명하도록 하겠다.

### 2) 부채

표 2-27 | 대주산업, 재무상태표
출처 | 금융감독원 전자공시 시스템

부채는 회사가 갚아야 하는 빚을 말한다. 하지만 재무상태표에서 부채는 좀 더 넓은 의미로 사용된다. 보통 빚은 은행이나 개인에게서 빌린 돈을 의미하지만, 재무상태표에서는 누군가에게 돌려주어야 하는 모든 것을 의미한다. 1년 안에 갚아야 하는 부채를 유동부채, 그렇지 않은 부채를 비유동부채라고 한다.

유동부채의 경우 1년 안에 갚아야 하는 부채이기 때문에 이 항목이 비정상적으로 커지게 되면 그 회사의 안전성에 문제가 발생할 수 있다. 1년 동안 열심히 일하여 번 돈으로 유동부채를 막지 못한다면 그 회사는 파산할 수도 있기 때문이다. 그래서 유동부채가 얼마나 되는지 확인해야 한다.

제46기에서 제47기를 보면 단기차입금이 두 배 가까이 늘었음을 볼 수 있다. 이것도 앞에서 말했던 키코 사태가 초래한 외환위기로 인한 영향으로 볼 수 있다. 그리고 비유동부채에서 장기차입금과 이연법인세부채도 늘어난 것을 볼 수 있다. 이 장기차입금은 역시 키코 사태로 인한 대출 때문이다. 결국 회사에서 키코 사태를 막기 위해서 얼마나 노력했는지 단기차입금과 장기차입금의 증가를 통해서 짐작할 수 있다.

이연법인세부채는 조금 어려운 개념이다. 기업회계는 투자자나 경영자가 의사결정을 위해 재무 정보를 제공하는 것이 목적이다. 하지만 세법에서는 세금 부과의 근거를 정하는 데 목적이 있다. 기업에서 회계를 하는 기준과 세법에서 참고로 하는 기준의 차이에서 이 이연법인세부채/자산이 생겨난 것이다. 이연법인세부채는 앞으로 늘어나게 될 세금을 말하는 것이고, 이연법인세자산은 앞으로 줄어들게 될 세금을 말한다. 결국 이 회사의 경우 세금은 토지를 재평가하면서 그에 따라 추가될 세금이 늘어난 것이다.

### 3) 자본

표 2-28 | 대주산업, 재무상태표
출처 | 금융감독원 전자공시 시스템

부채가 외부에서 빌려온 돈이라면 자본은 회사의 주인인 주주들로부터 가져온 돈을 말한다. 앞에서 자산과 부채를 분류할 때는 1년을 기준으로 했다. 하지만 자본은 그렇게 시간이 정해져 있지 않다. 왜냐하면 회사의 돈(자산)에서 빌려온 돈(부채)을 모두 빼고 나면 남는 돈(자본)이 모두 주주들의 몫이기 때문이다. 모두 주주들의 돈인데 1년이라는 기준을 둘 필요가 없는 것이다.

자본금은 사실 자본잉여금과 함께 생각해야 한다. 자본잉여금은 장사가 잘 되는 가게를 팔 때 그 가게에 프리미엄으로 권리금이 붙는 것과 같다. 회사 역시 시작할 때는 500원이든 5,000원이든 주식 표면상의 가격으로 시작한다. 그리고 상장할 때 그 주식을 사기 위해서 사람들이 몰려들면서 표면상의 가격보다 더 비싸게 웃돈을 주고 사는 것이 자본잉여금으로 포함되는 것이다. 이렇게 나눈 이유는 상법에서 자본금은 '액면가+주식 수'이기 때문에 그것보다 비싸게 판 금액을 따로 관리할 항목이 필요하기 때문이다. 그래서 자본금과 자본잉여금을 같이 생각하면 편리하다.

이러한 자본잉여금은 주주들에게 배당할 수 없고 손해 본 부분(미처리결손금•)이 생길 경우 이 부분으로 채워버리기도 하고(자본결손), 주식을 무상으로 발행해 주주들에게 나눠줌으로써 자본금에 편입시키는 것이 가능하다(자본전입). 이 회사의 경우에는 키코로 인한 손해의 일부를 이 부분으로 채워 넣은 것으로 생각할 수 있다. 이것은 미처리결손금을 자본잉여금에서 뺐기 때문에 제48기에서 자본잉여금이 줄어든 것이다.

기타포괄누계액은 팔지 않은 주식과 비교해서 생각하면 이해하기 쉽다. 주가가 계속 위아래로 움직이고 있다고 하더라도 그 가격은 투자자가 팔지 않는 이상 실현되지 않는다. 즉 이익이나 손해는 발생했지만 그것을 처분하는 순간까지 미루는 것을 바로 기타포괄누계액에 포함시키는 것이다. 세부 항목을 봐도 재평

---

• **미처리결손금**: 주주총회에서 처리되기 전의 결손금을 말하며 처리 전 결손금이라고도 한다. 당기에 순손실이 발생하여 그 금액이 전기 이월 이익잉여금의 기말잔액을 초과하는 경우와 이월결손금 기말잔액이 있으며, 당기에 순손실로 된 경우에 발생한다.

가이익과 매도가능증권평가이익 역시 재평가되거나 처분하지 않아도 이익이 계속해서 나는 이상 이 항목에 포함되어 있는 것이다.

이익잉여금은 말 그대로 주주들에게 배당을 주고 남은 이익의 합을 말한다. 물론 배당을 제외하고 결손보존이나 자본전입도 제외해야 한다. 이익잉여금이 많이 쌓여 있는 회사의 경우 투자를 할 수 있는 힘이나 주주들에게 배당을 할 수 있는 가능성이 양호한 회사라는 의미이다.

자본은 처음에 말한 것처럼 주주들의 돈이다. 지금 당장 회사를 처분한다면 자본금만큼의 돈을 주식 수로 나누어서 가져갈 수 있다는 의미이다.

### 4) 자산재평가로 인한 주가 변화

차트 2-26 | 자산재평가한 대주산업(주봉)

자산재평가할 때의 주가를 300원이라고 하고 3,539만 2,000주를 곱해보면 시가총액이 106억 원이 된다. 재평가하기 전에 회사를 처분하면 750원 정도 받을 수 있던 기업이 이제는 1,162원이나 받을 수 있게 된 것이다. 당연히 적자 투성이 회사라고 해도 너무나 심한 저평가였던 것이다.

〈차트 2-26〉는 저평가되었던 대주산업이 자산재평가의 테마를 타고 급등하는 모습을 보여주고 있다. 하지만 재평가로 이슈가 된 주식도 실적이 좋지 못하면 결국 오르는 데는 한계가 있다. 차트에서 보면 꾸준하게 오르던 주가는 결국 청산가치인 1,160원을 살짝 넘어선 뒤 하락하는 모습을 볼 수 있다.

재무상태표상에서 자산을 재평가해서 자본이 증가하더라도 실적이 나쁘다면 계속 우상향하는 것은 불가능하다. 항상 주식의 영원한 테마는 실적이라는 점을 기억해야 한다.

### 재무상태표에서 발견할 수 있는 부실 징후

- 필요 이상의 현금잔고를 유지(차입금 혹은 부채비율이 증가함에도 불구하고)한다.
- 결산일 직전에 현금잔고를 증액한다. → 지급 능력 양호함을 과시
- 매출채권이 갑자기 증가한다. → 회수 불능, 외상기간 등을 연장
- 재고자산이 증가한다. → 판매부진 결과
- 순운전자본이 급속히 감소한다.
- 선수금 등이 비정상적으로 증가한다. → 자금 확보에 총력을 기울인 결과
- 타인자본 의존도가 심화된다. → 내부자금 조달 능력 한계
- 매출 증가 없이 신규 단기차입금이 증가한다.
- 자본잠식 상태에 빠진다.
- 부채비율, 차입금비율 등 자산·자본 관련 비율이 계속적으로 증가한다.

## 우량기업을 판별하는 데 유용한 현금흐름표

최고 기업의 조건이 무엇일까? 그것은 바로 돈을 잘 벌고, 그 벌어들인 돈을 미래를 위해 투자하며, 남은 돈에서 주주들에게 배당도 잘하는 기업이다. 현금흐름표는 기업에서 나간 현금과 들어온 현금의 내역을 제공하는 표이다. 하지만 현금이 들어오고 나가는 것은 모두 '돈을 잘 벌었는가', '벌어들인 돈에서 미래를 위해 열심히 투자했는가', '주주의 이익을 위해서 배당을 잘했는가'에 모든 것이 맞춰져 있다.

현금흐름표는 다음 항목들로 구성되어 있다.

- 영업활동으로 인한 현금흐름
- 투자활동으로 인한 현금흐름
- 재무활동으로 인한 현금흐름

### 1) 영업활동으로 인한 현금흐름

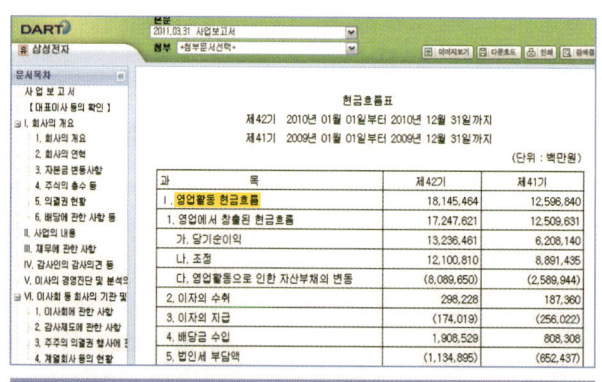

표 2-29 | 삼성전자 현금흐름표

출처 | 금융감독원 전자공시 시스템

영업활동으로 인한 현금흐름은 기업이 핵심 사업에서 얼마의 현금을 창출했는지 보여준다. 이 부분에서 이익을 내고 있으면 다른 재무제표상에서 적자라고 하더라도 실제로는 돈을 번 것이나 다름이 없다. 그렇기 때문에 꾸준하게 수익을 내는 기업이 안전하다. 하지만 건축공사가 끝나지 않아서 잔금을 받지 못한 건설업체나 공정 시간이 긴 제품을 만드는 회사가 계약금만 받은 상태에서 제품을 만들고 있을 때, 내년에 원자재 가격이 오를 것이라 예측하고 원자재를 잔뜩 사버린다면 적자 상태일 수 있다. 그러므로 예외가 있을 수 있다는 것은 알고 있어야만 한다.

삼성전자 제41기와 제42기를 비교해보면 영업활동 현금흐름이 50%나 상승하여 18조 원의 현금을 벌어들였다(〈표 2-29〉). 기본적으로 영업활동 현금흐름이 늘었다는 것은 그만큼 회사가 운용을 잘했다는 말이기도 하다. 물론 갑자기 돈이 불규칙하게 들어오는 회사는 예외이다.

## 2) 투자활동으로 인한 현금흐름

표 2-30 | 삼성전자 현금흐름표

출처 | 금융감독원 전자공시 시스템

투자활동 현금흐름은 말 그대로 기업이 투자활동에 얼마나 많은 현금을 투입했는지를 보여주는 부분이다. 요즘같이 빠르게 변화하는 시대에는 과거에 안주하고 있으면 어느새 경쟁에서 뒤처져 다시 제자리로 돌아오는 것은 쉽지 않게 된다. 그렇게 많은 기업이 사라져갔다. 그러므로 꾸준하게 투자하는 것이 굉장히 중요하다. 하지만 자신의 능력 안에서 투자를 해야 한다. 왜냐하면 투자에는 항상 리스크가 존재하기 때문이다.

단 여기에는 전제가 있다. 바로 자신이 감당할 수 있는 리스크여야만 한다는 것이다. 자신의 능력도 생각하지 않고 많은 돈을 투자한다면 설사 성공하더라도 그것은 잘못된 행위이다. 왜냐하면 그것은 이미 모든 것을 건 도박이나 다름없기 때문이다. 이러한 리스크를 고려한 투자활동은 영업활동 현금흐름 이상이 되어서는 안 된다.

삼성전자의 투자활동 현금흐름을 보면 꾸준하게 투자를 하면서도 제41기와 제42기 모두 영업활동 현금흐름을 넘어서지 않고 있다(《표 2-30》). 그러면서 꾸준하게 종속회사나 관계회사, 함께 일하는 벤처회사에 대한 지배력을 키워가고 있는 것이다. 공장이나 기계를 포함한 유형자산이나 특허 같은 무형자산도 꾸준히 취득하는 모습을 보여주고 있다. 결국 괜찮은 곳에 계속 투자하고 있는 것이다.

### 3) 재무활동으로 인한 현금흐름

표 2-31 | 삼성전자 현금흐름표
출처 | 금융감독원 전자공시 시스템

이제 주주들에게 꾸준하게 배당금을 지불하고 있는지를 살펴볼 차례이다. 삼성전자의 경우 재무활동 현금흐름은 꾸준하게 마이너스를 유지하고 있다(《표 2-31》). 만약 재무활동 현금흐름이 플러스로 나왔다면 그 회사는 주주들로부터 유상증자 같은 방법을 통해 돈을 받았다는 의미가 된다. 그렇기 때문에 재무활동 현금흐름은 마이너스인 것

차트 2-27 | 삼성전자(주봉)

이 좋다.

　삼성전자의 영업활동 현금흐름과 투자활동 현금흐름, 재무활동 현금흐름을 더해보면 현금을 더 많이 쓴 것으로 나온다. 하지만 그것이 꼭 나쁜 것은 아니다. 회사에 보유 현금이 없다면 갑자기 돈이 필요할 때 해결하지 못하여 흑자 도산을 할 수 있다. 반대로 보유 현금이 많아도 그것 역시 회사의 이익을 깎아먹는 일이 된다. 그 돈으로 투자를 하면 더 많은 이익을 챙길 수 있기 때문이다. 삼성전자의 경우 이 정도의 마이너스는 충분히 감내할 수 있는 수준인 것이다.

　지금까지 현금흐름표에서 우량주를 골라내는 방법을 살펴봤다. 현금을 잘 벌어들이고, 미래를 위해 투자를 하고, 또 남는 돈으로 주주들에게 배당을 하는 기업이야말로 사람들이 믿을 수 있는 우량주인 것이다. 이런 회사이기에 시가총액이 167조 원이나 되는 대기업이면서도 꾸준하게 우상향할 수 있는 원동력이 된 것이다(차트 2-27). 하지만 우량주를 확인하기 위해 현금흐름표는 유용하지만, 한계가 있으므로 반드시 다른 재무제표와 함께 평가해야 한다.

주식의 영원한 테마는 실적이고, 주식들 중에서 대장주는 우량주라는 것을 잊지 말자. 실적 좋고 우량한 주식에 투자한다면 돈을 잃지 않는 투자를 할 수 있다.

### 현금흐름표에서 발견할 수 있는 부실 징후

- 영업활동 현금흐름이 감소하여 각종 비용 지급 능력 및 부채 상환 능력이 감소한다.
- 신규 단기차입금으로 장기차입금을 상환한다.
- 단기차입금으로 고정자산 혹은 투자자산에 투자한다.
- 총 차입금 중 단기차입금 비중이 높다.
- 배당금을 과다하게 지급하였다.

# HTS의 기업 분석을 이용해서 기업 분석하기

변화무쌍하게 움직이는 주가 속에서 빠르게 의사결정을 내려야 할 때 보고서를 꼼꼼히 읽으면서 재무제표를 분석하는 것은 쉬운 일이 아니다. 물론 HTS의 기업 분석을 보면 중요한 내용만을 확인할 수 있다. 하지만 이에 대한 기초 지식이 없으면 기업 분석을 봐도 이해하기 어렵다.

이제는 재무제표를 공부하면서 기본적인 지식을 얻게 되었다. 그 지식을 바탕으로 기업의 가치를 좀 더 빠르게 파악하고 주가와 비교해서 지금 살 만한 가치가 있는 주식이 있는지를 HTS의 기업 분석을 통해서 알아보도록 하자.

〈그림 2-3〉은 삼성전자 기업 분석의 화면이다. 우선 제일 위쪽에 PER과 PBR이 눈에 들어오고, 그 아래에 시세현황과 함께 주가의 변화가 그래프로 잘 나타나 있다. 우선 특징적인 모습은 외국인 보유율이 51%나 된다는 것이다. 시장의 미래를 생각하고 회사의 가치를 생각하는 외국인의 비율이 높다는 것은 그만큼 투자할 만한 가치가 있는 종목이라는 의미이다. 또한 수익률이 꾸준하게 증가하는 점에서 안정적인 회사라는 의미이다.

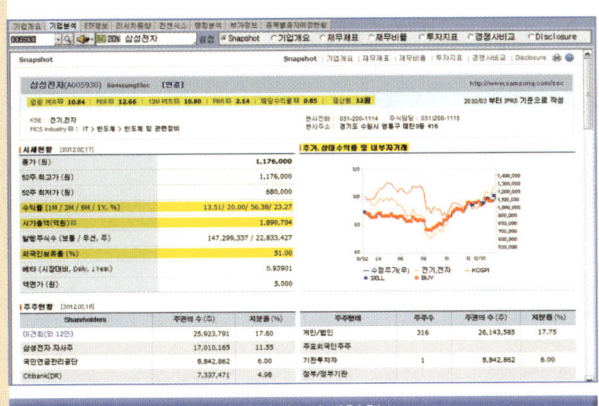

그림 2-3 | 삼성전자 시세현황 snapshot 1

주가, 상대수익률 및 내부자거래를 보면 코스피와 동일 업종의 주가와 비교해볼 수 있고, 회사의 내부사람이 매수/매도한 사항 역시 알 수 있다.

주가가 싼지 비싼지를 알아내기 위한 첫 번째 과정은 그 회사의 시장가치를 측정하는 것이다. 안타까운 일이지만 신문이나 웹사이트에 올라와 있는 주가로는 기업의 실제 가치가 얼마인지 알기 어렵다.

### 1) 시가총액과 EV

기업의 가치를 측정할 때 가장 많이 사용되는 수단은 시가총액이다. 이것은 기업이 발행한 주식 전체의 총 시장가치를 의미하며, 유통 중인 총 주식 수에 현재의 주가를 곱한 것이다.

시가총액 = 총 주식 수 × 1주당 가격

시가총액은 주가의 등락에 따라 증가할 수도 있고 하락할 수도 있다. 또한 시가총액은 시장이 그 기업에 매기는 가치를 의미한다. 〈그림 2-3〉을 보면 힘들게 총 주식 수와 주당 가격을 곱할 필요 없이 시세현황에서 시가총액을 친절하게 보여주고 있다. 여기서 볼 수 있듯이 시장은 삼성전자의 가치를 189조 원이라고 생각한다는 의미이다.

한발 더 발전된 개념으로 기업가치EV를 많이 사용한다. 기업 전체를 산다고 가정할 때 부채를 전부 상환하고 주주들에게 주식을 매수해야 한다. 그리고 회사 안에 있는 현금은 없다고 생각해도 된다. 그럼 기업가치EV는 다음과 같이 구할 수 있다.

기업가치 = 시가총액 + 부채 − 현금

즉 기업을 통째로 인수할 때 인수대금이 얼마인지를 구하는 것이다. 인수거래 시 인수를 행하는 기업은 인수되는 기업의 빚을 모두 떠안는 동시에 현금에 대한 권리도 모두 가져오게 된다.

### 2) PER

PER*은 투자자들 사이에서 기업의 가치를 평가할 때 가장 많이 사용하는 비율로, 주식의 시장 가격을 1년 동안의 주당순이익으로 나눈 값이다.

PER=주가/주당순이익

'주가/주당순이익'이라는 것이 중요한 이유는 주가에 주식 수를 곱하면 앞에서 본 시가총액이 되기 때문이다. 즉 시장이 생각하는 기업의 가치를 구할 수 있는 것이다. 그리고 주당순이익에 주식 수를 곱하면 기업의 순이익을 구할 수 있다.

PER=주가/주당순이익=시가총액/기업의 순이익

이 PER을 통해 기업의 이익에 대해 투자자가 얼마를 지불하고 있는지 알 수 있다. 일반적으로 PER이 높을수록 기업의 이익에 대해 투자자가 지불해야 하는

---

* PER: 키움증권의 PER은 두 종류로 나뉜다. snapshot의 위에 위치한 PER과 snapshot의 하단에 나온 PER이다. 상단의 PER은 가장 최근에 나온 보고서를 참고로 해서 PER이 정해지는 반면, 하단에 나와 있는 PER의 경우에는 전년도 보고서를 기준으로 그 내용이 정해진다. 그러므로 하단의 것이 큰 추세를 확인하는 데 도움이 된다면 상단의 것은 가장 최근에 나온 보고서를 중심으로 판단하기 때문에 좀 더 현재에 맞는 정확한 자료를 확인할 수 있다.

가격은 올라간다. 회사에서 내는 이익을 가져가기 위해서 더 비싼 값을 치러야 한다는 의미이다.

PER을 사용하는 방법에는 여러 가지가 있다. 하지만 HTS에서 나눠져 있는 업종 같은 경우에는 큰 신뢰를 가지고 보기에는 문제가 있다. 한 업종에서도 함께 움직이지 않는 종목이 많이 포함되어 있기 때문이다. 그래서 업종 PER과 비교하더라도 크게 믿지 않는 것이 좋다.

PER은 미래 성장에 대한 기대이기도 하다. PER이 3배라는 것은 3년이면 본전이라는 식의 해석이 가능하다. 또한 PER이 3배라는 것은 1년에 3% 성장할 거라는 기대감이 있다는 의미이다. 주당순이익에 비해 주가가 낮다는 것은 저평가되어 있다는 말도 되지만, 이 말의 이면에는 주당순이익에 비해 주가가 낮다는 것은 미래에 대한 기대감이 작다는 의미이기도 하다.

그렇기 때문에 PER 하나만을 봐서는 안 된다. 기본적으로 회사에 대한 평가가 끝난 후, 그 회사가 좋은 편이라면 PER을 그 회사의 업종 대장주와 비교해서 매수가치가 있는지 확인하는 것이 좋다. PER이 무조건 낮다고 좋은 것이 아니라는 것을 기억하자.

### 3) PBR

PBR은 주가순자산비율이라고 불리며 시가총액을 최근의 재무상태표에 나와 있는 지분으로 나눈 것이다. 이때 특허권이나 개발권같이 처리하기 힘든 무형자산과 회사에서 사들인 자기주식은 제외한다. 이것을 제외하면 현금이거나 현금으로 바로 바꿀 수 있는 것들만 남게 된다. PBR은 기업을 팔았을 때 남는 가치로 회사를 보기 때문에 보수적으로 투자하는 투자자들은 이 비율을 좋아한다. 왜냐하면 회사가 안 좋아도 회사를 팔면 자신에게 돌아올 돈을 바로 알 수 있기 때문이다.

〈그림 2-3〉에서 삼성전자의 PBR을 보면 2.14인데, 이것은 회사의 자본보다 약 2배 비싼 가격을 주고 샀다는 의미이다. 이렇게 회사를 청산했을 때의 가격으로 회사를 바라보기 때문에 기업의 진정한 가치를 반영하기 어렵다. 예를 들어서 다른 기업들이 시장에 들어오지 못하게 막아주는 특허권이나 회사의 브랜드 가치 등의 무형자산은 전혀 평가가 되지 않기 때문이다.

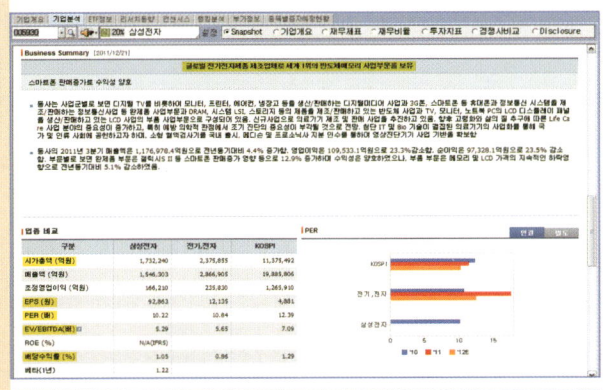

그림 2-4 | 삼성전자 시세현황 snapshot 2

〈그림 2-4〉의 비즈니스 서머리는 보고서에서 '사업의 내용'을 요약해서 올려놓은 것이다. 현재 회사가 어떤 사업을 하고 있고 어떤 상황인지 간편하게 파악할 수 있다.

업종 비교를 보면 삼성전자는 전기/전자업종의 절반 이상을 차지하는 것을 알 수 있다. 또 코스피와 비교해서 1/10 이상을 차지할 만큼 삼성전자는 우리나라 시장에서 큰 영향력을 가지고 있다는 것을 알 수 있다.

EPS는 주당순이익을 뜻한다. 삼성전자의 주당순이익을 보면 다른 곳과 비교하기 힘들 정도로 높다. 코스피 평균과 비교하면 20배가 넘고 전기/전자업종과 비교해도 7배 이상 높다.

EPS가 높은 만큼 주가 역시 높다. PER은 주가를 주당순이익으로 나누어 구할 수 있다. 하지만 주당순이익 대비 주가를 통해 전기/전자업종과 비교해보면 오히려 조금 싸다고 생각될 정도이다. 즉 현재 주가가 110만 원이 넘지만 전기/

전자업종과 비교해봤을 때 절대 비싼 가격이 아니라는 의미이다.

### 4) EV/EBITDA

EV는 시가총액에서 현금, 예금을 제외한 부채(순차입금)를 더한 것이다.

EBITDA은 말 그대로 '이자, 세금, 감가상각을 빼기 전에 벌어들인 돈'으로 손익계산서에서 영업이익과 비슷하다. 원래 영업이익은 이자비용과 법인세비용이 포함되어 있지 않다. 하지만 감가상각의 경우 매출원가에 포함되기 때문에 영업이익에 포함시켜야 한다.

어떤 기업이 매출은 높은데 전체 자본 중에서 빌린 돈이 많아서 이자비용이 높은 상황이라고 가정한다면, 이자비용을 제외하면 이익은 작겠지만 자산을 가지고 수익을 창출하는 능력은 뛰어나다고 볼 수 있다. 감가상각비도 마찬가지로 설비에 들어간 비용이 큰 경우 감가상각비 때문에 이익이 많이 줄어들 것이지만 마찬가지로 감가상각비를 제하기 전에 이익이 크다면 역시 수익을 창출해내는 능력이 좋은 것이다.

EVITDA는 회사가 사업을 통해서 순수하게 벌어들일 수 있는 돈이 얼마인지를 알 수 있다. 말은 복잡하지만 결국 EVITDA는 회사가 본업을 통해 수익을 내는 정도를 의미하는 것이다.

그렇다면 기업가치EV를 EVITDA로 나누는 것은 어떤 의미가 있을까?

항상 숫자가 중요한 것이 아니라 그 숫자에 담겨진 의미가 무엇인지에 관심을 가져야만 한다.

---

● EV/EVITDA: 설명이 조금 어려울 수 있지만 결론만 쉽게 말하면 회사에서 몇 년 동안 돈을 벌어야 시가총액만큼의 돈을 벌 수 있는가를 구하는 공식이다. 만약 회사를 사들인다면 EV/EVITDA에서 나오는 년수만 기다리면 본전을 뽑을 수 있다는 의미라는 것만 기억하면 된다.

〈그림 2-4〉에서 삼성전자의 나온 EV/EVITDA는 5.29배이다. 이것은 'EV=5.29×EVITDA'로, 결국 기업을 살 수 있는 돈을 회사에서 만들어내기 위해서는 5.29년이 걸린다는 의미이다. 다시 한 번 곰곰이 생각해보자. EV에는 분명히 부채도 모두 자신의 돈으로 사버린다는 가정하에서 가격을 정한 것이다. 그렇다면 기업을 사는 순간 부채는 사라지기 때문에 EVITDA에서 이자비용은 더 이상 나갈 이유가 없다. 거기다가 감가상각은 이론적으로 사용하는 것이지 실제로 들어가는 돈이 아니다. 결국은 법인세만 내고 모든 돈을 투자한다면 기업의 모든 돈을 회수할 수 있다는 말이 된다.

그렇기 때문에 EV/EVITDA는 낮을수록 좋다. 삼성전자의 EV/EVITDA를 코스피와 전기/전자업종과 비교해보니 낮은 상태인 것을 알 수 있다. 배당수익률도 전기/전자업종과 비교해서 높은 것으로 보아 삼성전자가 우량주임을 알 수 있다.

〈그림 2-5〉는 파이낸셜 하이라이트이다. 이곳을 보면 손익계산서와 재무상태표의 중요 부분들을 모두 볼 수 있다.

가치투자의 대가 워런 버핏이 투자 대상을 선정하는 기준 가운데 하나로 최근 3년간 ROE가 15% 이상 되는 종목을 꼽았다. ROE는 자기자본수익률로 당기순이익을 자본으로 나눈 것이다. 이렇게 자본으로 나누게 되면 주주들이 투자한 돈 100원당

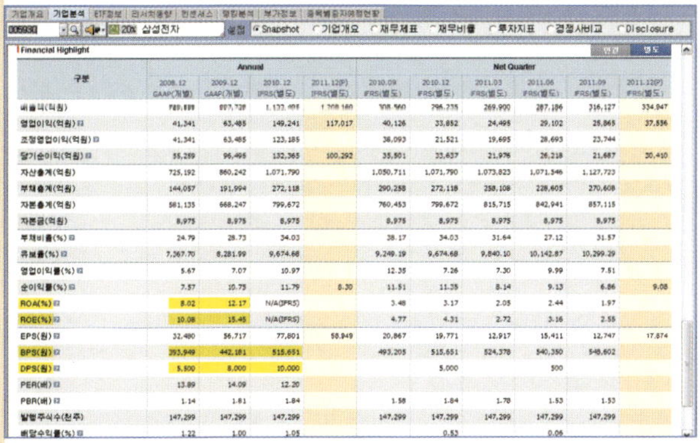

그림 2-5 | 삼성전자 시세현황 snapshot 3

얼마의 이익을 내는지 알 수 있다. 주주들이 투자한 돈이 은행이자보다 낮다면 사업을 힘들게 할 이유가 없으므로 은행이자보다는 높아야 한다.

ROA는 총자산수익률이라고 하며 당기순이익을 자산으로 나눈 것이다. 자산은 자본과 부채로 나뉜다. 결국 ROE에 부채가 추가된 것이기 때문에 당연히 자본으로 나누는 ROE보다 총자산으로 나누는 ROA가 더 낮을 수밖에 없다.

BPS는 주당순자산을 뜻한다. 기업의 자산을 현재 시점에서 모두 팔아서 부채를 갚은 후에 남은 현금을 주식 수로 나누면 청산 시 1주당 받을 수 있는 현금이 계산된다. 저평가인지 고평가인지 판단하는 데 유용하다.

DPS는 1주당 배당을 얼마씩 받았는지를 보여준다. 당연히 꾸준하게 배당을 주는 회사가 주주들에게 좋은 회사이다.

# 17 자본금은 어떻게 변동하는가?

**주식회사란** 일단 쉽게 말하면 한 사람이 만든 회사가 아니라 여러 사람이 돈을 투자해서 만든 회사이다. 이들은 동업자가 되어 자신이 투자한 만큼 권리와 책임을 가지게 되는 것이다. 그리고 주식이란 그 권리를 보증해주는 증서이다. 또 다르게 말하면 여러 투자자들이 나누어 가진 회사의 가치라고 볼 수도 있다.

보통 주식회사를 세울 때는 한 사람이 아니라 여러 사람이 돈을 투자해서 만든다. 이들은 동업자가 되어서 회사의 가치를 나누어 가지게 되고, 자신이 투자한 금액만큼 권리와 책임을 가지게 된다. 이때 여러 투자자들이 회사를 설립하기 위해 모은 돈을 자본금이라고 한다. 예를 들어 회사를 창업할 때 필요한 금액이 1억 원이라면, 사업의 밑천인 1억 원이 자본금인 것이다.

이러한 자본금을 들여서 회사를 설립하려면 자본금의 규모와 주식의 액면가를 신고해야 한다. 예를 들어 자본금이 1억 원이라고 가정했을 때 1주당 1만 원으로 가격을 결정했다면 1만 주가 된다. 1,000주씩 10명이 샀다면 주주는 10명이 되고, 100주씩 100명이 샀으면 주주는 100명이 되는 것이다.

하지만 회사를 시작하고 사업을 키우려면 밑천이 더 필요할 때가 많다. 이럴 때 기존 주주들에게서 돈을 더 걷거나, 새로운 주주들에게서 돈을 받을 수 있다. 혹은 사업을 통해 열심히 벌어들인 이익을 밑천으로 사용할 수도 있다. 또는 돈을 빌려와서 사용할 수도 있다.

이때 재무상태표를 생각해보면 주주들에게 돈을 더 걷거나 새로운 주주들에게 돈을 받는다면 주주들의 돈이 늘어나는 것이기 때문에 재무상태표상에서 자본의 자본금이 늘어나게 된다. 마찬가지로 열심히 사업을 통해서 벌어들인 이익잉여금도 자본의 자본금에 편입된다. 반대로 돈을 빌리는 것은 재무상태표에서 부채에 해당된다.

하지만 돈을 빌려줄 때는 자신에게 이익이 없다고 생각하면 빌려주지 않는다. 그럼 회사에서는 빌려줄 만한 당근을 제시해야만 한다. 그것이 이자가 될 수도 있지만 싼 가격에 새로 발행한 주식을 매수할 수 있는 기회를 제공할 수도 있다. 이것이 전환사채와 신주인수권부사채이다.

예를 들어 떡볶이 장사를 시작하기 위해서 친척들이 모여서 2억 원 정도의 돈을 모았다고 가정해보자. 이 2억 원이 바로 자본금이다. 그리고 여기서 나오는 이익을 가져가거나 사업운영 방향을 결정할 때 낸 금액에 따라 결정권을 주기로 했다. 만약 A 씨가 1억 원을 내고 B 씨가 5,000만 원, C 씨가 3,000만 원, D 씨가 2,000만 원을 냈다면 사업의 방향을 결정하는 데 A 씨가 가장 큰 영향력을 행사할 수 있는 것이다.

떡볶이 사업은 생각했던 것보다 번창해갔다. 가게에 자리가 없어서 손님들을 받지 못하는 상황에 이르게 되었다. 이때 친척들이 모여서 다음 세 가지의 사업 운영 방향에 대해서 고민하기 시작했다.

첫째, 현재 돈도 잘 버는데 사업에 참여한 주주들끼리 돈을 모아서 가게를 확장하고 이익을 주주들이 골고루 가져가자.

둘째, 현재 떡볶이 사업을 통해서 벌어들인 이익이 통장에 차곡차곡 쌓여 있는데 그 돈을 가지고 가게를 확장하자.

셋째, 친척 중에 참여하지 못한 E 씨가 은행보다 싼 이자에 돈을 빌려줄 것을 제안하면서 혹시 잘 되면 자신도 주주로 참여할 수 있도록 주식을 살 수 있는 권리를 달라고 한다.

여기서 첫째가 유상증자이며, 둘째가 무상증자, 셋째가 신주인수권부사채와 전환사채이다. 그런데 떡볶이 가게에 손님이 줄어들면서 이익을 내지 못하게 될 경우 가게 문을 닫지 않고 작은 가게로 이전할 수도 있다. 이렇게 회사의 규모를 줄이는 것을 감자라고 한다.

## 유상증자

사업을 확장하기 위해서 할 수 있는 방법은 여러 가지가 있지만 그 중에서 보통회사에서 많이 하는 방법은 유상증자를 통해 자본금을 증가시키는 것이다. 사업을 확장할 때 본업을 통해 차곡차곡 모은 잉여금을 사용하는 것이 최고의 방법이다. 하지만 실제로는 힘든 방법이기도 하다.

유상증자의 경우 IT 버블 같은 주식시장이 활황일 때는 호재였지만, 그때를 제외하고 주가에는 악재로 작용했다(3자 배정은 예외). 왜냐하면 보통 유상증자는 회사의 재무가 좋지 않을 때 하는 경우가 많기 때문이다. 물론 매출과 영업이익이 좋아지는 회사가 미래의 성장성을 위해 사업을 확장시켜 매출과 영업이익의 증가를 기대할 수는 있지만, 최근의 주식시장에서 그런 회사를 찾기는 힘들다.

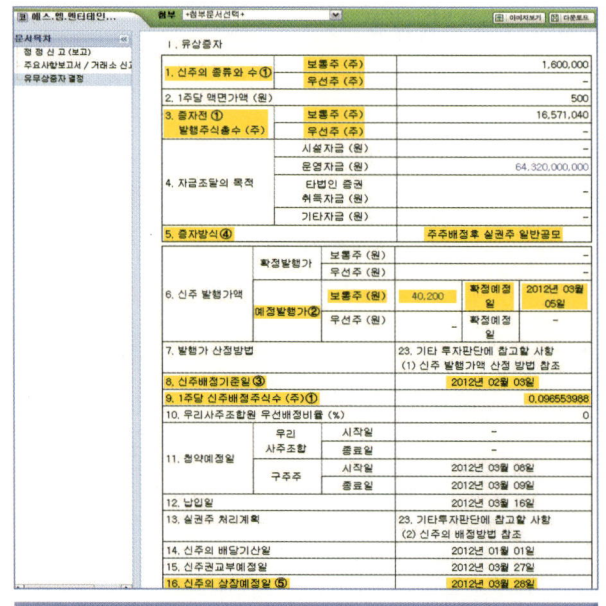

표 2-32 | 에스엠 엔터테인먼트 유상증자 결정

출처 | 금융감독원 전자공시 시스템

또한 유상증자를 통해서 사업자금을 늘리게 되면 쉽고 편하기 때문에 회사에서는 이를 통해서 해결하려고 할 수도 있다. 유상증자를 하는 기업은 습관을 버리지 않고 계속 유상증자를 하게 되고, 그 결과 주식 수는 많아지게 된다. 결국 많아진 주식 수는 주식가치를 희석시켜서 주가를 떨어뜨린다.

〈표 2-32〉은 에스엠 엔터테인먼트의 유상증자 결정 보고서이다. 사실 모든 것을 이해하면 좋지만 다 알 필요는 없다. 표시된 부분의 의미와 관계만 알고 있으면 된다.

### 1) 신주와 증자 전 발행주식 수

먼저 유상증자를 하는 신주의 수량과 발행주식의 수량을 비교해봐야 한다. 왜냐하면 유상증자로 싸게 신주가 발행된다면 그 신주는 시장에서 기존의 주식과 섞이게 된다. 이것은 결국 주가를 하락시키는 원인이 된다. 그렇기 때문에 신주가 얼마나 발행되는가는 유상증자의 경우 중요한 문제가 된다. 이 부분은 1주당 신주 배정 주식 수를 통해서도 쉽게 비교해볼 수 있다.

## 2) 신주발행가액

신주발행가액도 중요하다. 신주발행가액은 할인가격으로 정해지지만, 확정발행일까지 주가가 떨어진다면 조정이 될 수 있다. 〈표 2-32〉에서 처럼 확정예정일이 3월 5일이라는 것만 기억하면 된다. 또 유상증자 공시가 뜨면 보통은 주가가 떨어지게 되는데, 이때 신주발행가액도 자연스럽게 하락한다.

## 3) 신주배정기준일

신주배정기준일은 권리락을 알아야만 이해할 수 있다. 보통 주가는 모든 것을 담고 있다. 그렇다면 신주를 받을 수 있는 권리 역시 주가에 포함되어 있다고 볼 수 있다. 그런데 주가에 포함되어 있던 신주를 받을 수 있는 권리가 어느 날 갑자기 사라진다면 주가는 어떻게 될까? 권리를 포함하고 있던 주가에서 그 권리가 사라졌으니 당연히 주가는 낮은 가격에서 시작하게 된다(차트 2-28).

항상 기억하고 있어야 하는 것은 진짜 주식거래는 2일 뒤에 체결된다는 사

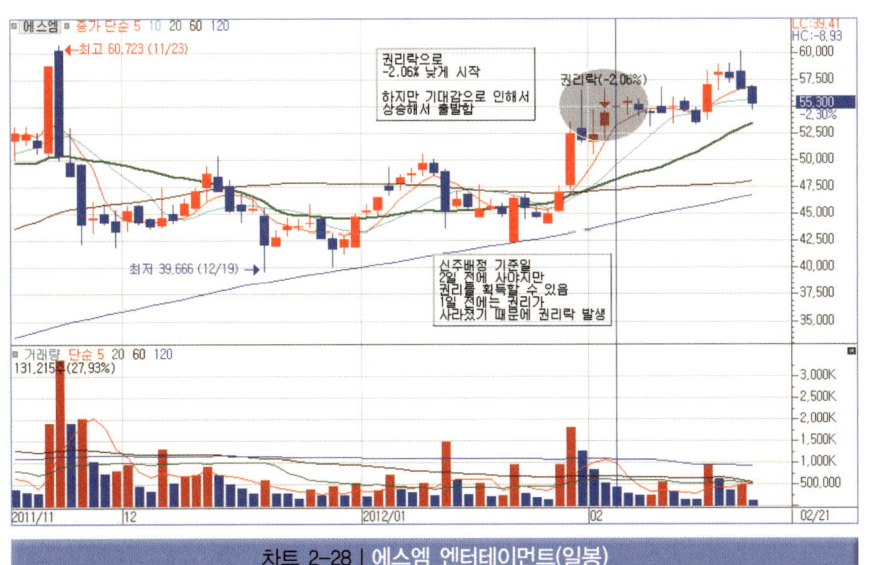

차트 2-28 | 에스엠 엔터테이먼트(일봉)

실이다. 예를 들어서 1월 1일 월요일에 주식을 매수하면 거래가 체결되어 자신의 손에 들어오는 것은 1월 3일 수요일이 된다. 즉 주식을 사더라도 정작 실질적으로 자신의 손에 주식이 들어오는 날은 2일 뒤가 되는 것이다.

〈표 2-33〉에서 신주배정기준일은 2월 3일이기 때문에 주식을 2월 1일에는 매수해야만 그 권리를 받을 수 있다. 그다음 날인 2월 2일에 신주를 받을 수 있는 권리가 사라지기 때문에 기준 가격이 낮게 조정되어 장이 시작되는 것이다. 이것을 권리락이라고 하는데 〈차트 2-27〉을 보면 2월 2일에 권리락을 -2.06%했다는 것을 볼 수 있다.

### 4) 증자방식

증자방식이 무엇인지를 아는 것은 굉장히 중요하다. 왜냐하면 증자방식에 따라 주가에 미치는 영향이 매우 다르기 때문이다. 증자방식에는 3자배정, 주주배정, 일반공모, 10억 미만 소액공모로 나눌 수 있다.

• 3자배정

투자자는 회사에서 열심히 사업을 하여 번 돈으로 사업을 확장하길 바란다. 사업이 힘들어졌다고 자신에게 돈을 더 받아가는 것을 좋아할 사람은 없다. 또한 투자자 입장에서는 자신의 돈을 더 들여서 사업을 확장한다고 해도 그것이 잘될 것이라는 보장이 없기 때문에 당연히 싫어하게 된다.

그런데 누군가 사업을 확장하는 데 필요한 모든 돈을 지불할 것이며 그에 대한 대가로 지분을 달라고 한다면 기존 투자자들의 입장에서는 나쁘지 않다고 생각할 것이다. 왜냐하면 회사에서 나오는 수익의 일부를 나눠줘야 하지만 투자한 돈으로 회사가 성장한다면 오히려 자신이 가져가는 수익이 증가할 수 있기 때문이다.

하지만 이것도 참여하는 사람에 따라서 다르다. 어느 정도 이름이 있는 사람이 참여한다고 하면 그 사람의 신뢰도까지 회사에 좋은 영향을 미쳐서 호재로 작용하게 된다. 그러나 만약 기업사냥꾼으로 악명 높은 사람이 3자배정 방식으로 증자에 참여한다면 그것은 악재가 될 것이다. 기업사냥꾼으로 이름난 사람이 회사의 경영에 참여할 생각이 없으며 단지 투자를 위해서라고 말한다고 해도 그것을 믿는 사람은 없을 것이다.

이 같은 3자배정은 기존 주주의 이해관계 및 회사의 경영권에 큰 영향력을 가지고 있다. 그래서 엄격한 규제를 가하고 있는 것이다. 3자배정은 유상증자 방식 중에서도 그나마 괜찮은 방법이다. 3자배정의 경우 신주를 싸게 살 수 있는 낮은 할인율이 제공될 경우 기존의 주주들과 비슷한 가격에 주식을 취득할 수 있기 때문에 엄청난 탄력을 줄 수도 있다.

• 일반공모

일반공모의 경우 일반투자자들로부터 청약을 받는 것이다. 이는 기존 주주들에게는 굉장히 불리한 제도이다. 왜냐하면 기존의 주식보다 싼 가격으로 불특정한 다수에게 판매하는 것이기 때문에 사려는 사람이 많아져서 경쟁률이 높아진다. 주식을 갖고 있지 않은 사람이 일반공모를 통해서 주식을 매수하면 평균 주가보다 싸게 살 수 있기 때문에 웬만하면 손실이 나지 않는다. 반면에 기존 주주들의 입장에서는 혜택이 존재하기는커녕, 자고 일어나니 주가가 떨어지게 되는 최악의 상황이 되는 것이다.

• 일반공모와 같은 형식으로

10억 원 미만 소액공모 유상증자는 증권신고서 제출 의무가 없다. 제출 의무가 없다는 것은 갑자기 회사에 돈이 부족할 경우 문제를 쉽게 해결할 수 있도록

표 2-33 | 알에스넷 유상증자 결정
출처 | 금융감독원 전자공시 시스템

도와주어 회사가 업무에 매진도록 만들어주는 것이다. 하지만 이러한 점을 악용하여 많은 회사들이 편법을 사용하기도 한다. 회사의 입장에서는 증권신고서를 제출하지 않으니 자신들이 필요할 때마다 편하게 유상증자를 할 수 있다. 이로 인해 주식 수가 점점 늘어나면 결국 가랑비에 옷이 젖는 것처럼 기존 주주들의 주식가치 역시 조금씩조금씩 하락하게 되는 것이다. 결국은 아무것도 모르는 선의의 투자자만 다치게 되는 것이다.

이런 방법을 통해서 자금을 채워야 할 정도라면 회사의 상황이 매우 나쁘다

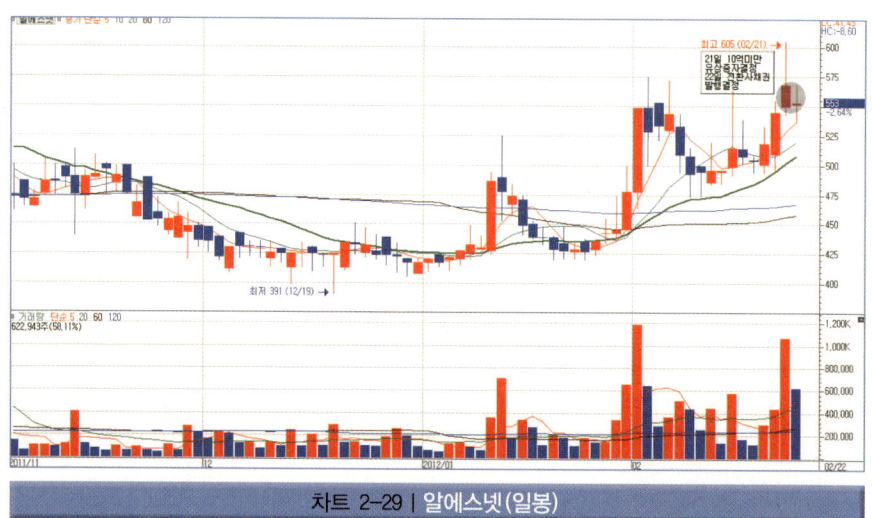

차트 2-29 | 알에스넷(일봉)

는 의미이다. 또한 이렇게 몰래 유상증자를 한다는 것은 뭔가 숨기고 있다고 생각해볼 수 있다. 10억 원 미만 소액공모 유상증자를 실시하는 회사는 무조건 나쁘다고 생각하라. 한 번 경험이 있다는 것은 두 번도 할 수 있는 것이다.

• 주주배정

주주배정은 권리락 전에 주주들에게만 유상증자를 받을 수 있는 권리를 주는 것을 말한다. 이것은 권리이기 때문에 유상증자를 받을지 받지 않을지는 주주들이 선택할 수 있다. 하지만 유상증자를 받지 않을 경우 손해를 볼 수 있기 때문에 대다수의 주주들은 유상증자를 받는다. 단기간으로는 투자자들이 자신의 돈을 회사에 투자해야 하기 때문에 악재이지만, 이를 통해 또 다른 성장 동력을 가지게 된다면 장기적으로는 호재임이 분명하다. 또한 주식이 상장되면서 주가가 떨어지게 되더라도 자신이 보유하는 주식 수는 많아지게 되므로 사실상 큰 손해는 아니다.

〈표 2-32〉의 에스엠 엔터테이먼트의 경우 증자방식을 보면 주주배정 후 실권주 일반공모라고 적혀 있다. 이것은 보통 주주배정과 같다. 왜냐하면 유상증자 역시 유상증자를 받을 권리를 받는 것이지, 유상증자를 반드시 받아야 되는 것은 아니기 때문이다. 권리를 가지고 있는 사람들 중에서는 주식을 사지 않을 사람도 분명히 존재한다. 하지만 이런 경우는 극히 드물다. 그럴 경우 주주들에게 좀 더 배당을 하기도 하고, 일반공모를 하기도 한다.

### 5) 신주의 상장예정일

신주의 상장예정일은 신주가 상장되는 날을 말한다. 신주를 싸게 산 투자자는 주식의 가격이 올라가면 시세차익을 노리고 주식을 매도한다. 그러면 주가는 당연히 내려가게 되고 자연스럽게 시장에는 합리적인 주가가 매겨진다. 즉 이 말은 주가가 하락하는 힘이 생긴다는 것이다. 당연히 투자자들에게는 좋은 소식이 아니다. 하지만 말 그대로 하락하는 힘이 생긴다는 의미일 뿐이지 진짜로 하락하는 것은 아니다.

본질적으로 영업이익이 증가하고 당기순이익이 좋은 회사가 매출과 이익이 너무 올라 현재 시설로 감당이 되지 않아 시설을 확장하려 할 경우 유상증자는 문제가 되지 않는다. 하지만 IT 버블 때 많은 벤처기업들이 유상증자를 이용해 주가조작을 하면서 유상증자를 편법으로 이용했다. 또한 IT 버블이 터진 후에도 유상증자를 통해 끌어들인 돈으로 회사를 유지하려는 데서 문제가 생겨났다.

〈표 2-34〉는 파루의 파이낸셜 하이라이트이다. 보는 것처럼 영업이익이 적자로 돌아섰고 일부는 잠식까지 당했다. 딱 봐도 굉장히 좋아 보이지 않는다. 이런 회사에서 유상증자 결정을 내리게 되면 주가는 〈차트 2-30〉와 같은 모습을 보이게 된다. 이렇게 점하한가로 시작해서 다음 날도 갭 하락으로 시작하게 된다. 어떻게 보면 이것이 가장 정상적인 유상증자의 모습이다.

그런데 요즘은 사람들의 주목을 받는 종목의 경우에는 유상증자 후 오히려 오르기도 하는데, 이것이 바로 주식시장의 변화를 나타내는 모습이 아닌가 생각한다.

기본적 분석과 기술적 분석을 통해 괜찮은 회사라고 생각된다면 권리락 전에 들어가서 권리락 이후에

표 2-34 | 파루, 파이낸셜 하이라이트
출처 | 금융감독원 전자공시 시스템

차트 2-30 | 파루(일봉)

주식을 처분하고, 낮은 가격에 유상증자를 처분하여 이중으로 이익을 낼 수도 있다. 그러기 위해서는 많이 공부하고 연구해야 한다. 노력은 절대 자신을 배신하지 않는다.

### 무상증자

회사에서 영업이익이 나고 당기순이익도 잘 나오게 되면 쓰는 돈보다 버는 돈이 많아질 수 있다. 그렇게 되면 배당으로 주주들에게 이익을 나눠줄 수 있지만 회사에 돈을 계속 쌓아둘 수도 있다. 이렇게 회사에서 주주들에게 배당을 주고 남은 돈은 재무상태표에서 이익잉여금에 해당한다.

이익잉여금이 점점 많아지면 회사에 쓰지 않는 현금이 많아진다는 의미이다. 회사가 효율이 좋다는 것은 규모 대비 성과가 좋아야 한다. 하지만 쓰지 않는 돈이 쌓여 있다는 것은 그 돈을 사용해서 성과를 높일 수 있는 데 놔두고 있다는 말과 같다. 또 그 돈을 배당으로 준다면 규모가 줄어들어 효율성이 높아질 것이다. 결국 이렇게 쌓이는 돈은 회사를 위해서 사용하거나 주주들에게 배당을 주는 두 가지 방법을 생각해볼 수 있다. 여기서 배당은 주고나면 끝이다. 그러나 회사를 위해 사용한다면 규모를 키움으로써 성장이 가능해진다.

하지만 회사에서 그 돈을 함부로 사용할 수는 없다. 재무상태표에서 보면 이익잉여금은 자본의 한 부분이다. 자본은 주주들의 돈이다. 그렇기 때문에 주주들의 이익을 유보해두었다고 해서 주주들에게 이익을 돌려주지 않고 사용할 수는 없다. 그래서 신주를 발행해서 주주들에게 무료로 배당을 해주는 것이다. 주식으로 배당을 받게 되면 이익잉여금은 자본금으로 추가 편입되어 사업을 위해 사용할 수 있게 된다. 주주들은 자본금이 늘어난 만큼 자신의 주식도 늘어났기 때문에 이익을 보게 되는 것이다.

무상증자의 경우도 유상증자와 같다. 우선 신주의 수와 증자 전 발행주식 수를 비교해보면 1주당 배정되는 주식 수가 나온다. 신주권교부 예정일로부터 2일 전에 사야만 권리락 전에 매수할 수 있다. 신주의 상장예

표 2-35 | 한세실업 무상증자 결정
출처 | 금융감독원 전자공시 시스템

정일 2일 전부터 물량을 팔 수 있으므로 날짜를 잘 확인해야만 한다. 주주들에게 공짜 주식을 나눠주게 되면 그만큼 주주들의 주식 수는 늘어나기 때문에 주식을 가지고 있는 투자자들에게는 대체로 기분 좋은 일이다. 따라서 주식을 무상으로 나눠준다는 것은 호재라고 볼 수 있다.

〈차트 2-31〉에서 볼 수 있듯이 한세실업 역시 무상증자를 결정하고 나서 급등을 보이고 있다. 무상증자가 결정되었을 때 사람들의 기대감이 어떠한지를 보여주는 가장 대표적인 예이다. 하지만 항상 이렇게 움직이는 것은 아니다.

아이씨디는 무상증자 결정을 내린 후 오히려 그날 주가가 하락하더니 한동안 힘없는 모습을 보여줬다(차트 2-32).

이렇게 주식시장은 항상 똑같은 모습을 보여주지 않는다. 주식시장은 계속 변하기 때문에 하나의 공식처럼 '무상증자=주가 상승'이라고 기억한다면 어느 순간 주식시장에서 얻은 이익을 모두 반납하고 시장에서 쫓겨날지 모른다.

무상증자라는 호재를 역이용하여 사람들이 관심을 가지고 들어올 때 오히려

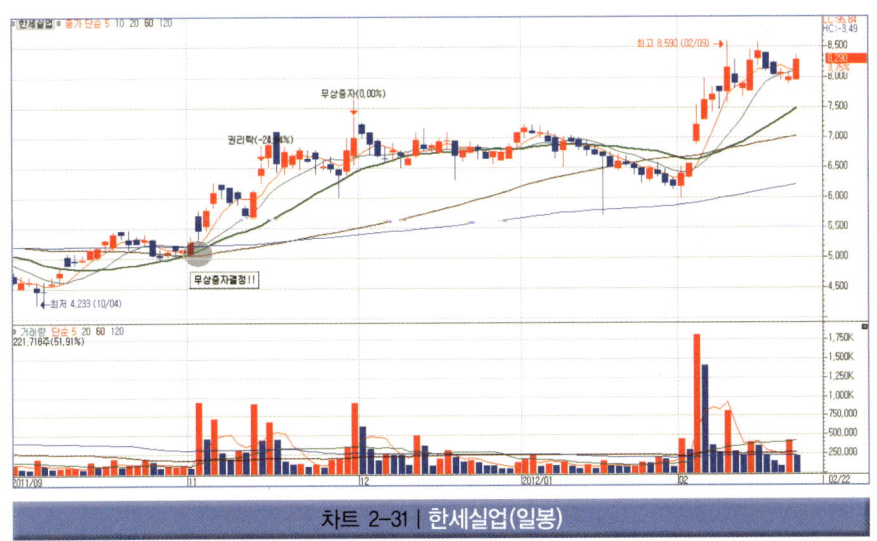

차트 2-31 | 한세실업(일봉)

자신의 물량을 정리하는 경우도 많다. 앞에서 보았던 신성델타테크의 경우(68 페이지)에도 무상증자를 발표하기 전에 주식을 매집해놓은 뒤 공시가 뜨자마자 물량을 정리한 세력들이 분명히 존재했다. 비슷한 방식으로 무상증자 루머를 퍼뜨린 후 기대감이 상승하는 종목에 보유주식을 매도하는 세력들도 있다. 항상 사람들의 고정관념을 이용하려는 세력들이 있기 때문에 주식시장을 일관된 공식으로 이해하려 해서는 안 된다. 주식시장의 흐름은 끊임없이 변한다는 것을 명심해야만 한다. 하지만 그 변화의 근본은 여전히 회사의 기본적 가치에 있다는 것을 잊으면 안 된다.

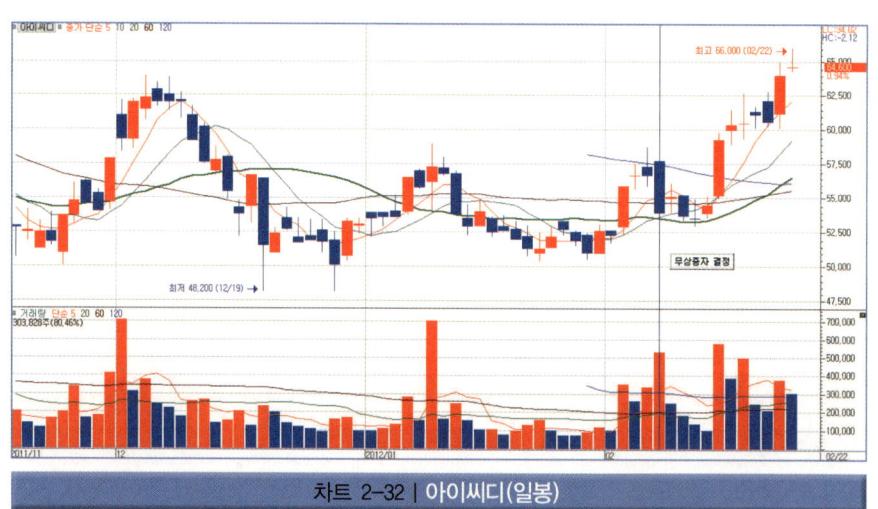

표 2-36 | 아이씨디 무상증자 결정
출처 | 금융감독원 전자공시 시스템

차트 2-32 | 아이씨디(일봉)

### 1) 풍문 등에 대한 조회공시 요구와 시황 변동에 대한 조회공시

2011년 12월 6일 두 달 동안 횡보하던 원풍이 갑자기 급등을 시작했다. 그것도 다른 투자자들은 접근도 할 수 없도록 점상한가로 올라갔다(차트 2-33).

우리는 종종 이런 급등주들을 보게 된다. 이렇게 급등하는 이유에 대해서 선의의 투자자들이 피해를 입지 않도록 해당기관은 그 회사에게 급등의 이유를 묻는다. 이렇게 주가가 급등하는 이유는 두 가지로, 주가에 영향을 주는 풍문이나 소문 등이 시장에 돌고 있는 경우와 주가가 아무런 근거 없이 급등 혹은 급락하는 경우이다.

원풍 역시 이유 없이 점상한가를 세 번씩 가게 되자 해당기관에서는 조회공시를 요구했다. 기관의 조회공시 요구에 따라 원풍은 다음 장이 열리는 12월 12일에 주가 급등 관련 사유 없음을 공시하였다. 원풍의 경우는 정말 아무런 이유 없이 급등을 한 것이다. 아무 이유 없이 상승한 종목은 결국 공시 요구에 대한 답변이 나오자마자 급락을 하게 된다. 이렇게 움직이는 종목은 생각보다 많다.

또는 그야말로 '사진 한 장'으로 인해 주가가 급등하는 경우도 있다. 문제인

차트 2-33 | 원풍 일봉

노무현재단 이사장과 모자이크 처리된 한 남자가 등산복을 입고 앉아 있는 사진이 증권 사이트를 중심으로 빠르게 퍼져나갔다. 증권가에서는 문 이사장 옆의 남자가 신현균 대현 회장이라는 루머가 확산됐다. '회사 오너가 문 이사장과 같이 등산하는 사이'라는 이야기가 돌며 대현의 주가는 4배 가까이 뛰었다. 하지만 이것은 결국 허위 사실임이 드러났다. 이것이 바로 허위 유포이다. 한 대학생에 의해 사진 속 인물이 대현 회장이 아니라는 사실이 밝혀지면서, 장중 4,200원까지 올라갔던 주가는 대현의 하한가로 마

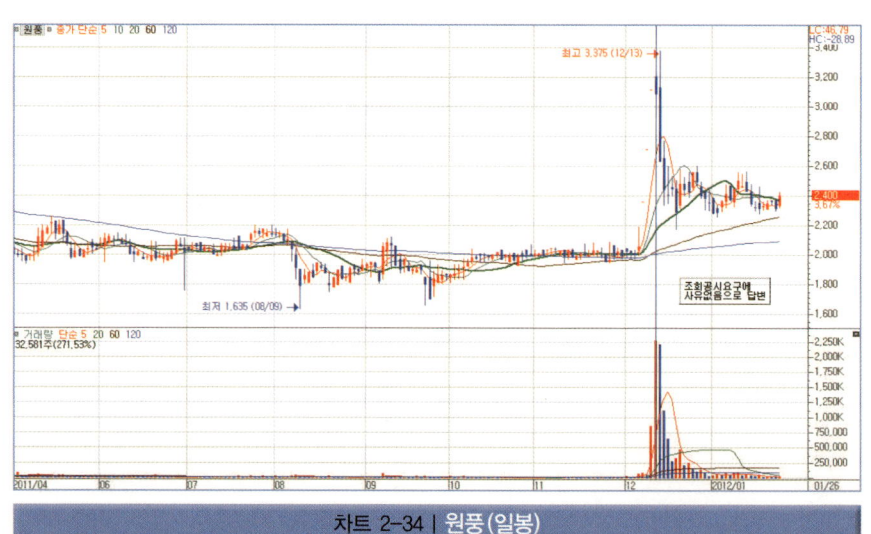

표 2-37 | 원풍 조회공시 요구에 대한 답변
출처 | 금융감독원 전자공시 시스템

차트 2-34 | 원풍(일봉)

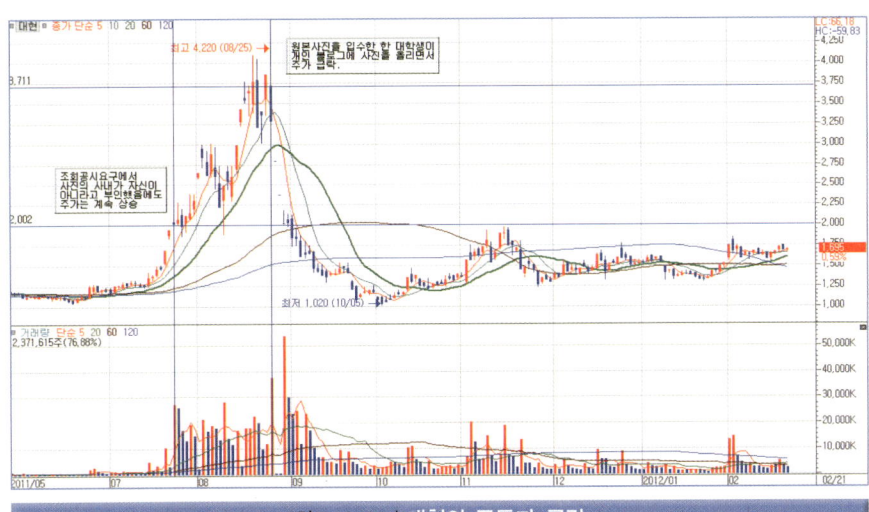

차트 2-35 | 대현의 급등과 급락

감했다.

대현의 관계자들은 "언론 등을 통해서 신 회장이 문 이사장과 개인적인 친분이 전혀 없다고 수차례 밝혔지만 시장은 믿지 않았다"며 조회공시 답변에 이러한 사실을 언급하려 했다. 하지만 거래소에서는 해당 내용을 공시에 담을 수 없다고 말해 '주가 급등 사유가 없다'라고만 공시할 수밖에 없었다. 대현은 2011년 한해에만 2,481.3%라는 경이적인 회전율을 기록했다. 회전율로만 치면 코스피 전체 종목 가운데 5위 수준이었다.

〈차트 2-35〉를 보면서 조회공시 요구에 대한 답변이 나온 후에도 주가가 많이 올랐기 때문에 소문에도 들고 가는 것이 괜찮다고 생각하는 분이 있다면 4,200원에 사서 그날 하한가로 내려가는 상황을 생각해보라. 주식은 확률게임이다. 확률이 낮은 것에 투자하면 한번에 큰돈을 벌지는 몰라도 다른 게임에서 자신의 모든 자금을 바치게 만든다. 부디 공시 요구에 따라 확인된 사실을 믿고 주식에 투자하자. 그 이상 가는 것들을 보고 아까워하면 안 된다. 유혹에 빠지는 순간이 고점일 확률이 높다.

## 전환사채와 신주인수권부사채

이제 전환사채와 신주인수권부사채에 대해 살펴보자. 회사에서 자산을 늘리기 위해서는 자본금을 늘리는 방법도 있지만 부채를 늘리는 방법도 있다. 이왕 돈을 빌리는데 더 싼 가격에 많은 돈을 빌릴 수 있다면 회사에 도움이 될 것이다. 이때 회사에서는 이자 대신에 다른 혜택들을 줄 수도 있다. 그 혜택들이 바로 채권을 주식과 바꿔주거나, 회사의 주식을 싼 가격에 살 수 있는 권리를 주는 것이다. 그것이 바로 전환사채와 신주인수권부사채이다.

전환사채는 말 그대로 사채를 전환하는 것이기 때문에 주식으로 전환시키면 사채는 사라진다. 하지만 신주인수권부사채는 '신주인수권+사채'이기 때문에 신주인수권을 사용해도 사채는 사라지지 않는다.

전환사채는 분명히 부채이다. 하지만 이것을 가지고 있는 사람이 회사가 마음에 든다거나 혹은 주가가 많이 오른다면 자본으로 자신의 부채를 편입시킬 수 있는 기회를 갖게 되는 것이다. 이것은 회사의 입장에서는 부채는 줄고 자본은 늘어나니 좋은 일이다. 하지만 기존 주주들의 입장에서는 회사가 이익이 늘어나고 빚도 줄어서 좋지만 자신의 주식지분이 줄어들게 되면서 손해를 보는 느낌을 받을 수 있다.

신주인수권의 경우에는 신주를 사기 위해서는 현금으로 납부해야 한다. 회사의 입장에서는 자금이 들어오기 때문에 좋은 일이다. 게다가 대주주들은 추가 자금 부담 없이 유상증자나 다름없는 혜택을 받을 수 있어서 좋다. 하지만 기존 주주들은 역시 싼 가격에 신주를 매수하는 투자자로 인해서 자신의 주가나 지분

| 구분 | 신주인수권부사채 | 전환사채 |
|---|---|---|
| 주식을 취득하는 권리의 내용 | 사채 발행회사의 신주를 인수하는 권리 | 사채를 발행회사의 신주로 전환하는 권리 |
| 신주 취득의 한도 | 사채 금액의 범위 내에서 취득 | 사채 금액과 같은 금액 |
| 주식대금납입금 | 회사가 임의로 정하는 금액 현금 납입(발행회사가 인정하면 대용 증권으로 납입도 가능) | 사채 금액과 대체 |
| 권리행사후사채 | 사채권은 존속(대용 증권을 납입한 경우는 사채권 소멸) | 사채권 소멸 |
| 권리행사후발행 | 자본금 및 자본준비금(자본계정) | 사채(부채계정) 감소, 자본계정 증가 |
| 회사의 자본구성 | 증가, 자본금 및 자본준비금(자본계정) 증가, 대용납입인 경우 사채(부채계정) 감소, 자본계정 증가 | |
| 발행이율 | 보통사채와 전환사채의 사이 | 보통사채와 주인수권부사채보다 저율 |

표 2-38 | 신주인수권부사채와 전환사채 비교

율이 깎이게 된다.

이렇게 말하면 주주들에게는 무조건 나쁜 것처럼 들리지만 위에서와 마찬가지로 이것이 꼭 나쁜 것만은 아니다. 좋은 시기에 괜찮은 회사라면 그다지 문제가 되지 않는다. 하지만 나쁜 시기에 나쁜 회사에서 전환사채를 발행한다면 당연히 그 종목에 관심을 갖지 말아야 한다.

〈차트 2-36〉에서 볼 수 있듯이 전환사채와 신주인수권부사채를 동시에 발행한다고 말한 후 주가가 올라가는 것을 볼 수 있다. 즉 회사의 상황을 살펴보고 그에 맞는 결정을 내려야 한다.

전환사채의 발행 조건 중 중요한 것은 표면이율(발행금리), 만기보장수익률 그리고 전환 조건이다. 이 세 가지 요인이 전환사채의 발행에 직접적으로 영향을 미치게 된다. 보통 전환사채의 발행금리가 낮으면 전환가액을 낮게 책정하고, 발행금리가 높으면 전환가액을 높게 책정하는 것이 일반적이다.

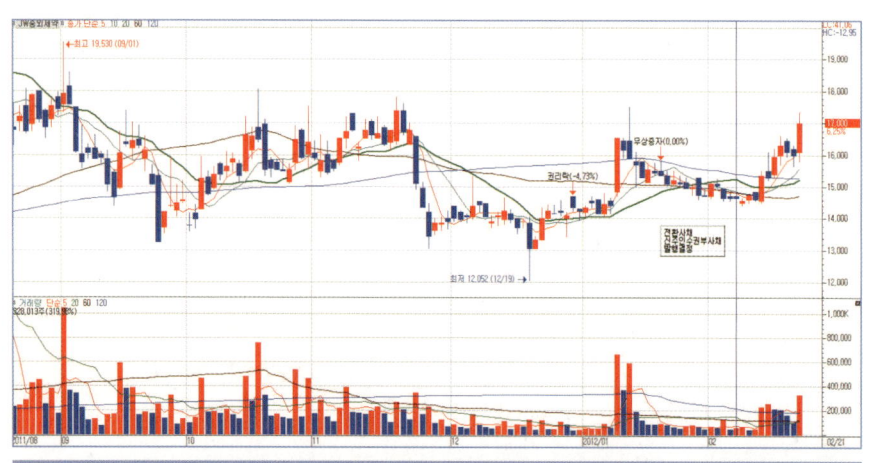

차트 2-36 | JW중외제약(일봉)

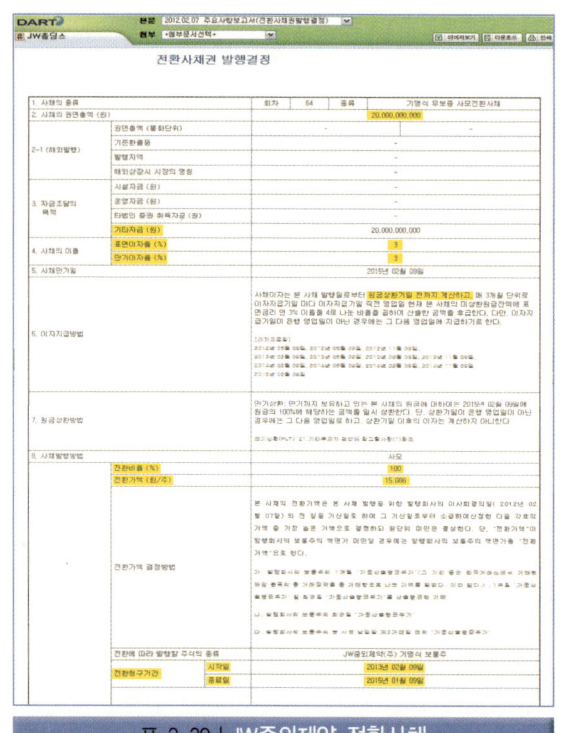

표 2-39 | JW중외제약 전환사채

출처 | 금융감독원 전자공시 시스템

표면이자율은 말 그대로 사채이자 지급 시 적용되는 이자율을 의미하고, 만기이자율은 사채를 투자해서 만기까지 보유했을 때 얻을 수 있는 수익률이다. 쉽게 말하면 표면이율은 이자를 줘야 하는 기간 동안 분기 말에 지급해주는 것이고, 만기이자율은 만기지급기한까지 들고 갈 경우 만기보장 수익률의 개념으로 채

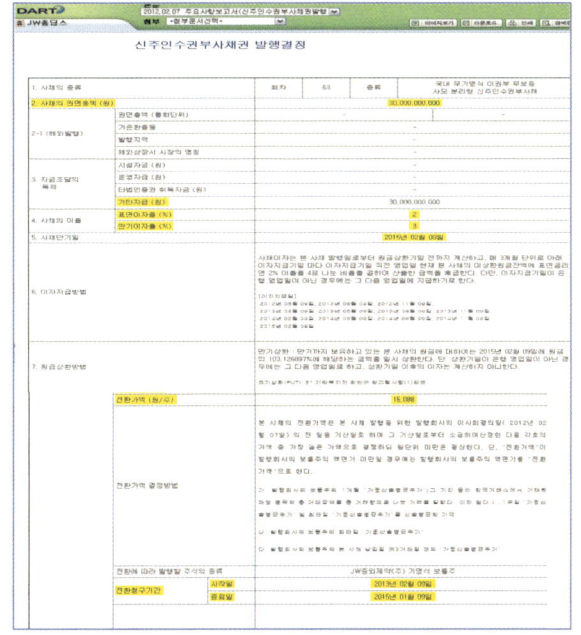

표 2-40 | JW중외제약 신주인수권부사채
출처 | 금융감독원 전자공시 시스템

권자에게 지급하는 것이다.

〈표 2-39〉에서 보면 표면이자율과 만기보장수익률이 은행금리보다 낮은 가격을 이루고 있는 것으로 보아 굉장히 낮은 이자율로 돈을 빌려준 것임을 알 수 있다.

전환가의 경우 1만 5,088원으로 정해져 있어서 1년 후인 2013년 2월 9일부터 2015년 1월 9일까지 주가가 상승해 있고, 더 오를 것이라는 기대감이 있다면 주식으로 전환하게 된다. 아니면 사용하는 것이 손해라면 이자율로 계산하게 된다.

신주인수권부사채도 사용한 뒤에 사채가 남는다는 점만 제외하고 전환사채와 같다. 항상 금액을 보고 이자율을 보아야 한다. 역시 만기를 3년 남겨놓았는데 표면이자율과 만기이자율이 각각 2%, 3%이면 은행이자율도 안 되는 굉장히 싼 가격에 돈을 빌려준 것이다(표 2-40).

전환사채나 신주인수권부사채는 좋은 회사라면 그 부채를 이용해 사세를 확장시키고 회사가 성장한다면 당연히 주가도 올라가게 될 것이다. 때문에 괜찮은 회사라면 장기적인 마인드로 접근하는 것이 좋다.

## 감자

주식투자를 하면서 적어도 한 번 정도는 '감자'라는 말을 들어보았을 것이다. 이것은 유상증자나 무상증자에서처럼 '증자'의 반대 개념이다. 증자가 말 그대로 자본금을 늘리기 위한 수단이라면, 감자는 말 그대로 자본금을 감소시키기 위한 수단이다. 다시 우리가 열심히 공부했던 재무상태표를 떠올려보자. 이익잉여금이 플러스라면 배당이나 무상증자를 했다고 볼 수 있다. 하지만 마이너스라면 자본금 부분에서 차감을 하게 된다. 이 정도 설명하면 눈치가 빠른 분이라면 자본이 줄어드는 것과 이익잉여금이 마이너스라는 두 가지 부분에 관심을 가질 것이다.

예를 들어 자본금이 10억 원인 회사에서 사업이 잘 안 되서 5억 원이 남았다면 처음 시작했던 밑천 중에서 절반이 사라진 상황이다. 이렇게 자본금이 반으로 잠식된 후 2년이 지나게 되면 상장폐지를 당하게 된다. 유상증자를 통해서 이 상황을 벗어날 수도 있지만, 이미 유상증자를 너무 많이 해서 더 이상 하기 힘든 상황이라면 다른 방법을 찾을 수밖에 없다.

그렇다면 회사는 상장폐지를 당하지 않기 위해서 자본금을 5억 원으로 조정하여 상장폐지 요건에서 벗어날 수 있다. 하지만 자본금을 절반으로 줄여야만 간신히 살아남을 수 있을 정도로 회사 상태는 최악이라고 볼 수 있다. 그렇기 때문에 감자는 투자자들에게는 유리한 상황이 아닌 것이다.

〈표 2-41〉는 유니켐에서 무상감자를 결정한 내용이다. 사실 무상감자가 결정되었다면 내용은 살펴볼 것도 없이 빠져나오는 것이 가장 먼저 해야 할 일이다. 그래도 간략하게 내용을 살펴보자면 먼저 감자비율이 어느 정도인지를 확인해야 한다. 또한 가격도 살펴봐야만 한다. 왜냐하면 감자가 이루어지면 줄어든 총 주식 수를 합한 가격에서 시작되기 때문이다. 즉 감자가 이루어진 후 감자비

율만큼 하락한 가격과 주식 수를 합하여 가격이 결정되는 것이다.

예를 들어보자. 100원에 거래되는 주식이 100주가 있다. 이때 감자를 통해 10주를 1주로 줄이기로 결정했다. 그렇게 되면 총 주식 수는 10주로 줄어들게 되고, 1주당 가격은 10주를 합한 가치이기 때문에 1,000원이 되는 것과 같다.

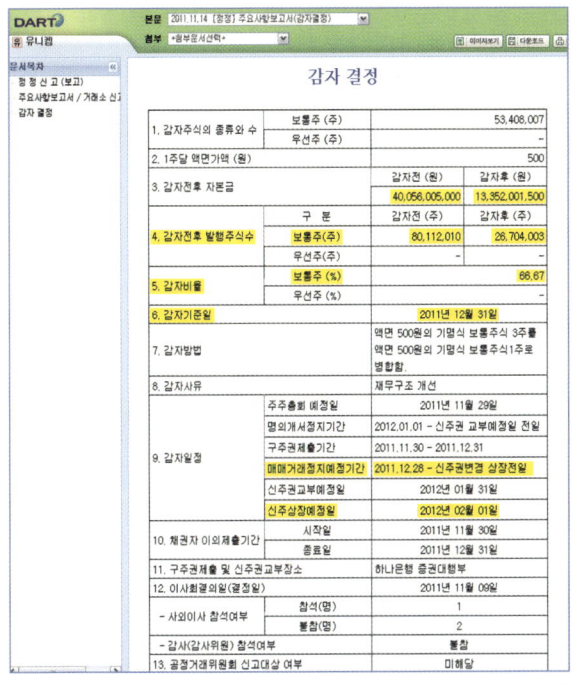

표 2-41 | 유니켐 무상감자

출처 | 금융감독원 전자공시 시스템

그리고 감자기준일을 안다면 매매 거래정지 예정기간을 알 수 있다. 우리는 기대감이나 확실하지 않은 것에 도박을 해서는 안 된다. 감자 공시가 나온 순간 던질 타이밍을 노려야 한다. 오른다고 조금 더, 조금 더 하다가 매매정지를 당하게 되는 경우도 있다.

〈표 2-42〉에서 볼 수 있듯이 이런 회사에는 언제 무슨 일이 생길지 모른다. 그렇기 때문에 이런 회사는 쳐다보지 않는 것이 결국 돈을 버는 지름길이 되는 것이다.

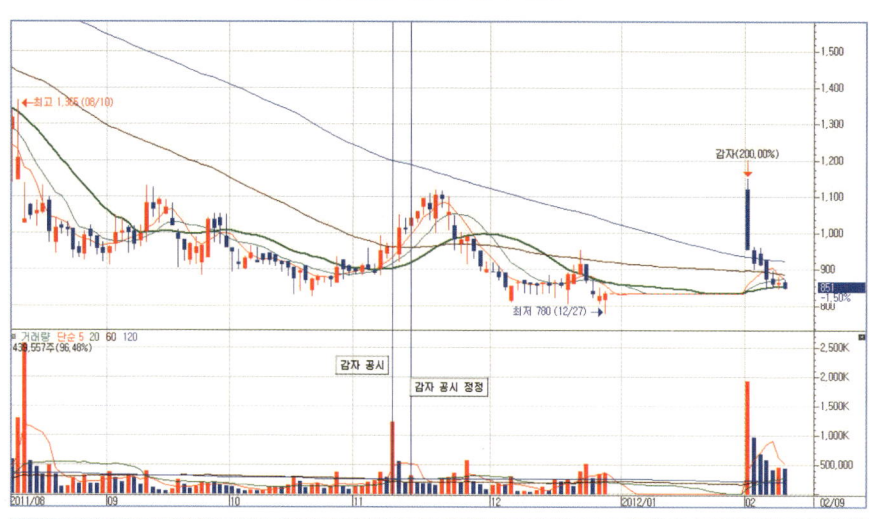

표 2-42 | 유니켐 재무제표
출처 | 금융감독원 전자공시 시스템

차트 2-37 | 유니켐(일봉)

    무상감자 말고도 유상감자라는 것도 있다. 이것은 무상감자와 다르게 회사에서 주주들의 주식을 매수해서 소각하는 것이다. 그러므로 주주들에게는 사실상 피해가 가지 않는다. 주주들에게서 주식을 사려면 당연히 회사의 자본금도 넉넉해야만 하기 때문이다.

〈표 2-43〉는 진로발효에서 유상감자를 결정한 보고서이다. 주식의 43%를 1주당 1만 1,500원을 주고 매수하여 소각한다고 결정했다. 그렇다면 보통주 567만 6,000주에 1만 1,500원씩 계산한다면 652억 원이나 사용하는 것이 된다.

표 2-43 | 진로발효 유상감자

출처 | 금융감독원 전자공시 시스템

〈표 2-44〉에서 진로발효의 부채총계와 자본총계를 비교해 본 후 유보율이 평균 13배가 넘는 부분을 본다면 이 회사가 어떻게 유상감자가 가능한지를 알 수 있다. 사실 진로발효의 경우 유상감자를 하는 이유는 다음과 같다. 11월 11일 장봉용 최대 주주가 사망한 뒤 상속인 세 명이 지분을 상속받았다. 지분만 984억 원에 달하는 상속액이었기 때문에 상속세가 50%에 달했다. 그러다 보니 결국 세금을 납부

표 2-44 | 진로발효의 재무제표

출처 | 금융감독원 전자공시 시스템

차트 2-38 | 진로발효(일봉)

하려면 주식을 처분할 수밖에 없는데, 그렇게 된다면 지분율이 현저하게 떨어지게 될 것이다. 이러한 이유로 진로발효는 지분율을 지키면서 현금을 마련하기 위해서 유상감자를 한 것이다.

이 경우 주식의 총수가 줄어들기 때문에 주식 하나하나의 가치가 높아져서 대주주에게 유리해진다. 진로발효에서 영업이익을 발생시키지 않는 현금성 자산을 처분하면 사실상 자기자본이익률$^{ROE}$이 높아지기 때문에 주가에 도움이 될 수도 있다. 마지막으로 상속절차가 끝난 후 혹시 모를 위험성마저 제거된 것이다.

유상감자는 주가에 호재로 작용한다. 〈차트 2-38〉에서처럼 유상감자 이후에 주가가 상승하는 것을 볼 수 있다. 감자기준일 이후에도 큰 폭으로 상승하여 출발하였다. 감자 중에서도 맛있는 감자가 있는데, 그것은 바로 유상감자이다.

지금까지 기본적 분석에 대해서 설명하였다. 기본적 분석은 주식투자를 하는

데 있어서 가장 기본이면서도 중요한 내용이다. 아무리 차트가 회사의 모든 것을 포함하고 있다고 하더라도 그 모든 것을 인간인 이상 바로 이해하고 찾아낸다는 것은 절대로 불가능하다.

필자 역시도 기본적 분석을 공부하기 위해 시중에 나와 있는 많은 책들을 보았다. 하지만 항상 딱딱한 공식만 나열되어 있고 실제로 도움이 되지 않는 이론적인 내용을 많이 포함하고 있어서 오히려 혼란스러웠다. 그래서 이번 기회를 통해서 주식투자를 하는 데 기본적 분석이 어떻게 서로 주고받으며 큰 흐름이 어떻게 흘러가는지, 실제로 어떻게 활용해야 하는지를 보여주고 싶었다.

이 책이 주식시장이라는 안개 속을 헤쳐나가는 데(비록 모든 것은 아니지만) 저 멀리 보이는 등대의 빛처럼 가야 할 곳을 헤매지 않고 갈 수 있게 도와주는 길잡이 역할을 할 수 있을 것이라고 생각한다.

주식시장에서 점점 더 많이 알게 되어 고수가 되어가면서 기본적 분석으로부터 멀어지는 사람들을 보았지만 결국 그들은 벽에 부딪치면 힘없이 좌절하게 된다. 기본적 분석이라는 기초를 항상 튼튼하게 하고 잊지 않고 함께한다면 언젠가 다가올 벽을 다른 누구보다 쉽게 넘어설 수 있을 것이다.

**보컬의 칼럼 2** column

## 주식시장의 폭탄

1,000만 원대 폭탄을 데이 트레이딩하면서 저도 올해는 2번 당했습니다. 어떤 사람들이 말합니다. 보컬은 절대 손실이 나지 않을 거야.
지금까지 단기매매하면서 폭탄은 수도 없이 맞아보았죠. 하지만 맞을수록 내성이 더 쌓입니다. 제가 중·장기투자 및 스윙(일주일)투자건 지금까지 폭탄은 딱 한 번 맞아보았습니다. 하지만 단기매매는 수도 없이 맞는 게 폭탄이죠. 제가 현재 생각하는 폭탄은 하루 1,000만 원짜리 이상이면 저에게는 폭탄입니다.
아주 오래전에는 계속 벌다가 진짜 폭탄 한 번 맞으면 슬럼프가 오래가곤 했는데 지금은 폭탄을 맞고 나서 바로 이겨내게 되더군요. 올해는 1월과 10월에 딱 2번 당했네요.
여러분들도 주식하면서 자기 실수이건, 뇌동매매이건, 원칙 없는 매매이건, 지수가 폭락하건, 갑자기 악재뉴스가 뜨건 간에 누구나 폭탄을 맞았을 것입니다. 하지만 그 폭탄을 맞았을 때 오히려 계좌 캡처를 해서 그와 같은 실수는 하지 말아야겠다고 다짐을 해야 합니다. 그래야지 폭탄을 맞는 빈도가 적어질 수 있습니다.
폭탄을 한번 맞게 되면 자기도 모르게 움츠려들게 됩니다. 물론 이게 정석인데 내가 예전 초짜일 때는 움츠려들긴커녕 오히려 더 공격적이 되어서 깡통을 당했던 적이 종종 있었습니다.
일단 폭탄을 맞게 되면 그때는 매매 일지를 꼭 써놓으십시오.
그리고 그와 같은 반복을 다시는 하지 말아야겠다고 적어놓으십시오.
아무리 고수라고 해도 특히 단기매매에는 폭탄이 항상 도사리고 있습니다. 하지만 그걸 이겨낼 때마다 실력이 더 업그레이드될 수 있는 것입니다.

저 또한 자만심에 빠질 때 폭탄이 한 번씩 슬그머니 다가옵니다. 그럴 때마다 주식시장에 겸손해라는 다짐을 다시 한 번 해보곤 합니다.

"주식시장에서 누구나 폭탄을 맞을 수 있다. 하지만 그걸 더 공격적으로 하거나 너무 움츠러든다면 오히려 더 패배가 나가올 수 있다."

폭탄을 맞을 때 예전에 저는 더 공격적으로 대응하여 깡통을 찼지만 그 이후에 폭탄을 맞았을 때는 심신의 안정을 위해서 오이도를 안식처로 찾아서 가곤 했습니다. 여러분도 안식처를 하나 만들어보는 것도 좋을 듯합니다.
이제는 폭탄을 맞더라도 바로 그걸 이겨내게 되더군요. 이 단계가 되기까지 참 많은 시간이 걸렸습니다. 항상 시장에 겸손하면서, 항상 주식시장의 수익에 감사하는 여러분이 되기를 바랍니다.

Part 5 주식시장에서 기술적 분석은 꼭 해야 하나
Part 6 캔들이란 무엇인가?
Part 7 주가의 흐름, 추세
Part 8 이동평균선과 거래량을 모르면
       주식투자를 하지 마라
Part 9 형태를 통해서 주가를 예측하는 패턴
       그리고 기타 보조지표들

실전투자 절대지식 **3**

# 모든 것은
# 차트에
# 숨어 있다

# Part 5

# 주식시장에서 기술적 분석은 꼭 해야 한다

# 18
## 기술적 분석이란 무엇일까?

　**수원에서** 한 브랜드 매장을 운영하는 임현준 씨는 요즘 큰 고민이 있다. 작년 겨울 이후부터 불경기로 매출이 큰 폭으로 줄어들었기 때문이다. 매출이 줄어들면서 종업원을 하나둘 해고하다 보니 이제 매장에서 일하는 사람은 자신과 아르바이트생 한 명이 전부였다. 더 이상 직원을 줄일 수도 없는 상황인데, 매출은 계속 떨어져만 갔다. 적자는 계속되었지만 울며 겨자 먹기로 매장을 유지하면서 계속 고민을 할 수밖에 없었다.

　그러던 도중 TV에서 주식시장이 계속 오른다는 뉴스를 보게 되었다. 물론 그 역시 하루에 매출을 1,000만 원 이상 한 적도 있었다. 하지만 매출 1,000만 원은 절대 순이익 1,000만 원이 아니었다. 매출은 1,000만 원이지만 그 중 60%는 본사에서 가져가기 때문에 사실상 400만 원밖에 남지 않았다. 거기서 직원의 월급과 매장 유지비 등을 제외하면 자신의 수중에 들어오는 돈은 100만 원도 되지 않았다.

　그 뉴스를 본 임현준 씨는 '하루에 1,000만 원을 투자해서 5%만 벌어도 어디야!' 이런 생각을 가지게 되었다. 20만 원씩만 벌어도 한 달이면 400만 원이기 때문이 풍족하게 생활할 수 있다는 생각이 들었다.

부푼 꿈을 앉고 임현준 씨는 주식시장에 뛰어들었다. 하지만 HTS를 통해 매수/매도만 할 줄 알았던 임현준 씨는 주식시장을 너무 만만하게 보았다. 어떤 종목이 막 올라가기 시작하면 임현준 씨는 더 오를 거라는 생각에 매수했다. 그러면 그때부터 하락하기 시작했다. 불안한 마음에 물타기를 했는데 더 떨어지기만 했다. 계속 하락하는 주식에 공포심을 느낀 임현준 씨는 손절을 했다. 그러자 이번에는 주가가 다시 오르기 시작했다.

임현준 씨는 기준도 없이 이런 식으로 매매를 하였고, 처음 투자금은 금새 반토막이 나게 되었다. '그래, 난 역시 단기매매에는 약해. 중·장기투자를 해야겠어'라는 생각으로 한 주식을 사게 되었다. 하지만 그 주식에서도 결국 반 토막이 나고 말았다. 그 이유를 살펴보니 임현준 씨는 테마가 소멸될 쯤 꼭대기에서 그 주식을 산 것이었다. 왜 여기서 사고팔아야 하는 타이밍인지에 대한 주관도 없이 그저 감으로 매매한 결과였다.

이 사례는 실화를 각색한 것이다. 기술적 분석에 들어가기 전에 이 사례를 소개한 이유는 초보투자자들은 처음 주식을 할 때 장밋빛 환상을 가지고 시작하는 경우가 많기 때문이다. 아무런 대책이나 전략 없이 주식시장에 뛰어들 경우 돈을 잃는 것은 당연하다. 주식시장에서는 수학공식처럼 수치를 대입하면 항상 맞아떨어지는 그런 비법은 없다.

사람들은 세상이 어떻게 돌아가는지를 알기 위해서 뉴스를 본다. 미국의 뉴스를 알기 위해 CNN을 보기도 한다. 영어를 잘 알고 있다면 앵커가 하는 말을 이해할 수 있을 것이다. 하지만 영어를 잘 모른다면 화면만 보고 무슨 이야기를 하고 있는지 제대로 이해할 수 없을 것이다. 반면에 국내 뉴스를 보면 화면만 봐도 어떤 상황인지 충분히 이해할 수 있는 경우도 있다. 언어를 모른다면 그 언어를 알고 있는 사람보다 뒤처질 수밖에 없다.

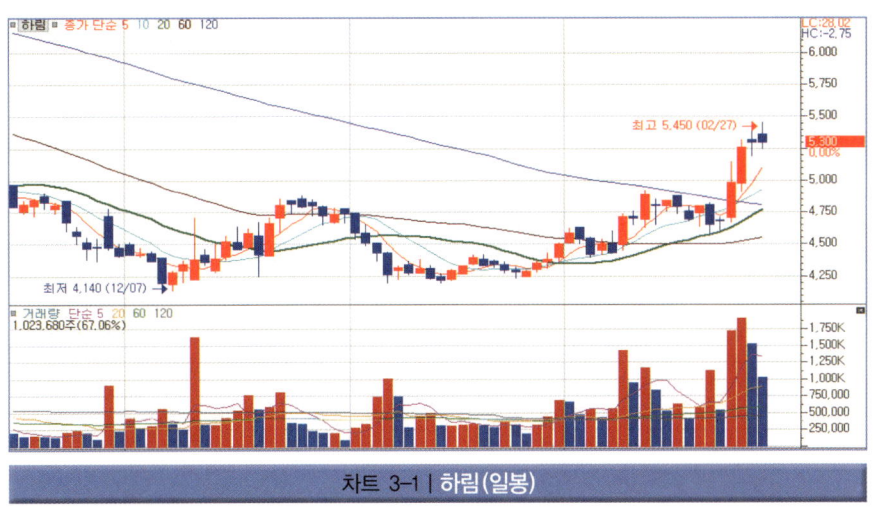

차트 3-1 | 하림(일봉)

    차트 역시 외국의 뉴스를 보는 것과 같다. 〈차트 3-1〉을 보면 주가가 상승하다가 별다른 움직임이 없는 것을 볼 수 있다. 하지만 120일 이동평균선을 뚫은 긴 장대양봉이 어떤 의미인지, 5일과 10일 이동평균선이 120일선을 돌파하는 것이 어떠한 의미를 가지고 있는지, 최근 2일 동안 일정한 가격 이하로 내려가지 않고 있는 것이 어떤 의미인지, 그에 수반된 거래량은 어떠한 의미인지 등을 이해하는 것은 쉬운 것이 아니다. 그러므로 차트에서 이야기하는 바를 이해하기 위해서 많은 공부를 해야만 한다. 그것이 바로 기술적 분석을 공부하는 이유이다.

    기술적 분석은 비법이나 대박을 찾기 위해서 연구하는 것이 아니다. 차트 너머에 존재하는 수많은 투자자를 이해하고 그것이 어떻게 차트로 나타나는지 알기 위해서이다. 결국 '예측'이 아니라 그들의 반응과 생각을 읽고 그것에 맞추어서 '대응'하는 것이다. 이러한 '대응'을 넘어서 승률을 높이는 예측을 하는 것이다. 그래서 이 책을 읽는 독자들에게 기술적 분석을 어떻게 이해해야 하며, 어떤 식으로 차트를 통해 나타내는지 쉽게 설명하려고 한다. 이 책의 설명을 모두 이해한다면 더 이상의 기술적 분석에 대한 책은 볼 필요가 없을 것이다.

# Part 6

# 캔들이란 무엇인가?

# 19 차트의 출발점 호가

**여러분에게** 가격이 무엇인지에 대해 묻는다면 여러 가지 답이 나오겠지만, '무언가를 가지기 위해서 지불해야 하는 대가'라는 것은 동의할 것이다. 하지만 가격이 정해지지 않은 대상의 가격을 정하라고 하면 정말 다양한 가격들이 나올 것이다. 만약 길거리에서 아이스크림을 산다면 1,000원에서 1,500원 정도면 살 수 있을 것이다. 하지만 높은 산의 정상에서 1,000원짜리 아이스크림을 2,000원에 판다고 해도 사먹는 사람이 있을 것이다. 또한 사막 한가운데에서 500원짜리 생수를 500만 원에 판다고 해도 필요한 사람은 살 것이다.

가격이 정해져 있는 아이스크림조차 상황과 장소에 따라서 가격이 변할 수 있는데, 가격이 정해져 있지 않은 주식이 계속해서 가격의 움직임을 보이는 건 당연할 것이다. 말 그대로 부르는 것이 가격이고 파는 것이 가격이 된다. 사람의 습성은 살 때는 좀 더 싸게 사고 싶고, 팔 때는 좀 더 비싸게 팔고 싶어 한다. 아마 사람이라면 모두 다 조금이라도 싸게 사서 조금이라도 더 비싸게 팔고 싶은 욕심이 있을 것이다. 하지만 그 싸고 비싸다는 것 역시 제각기 기준이 다르다. 다음의 예를 보자.

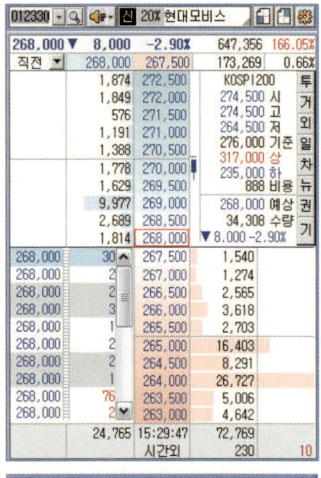

표 3-1 | 현대모비스 주식 호가 창

• 경기도에 사는 A 씨는 갑자기 병원비가 필요해져서 자신이 가지고 있던 현대모비스의 주식을 팔려고 했다. 호가 창을 살펴보니 현재 가격이 자신이 산 가격보다 높았고, 이 정도면 비싸게 파는 것이라고 생각했다.

• 매일 집에서 소일거리 삼아 적은 돈으로 주식을 하는 것이 취미인 부산에 사는 가정주부 B 씨는 현대모비스의 주식을 한두 주씩 꾸준히 매수하면서 시장의 움직임을 지켜보았다.

이렇게 주식을 매매하는 사람들의 감정들로 인해 호가의 움직임이 생기는 것이다. 이것이 바로 기술적 분석이 필요한 이유이다. 기본적 분석의 경우 공급과 수요의 상황에 대한 판단 기준 등을 제공하지만 시장에 참여하는 투자자들의 심리는 포함되어 있지 않다. 아무리 회사가 좋고 튼튼해도 그 회사를 사고파는 것은 사람이기 때문에 사람을 제외하면 주식시장의 움직임을 설명할 수 없다.

이것이 얼마나 중요한지 이해하려면 처음 주식을 시작할 때의 감정을 떠올려 보면 된다. 처음 주식을 산 후 호가 창에서 주가의 움직임을 보고 있으면 롤러코스터를 타는 것처럼 가슴을 졸이면서 지켜본다. 그러다가 자신이 산 가격을 돌파하려고 할 때의 그 두근거림 그리고 급등을 할 때 그 감동을 기억할 것이다. 한 종목을 지켜보고 있는 수백에서 수천만 명이 모두 그런 감정을 가지고 주식시장을 바라보고 있는 것이다. 결국 이러한 감정 때문에 이성적으로 행동하지 못하고 감정에 이끌려 행동하게 되는 것이다.

이렇게 호가의 움직임으로 인해서 가격이 변화하고, 이러한 변화가 모여서 캔

표 3-2 | 주식 호가 창

들이나 이동평균선, 거래량 등이 만들어지게 된다. 즉 기술적 분석의 출발점은 주가의 변화에서 시작되고, 이 시작은 호가 창에 가장 먼저 나타나게 된다.

실제로 단기투자자나 초단기투자자들에게 이 호가 창은 매우 중요하다. 하지만 가장 기본적인 것이라고 하는 호가 창에 대해 설명하는 책은 그렇게 많지 않다. 왜냐하면 다른 많은 지식들을 알고 난 뒤 호가 창을 보면서 경험을 쌓아야 이해할 수 있기 때문이다. 이런 이유로 솔직히 이론적으로 크게 알려줄 만한 것들은 없다.

호가 창을 볼 때 꼭 알아야 할 것은 거래량이 많은 종목을 봐야 한다는 것이다. 거래량이 적은 종목은 한 사람의 매도나 매수로 가격의 움직임이 왜곡되기도 한다. 이런 이유로 거래량이 적은 종목에서는 작전세력이 개입할 수 있다. 실제로 거래량이 많고 움직임이 많은 종목을 바라보면 호가의 움직임을 이해할 수 있을 것이다. 특히 장 초반과 장 후반 호가 창의 모습과 고점이나 저점에서 호가 창의 모습을 집중해서 바라보길 바란다.

# 20 캔들의 기본적인 모형

HTS를 모르고 주식을 모르는 사람들이라도 차트는 한 번쯤 보았을 것이다. 뉴스나 신문에도 나오고, 특히 최근에 〈작전〉이라는 영화나 〈마이더스〉라는 드라마를 보면서 주식에 관계없는 사람들도 모두 차트가 어떤 것인지는 보아서 알고 있을 것이다. 그런데 이러한 차트는 모두 하나의 종류를 사용하고 있는데, 바로 캔들차트이다.

사실 캔들이라는 말은 중요하지 않으며, 이제 설명할 마루보주나 까마귀형 유성형이니 망치형이니 하는 이름 역시 중요하지 않다. 개념을 설명하기 위해 통용되는 명칭을 사용한 것뿐이다. 그러니 명칭에 너무 현혹되지 말고 그 내용에 집중해야 한다.

위아래의 꼬리 부분이 양초의 심지를 닮았고 몸통 부분은 양초를 닮았다고 해서 캔들이라는 이름이 붙여졌다. 이러한 캔들은 주식시장이 열리면서 시작한 가격(시초가), 장중에 가장 높게 올라갔던 가격(고가), 장중에 가장 많이 내려갔던 가격(저가), 장이 마감할 때 가격(종가)으로 구성된다.

캔들에서는 시가와 종가가 가장 중요하다. 그다음이 고가와 저가이다. 고가

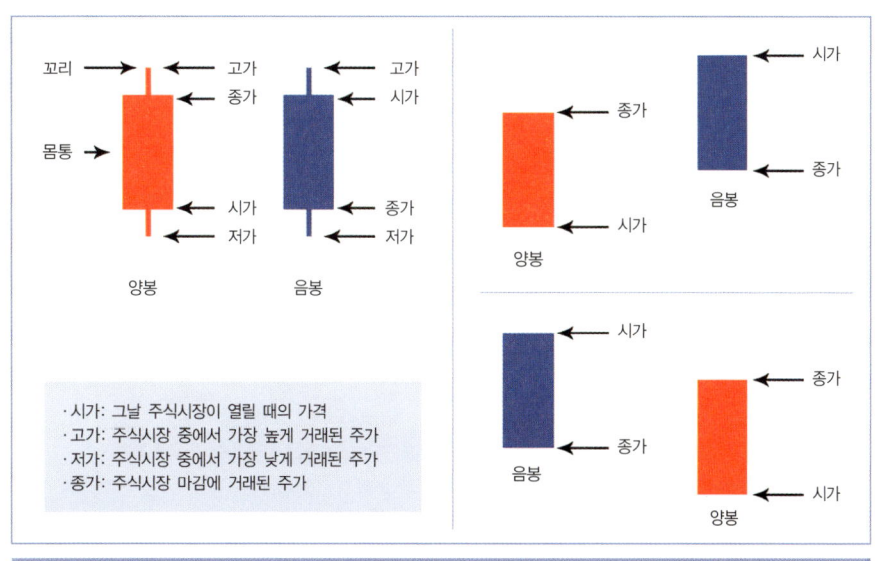

그림 3-1 | 캔들의 구조

와 저가가 캔들의 시가와 종가와 같을 경우 따로 꼬리를 표시하지 않는다. 마치 양초의 심지가 양초 안에 있어서 보이지 않는 것과 같은 이치이다. 장중의 가격 역시 기관과 외국인을 포함한 세력들이 관리하지만 장중의 가격보다 시가와 종가에 더 적극적으로 개입한다.

가끔 캔들이 전일 종가보다 높은 곳에 있으면 오른 것이니까 빨간색으로 표시되어야 하는 것이 아닌가 하고 고민하는 사람들도 있다. 하지만 〈차트 3-2〉에서 보듯이 전날 캔들보다 높게 시작했다고 반드시 빨간색으로 표시되는 것은 아니다. 시초가보다 주가가 떨어져서 종가가 낮게 마무리되었다면 그 캔들은 무조건 파란색이다. 즉 시초가가 더 높은 곳에서 시작하고 주가가 떨어지면 얼마든지 파란색(음봉)이 나올 수 있다. 또한 전날 캔들보다 한참 주가가 내려간 곳에서 시초가가 시작하지만 주가가 올라서 종가가 마무리되었다면 그 캔들은 양봉으로 표시될 것이다.

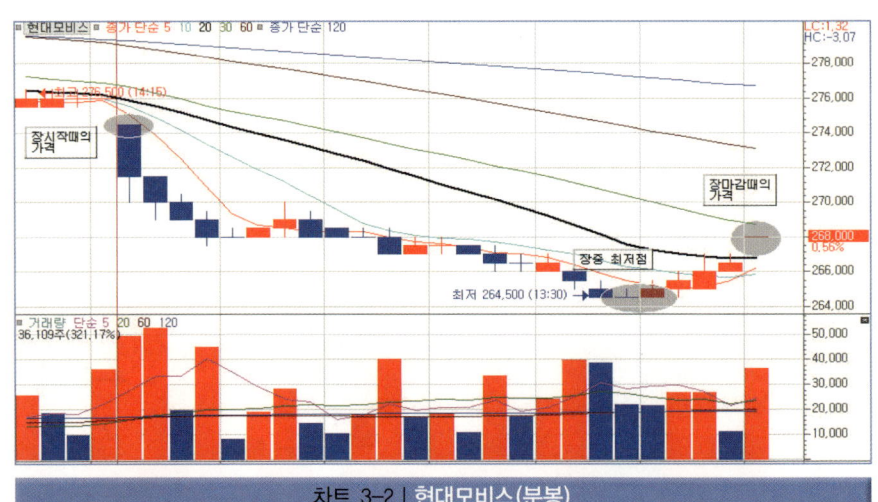

차트 3-2 | 현대모비스(분봉)

차트 3-3 | 현대모비스(일봉)

　〈차트 3-2〉 현대모비스의 2월 27일 15분 봉을 보면 27만 6,500원에 장이 시작하면서 하락을 한다. 물론 10시 이후 하락의 강도가 약해지긴 했지만 계속 떨어지는 모습을 보인다. 그러다가 1시 이후에 최고 저점인 26만 4,500원에 도달한 주가는 2시부터 상승을 보이다 26만 8,000원에 장이 마감되었다. 이런 경우 오늘

시장에는 시가가 고가이기 때문에, 캔들에서는 시가와 저가 그리고 종가만 존재하게 된다.

이 경우를 일봉에서 보면 〈차트 3-3〉에 표시된 부분의 캔들과 같은 모양이 나타내게 된다. 아래 꼬리를 단 음봉의 모습을 보이면 당연히 주가는 급락했다가 저점에서 다시 상승한 것이라는 의미이다. 이러한 것은 별것이 아닌 것처럼 느껴지지만 굉장히 중요하다. 왜냐하면 하나의 캔들을 보고 시가와 종가, 저가가 얼마인지를 아는 것만큼 그 주가가 어떤 식으로 흘러갔는지를 파악할 수 있어야 하기 때문이다. 모든 캔들이 각기 다른 흐름들을 가지고 있다. 그렇기 때문에 이러한 흐름에 익숙해지면 자연스럽게 그 캔들이 가진 힘과 의미를 이해할 수 있게 된다.

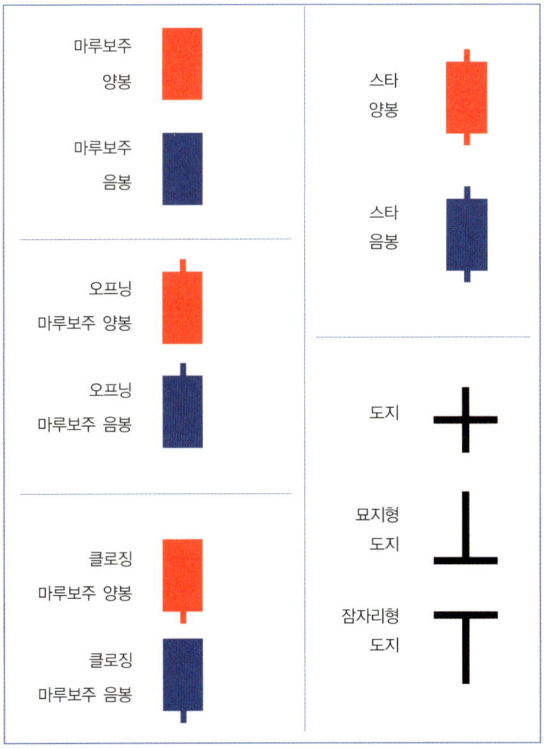

캔들에 대해서 전문적으로 다루고 있는 책들을 보게 되면 쉽게 이해하기 어려운 용어를 사용해서 설명하고 있다. 실제로 마루보주나 도지라는 용어는 일본어이다. 마루보주는 까까머리를 뜻하는 일본어인데 깔끔하게 몸통만 있는 모습이 대머리와 비슷하다고 해서 붙여진 이름이다. 그렇기 때문에 용어에 대해 강

그림 3-2 | 캔들의 기본 형태

한 의미를 부여할 필요는 없다. 왜냐하면 책에서 말하는 이론은 거의 실전에서 적용되지 않기 때문이다. 상황에 따라서 얼마든지 변할 수 있기 때문에 그 안에 담겨져 있는 비밀을 풀어내려고 시간을 낭비할 필요가 없다. 다시 한 번 이야기 하지만 '비밀은 없다'는 것이 진짜 비밀이다. 단지 그 안에 담겨 있는 힘과 의미만 이해한다면 그것으로 충분히다. 그러면 자연스럽게 파생되어 나오는 것들 역시 모두 이해할 수 있게 된다.

### 마루보주

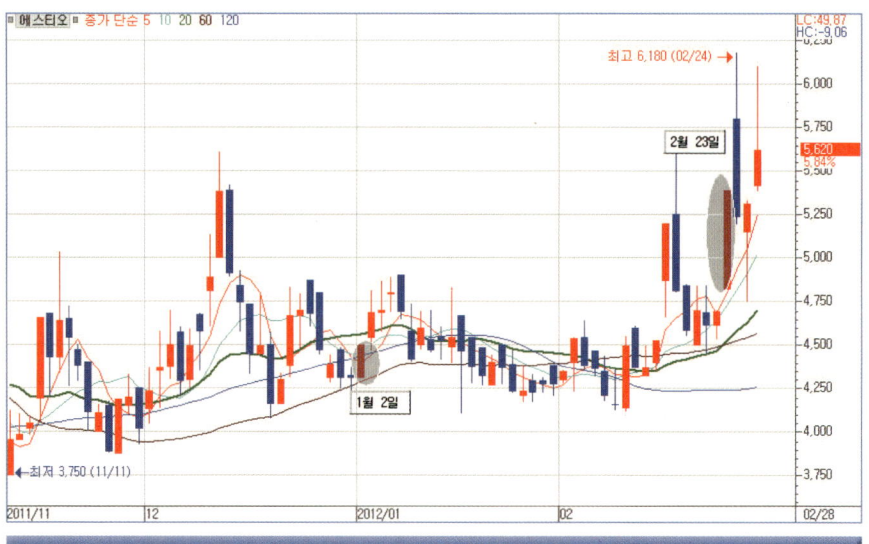

차트 3-4 | 에스티오(양봉) 마루보주

2월 23일에 에스티오는 아래 꼬리도 위 꼬리도 달지 않은 긴 마루보주 형태로 나타났다. 이것은 시가가 저가와 같고, 종가가 고가와 같다는 말이 되므로 지속적으로 올랐다는 의미이다. 이렇게 지속적으로 오르는 모습을 보이면 상승 추

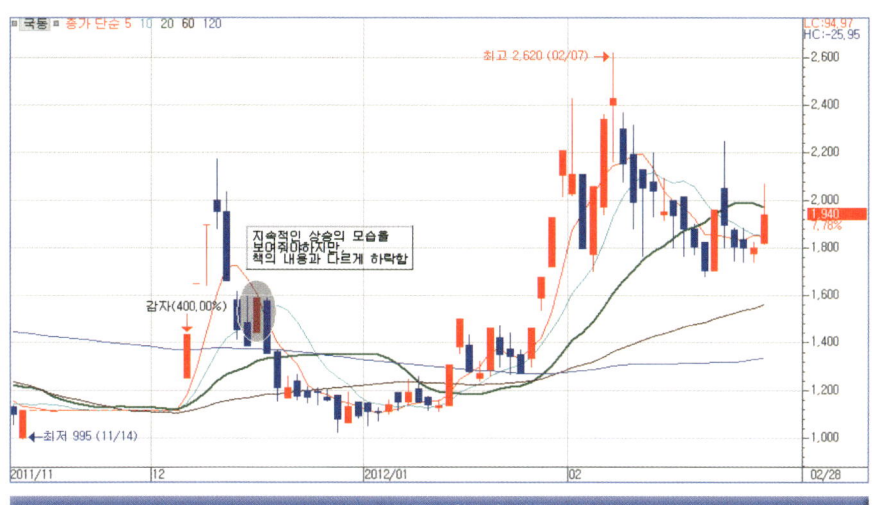

차트 3-5 | 국동 일봉의 마루보주

세가 계속될 것이라고 예상할 수 있다고 대부분의 책에서 설명하고 있다.

하지만 설명한 것을 그대로 모두 믿으면 크게 손실을 볼 수 있다. 만약 120일 이동평균선에서 반등이 나오면서 상한가 마루보주 양봉이 나왔기 때문에 당연히 내일도 강하게 상승할 것이라고 믿고 보유한다. 그런데 다음 날 하한가를 맞게 될 수도 있다(차트 3-5). 주식의 격언에 "종목을 사랑하지 마라"는 말이 있다. 마찬가지로 "기법도 사랑하지 마라"고 말하고 싶다. 항상 주식시장은 변하고, 원하는 대로 움직이지 않는다면 바로 손절이나 익절을 해야만 한다.

다시 〈차트 3-6〉과 〈차트 3-7〉의 에스티오 차트에 표시한 두 양봉을 보면 이 몸통의 길이로 매수세가 얼마나 강한지 알 수 있다. 실제로 1월 2일과 2월 23일 몸통의 길이를 비교해보면 알 수 있다.

〈차트 3-6〉은 1월 2일의 에스티오 5분봉 차트이다. 몸통이 작은 봉은 강하게 올라가지 않고 옆으로 차곡차곡 계단식으로 올라가는 모습을 볼 수 있다. 하지만 〈차트 3-7〉 2월 23일의 5분봉의 움직임을 보면 몸통이 긴 양봉이 빠르게 상

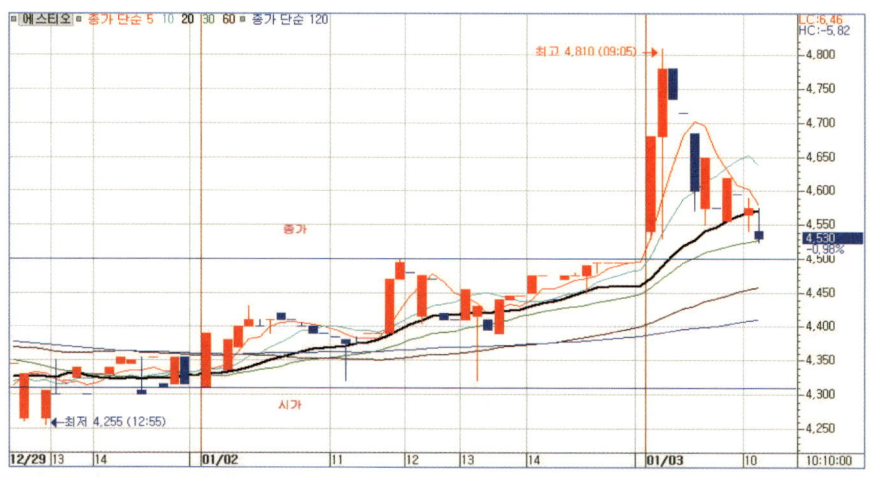

차트 3-6 | 에스티오 5분봉(1월 2일)

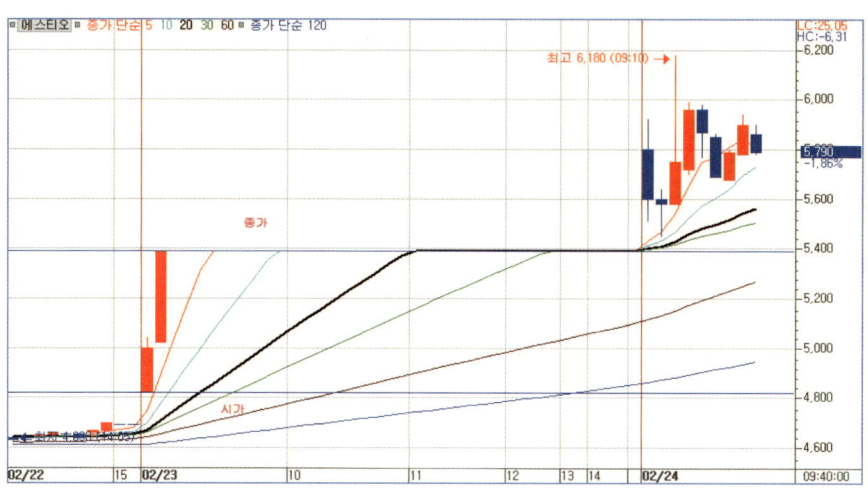

차트 3-7 | 에스티오 5분봉(2월 23일)

승하여 상한가까지 가는 모습을 볼 수 있다. 이런 차이가 바로 몸통의 길이로 이해할 수 있는 매수세의 힘이다.

 그리고 또 하나 중요한 것은 몸통의 길이가 길어지게 되면 그다음의 움직임

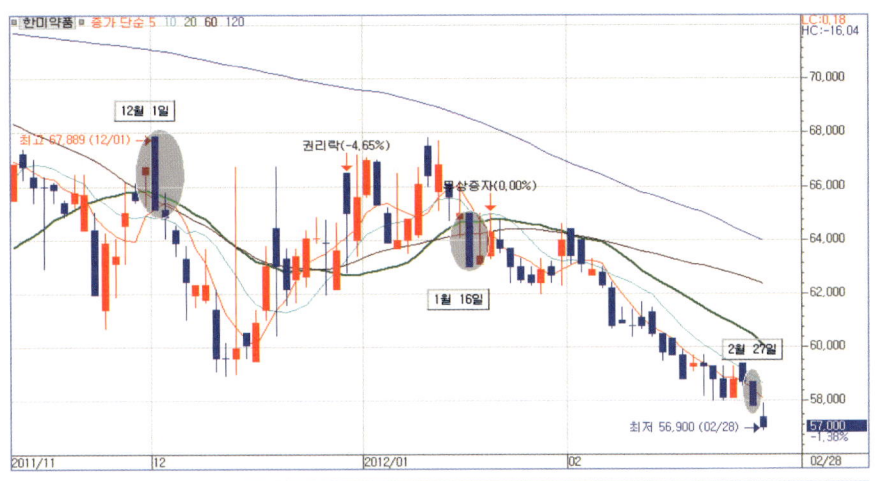

차트 3-8 | 한미약품(일봉)

차트 3-9 | 한미약품(5분봉) 12월 1일

역시 유동성이 커져서 위아래로 움직이는 음봉도 마찬가지이다. 〈차트 3-9〉를 보면 장이 시작하는 시초가를 고점으로 하락하더니 결국 저점으로 종가가 마무리되고 있다. 이는 몸통의 크기가 클수록 역시 매도세가 강하다는 것을 의미한다. 하지만 그렇다고 다음 날 반드시 하락하는 것은 아니다. 단지 이만큼 매도세가 강하다는 것으로 이해하면 된다.

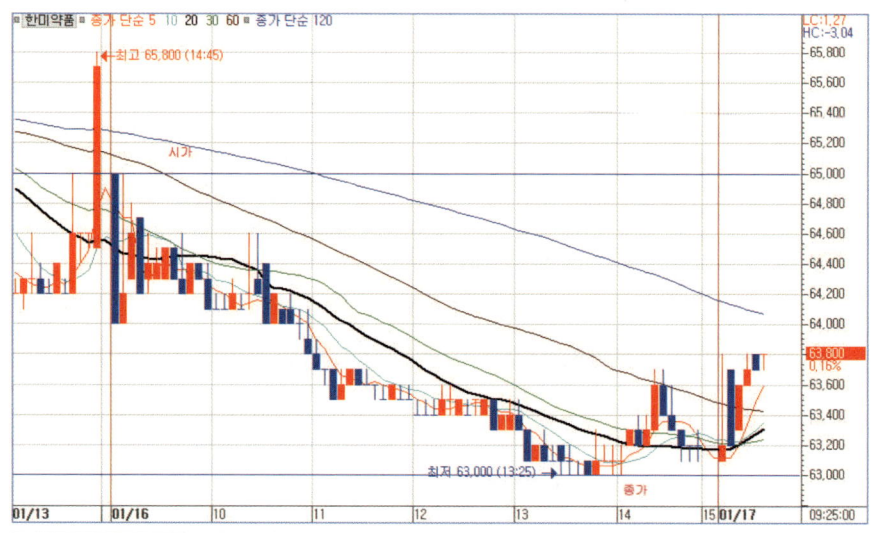

차트 3-10 | 한미약품(5분봉) 1월 16일

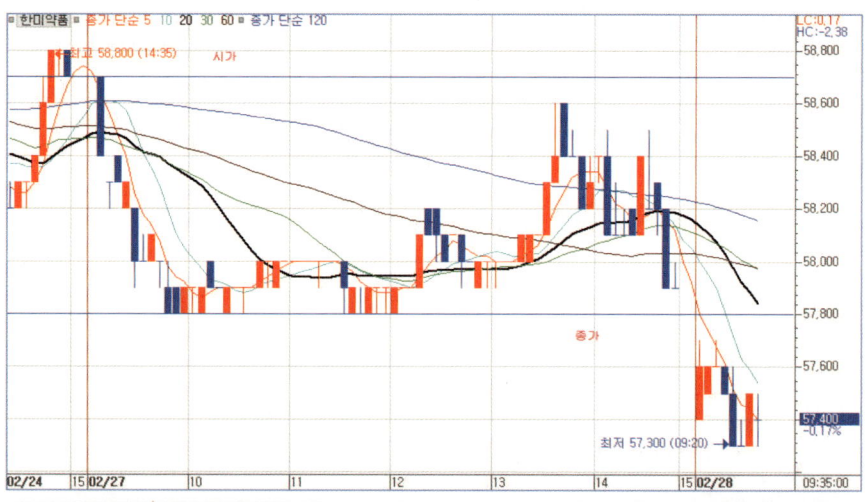

차트 3-11 | 한미약품(5분봉) 2월 27일

매도세가 강한 순으로 차트를 배치했다(차트 3-9, 3-10, 3-11). 차트를 보면 몸통의 길이에 따라서 하락하는 모양도 제각각임을 알 수 있다. 그렇기 때문에 차트를 많이 보면서 점점 익숙해져야만 한다. 그리고 이런 움직임을 볼 때는 반드시 이동평균선과의 움직임을 함께 보아야 한다.

### 오프닝 마루보주

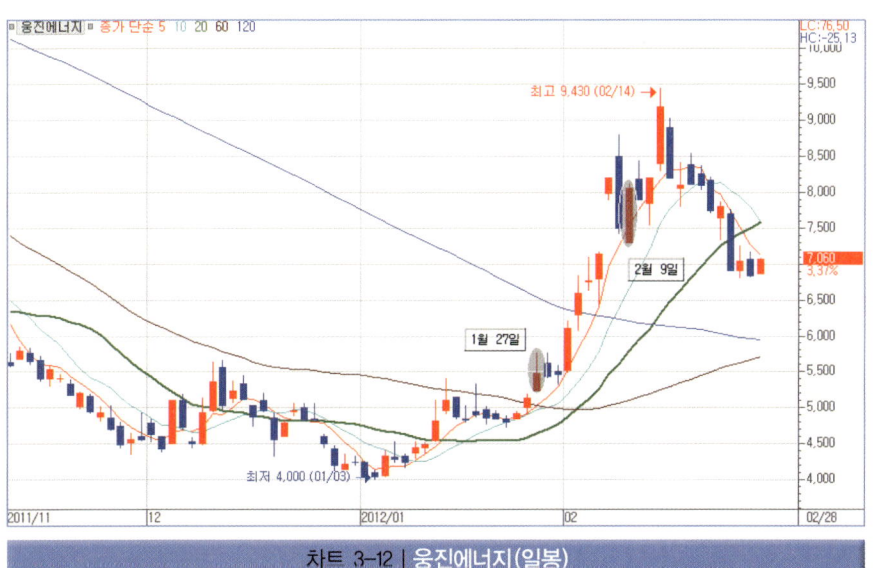

차트 3-12 | 웅진에너지(일봉)

양봉은 시가에서 상승해서 종가가 위에서 끝나게 된다. 위에서 끝나는 종가가 고점보다 하락해서 끝나게 되면 캔들의 위쪽에 꼬리가 생기게 된다. 이렇게 꼬리 부분을 내일의 기대감으로 열어두기 때문에 내일을 향해 열린(오프닝) 마루보주라고 한다. 이러한 캔들 역시 몸통이 크다면 그만큼 매수세가 강하다는 것을 의미한다. 꼬리의 길이 역시 마찬가지로 사람들의 기대감으로 매수세가 들어왔지만 그 가격이 비싸다고 생각하거나 더 이상 오르기 힘들다고 생각하는 사람들의 매도하는 힘을 보여준다.

차트 3-13 | 웅진에너지(5분봉) 1월 27일

차트 3-14 | 웅진에너지(5분봉) 2월 9일

〈차트 3-13〉와 〈차트 3-14〉는 두 가지 오프닝 마루보주의 모습을 보여주고 있다. 위의 캔들의 경우 꼬리가 긴 경우이며 아래의 경우는 꼬리가 짧다. 둘 다 공통적으로 시초가에서 강한 매수세가 들어오고 있다. 하지만 고점에 이르면 상승을 멈추고 다시 조정을 받게 된다. 이러한 조정은 결국 고점 부근에 매도 세력들이 존재한다는 말과 같다. 이는 매도 세력을 뚫고 가지 못할 정도로 매수세가 약해졌다는 것으로 이해할 수 있다.

차트 3-15 | 한스바이오메드(일봉)

〈차트 3-15〉 음봉의 경우 시가보다 종가가 아래쪽에 있다. 당연히 꼬리는 내일을 향해 열려 있어야 하기 때문에 종가에 달리게 된다. 이 꼬리 역시 너무 짧다면 매도세가 더 강한 것으로 추측해볼 수 있고, 꼬리가 길면 매도에 반발하는 매수세가 강하다고 볼 수 있다.

〈차트 3-16〉과 〈차트 3-17〉의 오프닝 마루보주의 경우 저가 부근에서 매도세와 매수세가 팽팽했지만 일반적으로 매도세가 강했다는 것을 보여주는 캔들이다. 꼬리가 짧을수록 당연히 하락에 무게를 두고, 꼬리가 길수록 상승할 확률

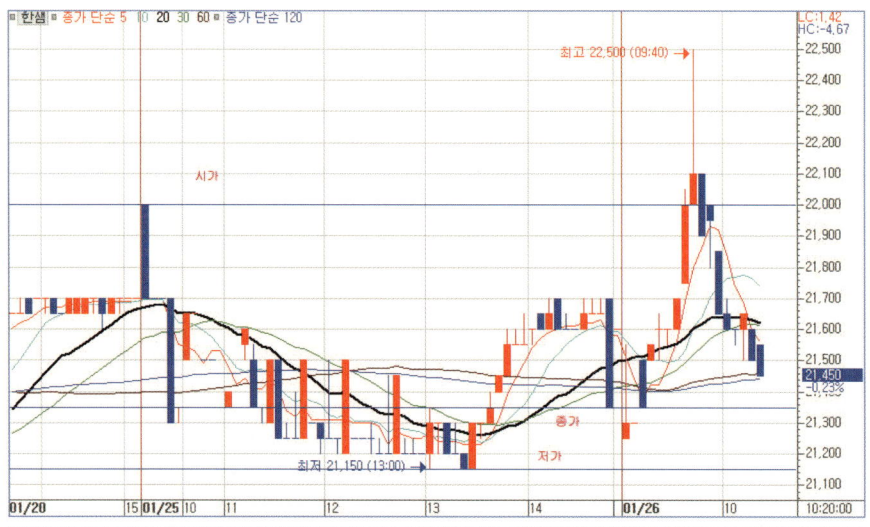

차트 3-16 | 한샘(5분봉) 1월 25일

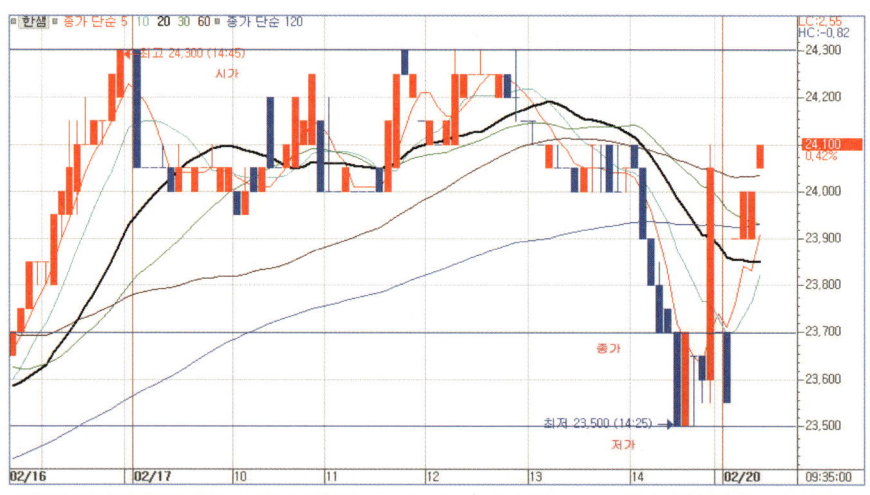

차트 3-17 | 한샘(5분봉) 2월 17일

이 높다고 생각하는 것이 올바른 선택이다. 하지만 두 캔들에서 보는 것처럼 당연히 그렇게 되는 것은 아니다. 그러므로 캔들 하나만 가지고 투자 결정을 내리는 것은 위험한 생각이다.

### 클로징 마루보주

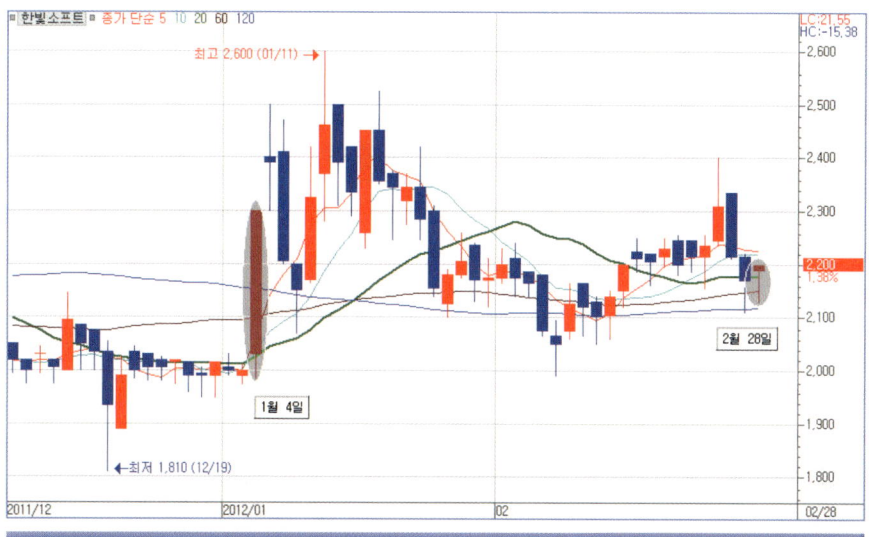

차트 3-18 | 한빛소프트(일봉)

클로징 마루보주는 시초가의 부분에 꼬리가 생기는 것을 말한다. 시초가에 생기는 꼬리이기 때문에 전날의 매수세와 매도세가 서로 경합을 벌이던 것이 오늘로 넘어와 흔적을 남긴 것이다. 클로징 마루보주 양봉인 경우 전날의 매도 세력이 오늘 장 초반에 그 흔적을 꼬리로 남기지만 강한 매수세에 압도당하며 그 모습이 몸통의 길이로 나타나는 것이다.

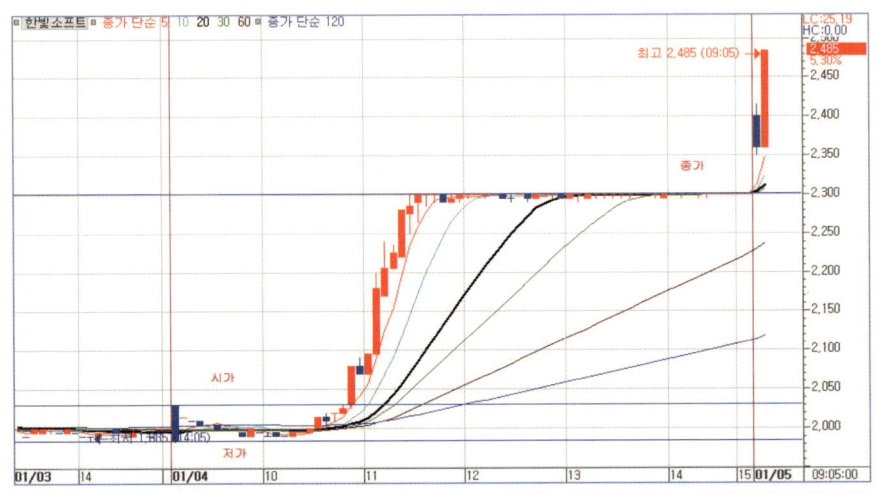

차트 3-19 | 한빛소프트 (5분봉) 1월 4일

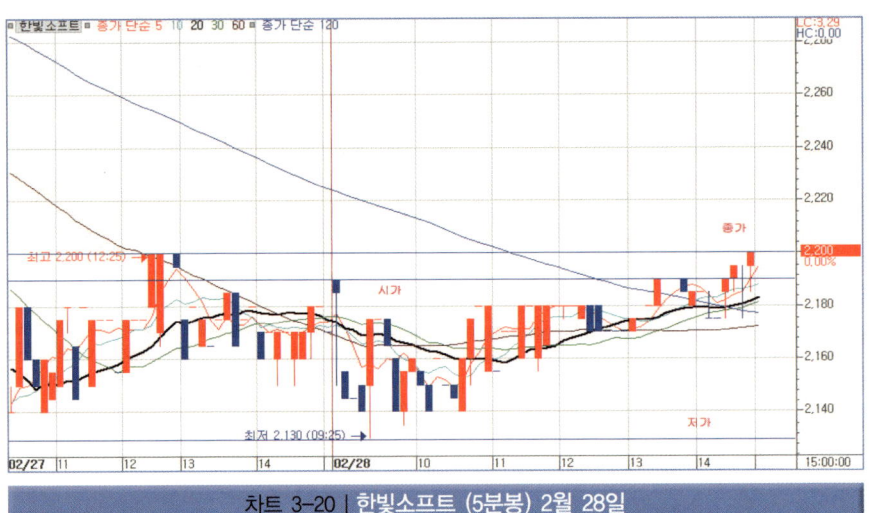

차트 3-20 | 한빛소프트 (5분봉) 2월 28일

대다수의 클로징 마루보주 양봉은 위의 차트에서 보듯이 장 초반에 하락하는 경우가 많다. 전날의 매도세가 장 초반에 영향을 미치지만 결국 그 매도세는 더 강한 매수세에 의해 압도당해서 꼬리만 남게 되는 것이다. 그러므로 꼬리가 길면 길수록 매도세를 압도하는 매수세가 강력하다는 의미이므로, 강력한 매수세가 있다는 말과 같다. 상식적으로 사람이 많은 지하철에서 밖으로 나가려고 할 때 안으로 들어오는 사람이 나가려는 사람보다 많을 때 힘이 더 드는 것과 같다.

차트 3-21 | 한샘 오프닝 마루보주

클로징 마루보주 음봉 역시 마찬가지이다. 어제의 매수 세력이 장 초반에 영향을 주지만 강한 매도 세력에 압도당해서 내일에는 영향을 주지 않는(닫힌) 캔들의 모양을 형성하는 것이다. 이것 역시 꼬리가 짧다면 매수 세력이 약했다는 표시이며, 꼬리의 길이와 몸통의 길이를 통해서 매도 세력의 힘을 상상해볼 수 있다.

〈차트 3-22〉 2월 16일의 클로징 마루보주 음봉의 경우 장 초반부터 매도세가 강했다. 매수 세력이 한 번 힘을 써보려 했지만 결국 매도 세력에게 제압당하고 작은 꼬리만을 남겼다. 그나마 강한 매수 세력이었다면 2월 27일 클로징 마루보주 음봉처럼 장이 시작할 때 흔적을 남겼겠지만 그것마저 못했기 때문에 얼

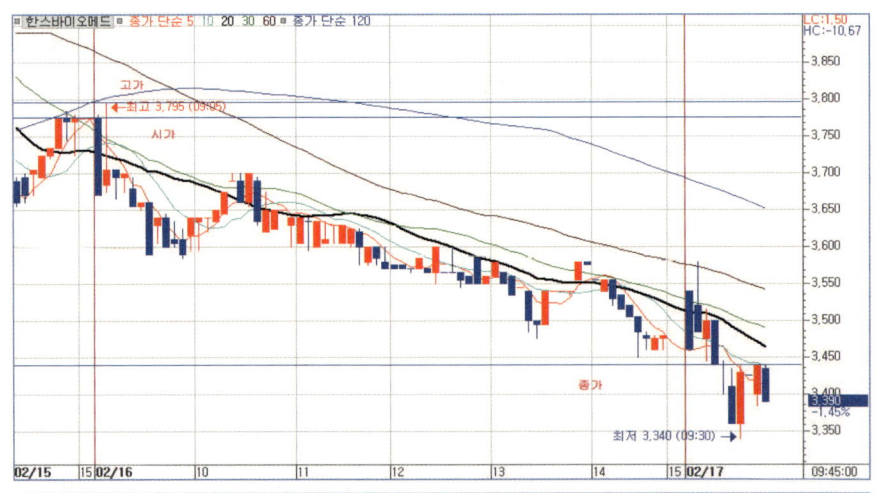

차트 3-22 | 한스바이오메드(5분봉) 2월 16일

차트 3-23 | 한스바이오메드(5분봉) 2월 27일

마나 매수 세력이 약했는지 알 수 있다. 그래서 떨어지는 모형을 보게 되면 매수 세력이 강했던 2월 27일의 경우 저가에 도달한 뒤 더 이상 하락하지 않고 종가로 마무리된다. 하지만 매수 세력이 약했던 2월 16일 차트의 경우 종가까지 계속 계단식으로 하락을 하게 된다.

## 스타

차트 3-24 | CJ(일봉)

흔히 롱보디, 쇼트보디, 스타형 등 다양하게 이야기를 하고 있지만, 결국 그 형태는 양쪽에 모두 꼬리를 달고 있는 모습이다. 양쪽에 꼬리를 달고 있으니 당연히 양봉의 경우 투자자들은 고가도 마음에 들지 않는 세력들이 있고, 저가도 마음에 들지 않는 세력이 있다고 느낄 것이다. 이것은 가격을 바라보는 투자자들 중에 매수 세력과 매도 세력이 공존하고 있다는 의미이다. 하지만 몸통의 크기를 통해서 어느 세력이 더 강한지를 알 수 있다.

〈차트 3-25〉 12월 29일의 경우 양쪽 꼬리가 작고 몸통이 큰, 흔히 말하는 롱보디에 가까운 형태이다. 당연히 장 초반의 꼬리가 작으니 매도 세력이 그렇게 강하지 않다는 것을 알 수 있다. 매수 세력이 힘을 얻고 상승을 하자 종가 부근

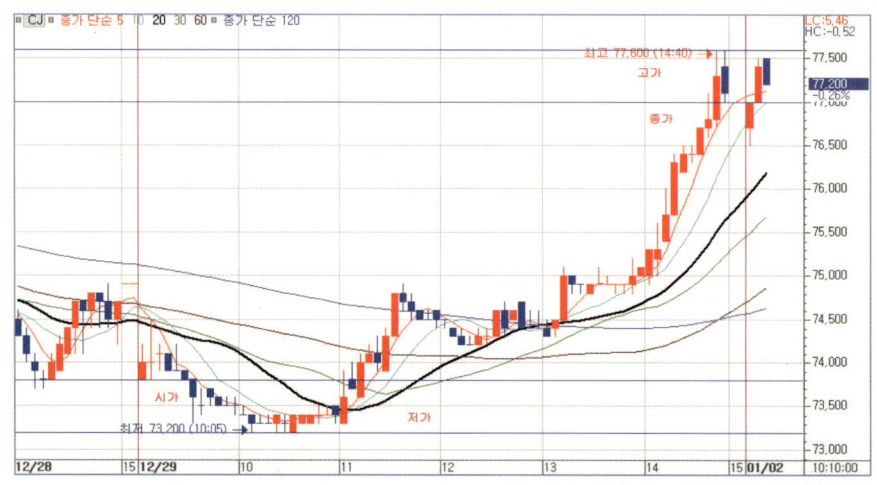

차트 3-25 | CJ (5분봉) 12월 29일

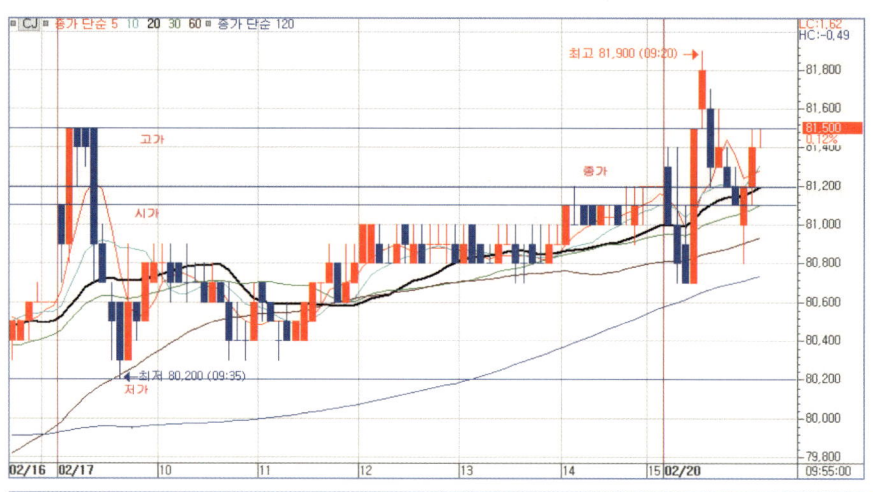

차트 3-26 | CJ (5분봉) 2월 17일

에서 강한 상승이 부담스러운 세력이 나타나 매도를 한 부분이 위 꼬리로 나타난 것이다. 이렇게 꼬리가 짧고 몸통이 크기 때문에 매수 세력이 강한 것으로 보는 것이 맞다.

반면에 〈차트 3-26〉 2월 17일의 경우 횡보하는 것으로 보일 것이다. 스타형 캔들의 전형적인 모습이다. 유동성이 강한 장 초반이나 장 후반에 위나 아래로 출렁거리지만 결국 종가의 모습은 시가와 큰 차이를 보이지 않는다. 이럴 경우 당연히 매도 세력과 매수 세력이 팽팽한 상태로, 어느 쪽으로 세력이 이동하는지 확인해야 한다.

## 도지

차트 3-27 | EG(일봉)

종가가 어떠한 방식으로든 시가와 거의 동일한 위치에서 마무리되었다는 것은 매수 세력과 매도 세력이 거의 비슷한 힘을 가지고 있다는 것을 의미한다. 그렇기 때문에 올라가지도 않고 내려가지도 못하는 것이다. 만약 상승 추세에 있다면 강한 매도 세력이 존재할 거라고 생각하지 않을 것이다. 그런데 갑자기 강력한 매도 세력이 나타난다면 투자자들은 깜짝 놀랄 것이다. 이때 겁 많은 투자자가 매도를 하게 된다면 그만큼 주가는 하락하게 되고, 그 하락에 다들 놀라서 매도를 시작하게 된다. 이러한 이유로 상승 추세에 있던 주가는 결국 하락할 가능성이 커진다. 또한 이것이 상한가나 하한가에서 나타난다면 대체로 매수세나 매도세의 힘이 약해지는 것을 의미한다.

차트 3-28 | EG (5분봉) 12월 8일

〈차트 3-28〉 12월 8일의 경우 정확한 묘지형의 모습은 아니다. 하지만 그 의미를 파악하는 데에는 문제가 없을 듯하다. 일봉을 보면 상승의 시작에 이러한 묘지형과 유사한 도지가 나온 것을 알 수 있다. 돌을 굴릴 때도 보면 처음에는 강한 힘이 필요하다. 하지만 움직이기 시작하면 공은 처음보다 쉽게 굴러가기 시작한다. 주가도 마찬가지이다.

〈차트 3-29〉의 일봉을 보면 12월 8일 이전에 긴 횡보를 하면서 주가가 멈춰

차트 3-29 | EG(일봉)

있었던 것을 볼 수 있다. 당연히 오랜 시간 보유를 하면서 지친 사람들도 많을 것이다. 조금만 올라도 매도하고 싶어 하는 사람들이 잔뜩 있다는 소리와 마찬가지이다. 즉 매도 세력이 추세를 타고 상승하기 전에 나올 확률이 매우 크다. 그러한 매도 세력과 매수 세력이 팽팽한 힘 싸움을 하고 있는 것이 12월 8일에서 드러나게 된 것이다.

　12월 13일의 경우 상한가 근처에서 시작한 경우이다(차트 3-30). 하지만 그전 날에 상한가에서 꼬리를 달고 있는 모습에서 상승의 힘이 약해진 것을 볼 수 있다. 그래서 상한가로 시작하지 못하고 상한가 근처에서 시작하더니 저점을 찍고 오랜 시간이 걸려서 상한가로 다시 진입하게 된다. 그리고 다시 상한가가 잠시 풀렸다가 상승하는 모습을 볼 수 있다. 이처럼 상한가에서의 잠자리형 도지는 어디선가 매도세가 움직이기 시작하는 모습을 나타나는 것이다.

　마지막으로 1월 26일의 경우 완전히 시가와 종가가 같은 도지의 모습을 보여주고 있다(차트 3-31). 매도세와 매수세가 거의 완전히 균형을 이루었다는 의미로,

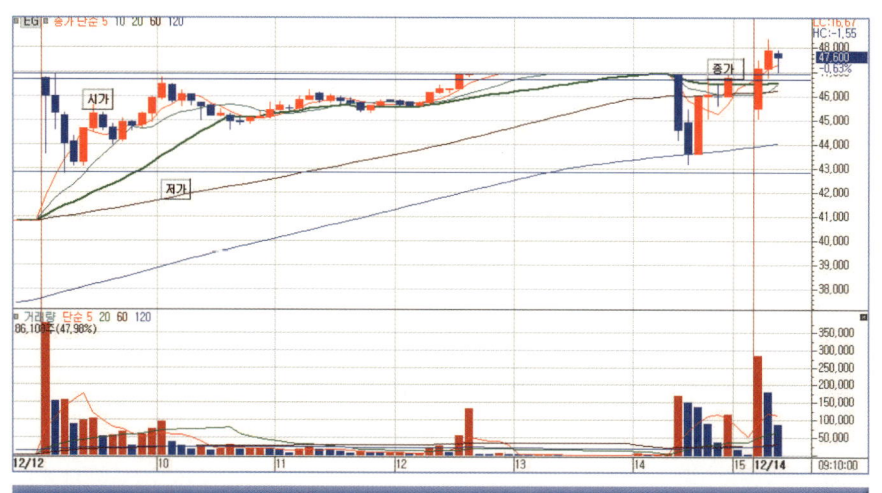

차트 3-30 | EG(5분봉) 12월 13일

차트 3-31 | EG(5분봉) 1월 26일

이것은 추세의 막바지에서 나타나거나 힘이 없는 추세일 경우 추세가 변할 수도 있다는 말이 된다. 하지만 지금의 추세가 더 강하다면 계속 그 방향으로 움직일 수도 있다. 어느 쪽으로도 움직임이 가능하기 때문에 지켜보면서 추세가 어디로

향하는지를 이해해야 한다.

　지금까지 캔들의 모양에 대해서 설명했다. 사실 이것보다 많은 종류의 캔들 모양이 있다. 다시 한 번 강조하지만 용어는 중요하지 않다. 그 내용을 백날 외워서 적용하려고 해도 실제로 적용하기란 힘들다. 여러분이 이 책에서 하는 이야기를 뛰어넘어 "왜 그렇게 생각하는가?"라는 질문에 대한 답을 얻을 수 있어야 한다.

　각 캔들의 모양에 대한 설명은 이것이 전부가 아니다. 그 안의 흐름을 보다 보면 몇 가지 패턴이 있다는 것을 알게 되고, 그 흐름의 내용을 이해하게 된다면 당연히 여러분의 실력은 한 단계 업그레이드될 것이다.

# 21 캔들의 관계

많은 책에서 상승 장악형이나 상승 잉태형에 대해 "이것은 오를 확률이 높다. 하지만 내려가게 되면 하락 추세가 강해진다"라고 이야기한다. 이 말은 "올라갈 수도 있지만, 내려갈 수 있다"라는 말과 다르지 않다. 그렇기 때문에 이것을 그대로 믿고 적용해서는 안 된다. 제일 먼저 해야 할 일은 이러한 캔들이 어

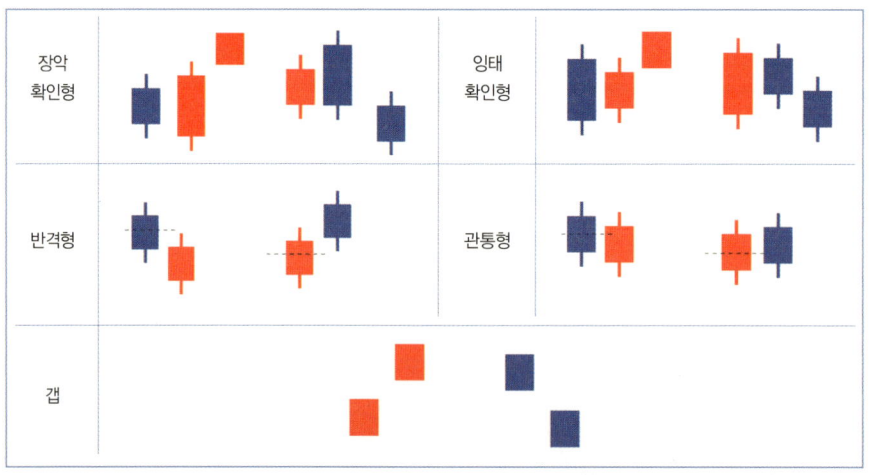

그림 3-3 | 캔들과의 관계

떠한 이야기를 하고 있는지 이해해야 한다. 이것을 충분히 이해하면 자연스럽게 상승할지 하강할지에 대한 예측이 가능해진다.

### 장악확인형과 잉태확인형

상승 장악형과 상승 잉태형의 경우에는 하락하던 추세가 바뀔 때 나오는 패턴에서 적용하는 것이 원칙이다. 하지만 이러한 패턴이 나와도 추세가 바뀌지 않고 하락하는 경우도 매우 많다. 캔들에 관련된 책을 보면 상승 잉태형의 경우 "하락하던 추세에서 일반적으로 이러한 패턴이 나오는 경우 상승으로 반전되는 경우가 많다. 하지만 반전되지 않는다면 하락 추세는 더 강화된다"라고 말한다. 이 말은 뒤집어보면 "상승할 수 있다. 하지만 하락할 수도 있다"라는 말과 같다. 그렇기 때문에 아직 경험이 쌓이지 못한 투자자라면 이러한 캔들을 볼 때는 이 안에서 말하고자 하는 내용만 이해하는 것이 훨씬 도움이 될 것이다.

차트 3-32 | 3S(일봉)

사실 하락 추세가 아니더라도 이러한 캔들이 이야기하는 바가 무엇인지, 어느 위치에 있더라도 대입할 수 있다. 캔들의 경우 몸통이 길면 매수세나 매도세가 강하다는 것을 의미한다. 결국 전날 매도세를 긴 몸통의 매수세로 덮어버린다는 것은 당연히 매수세가 강하다는 의미이다. 또한 상승 잉태형의 경우에는 매도세가 나온 다음 날 매수세가 들어왔다. 한 사람이 간신히 지나가는 출구로 사람들이 계속 나가고 있는데 그 길로 사람이 들어간다면 당연히 사람들이 나가는 것을 멈춰야만 한다. 마찬가지로 매수세가 나오면서 매도세는 멈추게 된다. 하지만 몸통이 전날 음봉보다 작기 때문에 매수세가 약했다는 것을 알 수 있다. 그러므로 당연히 상승 장악형이 더 강한 것이다(차트 3-32).

하락 장악형과 하락 잉태형도 마찬가지이다. 전날의 상승세를 강한 매도세가 덮어버리게 되면 그만큼 하락세가 강하다는 의미이기 때문에 다음 날 역시 하락할 가능성이 크다. 하락 잉태형의 경우 전날 매수세를 오늘 매도세가 덮어버린 것으로, 매수세가 멈추었다는 의미가 된다. 매수세가 멈추었기 때문에 주가가 하락할 확률이 있다는 말이다. 〈차트 3-33〉에서 볼 수 있듯이 상승 장악형과 상

차트 3-33 | 디오(일봉)

승 잉태형의 경우처럼 하락 장악형과 하락 잉태형에서도 하락 장악형의 몸통이 더 길기 때문에 매도세가 강하다는 의미이다.

## 반격형과 관통형

차트 3-34 | GS (일봉)

상승 관통형과 상승 반격형의 경우에는 전일 음봉이 나오고 당일 시가가 전일 음봉의 종가보다 낮게 시작하여 50% 이상을 돌파하면 상승 관통형이 되고, 50% 이상을 돌파하지 못하면 상승 반격형이 된다.

상승 관통형의 경우 전날 매도세가 나와 음봉이 나온 상태에서 다음 날 매수세가 나와 전날 음봉의 50% 이상을 돌파한다면 장악형만큼은 아니지만 매수세가 강하다는 것을 알 수 있다.

상승 반격형의 경우는 매수세가 50%를 넘지 못한 상태로 멈추기 때문에 관통형보다 그 힘이 약할 수밖에 없다. 이것 역시 하락하는 추세에서 반대로 상승하는 힘을 보기 위해서 사용하는 것이 원칙이지만, 꼭 하락하는 추세가 아니어도 캔들 사이의 관계를 파악하는 데 사용할 수 있다.

## 갭

차트 3-35 | KT&G(일봉)

양봉의 경우 전일 종가보다 금일의 시가가 높게 시작하거나, 음봉의 경우 전일의 종가보다 금일의 시가가 낮게 시작할 때 그 사이에 공백이 생기게 되는데 이를 갭이라고 한다. 전자를 상승 갭이라고 하고 후자를 하락 갭이라고 한다. 이렇게 공백을 만들면서 캔들이 만들어진다는 것은 그만큼 강한 힘을 가지고 있다고 생각할 수 있다.

하지만 일시적인 호재나 악재로 인해서 매수세나 매도세가 한쪽으로 몰리면서 수급의 불균형이 발생할 수 있다. 이 경우 상승 갭을 보면 호가의 공백이 생기

차트 3-36 | KT&G(5분봉)

는 갭 부분에 매도하고자 하는 사람들이 분명히 존재할 것이다. 하지만 그것을 팔지 못한 사람들은 자신이 생각했던 가격의 위에서 시작했기 때문에 매도세가 한꺼번에 나올 수 있다. 또한 강한 매수세에 눌려서 자신이 생각한 가격에 매도하지 못했던 사람들이 작은 매도세에도 한꺼번에 던지면서 강한 매도세가 나올 수 있다.

〈차트 3-36〉의 KT&G 5분봉 역시 마찬가지의 모습을 보여주고 있다. 장 초반에 갭이 형성되고 자신이 팔려고 했던 가격보다 높게 시작하자 자신이 가진 주식을 매도하는 모습을 보여주고 있다. 또한 강한 매수세에 주춤하던 매도 세력은 9시 후반에 매수 세력이 약해지자 다함께 주식을 매도하는 모습도 보이고 있다. 갭을 볼 때는 반드시 이러한 점을 확인하면서 갭의 힘을 생각해봐야 한다.

# 22 지속형 캔들

다음 캔들의 형태는 대부분의 책들에서 지속형 패턴으로 설명하고 있다. 하지만 이것들 역시 반드시 추세가 계속 되어간다고 말할 수는 없다. 이것은 상승 추세에서 잠시 조정을 받을 때 캔들의 형태를 유형별로 나누어놓은 것으로 추세 안에서 어떠한 식으로 조정받는지 알아보는 데 큰 도움이 될 수 있다.

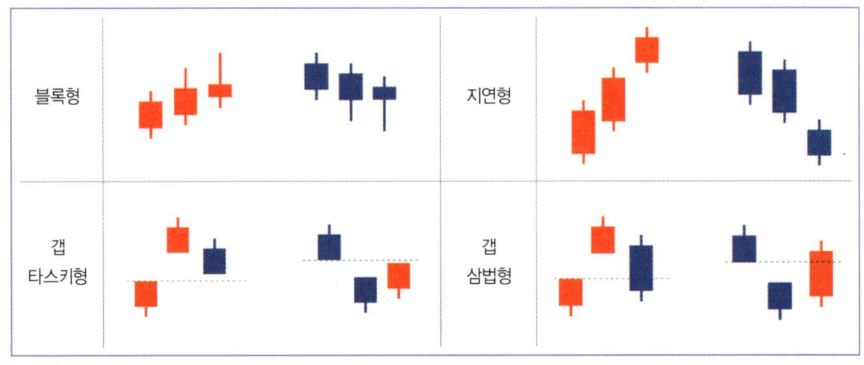

그림 3-4 | 지속형 캔들

## 블록형

차트 3-37 | KPX생명과학(일봉)

차트 3-38 | GS우(일봉)

〈차트 3-37〉은 상승 블록형의 모습을 보여주고 있다. 상승 추세일 때에는 위 꼬리가 점점 길어지는 반면, 몸통은 점점 짧아진다. 당연히 몸통이 작아지고 있으므로 매수세의 힘이 약해지고 있다는 것을 의미한다. 그리고 꼬리가 점점 길어지고 있는 모습에서 매도세의 힘이 점점 강해지는 것을 알 수 있다. 보통은 이 정도로 긴 꼬리를 달지는 않는다. 하지만 몸통의 길이가 많이 줄어들고, 꼬리가 길게 늘어지면 당연히 이것은 조정으로 보기 힘들다. 이런 모습을 보인다면 하락할 것이라고 생각하는 것이 옳다.

〈차트 3-38〉의 GS 우선주 역시 점점 몸통이 짧아지면서 꼬리가 길어지는 모습을 보이고 있다. 중간에 도지가 들어가 있기는 하지만, 지금까지의 이 책을 열심히 본 분들이라면 이론에 딱 맞출 필요가 없이 그 안에서 하려는 말을 이해하는 것으로 충분하다는 것을 알 수 있을 것이다.

원 안에 첫 번째 캔들의 경우 마루보주 음봉의 형태를 띠고 있다. 이것은 매도세가 강하다는 것을 의미한다. 하지만 그다음 날 도지가 나왔다는 것은 여기서 잠시 매수세와 매도세가 균형을 이루어 어디로 움직일지 알 수 없다는 의미이다. 하지만 그 후 음봉이 나와서 다시 매도세가 유지가 된다는 것을 알 수 있다. 이러한 내용을 이해한다면 중간의 도지 역시 큰 문제가 되지 않을 것이다.

### 지연형

지연형은 갭을 띄운 작은 몸통의 양봉이 출현하여 매수세가 약해져 조정 국면에 접어들었음을 알려준다. 보통은 꼬리도 짧은 경우가 지연형의 가장 기본 모습이지만, 상승 지연형의 경우 꼬리도 길어져 블록형의 형태를 띠기도 한다. 또한 갭 사이에서 팔고자 하는 사람들이 모두 매도세로 나오게 되므로 당연히 상대적으로 강한 매도세가 존재하게 된다. 거기다가 작은 몸통은 약해질 대로 약해진 매수세를 나타내므로 당연히 음봉이 나올 확률이 높은 것이다.

이러한 내용은 〈차트 3-39〉의 SG세계물산의 차트에서 이해할 수 있다. 상승

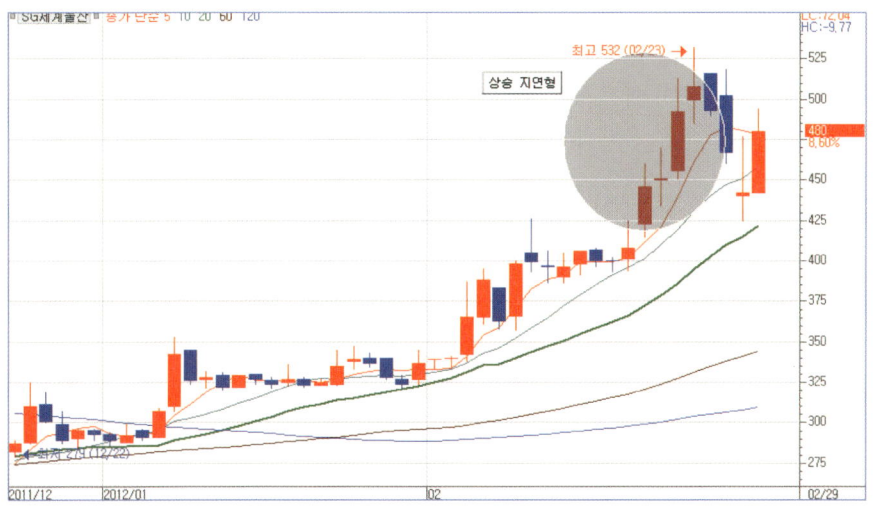

차트 3-39 | SG세계물산(일봉)

차트 3-40 | SK C&C(일봉)

으로 인해서 소모된 매수세는 약해질 수밖에 없다. 이러한 상황이라면 꼬리는 당연히 길어지게 되고 몸통도 점점 작아진다. 이때 갭이 형성되고 몸통이 줄어든 상승 양봉이 나왔다는 것을 통해 이제 매도세가 강해진다는 것을 안다면 당연히 원 안의 마지막 양봉에서 종가에 매도할 수 있을 것이다.

하락 지연형의 경우도 상승 지연형과 다른 것이 없다. 하락 지연형은 하락하는 추세에서 몸통이 짧아지는 모습을 보여준다. 〈차트 3-40〉의 SK C&C 차트를 보면 지연형이 나타나기 전날 역시 몸통이 매우 작아졌는데, 이는 매도세가 많이 약해졌다는 의미이다. 게다가 지연형이 나타나는 날 갭을 형성하면서 작은 몸통을 만들었다. 이쯤에서 의문을 가지는 분들이 있을 것이다. 뒤에 나올 반전 패턴의 스타형과 굉장히 비슷하다는 것인데, 이것은 반전 패턴에서 다시 이야기할 것이다.

## 갭 타스키형과 갭 삼법형

갭에 대해서 이야기를 할 때 상승 갭의 경우 그 공백에서 매도하려는 사람이 매도하지 못했기 때문에 매도세가 강해진다고는 이야기했다. 이러한 이유로 갭을 메우려고 하는 특성이 있는데 이러한 매수세와 매도세의 강도로 갭을 다 채우면 갭 삼법형에 속하고, 갭을 다 채우지 못하면 갭 타스키형이 된다.

갭 타스키형의 경우 출현빈도가 그리 많지 않지만 상승 추세에서 조정도 갭을 다 채우지 못했다는 점에서 매도 세력이 약하다는 것을 알 수 있다. 그로 인해서 다음 날도 상승 추세를 계속 이어가게 되는 것이다.

갭 삼법의 경우는 갭을 다 채워버리기 때문에 갭 타스키형보다 이론상으로는 추세가 약해져야만 한다. 하지만 항상 그러한 것은 아니기 때문에 이론을 그대

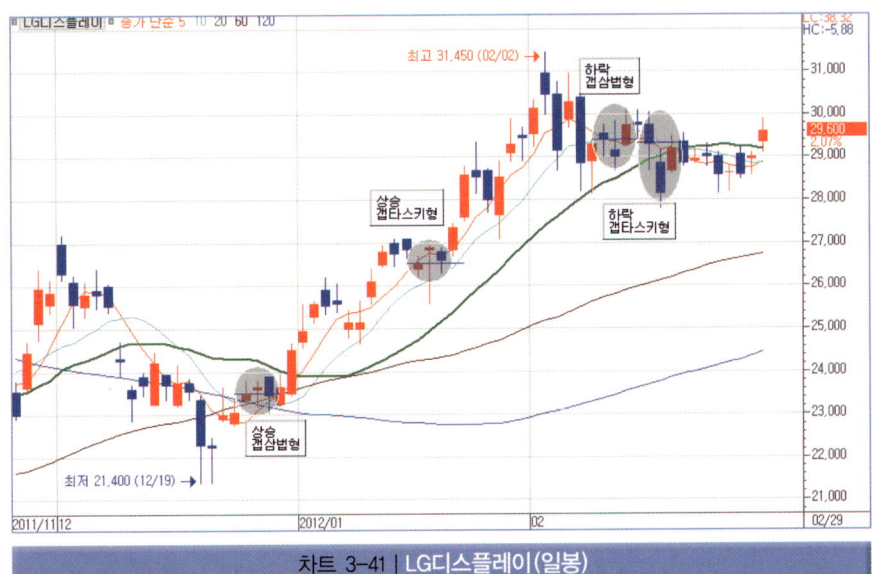

차트 3-41 | LG디스플레이(일봉)

로 적용하는 것보다 자신만의 것으로 고쳐가면서 이해하는 것이 좋다.

갭 삼법형의 경우 원칙적으로 강한 상승 추세에서 두 개의 긴 양봉 사이의 갭을 음봉이 메우는 것이다. 강한 상승 추세이기 때문에 갭을 다 메워도 상승할 수 있다. 그렇기 때문에 상황에 맞게 구분해서 사용해야 한다. 이러한 이유로 사실 〈차트 3-41〉의 상승 갭 삼법형은 원칙에 맞지 않는다. 하지만 차트를 보면 그 전에 갭을 형성하며 강하게 매수세가 들어오는 모습을 볼 수 있다. 결국 상승 갭 삼법형의 두 양봉이 짧아도 매수세가 들어오고 있기 때문에 갭을 다 메운 음봉이 나온다고 해도 상승할 수 있는 여력이 있는 것이다.

# 23 반전형 캔들

**인생도** 오를 때가 있으면 내릴 때가 있으면 있듯이 주가 역시 오르면 언젠가는 내려가기 마련이다. 하지만 흐름이 변화할 때에는 항상 조짐이 나타난다. 영화 〈적벽대전〉에서 보면 제갈공명이 안개가 자욱한 날을 예측하여 화살 10만 개를 모으는 장면과 바람의 방향을 바꿔서 화공에 성공하는 장면이 나온다. 그 시대 사람들의 눈에는 제갈공명이 안개를 만들고 바람을 조종하는 신비한 능력을 가진 사람으로 보였을 것이다. 하지만 현대의 사람들은 그것이 신비한 능력을 사용해서 바꾼 것이 아니라 단지 그 조짐을 알고 있었고, 그 변화를 효율적으로 사용했기 때문이라는 것을 알고 있다.

주식 역시 마찬가지이다. 일본의 유명한 애널리스트였던 다치바나증권의 이시이 히사시 회장이 "오동잎 한 잎이 떨어져 천하에 가을을 알린다"라는 유명한 말을 남겼다. 차트에서도 추세의 반전이 일어나게 된다면 당연히 그 전에 징후가 나타나게 된다. 그러한 것들을 반전형 패턴이라고 한다. 특히 추세를 조금 늦게 보게 된다면 주간 차트를 통해서 확인하면 된다.

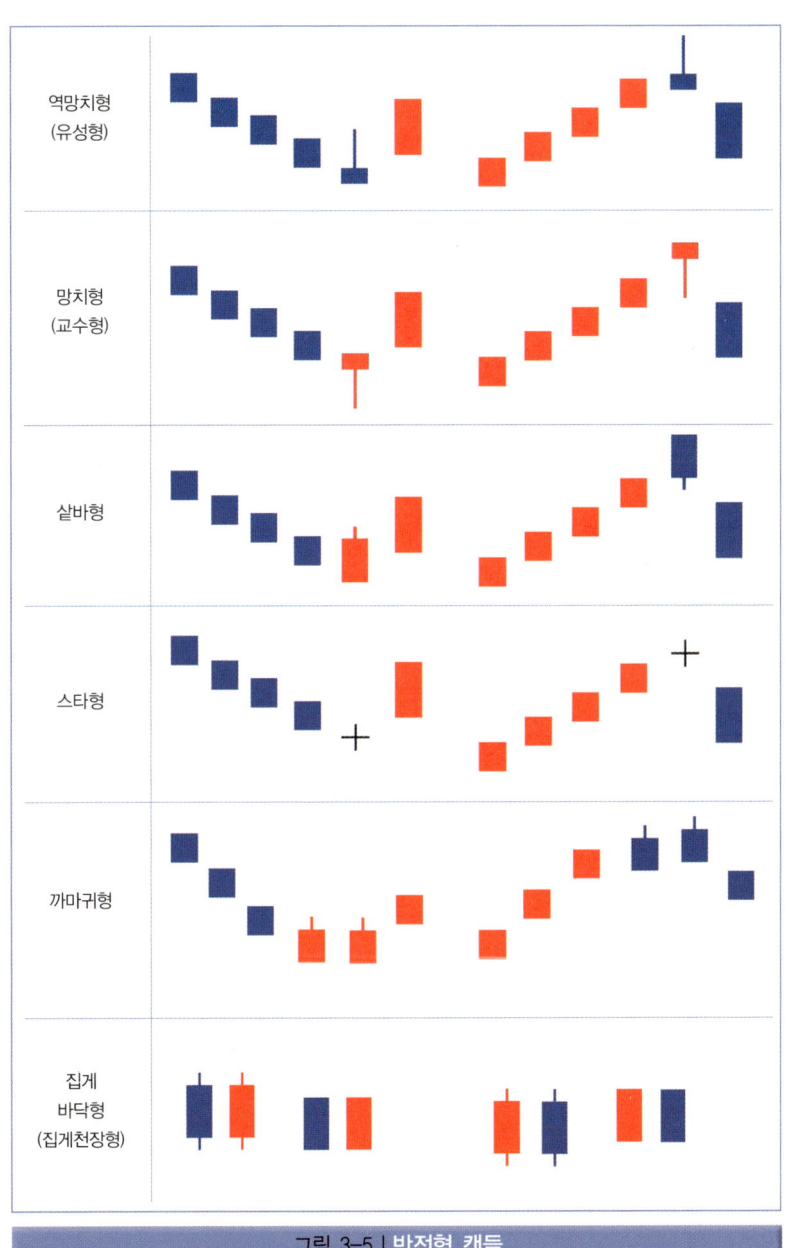

그림 3-5 | 반전형 캔들

## 역망치형과 유성형, 망치형과 교수형

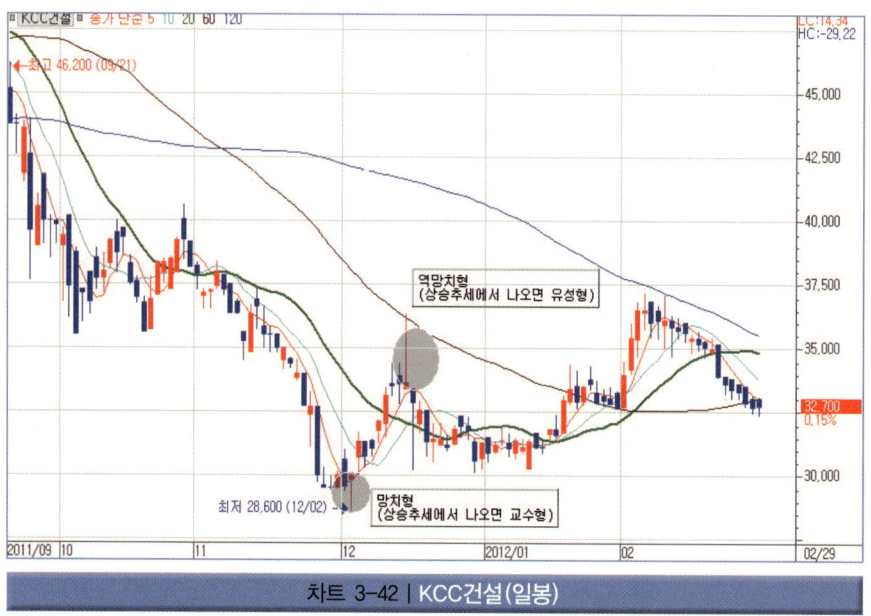

차트 3-42 | KCC건설(일봉)

　역망치형과 유성형, 망치형과 교수형은 사실 모두 비슷한 이유로 반전의 형태를 가지게 된다. 매수세가 지속되면서 변동 없이 추세가 이어질 때는 어느 누구도 자신이 산 다음에 누군가 매도할 것이라고 생각하지 않는다. 그렇기 때문에 매도를 하고 싶은 사람들도 역시 더 오를 것이라고 생각하면서 매도를 하지 않게 된다. 그런데 갑자기 매도하는 사람이 어디선가 나타나면 잠시 매도할 것을 잊고 있던 투자자들은 깜짝 놀라게 된다. 매도는 매도를 부르고 매도는 더 많은 매도를 불러들인다. 하지만 지금까지 추세가 있었기 때문에 많은 투자자는 여전히 주가가 오를 것이라는 낙관적인 생각으로 매수를 하는 것이다.

　하지만 아무도 매도할 사람들이 있을 것이라고 생각하지 않고 있었는데 매도가 나오게 되면 주위에서 매도를 하기 위해 기다리는 사람들을 보면서 걱정을 하게 된다. 이런 심리로 인해서 추세가 바뀌게 되는 것이다.

다시 한 번 강조하지만 용어는 중요하지 않다. 중요한 것은 꼬리와 몸통이고, 그 안에 숨어 있는 사람들의 심리이다. 또한 음봉과 양봉도 중요하지 않다. 이미 긴 꼬리에서 매도세와 매수세가 강하다는 것을 보여주고 있으며, 몸통이 작으면 어느 세력도 강력하지 않다는 것을 말하는 것이기 때문이다.

마지막으로 이야기할 것은 역망치형의 다음에 망치형이 나온다는 것이다. 이론적으로 봤을 때 혼란스러울 수 있다. 하지만 이러한 캔들이 추세의 마지막에 나온다고 하는 것은 아무도 생각하지 못할 때 강한 반대 세력의 등장에 놀라 추세가 변한다는 의미일 뿐이다. 하지만 이미 역망치형으로 인해서 반대 세력이 등장했다는 것은 그다음에 다시 망치형이 나와 봤자 같은 일을 두 번 하는 것과 같다. 그리고 정말 강한 추세라면 망치형과 역망치형이 나와도 추세는 꺾이지 않을 것이다. 그러므로 머릿속에서 '반드시'라는 말은 지워버리는 것이 좋다.

## 샅바형

앞에서 한 사람이 지나갈 수 있는 터널에 대한 이야기로 돌아가보자. 한 사람만 지나갈 수 있는 터널에서 사람들은 출구를 통해 잘 나가고 있다. 모두가 나가는 동안에는 들어오는 사람이 없이 나가기만 할 것이라고 생각한다. 하지만 나가는 사람도 계속 나가다 보면 더 이상 나갈 사람이 없어지게 된다. 그러면 당연히 나가는 사람들의 힘이 약해지게 된다. 그렇게 힘이 약해지다 보면 들어가려는 사람들의 세력이 강해지게 된다. 그리고 한번 들어가 보기 시작한다. 그러나 이미 나가려는 힘이 약해졌기 때문에 그리 어렵지 않다.

하지만 이것을 추세의 끝이라고 보기에는 어렵다. 〈차트 3-43〉의 '상승 샅바

차트 3-43 | 휴먼텍코리아 (일봉)

형 1'처럼 단지 조정으로 끝날 수도 있기 때문이다. 이것을 갭 삼법형이라고 말하는 사람도 있을 것이다. 하지만 양봉 이후를 가리고 "갭 삼법형이냐, 상승 샅바형이냐?"라고 묻는다면 정확하게 답을 못할 것이다. 또 여기에 전 재산의 1/3을 투자할 수 있느냐고 물으면 투자할 수 있다고 말하는 사람은 없을 것이다. 그 정도로 확신을 갖고 있지 않으면 상승 샅바형이니 갭 삼법형이니 하는 말은 결국 말장난에 불과하다. 말장난밖에 되지 않는 일에 매진하면서 시간을 보낼 바에는 그것이 이야기하는 객관적인 부분을 이해하는 것이 훨씬 도움이 된다.

### 스타형

서로 밀고 밀리는 힘이 강하다면 제자리에서 움직이지 않게 될 것이다. 이런

차트 3-44 | 휴먼텍코리아(일봉)

이유로 스타형이 나타나게 된다. 스타형은 힘이 약하다. 하지만 그럴 확률이 높다는 것이지 스타형이라고 해서 변하지 말라는 법은 없다. 서로 미는 힘의 균형이 맞아서 십자별형(도지 스타형)이 만들어진다고 해서 조정으로 끝나지 말라는 법이 없다. 하지만 적어도 스타형보다는 십자별형이 힘의 균형이 더 완벽하기 때문에 강력한 신호라는 것을 기억해야 한다.

　기아형의 경우 십자별형에 갭까지 나타난 것을 말한다. 상승 기아형인 경우 갭이 생기게 되면 공백 부분의 호가에서 사고 싶었던 사람들이 더 낮은 가격에서 시초가가 시작되었기 때문에 사려고 할 것이다. 그러므로 당연히 매수세가 강하게 된다. 이렇게 힘의 균형을 이룬 상황에서 사실 어디로든 강한 추세로 나타날 수 있다. 여기서 반대로 갭을 형성하면서 양봉이 나오게 된다면 강한 상승 추세를 가질 수 있게 된다.

　상승 세십자별형도 마찬가지의 맥락이다. 항상 하락하던 추세에서 도지가 나왔다는 것은 하락하는 힘이 많이 소진되었다는 의미이다. 이 상황에서 더 힘을 내지 못한다면 상대적으로 지금까지 힘을 응축한 반대 세력이 힘을 강하게 받을 수 있다. 이러한 것이 세 개나 나왔다면 이미 힘을 다했다는 것이 검증된 것이나 다름없다. 하지만 둘 다 힘이 비등하다면 당연히 지금까지 힘을 소진한 기존 추세보다는 이제 시작하는 반대 시세가 강해지게 된다. 그래서 이 패턴을 흔히 볼 수는 없지만 강력한 신호라고 이야기하고 있는 것이다.

### 까마귀형

차트 3-45 | 듀오백코리아(일봉)

까마귀형은 상승 추세일 때 갭을 형성하면서 생긴 음봉 두 개를 말한다. 전날 음봉보다 당일 음봉이 더 크면 좋다. 상승 까마귀형은 따로 존재하지 않는다. 개인적으로 붙인 이름일 뿐 용어가 중요하지는 않다는 것을 기억하기 바란다.

까마귀형은 상승 추세의 마지막에서 긴 양봉 뒤에 갭을 형성하고, 음봉 두 개가 나란히 있는 모습이 나무(양봉) 가지 위에 까마귀 두 마리가 앉아 있는 형상과 비슷하다고 해서 붙여진 것이다.

다시 한 사람이 간신히 지나갈 수 있는 터널로 돌아가보자. 터널로 열심히 사람들이 들어오고 있는 상황이라면 터널을 관리하는 사람이 이제는 나갈 사람은 나가야겠다면서 들어오는 사람들을 막을 수 있다. 그러면 당연히 들어오려는 사람은 더 이상 들어오기 힘들어진다.

주식에도 세력이 존재한다. 작전 세력만이 세력이 아니다. 기관들도 자신들의 공신력을 무기로 뉴스를 낸 뒤에 물량을 정리하는 작전을 펼치기도 한다. 그리고 100억 원을 벌었다고 광고하고 다니는 사짜들은 미리 보유하고 있던 종목을 추천한 뒤 자신의 물량을 매도하는 방법으로 작전을 벌인다. 외국인의 수급 자체가 이미 작전인 것은 알고 있을 것이다. "시가와 종가는 세력들이 관리한다"라는 말 역시 많이 들었을 것이다.

이처럼 까마귀형은 더 오르려는 주식을 자신의 물량을 정리하는 데 이용하는 경우에 많이 생겨난다. 장중에 물량을 야금야금 정리하고 후반에 다시 급등시켜서 남은 물량을 다음 날 정리하는 경우도 많다. 물론 일부만 정리하면 조정 후 더 갈 수도 있다. 하지만 항상 그렇듯 100%는 없다.

까마귀형이 나타난다면 세력들이 떠날 준비를 한다는 것이기 때문에 항상 조심해서 접근해야 한다. 왜냐하면 주가를 끌어올리던 세력이 나가면 당연히 하락하기 때문이다. 물론 관심을 받지 못하던 주식에서 수급이 터지면서 개인투자자들이 몰려들어 조금 더 올라갈 수도 있다. 그것은 상황을 봐서 접근해야 하는 일이기 때문에 어느 수준에 도달하지 못했다면 자신의 것이 아니라고 생각하는 것이 내 계좌를 지키는 방법이다.

## 집게바닥형과 집게천장형

차트 3-46 | 금화피에스시(일봉)

　요즘은 주식을 장기로 보유하는 사람들을 보기가 상당히 어려워졌다. 배당을 통해서 이익을 보려는 사람보다는 싸게 사서 비싸게 팔려는 사람들이 대다수이다. 그렇다면 사람들은 결국 전일이나 며칠 동안의 가격을 비교해볼 수밖에 없다. 매수하고자 했던 사람들은 저가를 보면서 '저 가격에 잡았더라면……' 하는 아쉬움을 갖는다. 그렇기 때문에 저가에 이르면 보고만 있던 매수자들이 움직이기 시작한다. 이렇게 저가권이라고 매수하는 세력들이 나타난다면 한 명씩 그 부분을 저가라고 생각하면서 동조하기 시작한다. 그렇게 되면 당연히 하락하던 추세는 멈추고 상승으로 변하게 되는 것이다(집게바닥형).

　집게천장형도 마찬가지이다. 매도를 하려고 지켜보고 있던 사람들이 전일 고가를 보면서 그 가격에 팔지 못했던 것을 아쉬워한다. 그래서 당일에 다시 그 가격에 도착하게 되면 올라갈 수도 있지만 떨어지면 그 가격에 팔지 못하게 될 것을 걱정한다. 당연히 불안해진 투자자는 매도할 수밖에 없다. 그러한 매도자는 다시 또 다른 매도자를 불러오게 된다.

캔들에 대해 알아야 할 내용들은 모두 설명했다. 흔히 보면 캔들이 어떤 것을 의미하는지도 모르면서 비법을 찾아다니는 사람이 참 많다. 사실 조금만 생각해보면 누구나 알 수 있는 '당연한' 말이다. 하지만 문제는 차트를 보면서 투자할 때는 그 '당연한' 것조차 생각하지 않은 채 투자를 한다는 것이다. 자신의 원칙을 만든다는 것은 자신만의 이론을 만든다는 말과 같다.

주식투자에 정답은 없다. 내가 설명하고 있는 것도 정답이 아닐 수 있다. 가장 좋은 방법은 자신만의 체계를 구축하는 것이다. 하지만 부술 것조차 없는 상태에서 무언가를 깬다는 것은 사실상 불가능하며, 아무것도 없는 상태에서 무언가를 만들어낸다는 것은 더 힘든 일이다.

캔들에 대해서 설명한 것은 여러분에게 무엇이든 지을 수 있는 토대를 만들어주기 위해서이다. 어느 정도 그림이 눈에 들어온다면 여러분이 원하는 방식으로 바꾸어서 멋진 건축물을 세우는 토대를 마련하기를 바란다.

# Part 7

# 주가의 흐름, 추세

# 24 지지와 저항

　**추세와** 패턴을 이해하기 위해서는 반드시 지지와 저항에 대한 개념을 정확하게 이해하고 있어야만 한다. 차트를 많이 관찰하다 보면 차트상에 나타나는 주가의 움직임 중에서 어느 정도 상승하면 마치 벽에 부딪친 것처럼 앞으로 나아가지 못하고 주춤거리는 것을 볼 수 있다. 또한 하락할 때도 어느 정도까지 떨어지면 마치 바닥에 닿은 것처럼 옆으로 횡보를 하거나 바닥에 떨어진 공처럼 작은 반등을 보인다.

　이러한 이유는 이전에 더 이상 오르지 못했던 기억 때문이다. 많은 투자자가 고점을 찍고 내려가는 주가를 보면서 항상 고점에 팔지 못한 아쉬움을 가슴에 새겨두고 있다. 팔지 못한 아쉬움과 자신에 대한 자책으로 결국 다시 그 자리로 오면 우선은 팔고 이익을 챙기도록 만든다. 오를 수도 있다고 생각은 하지만 이미 한구석에는 불안감이 생겨났기 때문이다. 이렇게 시간이 지나면서 점점 자신을 자책하는 사람이 많아짐과 동시에 그 자리에서 매도하는 사람들 역시 많아지게 된다. 자연적으로 점점 저항을 받는 자리라는 인식이 사람들의 머릿속에 각인되기 시작하는 것이다.

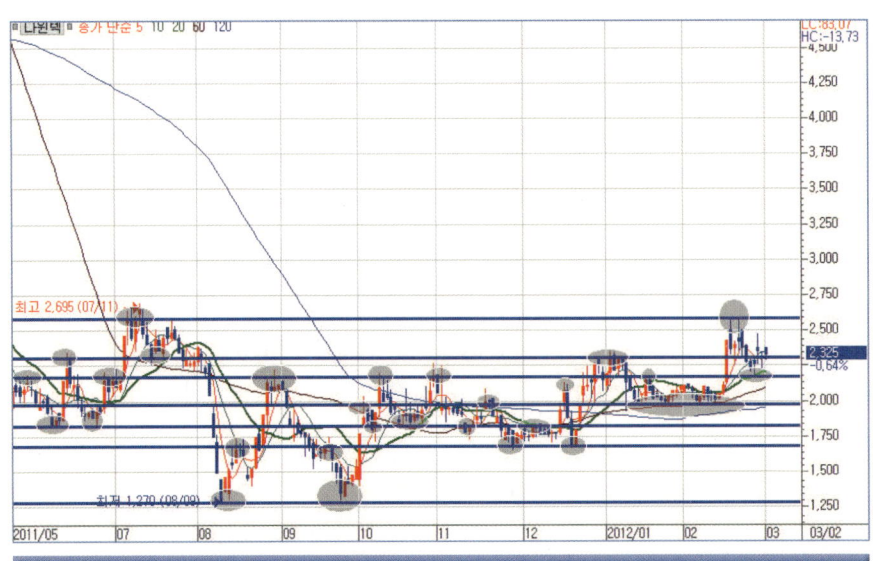

차트 3-47 | 다원텍(일봉)

하지만 모든 사람이 그렇게 생각하는 순간 그 저항대는 돌파된다. 그러면 그때까지 저항에서 매도했던 사람들은 모두 자책을 하기 시작한다. 이러한 이유는 실력 있고 자본이 되는 세력이 큰 투자자들이 그러한 상황을 역이용하기 때문이다. 하지만 이러한 상황에 당한 투자자들은 아무런 자각 없이 자신의 실수로 매도해버린 부근인 저항대에 오면 사려고 한다. 이렇게 되므로 저항대는 돌파한 후에 지지대로 변하게 되는 것이다. 이때에도 역시 계속 지지되면서 그 가격에 가까이 오면 투자자들은 매수를 하게 된다. 이런 식으로 저항·지지대가 형성되고 이후로도 계속 주가에 영향을 주게 되면서 점점 영향력이 강해지게 된다.

시장은 일정한 추세를 타고 진행된다. 그 추세가 상승하느냐 하강하느냐에 따라 상승할 수도 있고 하락할 수도 있다. 하지만 대부분은 박스권 안에서 횡보한다. 이러한 횡보에서 벗어나기 위해서는 반드시 지지와 저항을 돌파해야만 한다.

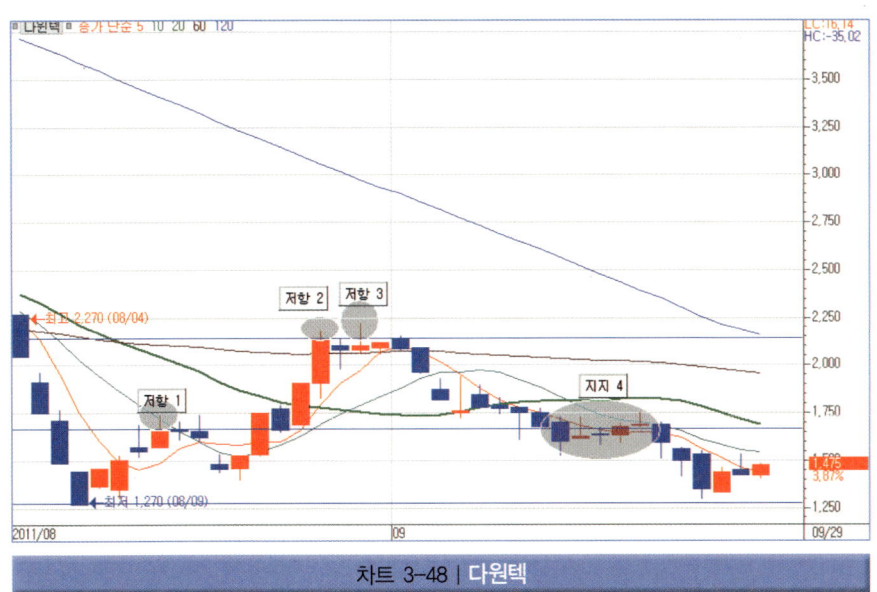

차트 3-48 | 다원텍

　항상 돌파하는 것이 모두 추세의 변화라면 좋겠지만, 일부 성급한 투자자의 매도나 매수로 인해서 잠시 벗어나기도 한다. 아쉽게도 대부분의 돌파는 이러한 가짜 돌파이다. 초보투자자들은 이처럼 돌파하는 상황에서의 빠른 움직임에 현혹되어 매수를 하게 된다. 하지만 경험이 많은 투자자들은 자신이 생각하는 가격보다 더 높은 가격에서 거래되고 있는 것을 보고 매도하기 때문에 자신이 생각한 가격에 보너스까지 더해서 수익을 내는 것이다.

　〈차트 3-48〉은 다원텍의 차트 일부분이다. 〈저항 1〉의 돌파하는 부분을 보고 아직 주식에 익숙하지 않은 투자자들은 저항을 뚫었기 때문에 급등할 것이라는 성급한 기대에 매수한다. 하지만 주식시장에 익숙한 투자자들은 매도를 하여 그 모습이 꼬리로 나타난 것이다. 〈저항 2〉에서도 마찬가지로 저항을 뚫는 순간 급등의 기대감에 매수하지만, 사람들의 생각처럼 급등은 이루어지지 않는다. 전문투자자들은 대부분의 돌파가 거짓이라는 것을 알기 때문이다.

하지만 처음부터 꼬여버린 초보투자자는 물린 주식이 있기 때문에 그러한 생각은 하지 못하고 단지 이익에 대한 생각만 간절해진다. 그래서 초보투자자들은 급등하기를 바라면서 재돌파하는 〈저항 3〉에서 더 매수를 하게 된다. 하지만 그것 역시 객관적인 판단이 아니라 주식이 오를 것이라는 막연한 기대감으로 매수한 것이다. 결국은 이 역시도 돌파하지 못하고 꼬리만 남기게 된다. 이러한 것을 잘 알고 있는 전문투자자는 또 다시 저항을 넘어섰을 때 매도한다. 초보투자자들은 이렇게 물려 있는 상황에서 가격이 또 하락하여 〈지지 4〉에 오게 되면 손실을 만회하기 위해 물타기를 하게 된다. 하지만 역시 주가는 이번에도 지지되지 않고 하락해버린다.

이러한 저항과 지지는 전고점(혹은 전저점)이나 추세선, 이동평균선 등 여러 가지로 나타난다. 이 중에서 중요하지 않은 것은 없다. 〈차트 3-49〉를 보면 고점이 얼마나 중요한지 알 수 있다. 고점은 전쟁터로 치면 격렬한 싸움이 일어나고 있는 최전방이라고 할 수 있다. 주가가 더 올라가길 바라면서 매수하는 사람들과

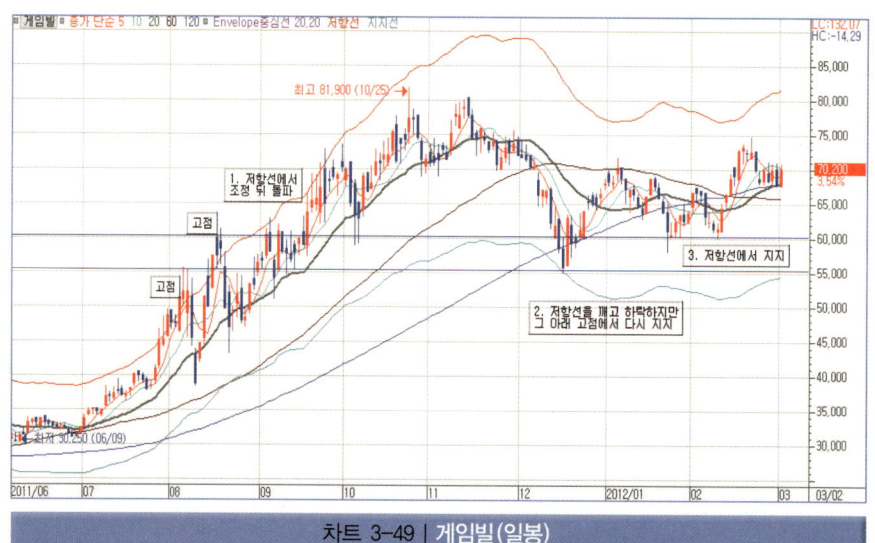

차트 3-49 | 게임빌(일봉)

이제는 내려갈 때라고 생각하는 사람들의 싸움이 격렬하게 벌어지고 있기 때문에 굉장히 큰 거래량이 터지게 된다. 전쟁터의 최전방에서 많은 희생자가 나오듯이 엄청난 거래량으로 인해 많은 사람이 희생된다. 당연히 이러한 곳은 사람들의 기억에 강렬하게 남을 수밖에 없다.

〈차트 3-49〉에서도 그러한 모습을 쉽게 볼 수 있다. 1번에서는 고점이 생성된 뒤에 전고점에서 저항을 받는 부분을 보면 쉽게 돌파하지 못하고 여러 번의 시도 후에 간신히 돌파하는 것을 볼 수 있다. 2번에서 지지선을 깨는 것 역시 한 번에 깨지 못하고 지지선에서 다시 양봉의 반등을 보여준다. 하지만 그 뒤 지지선을 깨고 하락하는데, 지지선을 깨더라도 결국 이전에 만든 고점 부분에서 다시 지지된다. 3번도 마찬가지이다. 이러한 일들이 계속 되면서 이 상황을 경험한 사람은 점점 늘어나고, 지지점 저항을 제대로 뚫어보지도 못한 채 저항을 받게 된다. 여기서 기억해야 하는 것은 다음 두 가지이다.

첫째, 고점을 돌파해도 쉽게 급등하지 못하는 점
둘째, 고점을 지나고 나서 저항선에서 조정 후 돌파하는 부분에서도 쉽게 지나가지 못하는 점

최근에 전고점이 있다면 그 고점에서 저항이 강하게 작용할 것이다. 그리고 지지/저항선으로 작용한 자리라면 많은 사람이 경험했기 때문에 좀 더 강한 지지와 저항선으로 작용할 수 있다.

# 25
# 지지와 저항의 흐름 추세

**주가의** 흐름에는 지지와 저항이라는 것이 존재한다. 하지만 주가는 항상 지지와 저항에만 머물러 있는 것이 아니다. 지지와 저항을 반복하면서 큰 흐름으로 움직인다. 이것을 바로 추세라고 한다. "언제나 추세에 편승하여 거래하라"거나 "추세에 역행하지 마라" 그리고 "추세는 당신의 친구다"와 같은 말을 많이 들어보았을 것이다. 결국 추세를 모르면서 주식투자를 하겠다는 것은 어리석은 일이다.

〈차트 3-50〉에서 지저분하게 그어진 선들이 추세를 연결한 추세선이다. 하나하나 분리해서 살펴보면 연결된 선들이 신기하게도 캔들의 고점이나 저점과 연결되는 모습을 볼 수 있다. 그렇기 때문에 추세가 중요한 것이다. 이렇게 선을 연결하여 차트의 흐름을 보기도 하고, 각각 5, 10, 20, 60, 120일 이동평균선의 방향을 통해서 추세를 확인하기도 한다. 보통 추세라고 하면 대부분 전자를 말하지만, 결국 모두가 추세이다.

추세는 말 그대로 일정한 방향으로 움직이는 것을 말한다. 일정한 방향으로 움직이기 위해서 상승세일 경우 저항은 쉽게 돌파되지만, 지지선에서는 쉽게 뚫

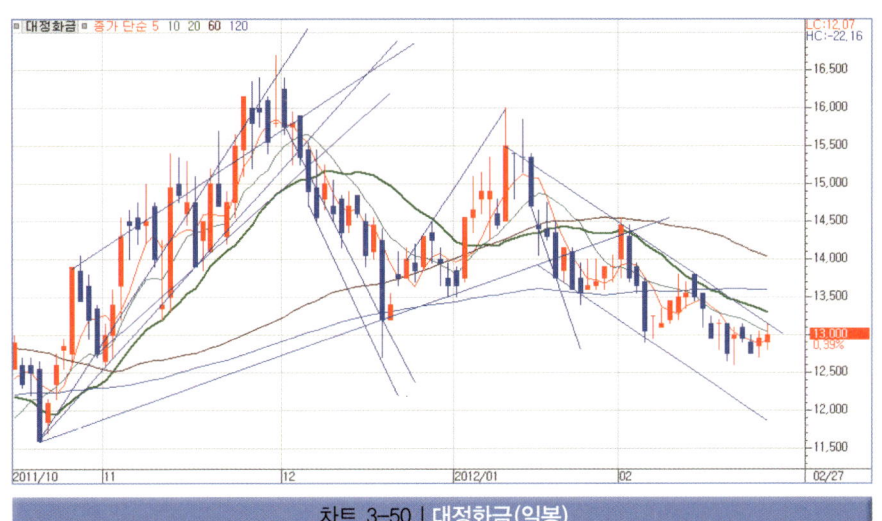

차트 3-50 | 대정화금(일봉)

차트 3-51 | 대정화금(일봉)

리지 못한다. 그래서 상승장에서 투자하라는 말이 생긴 것이다. 반대로 하락하는 추세라면 지지하는 부분을 쉽게 깨고 하락할 가능성이 크다. 실력이 충분히 쌓이지 않았다면 하락하는 추세에서는 쉬는 게 돈을 버는 것이다.

〈차트 3-51〉에서 상승 추세선을 보면 캔들의 저점을 연결시킨 부분을 따라서 주가가 지지되고 저항을 받는 모습을 볼 수 있다. 사람들이 매수를 할 때는 항상 자신이 산 가격이 가장 낮은 가격이라고 생각한다. 하지만 사람들이 생각하는 주식의 가격은 천차만별이다. 객관적인 근거를 찾기 위해 다양한 방법을 사용하게 되는데 추세선을 긋는 것 역시 그런 방법 중 하나이다. 대다수의 사람들은 추세선의 근처에 오면 저항과 지지를 받을 것이라고 예측하고 그 자리에서 매도/매수를 한다.

만약 주가가 추세선 위에 있다가 추세선 근처에 오게 된다면 이러한 것을 알고 있는 모든 투자자들은 매수를 하려고 할 것이다. 이들의 이러한 행동이 주가가 더 이상 떨어지지 않도록 막아주는 지지선으로 작용하는 것이다. 하지만 이 상승 추세선에서 지지를 받지 못하고 돌파를 당할 경우 결국은 저항선이 되는 것이다. 이렇게 지지/저항은 전고점·전저점의 가격도 굉장히 중요하지만 고점

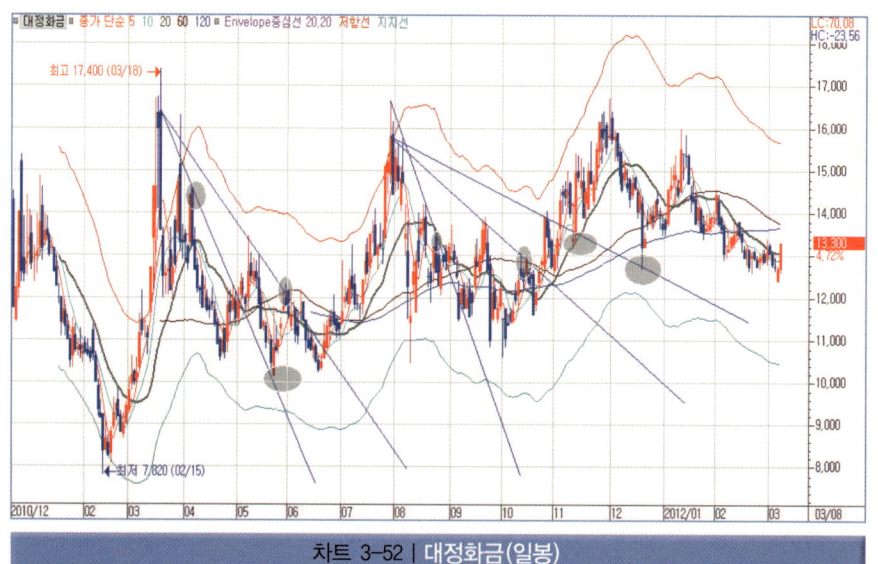

차트 3-52 | 대정화금(일봉)

과 고점을 이은 추세선 역시 지지와 저항에 굉장히 중요한 요소이다.

마찬가지로 하락 추세선 역시 하락하는 전고점들을 연결시키면 신기하게도 이 선에서 주가가 저항과 지지를 받는 모습을 보여준다(차트 3-52). 결국 추세선은 상승하든 하락하든 관계없이 추세가 만들어지게 되면 많은 사람이 그러한 추세를 이용해서 거래하는 것을 추세선의 모습을 통해서 확인할 수 있다. 모든 사람들이 그렇게 사용한다면 이 글을 읽는 독자 역시 지지와 저항이 될 부분을 예측하고 매매에 임한다면 더 많은 수익을 낼 수 있을 것이다.

그리고 추세대라는 것도 있다(차트 3-53). 상승 추세선이나 하락 추세선에 평행한 선을 그어서 그 안에서 추세가 움직이는 것을 확인하는 방법이다. 하지만 사실 그렇게 신뢰할 만큼 유용하지는 않다. 유동성이 크고 그러한 추세대를 쉽게 벗어나는 경우도 많기 때문이다.

추세대를 만들기 위해서 평행하는 추세선을 긋는 것보다 위 아래로 추세선을 모두 다 그려보는 방법을 사용하는 것이 좋다. 단 상승 때는 저항의 돌파가 자

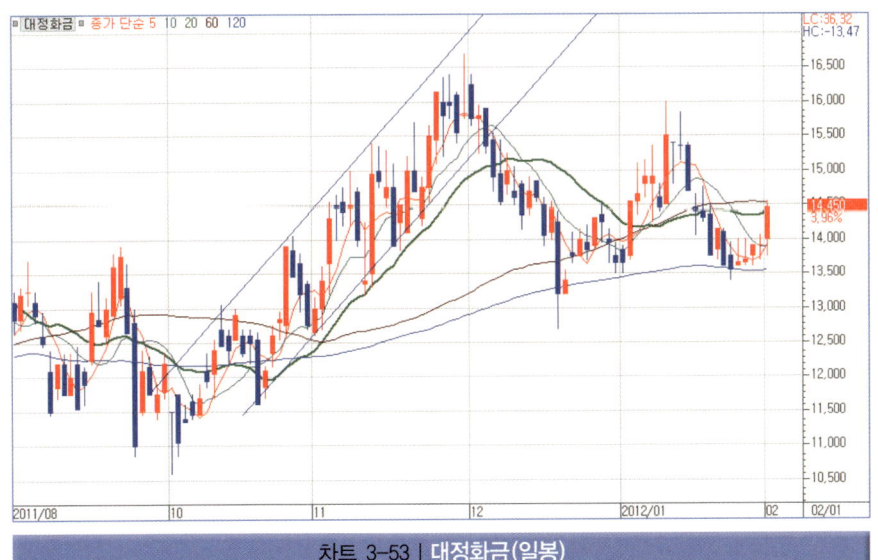

차트 3-53 | 대정화금(일봉)

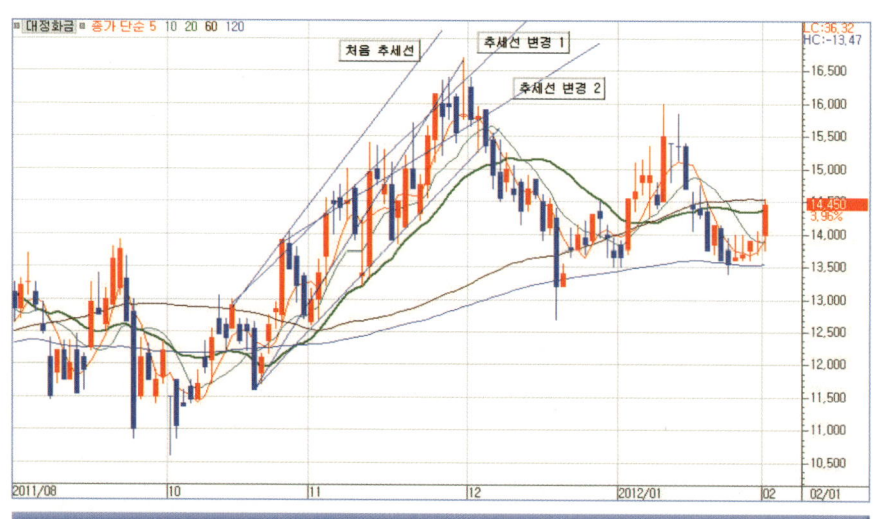

차트 3-54 | 대정화금(일봉)

주 있기 때문에 위쪽에 그린 추세선을 자주 바꿔줘야 한다. 반대로 하락 때는 지지의 돌파가 자주 있기 때문에 아래쪽의 추세선을 자주 바꿔줘야만 한다. 이렇게 추세선을 그리면 지지선과 평행으로 이동하는 추세선보다 저항에 걸리는 캔들이 더 많기 때문에 훨씬 유용하다.

    이렇게 새로 추세선을 그릴 때는 두 가지 방법이 있다. 〈차트 3-54〉에서 볼 수 있듯이 [추세선 변경 1]처럼 처음 추세선을 시작한 곳에서 새로운 고점에 추세선을 연결시키는 방법이 있고, 다른 하나는 [추세선 변경 2]처럼 다른 추세선 위의 고점에서 새로운 고점에 추세선을 연결시키는 방법이 있다. 어느 것이 옳다라고 생각할 필요가 없다. 그냥 두 가지 방법으로 추세선을 그어놓고 그 선에 맞는 지지와 저항을 생각하면 된다.

## 추세선을 긋는 방법

차트 3-55 | 게임빌(일봉)

〈차트 3-55〉는 몇 가지 추세를 그어 놓은 것이다. 흔히 많은 사람들이 고점과 저점, 즉 꼬리 부분에 연결시켜 추세선을 긋는 방법을 많이 사용한다. 하지만 앞에서도 이야기했듯이 항상 가짜돌파에서 성급한 투자자들이 매수/매도한 흔적이 남아 있는 것을 추세에 포함시키게 되면 굉장히 범위가 넓어지게 된다. 또한 그것을 진정한 추세라고 보기도 힘들다. 그래서 추세는 저가나 고가 부분보다는 시가나 종가, 혹은 밀집지역을 연결시키는 것이 좋다. 시가나 종가는 결국 세력들이 관리하는 부분이기 때문에 [추세 4]나 [추세 5]에서처럼 나중에는 세력이 움직인 부분의 꼬리까지 선 안에 포함시키게 된다.

게임빌이 7월에 반등하는 것을 확인한 투자자라면 6월에 반등한 부분과 고점을 연결시켜볼 수 있다. 항상 고점은 고점끼리 저점은 저점끼리 연결을 시키는 것이 원칙이다. 고점과 고점, 저점과 저점을 연결시켜 보면 주가가 어느 방향으로 움직이는지 흐름을 볼 수 있다.

그리고 7월 말에 하락한 부분을 끝으로 반등하게 되면 6월의 저점과 7월에 반등한 저점을 연결시킨다. 이렇게 하면 [추세 1]과 [추세 2]가 완성된다. 그런데 7월 말 [추세 1]을 강하게 뚫고 주가가 상승했다. 하지만 그렇다고 해서 추세선의 가치가 사라지는 것은 아니다. 12월 초반에 지지되는 부분과 12월 말과 1월 초에 저항선이 되는 모습을 볼 수 있다.

7월 말에 주가가 추세선을 돌파했으므로 추세선을 다시 그려야만 한다. 추세선을 다시 그리는 방법은 크게 두 가지가 있다. 새롭게 추세선을 긋거나, 아니면 처음 추세선이 시작된 부분에서 다시 고점을 연결시키는 방법이다. 여기에서는 후자의 방법을 따라서 [추세 3]을 그어 보았다. 이렇게 추세선을 긋고 나서 뒷부분을 가리고 캔들을 보면 이러한 추세에서 저항을 받고 있는 모습들을 볼 수 있다. 주가가 고점을 만든 후 급락한 주가는 8월 중반에 4만 원 아래까지 내려갔다. 하지만 다시 반등을 보여주기 때문에 또 저점과 저점끼리 연결시킨다. 그렇게 만들어진 추세선이 [추세 4]이다.

이 [추세 4] 역시 보면 주가에 아무런 영향력이 없을 것 같아 보이지만 그렇지 않다. 그 가치는 지금이 아니더라도 후에 주가가 근처에 오게 되면 영향을 받게 된다. 그 예로 12월과 2월의 주가를 보면 [추세 4]에서 저항을 받고 있는 모습을 볼 수 있다.

8월 중반부터 급등하던 주가는 결국 [추세 3]에서 한 번 저항을 받는 모습을 보여주고 돌파를 한다. 그렇다면 다시 고점끼리 연결을 시켜보는 것이 좋다. 이때 주의할 점은 음봉을 고점으로 보아서는 안 된다는 것이다. 매수세가 고점은 고점끼리 연결하듯이 양봉은 양봉끼리 연결해보면 좀 더 잘 맞는다. 이것을 넘어가는 음봉의 모습은 성급한 투자자로 인해서 생긴 꼬리와 같은 것으로 보면 된다.

이렇게 만들어진 [추세 5]는 정확하게 10월의 꼬리 윗부분을 찍어낸다. 추세가 긴 꼬리를 잡아낸다면 그 부분에는 세력들이 물량을 정리하는 것으로 생각해도 무방하다. 큰돈을 운용하게 되면 어쩔 수 없이 추세를 만들면서 상승시킬 수밖에 없다. 그렇게 추세를 만들어 상승시킨다면 당연히 물량을 정리하는 곳은 충분한 수익권일 때 추세의 윗부분에서 해야 한다. 그렇기 때문에 추세선을 잘 긋다 보면 세력들의 움직임이 어떠한지를 파악하는 것이 가능해진다. 이것이 추세선이 중요한 진짜 이유이다.

## 박스권

차트 3-56 | 동성하이켐(일봉)

상승과 하강 어느 쪽으로도 힘의 우위를 보여주지 못하면 〈차트 3-56〉에서처럼 옆으로 횡보하게 된다. 어느 정도 힘이 강하다 싶으면 물러나지만 절대 일정 범위를 넘어가지는 않는다. 이럴 경우는 크게 두 가지로 해석할 수 있다.

첫째, 세력들이 일정한 수량을 모으기 위해서 크게 주가를 조절하면서 아무도 모르게 물량을 모으는 것으로 본다. 실제로 주가가 오랜 횡보 후 박스권을 돌파할 때 엄청난 상승을 보여주기 때문에 신빙성이 있는 이야기이다.

둘째, 군중들이 대부분 목적 없이 시간을 보내는 것처럼 주가 역시 사람들의 관심을 받지 못하고 멍하니 흘러가는 경우도 있다. 실제로 주가가 오르기 위해서는 사람들의 관심을 받아서 매수 세력이 들어와야만 한다. 그러한 점에서 이러한 말도 틀린 것은 아니다.

어떠한 이유든 일정한 추세 안에서 움직이고 있기 때문에 전문투자자들은 이러한 두 추세선 안에서 아래 지지점에서 매수해서 위의 저항 부분에서 팔기 때문에 '트레이더 마켓'이라고도 불린다. 또한 전문투자자들은 추세의 시작인지 박스권인지 정확한 판단이 어렵다면 무조건 박스권으로 해석한다. 박스권에서 저항과 지지만 잘 알고 있다면 지지받을 때 사서 저항받는 곳 근처에서 판다면 큰 돈은 아니더라도 꾸준하게 돈을 벌 수 있다.

# Part 8

# 이동평균선과 거래량을 모르면 주식투자를 하지 마라

# 26
# 이동평균선이란?

처음 HTS를 사용해보는 사람도 차트를 접했을 때 보게 되는 세 가지 기술적 분석 도구가 있다. 바로 캔들과 거래량 그리고 이동평균선이다. 이렇게 HTS의 차트에 기본적으로 이동평균선이 세팅되어 있는 이유는 그만큼 이동평균선은 차트를 분석하는 데 있어서 기본적인 자료라는 의미이다. 사람들이 좋아하고 신기하게 생각하는 많은 보조지표들은 이러한 이동평균선과 거래량, 캔들의 모습(시가와 종가, 혹은 고가와 저가)을 조합해서 만들어진 것이다. 거래량, 캔들, 이동평균선 이 세 가지만 완벽하게 이해한다면 다른 보조지표는 보지 않아도 차트에서 읽어낼 수 있다. 공부를 하면서 자신의 무기로 사용할 것들을 남기다 보면 결국 캔들과 거래량, 이동평균선이 남게 된다.

이러한 이동평균선은 사람들이 주식을 산 평균가격으로 볼 수 있다. 각각의 사람들이 매수한 가격이 선으로 연결되고, 그 선과 캔들이 있는 위치를 보면 사람들이 지금 기뻐하고 있는지 슬퍼하고 있는지를 알 수 있다. 이를 통해 사람들이 지금 느끼고 있는 감정들을 읽어내는 것이다. 하지만 아직은 어느 선이 어떤 것인지 명확하지 않기 때문에 눈에 쉽게 들어오지 않을 수 있다. 지금부터 중요

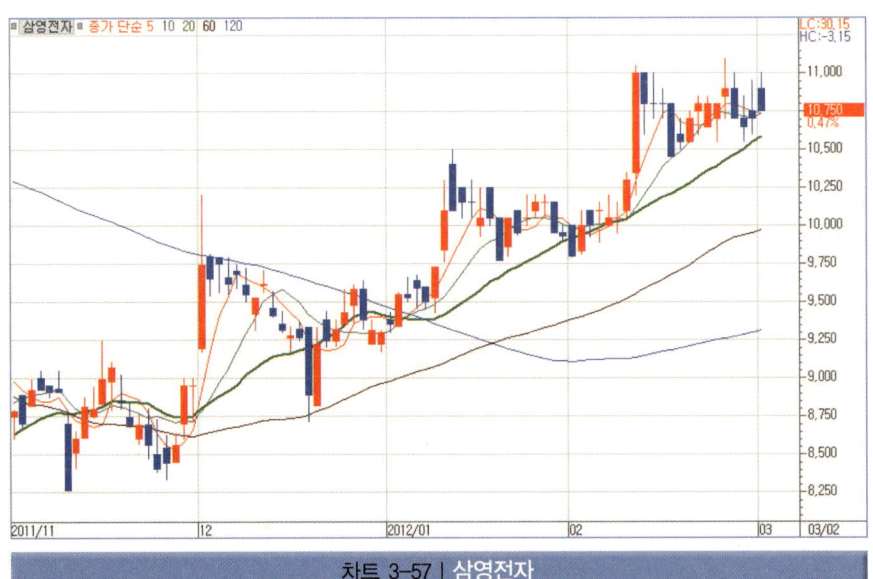

차트 3-57 | 삼영전자

한 이동평균선을 하나하나 살펴보도록 하자.

## 5일 이동평균선

〈차트 3-58〉에 빨간 색으로 표시되어 있는 5일 이동평균선은 5일 동안 사람들이 산 가격의 평균을 뜻한다. 주식시장은 1주일 중 5일 동안 장이 열리기 때문에 1주 동안의 평균 매매 가격이기도 하다. 사람들이 많이 보는 이동평균선 중에서 가장 짧은 기간을 보기 때문에 단기 매매선이라고도 한다. 5일이라는 짧은 기간 동안의 평균을 구해서 이동평균선의 가격을 구하기 때문에 유동성이 심한 주식에서는 주가의 움직임에 따라서 가장 많이 움직인다. 이렇게 캔들의 움직임에 따라 움직임이 많다 보니 큰 추세를 읽어내는 데는 도움이 되지 않는다. 이러한

3-58 | 삼영전자(일봉)

점 때문에 데이트레이더나 단기투자자자들에게 중요한 이동평균선이다. 5일 이동평균선은 기울기나 캔들과의 위치, 다른 이동평균선과 위치 등을 비교, 파악하는 데 많이 이용된다.

### 10일 이동평균선

〈차트 3-59〉에 하늘색으로 표시된 선이 10일 이동평균선이다. 흔히 책에는 5일 다음에 20일을 많이 보고 있다. 하지만 10일도 단기 추세를 볼 때 유용하다. 앞에서 이야기했듯이 5일 이동평균선은 그 하나만 가지고 활용하기는 굉장히 힘들다. 왜냐하면 비교할 대상이 있어야만 하기 때문이다. 단기적으로 함께 사용할 만한 이동평균선이 10일 이동평균선이다. 5일 이동평균선과 마찬가지로 기울

차트 3-59 | 삼영전자(일봉)

기도 중요하지만 10일 이동평균선을 5일 이동평균선이 돌파하는 모습을 통해서 그 강도를 생각해볼 수 있다. 또한 5일 이동평균선이 10일 이동평균선에서 지지받는지 여부를 확인할 수도 있다.

    이러한 10일 이동평균선을 13일 이동평균선으로 고쳐서 사용하는 사람들도 많은 편이다. 이렇게 추세를 통해서 매매하는 사람들 중에서는 13일 이동평균선만을 이용해서 매수/매도를 하는 사람도 있다. 이 방법은 외국인들이 많이 사용하는데, 이유는 시스템으로 고안하여 사용하기에 단순하면서도 충분히 괜찮은 수익률을 주기 때문이다. 이들은 흔하게 상승 추세에서 너무 많이 올랐다 싶으면 일정 부분을 매도하고, 그 매도로 인해서 조정을 받게 되면 다시 매수를 하여 시세를 반등시킨다. 그리고 또 반등해서 과열된다 싶으면 다시 일정 부분을 매도한다(차트 3-60). 어떻게 보면 돈의 힘으로 시세를 조정한다고 볼 수 있겠지만, 충분한 이유와 가격을 산출한 뒤 그 가격 이상이 될 경우 일정 부분을 비싸다는

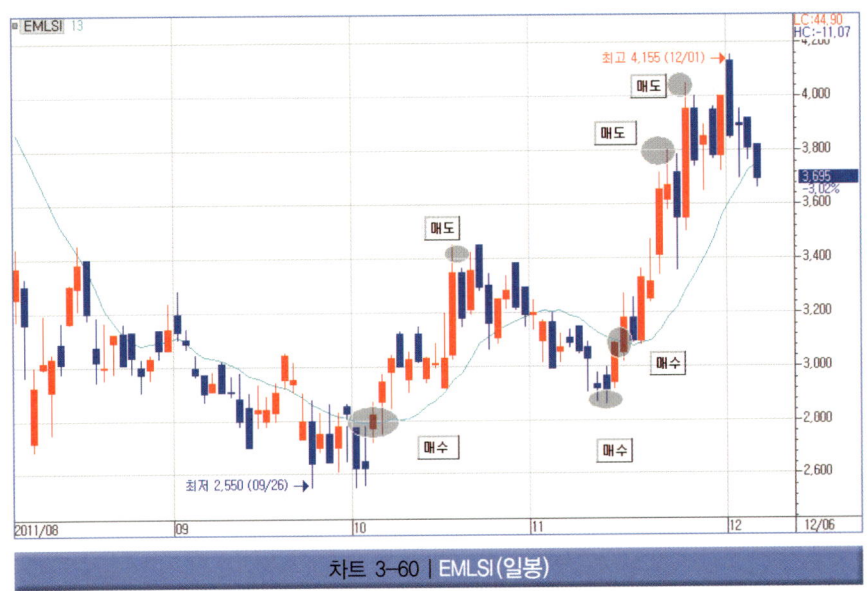

차트 3-60 | EMLSI(일봉)

이유로 파는 것이기 때문에 사실상 문제가 되지 않는다. 하지만 돈의 힘을 이용하여 당당하게 한다는 것을 제외하고는 작전 세력과 별다른 것이 없다.

## 20일 이동평균선

〈차트 3-61〉에 표시된 초록색선이 20일 이동평균선이다. 5일 이동평균선이 1주일을 나타내는 이동평균선인 것처럼 20일 이동평균선은 1개월을 나타낸다. 1개월의 평균적인 이동평균선이라는 점에서 사람들은 중기 매매선이라고 부른다. 이렇게 1개월을 나타내는 중기 매매선이기 때문에 현 주가의 방향이 어떤지를 알아보는 데 도움이 된다. 또한 추세가 상승하고 있다면 중기적으로 20일 근처를 매수 시점으로 잡기 때문에 중기 매매선이라고 부르는 것이다.

차트 3-61 | 삼영전자(일봉)

요즘은 이러한 20일 이동평균선을 깨고 올라가는 경우도 많다. 하지만 옛날에는 20일 이동평균선을 깨고 내려간다는 것은 사람들이 많이 손절을 했기 때문에 꺾이는 경우가 많았다. 그러한 이유로 이러한 20일 이동평균선을 심리선 혹은 깨면 죽는다고 해서 생명선이라고도 한다. 요즘은 또 이러한 20일 이동평균선을 깨고 간다고 해서 23일이나 25일로 조정해서 사용하는 사람도 있다(차트 3-62).

이렇게 25일로 이동평균선을 이동하게 되면 꼬리 부분까지 정확하게 이동평균선에 지지되는 모습을 보여주게 된다. 결국 생명선이나 심리선이라는 이름에 얽매여서 이동평균선을 절대적인 것으로 생각하면 안 된다. 이동평균선 역시 차트를 보는 하나의 도구일 뿐이다. 그러므로 얼마든지 자신의 필요에 따라 조정할 수 있다.

조정하지 않더라도 계속 차트를 보다 보면 이동평균선과 캔들이 어떠한 식으로 움직이는지를 이해할 수 있다. 그 수준까지 차트를 계속 보고 연구한다면 그

차트 3-62 | 삼영전자(일봉)

다음에는 어떤 이동평균선이든 크게 중요하지 않게 된다. 하지만 그 정도 수준에 이르기 전까지는 이동평균선을 계속 조정해보면서 자신에게 맞는 이동평균선을 찾고, 시장의 변화에 따라 조정해주는 것을 익힌다면 충분히 도움이 될 것이다.

### 60일 이동평균선

〈차트 3-63〉에서 보라색 선이 60일 이동평균선이다. 20일 이동평균선이 1개월의 주가의 변화를 나타낸다면 60일 이동평균선은 3개월의 주가의 변화를 담고 있다. 이렇게 3개월이라는 긴 시간을 잡고 있기 때문에 중기적 추세선이라고도 불린다. 중기적 추세선이라고 불리는 이유는 위에서부터 차례로 5일-10일-20

차트 3-63 | 삼영전자(일봉)

일-60일로 이동평균선이 위치하게 되면 정배열이라고 해서 중기적으로 상승 추세라는 의미이기 때문이다. 이때 캔들이 갑자기 급락하더라도 60일에서 잘 지지받고 올라가게 된다.

이러한 정배열이 되어가는 과정에서도 5일 이동평균선과 20일 이동평균선, 60일 이동평균선의 움직임 역시 중요하다. 하락하던 주가가 상승 추세로 바뀌기 위해서는 반드시 5일 이동평균선이 20일 이동평균선을 돌파해야만 한다. 하지만 이것으로 추세가 변했다고 보기는 힘들다. 상승 추세에서도 5일과 10일, 20일 이동평균선은 계속 서로 돌파하는 모습을 보여준 것처럼 쉽게 변화할 수 있기 때문이다. 하지만 20일 이동평균선이 60일 이동평균선을 돌파하는 것은 다르다. 상승 추세에서 60일 이동평균선에서 대부분 지지하는 것처럼 하락 추세에서도 60일 이동평균선에서 많이 저항을 받기 때문이다.

〈차트 3-64〉에서도 20일 이동평균선이 60일 이동평균선을 돌파하고 5일 이

차트 3-64 | 삼영전자(일봉)

동평균선이 20일 이동평균선과 60일 이동평균선을 전부 돌파하는 사이를 보면 캔들의 움직임이 단기적으로 급락이 나온 후 횡보하는 모습을 볼 수 있다. 이처럼 20일 이동평균선이 60일 이동평균선을 돌파하는 것은 강한 힘을 소진하는 일이다. 이와 같이 본격적인 상승의 모습을 볼 때는 60일 이동평균선의 돌파가 굉장히 중요하다.

이러한 돌파가 어렵다는 것은 결국 개인의 힘으로는 할 수 없다는 의미이다. 강력한 수급으로 이러한 부분을 돌파하는 데 도움을 주기 위해서는 기관과 외국인 같은 세력의 힘이 필요하다고 해서 수급선이라고도 부른다. 또한 이들이 아니라면 계속해서 많은 주식을 사들이기 어렵다.

기관이나 외국인들이 60일 이동평균선을 많이 보는 이유는 3개월마다 기업의 분기 보고서가 나오기 때문이다. 결국 회사의 가치 변화를 꾸준히 보면서 투자를 하기 위해서는 3개월간의 움직임을 보는 것이 가장 정확하다.

기관과 외국인 같은 세력이 사들여야만 60일 이동평균선의 돌파가 쉽다면 역으로 생각해볼 수도 있다. 기관과 외국인도 주식을 매수하거나 매도할 때는 근거가 있어야 한다. 결국 근거라는 것은 일반적으로 그 회사의 실적이나 성장성 등을 의미한다. 실적도 괜찮고 성장성이 괜찮지만 바닥권에서 관심을 받지 못한 채 횡보하는 주식을 매수해서 오르는 날만 기대하기보다는 세력의 수급이 들어와서 60일 이동평균선을 돌파할 때 같이 매수하는 것도 좋은 방법이다.

### 120일 이동평균선

차트 3-65 | 삼영전자(일봉)

〈차트 3-65〉에서 파란색 선이 120일 이동평균선이다. 이 120일 이동평균선은 6개월 동안 주가의 평균을 나타낸 것이다. 20일, 60일 이동평균선이 중기적인 추세를 보는 것이라면, 120일 이동평균선은 장기적인 추세를 보는 데 이용한다. 그래서 120일 이동평균선을 장기적 추세선이라고 한다. 또한 주가는 6개월의 주가를 선반영하기도 한다. 그렇기 때문에 6개월 전에 회사의 상태를 예측하려면 거시적인 경기의 상황을 봐야 한다. 이렇게 경기에 대한 부분을 많이 생각한다는 점에서 120일 이동평균선을 경기선이라고도 부른다.

120일 이동평균선의 가장 큰 가치는 캔들의 지지와 돌파이다. 120일 이동평균선이라는 것은 결국 120일 동안 사람들이 주식을 산 가격의 평균이라는 말과 같다. 120일 동안 얼마나 많은 사람이 주식을 사고팔았겠는가? 그렇기 때문에 120일 이동평균선에 사람들이 신경을 쓸 수밖에 없고, 이러한 이유로 강력한 지지와 저항의 영역이 된다. 일차적으로 꾸준히 상승을 하기 위해서는 반드시 120일 이동평균선을 돌파해야만 한다.

〈차트 3-65〉에서도 볼 수 있듯이 이동평균선을 쉽게 돌파하지 못하는 모습을 보여준다. 저항을 받는 구간에서는 성급한 투자자가 매수한 모습이 꼬리를 달고 있는 것을 알 수 있다. 물론 만약 저항 구간에서 돌파를 했다면 큰 상승을 할 수 있을 정도로 강한 힘이 있다는 것은 분명하다. 하지만 로또에 당첨될 확률이 낮은 것처럼, 낮은 확률일수록 큰돈을 벌 수 있는 기회인 것이다.

사람들은 큰돈에 눈이 멀어서 낮은 확률을 보지 못하고 투자를 하는 경우가 많다. 항상 큰돈을 빠르게 벌 수 있는 방법을 찾기 때문에 쉽게 성공하지 못하고 제자리에서 맴돌게 되는 것이다. 하지만 전문투자자들은 애매하면 항상 저항에 무게를 둔다. 그래서 결국 돌파하는 부분을 보너스로 얻어서 매도하는 것이다. 또한 60일 이동평균선까지만 볼 때는 왜 주가가 12월에 고점을 찍고 하락하는지 알 수 없지만, 120일 이동평균선을 보면 그 이유를 알 수 있게 되는 것이다.

이렇게 120일선을 돌파한 뒤 추세를 타고 함께 가는 경우가 많다. 추세가 시작되어 세력들의 모습이 포착되는 60일 이동평균선의 돌파가 닭이 달걀을 낳은 것이라면, 120일 이동평균선의 돌파는 세력들이 마치 닭처럼 종목을 품어주고 돌봐주어서 알을 깨고 병아리가 태어나는 것과 같다.

## 200일 이동평균선

차트 3-66 | 삼영전자(일봉)

〈차트 3-66〉에서 분홍색 선이 200일 이동평균선이다. 200일 이동평균선은 외국인들이 많이 보는 것으로, 120일 이동평균선보다 장기 이동평균선이다. 외국인들의 경우 요즘은 단기투자도 많이 하는 편이지만 기본은 장기투자이다. 추세를 따르다 너무 올랐다 싶으면 일정 부분 이익실현을 하고(매도), 추세에서 너무 내려갔다 싶으면 또 일정 부분 매수를 한다. 이렇게 관리하다 보면 당연히 주가는 많이 오를 수밖에 없다. 그러면 조금씩 정리를 하면서 빠져나오거나, 뉴스에 큰 물량을 매도한다. 이렇게 급락한 종목들의 조정이 끝날 때 즈음 다시 매수해서 추세를 타면 매수와 매도를 반복하는 것이다.

긴 시간 추세를 타고 매수와 매도를 할 경우에는 손절의 범위도 매우 커지게 된다. 어쩌면 손절이 없을 수도 있다. 주가가 떨어지게 되면 회사의 가치가 크게 변하지 않는 이상 매수 타이밍이기 때문이다. 이런 추세를 따라서 움직이기에는 당연히 120일 이동평균선보다 더 긴 시간의 이동평균선이 필요하다. 이러한 이유로 외국인들은 200일 이동평균선이나 혹은 더 긴 이동평균선을 통해서 추세의 움직임을 예측하는 것이다.

이동평균선은 이러한 가치를 가지고 있으며, 이 부분에서 지지와 저항을 받는 경우도 많이 있다. 그렇기 때문에 외국인 수급선과 함께 확인하면 큰 도움이 될 것이다.

# 27 이동평균선을 이용한 분석 방법

**이동평균선에** 대해 간단히 살펴보았다. 물론 이동평균선이 며칠을 기준으로 하고 있는지, 어떠한 명칭이 있는지는 중요하지 않다. 이러한 것은 항상 바뀌기 마련이고, 그 변화에 따라서 이동평균선도 새로운 것이 추가되거나 변화할 수 있기 때문이다.

이동평균선은 사람들이 주식을 산 주가의 평균이라는 점에서 중요한 의미를 가지고 있다. 이러한 이동평균선은 주가와 이동평균선의 거리를 통해서 주가의 움직임을 예측하는 이격도 분석이 있다. 그리고 주가가 이동평균선에서 지지와 저항을 받는 지지선·저항선 분석이 있다. 또한 이동평균선만을 이용한 배열도 분석, 크로스, 밀집도 분석이 있다.

### 이격도 분석

이격도는 주가와 이동평균선 간의 간격을 말한다(차트 3-67). 즉 주식을 산 사

차트 3-67 | 삼영전자(일봉)

람의 평균 가격과 주가가 얼마나 떨어져 있는가를 나타내는 정도라고 보면 된다. 여기서 100은 말 그대로 100%로 주가와 이동평균선이 같은 곳에 있다는 의미이다. 100보다 높다면 주가가 이동평균선보다 높은 곳에 있다는 의미이고, 100보다 낮다면 주가가 이동평균선보다 낮은 곳에 있다는 의미이다.

　이러한 이격도를 보는 이유는 사람들이 매수한 주가의 평균인 이동평균선에서 멀어지게 되면 당연히 매수한 사람들은 이익을 챙기기 위해서 매도를 시작하기 때문이다. 이러한 매도가 기정사실화되면 사람들은 이동평균선에서 멀어지게 되고 자연스럽게 매도를 하기 시작한다.

　사람들은 흔히 생명선, 심리선이라고 부르는 20일 이동평균선을 많이 사용한다. 그래서 흔히 이격도라고 하면 20일 이동평균선의 이격도를 말한다. 이러한 20일 이동평균선과의 거리가 너무 멀어지게 되면 가격은 다시 이동평균선과 가까워지려고 한다. 그래서 주가가 하락을 하거나 횡보를 하면서 이동평균선이 올라올 때까지 기다리기도 한다.

　많은 책에서는 20일 이격도가 105%이면 매도 신호, 95%이면 매수 신호로 본다. 60일 이격도의 경우 110%를 매도 신호, 90%를 매수 신호로 보고 있으며, 120일 이격도의 경우 115%를 매도 신호, 85%를 매수 신호로 보고 있다. 하지만 〈차트 3-67〉에서 표시한 것처럼 반드시 그러한 것은 아니다. 거리가 멀어질수록 다시 돌아가려는 습성 때문에 상승이 부담스러워진다는 것만 기억하면 된다.

## 방향성 분석과 배열도 분석, 밀집도와 크로스

차트 3-68 | 삼영전자(일봉)

　방향성 분석이란 간단하다. 이동평균선이 어디로 움직이고 있느냐에 따라서 상승 추세인지, 하락 추세인지, 횡보하고 있는지를 알아보는 것이다. 방향성 분석을 통해서 누구나 쉽게 상승 추세인지, 하락 추세인지를 알 수 있다. 5일 이동평균선이 가장 민감하게 움직이고, 120일 이동평균선이 가장 늦게 추세의 변화를 알려준다. 5일 이동평균선과 10일 이동평균선, 20일 이동평균선은 유동성이 너무 심해서 하나의 추세를 일관되게 보여주기 어렵다. 그렇기 때문에 이들 이동평균선에는 추세선이라고 부르지 않고, 60일 이동평균선과 120일 이동평균선을 추세선이라고 부르는 것이다.

이동평균선이 상승을 하기 위해서는 당연히 주가가 5일 이동평균선 같은 단기 이동평균선 위로 올라가고, 5일 이동평균선 같은 단기 이동평균선은 20일 이동평균선 같이 중기 이동평균선 위로 올라가야만 하며, 중기 이동평균선도 장기 이동평균선 위로 올라가야만 한다. 이동평균선이 상승하기 위해서는 평균보다 더 높은 가격에 사는 사람이 많아야 한다. 그렇게 매수하는 사람이 많아지면 단기 이동평균선부터 상승하기 시작하고, 이러한 상승이 중·장기 이동평균선까지 우상향하게 만든다.

이때 우상향하기 위해서는 돌파가 있어야만 하고, 돌파를 하기 위해서는 이

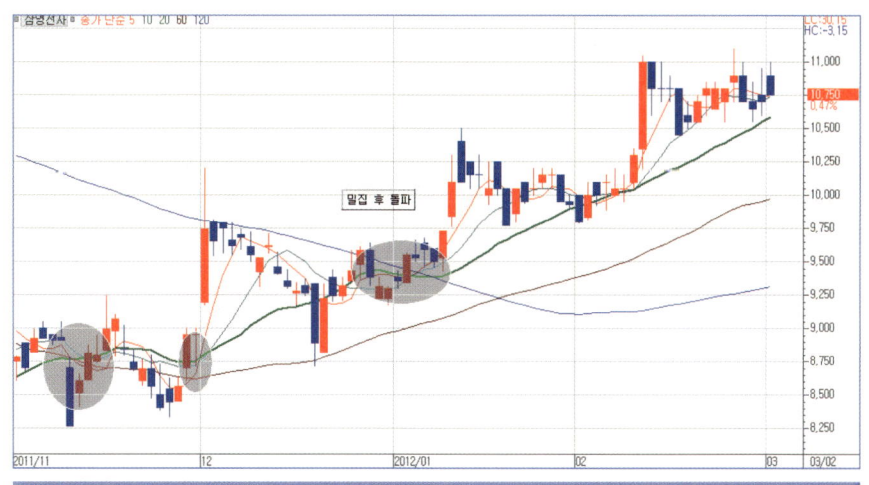

차트 3-69 | 삼영전자(일봉)

동평균선이 모여야(밀집)만 한다(차트 3-69). 가까이 다가가지도 못하는 상황에서 돌파란 상식적으로 불가능하다. 또한 이격도에서 이동평균선과 주가가 멀리 떨어지면 다시 이동평균선 가까이로 다가가려는 성격에 대해서도 설명했다. 주가는 혼자 상승하기에는 결국 한계가 있기 때문에 더 상승하기 위해서는 이동평균선이 올라와야만 한다.

그러나 너무 빠르게 상승할 경우 돌파하지 못하는 경우도 생긴다. 이럴 때는 다시 조정을 받으면서 이동평균선 근처로 이동하게 되는데, 이러한 일들의 반복으로 인해서 이동평균선은 결국 돌파하려는 장기 이동평균선 근처로 밀집하게 된다. 주가가 상승을 해도 이동평균선에서 멀리 떨어지는 것이 부담이 없는 자리까지 오게 되면 쉽게 돌파를 하게 되는 것이다. 그래서 이동평균선의 돌파는 이동평균선이 밀집하는 부분에서 많이 일어나게 된다.

그리고 돌파를 하게 되면 많은 이동평균선이 정배열로 바뀌는데 이것을 골든크로스라고 하며 강력한 매수 시점이 된다. 골든 크로스란 단기 이동평균선이 중·장기 이동평균선을 돌파하는 것을 말한다. 이렇게 이동평균선을 돌파할 경우에 당연히 이동평균선의 저항을 돌파할 정도로 주가가 강해야 한다는 의미이다. 밀집 후 돌파하는 경우에는 거의 모든 이동평균선이 돌파를 하게 되므로 하나의 이동평균선이 돌파하는 것보다 강력한 신호를 보내는 것이다.

하락하는 경우에도 마찬가지이다. 주가가 하락하는 경우에도 단순하게 이동평균선 혼자서 돌파하여 주가를 하락시킬 수 없다. 그렇기 때문에 이동평균선이 모이는 과정을 겪게 된다. 아래에는 강력한 120일 이동평균선이 지지를 하고 있지만 5일, 10일, 20일, 60일 동안 거래한 주가가 사실상 120일 이동평균선에 가까워지면서 주식을 보유하고 있는 사람들에게는 자신이 매수한 가격보다 조금만 떨어져도 지지선이기 때문에 불안할 수밖에 없다. 그렇다고 자신의 아래에 또 다른 지지선도 보이지 않는다. 마치 6·25전쟁에서 부산만 빼고 모든 지역이 함락

차트 3-70 | 녹십자(일봉)

당한 것과 같은 상황이다. 120일 이동평균선만 깨지면 이제 지지선이 없기 때문에 하락하는 일만 남게 된다. 당연히 이러한 경우 공포로 인해서 사람들이 쉽게 매도하게 된다.

이렇게 단기 이동평균선이 중·장기 이동평균선 아래로 돌파하는 것을 데드크로스라고 한다. 하락하는 상황 중에서 〈차트 3-70〉처럼 이동평균선이 밀집한 후 아래로 돌파하게 되면서 한꺼번에 이동평균선이 역배열을 만든다. 당연히 이동평균선의 역배열은 하락 추세를 의미하기 때문에 강력한 매도 신호가 되는 것이다.

### 이동평균선의 지지와 저항

이동평균선은 일정기간 동안 사람들이 매수하거나 매도한 가격의 평균이다.

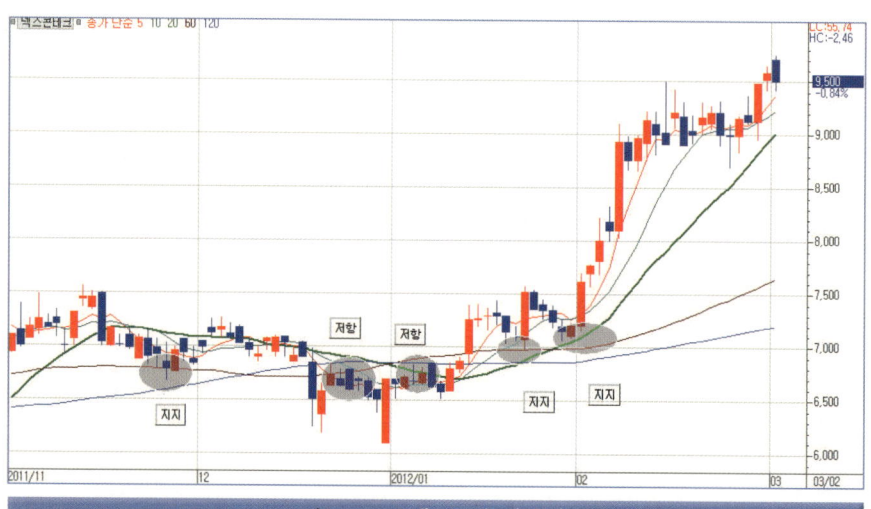

차트 3-71 | 넥스콘테크(일봉)

그런데 그러한 사람들이 매수하거나 매도할 때는 항상 그 가격이 저점이라고 생각해서 매수를 하게 되고, 최고 고점이라고 생각하기 때문에 매도를 하게 된다. 자신이 매수한 가격이 최저점이라고 생각하기 때문에 상승 때의 이동평균선은 최저점을 연결시켜놓은 선이라고 봐도 무방하다. 그러므로 이 선 가까이에 오게 되면 사람들은 매수를 하게 된다.

하락 때는 반대이다. 매도한 사람들은 그 가격이 고점이라고 생각해서 매도를 하게 된다. 그리고 그러한 생각들은 맞아떨어진다. 그러면 다른 사람들도 그 가격대에 매도를 생각하게 되는 것이다. 그렇게 된다면 하락일 때의 이동평균선은 최고점을 연결시켜놓은 선과 다름없이 작용하는 것이다(차트 3-71).

하지만 항상 저항과 지지가 딱 맞아 떨어지는 것이 아니다. 〈차트 3-72〉처럼 마치 돌파처럼 보였지만 결국은 거짓돌파로 확인되면서 저항선 밑으로 떨어졌다. 이러한 상황에 대해서 적용할 수 있는 것이 바로 '3·3의 법칙'이다. 이렇게 돌파하거나 하락하더라도 '3일' 이내에 '3%' 내의 조정이라면 그 추세는 유효하

차트 3-72 | 녹십자(일봉)

다고 볼 수 있다. 만약 시장 외적인 부분까지 적용되었다면 좀 더 범위를 넓힐 수도 있다. 이러한 방법으로 주식이 하락할 때 거짓돌파를 골라내고, 상승할 경우에는 좀 더 주식을 보유할 수 있다.

## 그랜빌의 법칙

주가가 이동평균선이 돌파하는 모양에 따라서 매수/매도 여부를 확인할 수 있는데, 이 방법을 그랜빌의 법칙이라고 한다. 그랜빌 법칙에는 매수의 4가지 법칙과 매도의 4가지 법칙이 있다. 그럼 먼저 4가지 매수 신호에 대해 살펴보자.

**매수 신호 1:** 〈차트 3-73〉를 보면 60일 이동평균선과 120일 이동평균선을 돌파할 때 하락하던 주가가 횡보하는 것을 볼 수 있다. 하락하던 주가가 횡보한다는 것은 추세가 변하기 시작했다는 말과 같다. 이렇게 횡보할 때 돌파하게 된다면 당연히 주가는 한 단계 상승하게 된다. 단 이때 거짓돌파가 많을 수 있다. 그러므로 반드시 지지 여부를 확인하고 매수해야만 한다. 당연히 거짓돌파가 아니라면 정확히 지지될 것이다.

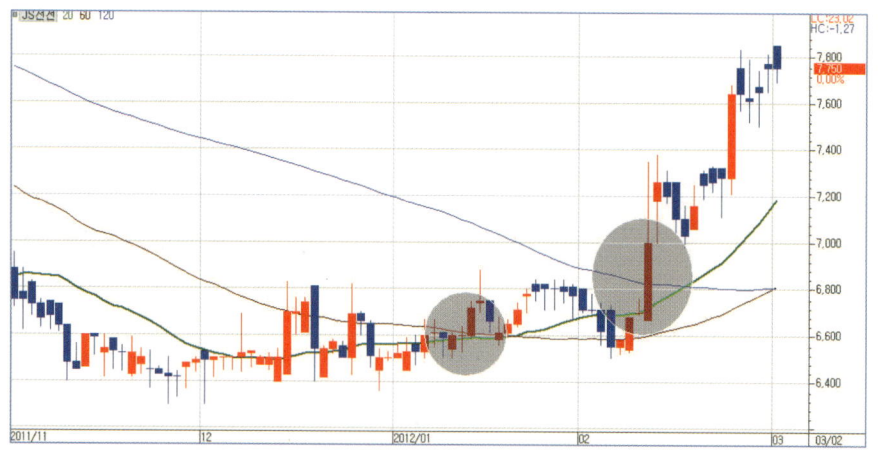

차트 3-73 | JS전선(일봉) 매수 신호 1

차트 3-74 | JCE(일봉) 매수 신호 2

**매수 신호 2**: 주가가 상승 중인 이동평균선을 깨고 급락할 경우에도 신호로 받아들일 수 있다. 추세는 계속 상승 중인데 주가가 하락하고 있다는 것은 조정 받을 것이라고 보는 것이 옳다. 결국 주가는 추세의 흐름에 따라서 상승하게 되는 것이다. 이러한 점은 추세가 강할수록 더욱 잘 맞는다. 또한 추세선을 돌파하지 못한다고 하더라도 추세선의 근처까지 상승하기 때문에 충분히 매수를 고려해볼 만한 자리가 만들어지는 것이다.

하지만 어느 정도 공부를 한 사람이라면 이런 의문이 들 것이다. 이동평균선 추세가 상승 중이라고 하더라도 깨고 내려가는 경우도 많으며, 그 이동평균선도 애매한 경우가 많다. 이러한 경우 이동평균선에 따라 차이가 크게 나는 경우가 많다. 주가가 급락을 하는데도 이동평균선의 각도가 하락하지 않으려면 결국 오랜 기간을 보는 이동평균선일 경우에만 가능하다. 그래서 60일 이동평균선이나 120일 이동평균선에 잘 적용된다.

**매수 신호 3**: 주가가 이동평균선에서 지지되면서 다시 상승하는 경우이다. 이런 경우 당연히 이동평균선이 지지를 잘한 것으로 확인하고 매수할 수 있다. 지

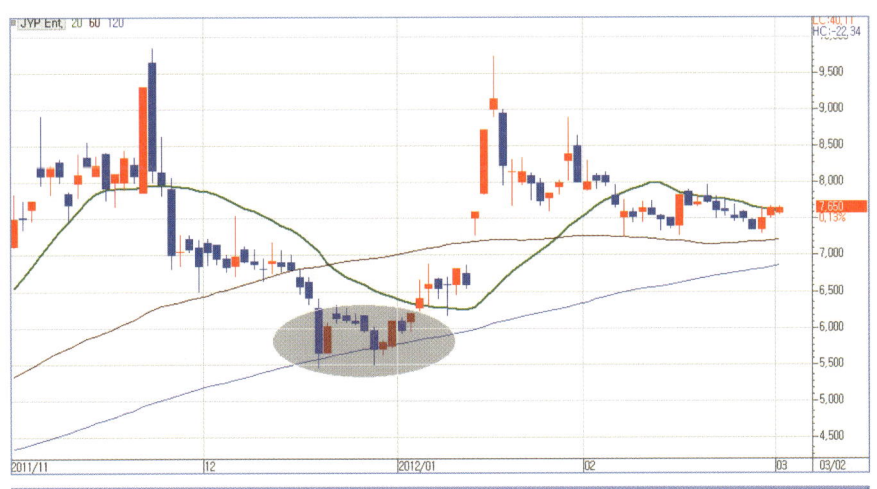

차트 3-75 | JYP Ent.(일봉) 매수 신호 3

지를 받는다는 것은 결국 저항선에서 매수하는 사람들이나 세력이 있다는 의미이므로, 매수할 만한 자리라는 것을 뜻한다. 또한 중요한 한 가지는 모든 사람들이 중요하다고 생각하는 지지점이라면 반드시 그 지지점까지 주가는 내려가지 않고 반등을 하게 된다는 것이다. 그러므로 중요한 지지선이라면 지지선을 찍고 반등하는지, 지지선을 타고 오르는지, 지지선까지 오지 않는지 등을 확인하며 주가의 힘을 예측해보는 것도 유용한 방법이다.

**매수 신호 4:** 주가가 이동평균선보다 아래에 있는 상태에서 급락이 나온 후 상승하는 경우이다. 이렇게 상승하는 경우 대체로 이동평균선에 가까이 다가가게 된다. 하지만 이것은 역시 이동평균선과 멀어진 주가가 다시 이동평균선과 가까워지려는 성격에서 일어난 것이기 때문에 이동평균선과의 이격도로 생각한다면 좀 더 쉽게 이해할 수 있을 것이다. 이런 상황이라면 손해를 보면서 보유하고 있는 사람들이 상승하는 틈을 타서 물타기를 한다. 많은 사람이 저점이라고 생각하고 상승 추세의 초기 함께하고자 하는 마음으로 매수를 하기 때문에 상승의 가능성이 크다.

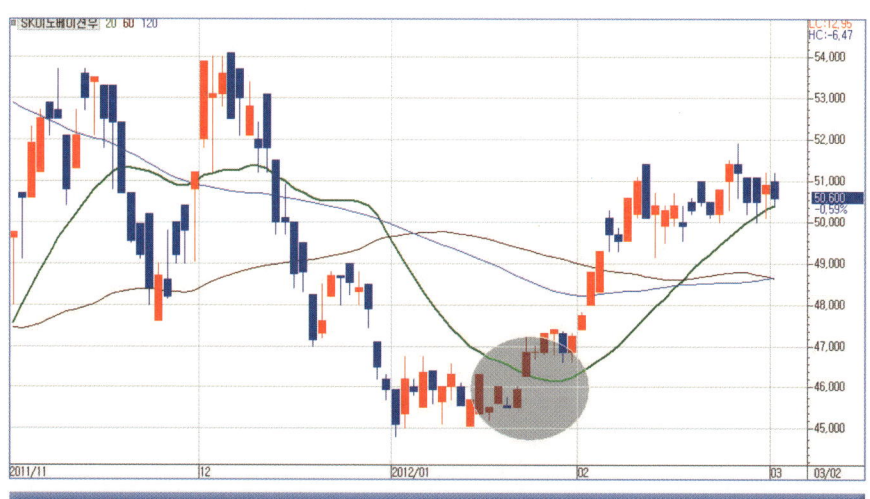

차트 3-76 | SK이노베이션우(일봉) 매수 신호 4

다음은 4가지 매도 신호에 대해 살펴보자.

**매도 신호 1:** 이동평균선이 지속적인 상승을 보여준 뒤 힘이 약해져 방향이 꺾이기 시작하는 상태에서 주가 역시 이동평균선을 돌파해서 하락하는 경우이다. 더 이상 이동평균선이 상승하지 못한다는 것은 비싼 가격을 주고 사는 매수자가 없다는 의미이다. 당연히 주가는 더 오를 곳이 없다면 하락하거나 단기적으로라도 조정을 받게 된다. 이러한 내용은 매수 신호 2번과 비교해서 볼 수 있다. 단기 이동평균선이라면 〈차트 3-77〉과 같은 모습이 나오기 쉬우며 장기 이동평균선의 경우에는 그 각도로 알아보기 힘들다. 하지만 단기 이동평균선이 장기 이동평균선 근처에 밀집해 있는 경우 각도가 낮아지면서 돌파당하게 되면 하락하는 경우가 많다.

**매도 신호 2:** 이동평균선이 하락하는 추세에서 주가가 이동평균선을 돌파하더라도 이동평균선의 추세를 따라서 다시 추가 하락하는 경우가 많다. 점점 거래하는 가격이 낮아지고 있다는 것은 결국 사는 사람들은 계속 손해를 보고 있다는 말과 같다. 그러한 상황에서 주식의 가격이 사람들이 매수한 가격의 평균

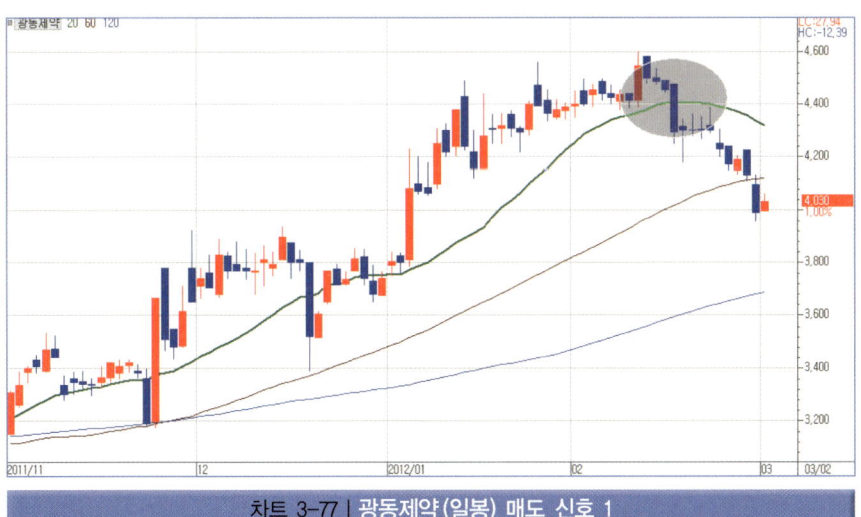

차트 3-77 | 광동제약(일봉) 매도 신호 1

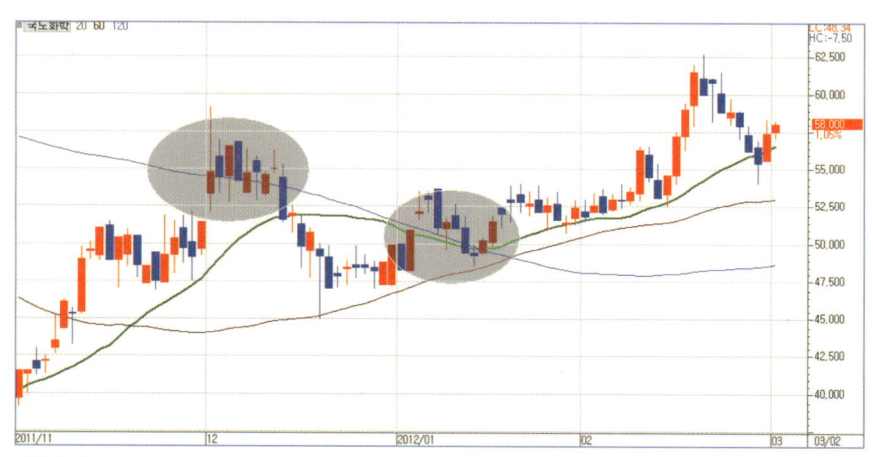

차트 3-78 | 국도화학(일봉) 매도 신호 2

보다 올라간다면 모두가 손해를 보는 상황이 된다. 그렇기 때문에 그나마 조금이라도 이익을 보고 팔기 위해 많은 투자자가 매도를 하게 된다. 이러한 상황이 결국 강한 매도세를 가져오게 되어 주가를 다시 하락시킨다.

하지만 실제로 적용해보면 아예 횡보하는 이동평균선이 아닌 이상 매수 신호 1과 혼란스러울 수 있다. 이런 점에서는 이전에 말했던 밀집도에 대해서 생각해봐야 한다. 〈차트 3-78〉에서 보는 것처럼 이동평균선이 가까운 곳에 없는 상황에서 돌파하려 한다면 쉽지 않다. 하지만 두 번째 돌파할 때에는 이동평균선이 가까운 곳에 있기 때문에 상대적으로 쉽게 돌파하는 것을 볼 수 있다. 그러므로 이동평균선의 밀집도를 확인하는 것이 중요하다.

**매도 신호 3:** 매수 신호 3이 지지였다면, 매도 신호 3은 저항이다. 주가가 이동평균선의 밑에 있을 경우 주가가 상승할 때 이동평균선의 저항을 뚫지 못한다면 당연히 매도해야 한다. 이러한 저항이 강하다면 저항선까지 도착하지도 못한 채 저항을 받아 하락하는 경우도 있다. 그러므로 추세가 하락하고 있는 순간이라면 이동평균선의 아래에서는 잘 살피고 매수하는 것이 필요하다.

차트 3-79 | 네오위즈게임즈(일봉) 매도 신호 3

차트 3-80 | 남양유업(일봉) 매도 신호 4

**매도 신호 4:** 이동평균선과 너무 동떨어져 있는 경우 더 이상 오르지 못하는 모습을 보여주면 매도해야만 한다. 이것은 매수한 사람들의 평균과 멀어지게 되면 사람들이 당연히 주식을 팔아서 시세 차익을 얻으려 하기 때문에 벌어지는 일이다. 이것 역시 주가가 이동평균선과 멀어진다면 다시 이동평균선 근처로 돌아가려는 성격으로 설명할 수 있다.

# 28 주식의 꽃, 거래량

처음 주식을 접하는 사람들은 상한가를 간 종목들에 관심을 가지면서 자신도 이러한 종목을 매수하기를 희망한다. 그러다 어느 정도 주식에 대해서 알게 되면 대량거래가 터지는 종목에 무슨 일이 일어났는지에 관심을 가지게 된다. 무슨 일인가 있다면 당연히 그로 인해서 그 종목의 거래량 역시 늘어나게 되기 때문이다. 그래서 '거래량은 주가의 그림자'라는 말이 생긴 것이다.

거래량을 살펴보는 것은 〈표 3-3〉과 같이 거래량이 없는 종목들을 걸러내기 위해서이다. 거래량이 활발하지 않다면 자신이 보유하고 있는 주식을 쉽게 매도하지 못하며, 조금만 사도 주가가 급등한다. 그렇기 때문에 쉽게 주식을 거래하기 어렵다. 만약 KT서브마린의 주식을 1,000주 가지고 있다면 모든 호가를 다 깨야지만 팔 수 있다. 또

표 3-3 | KT서브마린

매수하려고 하면 1,000주는 고사하고 500주를 사기도 힘들다.

또한 이런 종목은 적은 돈으로 거래를 해도 차트를 마음대로 조정할 수 있다는 점을 악용하여 작전 세력들이 투자자들을 유혹하는 차트를 만들기도 한다. 그러므로 종목을 고를 때는 작전 세력들에 걸려들지 않도록 거래가 적은 종목은 피하는 것이 좋다. 또한 한 호가 안에서 혹은 두 호가 안에서 자신의 주식 물량을 받아줄 수 있는 종목을 거래하는 것이 좋다.

이렇게 투자자들이 거래할 종목을 걸러주는 역할을 하는 거래량은 주식시장에 투자자들이 얼마나 참여했고, 얼마나 사람들이 감정적으로 몰입되어 있는지도 보여준다. 거래는 항상 매수하는 사람과 매도하는 사람이 있어야 이루어진다. 그렇다면 주가가 횡보하지 않는 이상 둘 중 어느 한 명은 결정이 틀릴 수밖에 없다. 한 명은 자신의 실수에 가슴 아파하겠지만 다른 한 명은 자신의 결정에 만족하면서 미소 짓고 있을 것이다. 이러한 거래의 흔적들이 일어난 정도를 표시한 것이 바로 거래량이다. 이러한 점 때문에 거래량과 주가의 움직임을 보면 사람들의 심리가 어느 정도 드러나게 되는 것이다.

〈차트 3-81〉처럼 천천히 떨어지는 주식은 보유하고 있는 투자자의 입장에

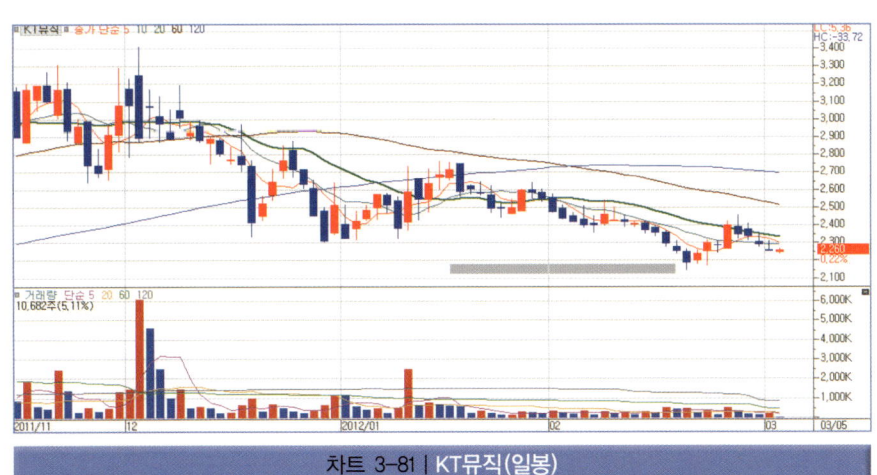

차트 3-81 | KT뮤직(일봉)

서 손실을 충분히 견딜 수 있는 정도이다. 많이 떨어지지 않으니 막연히 다음 날에 조금만 올라도 다시 그 자리이기 때문에 아무런 느낌 없이 하락하는 것을 견디게 된다. 하지만 가랑비에 옷 젖듯이 조금씩조금씩 떨어지다 보면 손절할 타이밍이 다가와도 왠지 약한 매도세 때문에 반등할 것처럼 생각된다. 하지만 구렁이 담 넘어 가듯이 지지선을 슬쩍 넘어가게 된다. 그렇게 되면 이미 천천히 하락하는 것에 익숙해져서 큰 문제로 생각하지 않고 보유하게 된다.

개구리를 차가운 물에 넣고 물의 온도를 서서히 높이면 삶아지는 것도 알지 못한 채 죽어가는 것처럼 투자자도 정신 차리고 계좌를 보았을 때 어느새 자신의 계좌에서 많은 돈이 사라진 것을 깨닫게 된다. 그래서 천천히 흘러내려 가는 동안 거래량이 늘지 않고 떨어지게 되는 것이다. 그렇게 되면 이미 매도할 시기를 놓쳤기 때문에 멍하니 바라보게 된다. 이런 이유로 천천히 흘러내릴 경우 거래량이 늘지 않고 천천히 떨어지게 되는 것이다.

반면에 갑자기 급락이 나오면 사람들은 자신의 돈이 빠르게 사라져가는 모습을 보며 혼란에 빠진다. 그러한 혼란 속에서 이성적으로 생각하지 못한 채 자

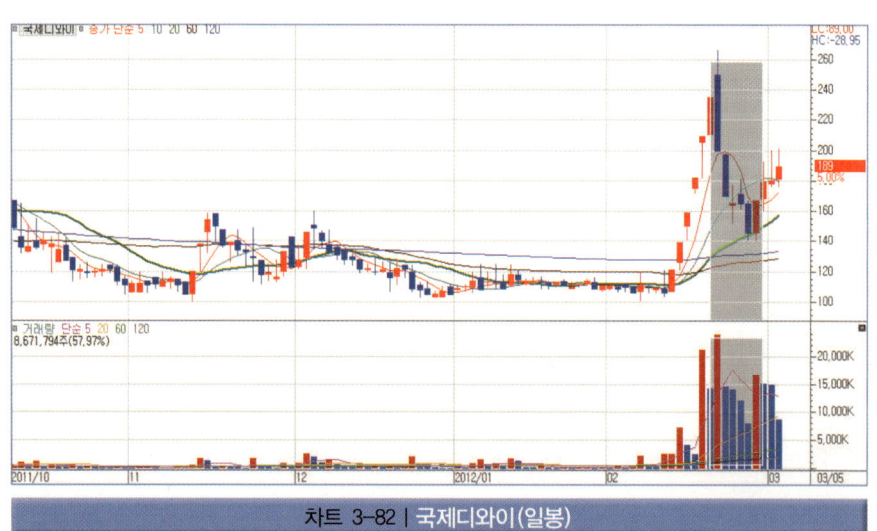

차트 3-82 | 국제디와이(일봉)

신이 보유하고 있던 주식들을 무조건 매도하기 시작한다. 그러면 매도가 또 다시 매도를 불러들여 더 큰 매도세를 일으키게 되는 것이다.

이때 매수하는 사람들은 어떤 사람들일까? 당연히 주식의 가격이 너무 싸다고 생각하는 사람들이다. 이들이 운이 좋거나 정말 실력이 뛰어나다면 바닥을 잡은 것이다. 하지만 대다수는 떨어지는 칼날을 잡고 자신의 돈이 사라지는 모습을 바라보며 안타까워하는 투자자들이다. 결국 이렇게 안타까워하는 투자자들은 자신의 돈이 사라지는 것을 감당하지 못하고 매수했던 주식을 손절하기 시작하면서 매도세에 힘을 더하게 된다. 그런 이유로 매도세는 거대한 거래량을 터뜨리면서 급락을 일으키는 것이다.

이렇게 빠르게 떨어지는 주식에서 감정에 휩싸인 투자자들이 매도를 하면서 빠져나가고 나면 주가의 상황을 냉정하게 바라보는 투자자들과 손절도 하지 못한 채 전전긍긍하는 초보투자자들만 남게 된다. 이들의 비중이 점점 높아질수록 매도하는 투자자들의 수도 줄어들게 된다. 이렇게 매도세가 줄어들면 주가가 하락하는 것을 냉정하게 바라보던 돈이 많은 투자자와 처음 하락할 때 빠르게 빠

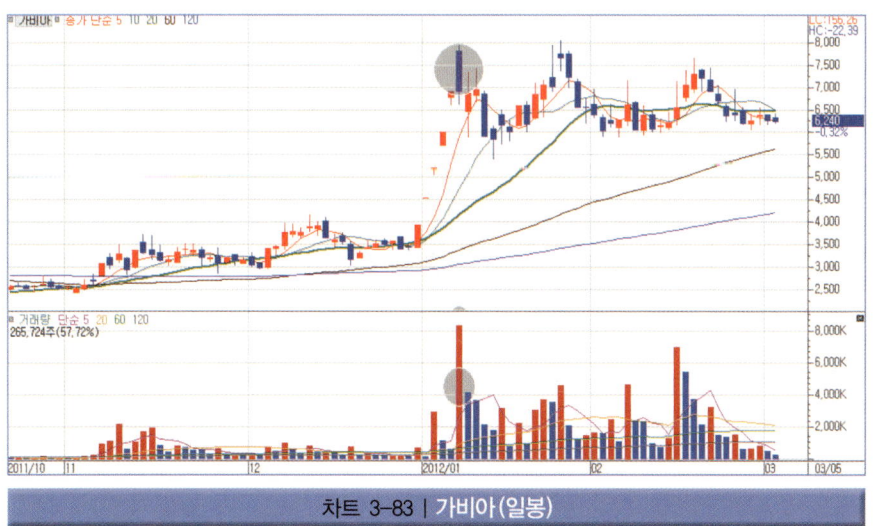

차트 3-83 | 가비아(일봉)

져나온 전문적인 투자자들은 매도 세력이 약해진 것을 깨닫고 주식을 싼 가격에 다시 매수하기 시작한다. 이렇게 매수세가 들어오기 시작하면 주가는 더 이상 파는 사람이 없으므로 쉽게 반등하게 되는 것이다.

시장에서는 항상 이런 일이 항상 반복된다. 주식시장에는 새로운 사람들이 들어오고 그 사람들이 보이는 행동은 항상 비슷하기 때문이다. 마인드 컨트롤 훈련이 잘된 사람이 아니라면 돈이 걸린 문제에는 자신이 공부한 것이 무엇이든 감정에 휩싸여 자신이 공부하고 배운 것을 잊거나 자기 멋대로 해석하고는 결국 다른 사람과 똑같이 행동하는 것이다. 물론 시장에 참여한 지 오래된 사람들도 자신의 감정을 주체하지 못하고 자주 이러한 행태를 보이기도 한다. 그래서 고가권에서 거래량이 폭증하다가 떨어지게 되면 우선은 매도하고 사태를 지켜보는 것이 옳다. 거래량이 터진 후에도 크게 상승하는 경우도 종종 있지만 그렇게 예외적인 것에 눈길이 가다 보면 당연히 매매가 꼬이게 된다.

주가가 바닥권을 횡보하는 경우 〈차트 3-84〉처럼 거래량도 거의 없다. 바닥권에서 횡보할 때는 이미 매도하고 나갈 투자자들은 이미 다 빠져나갔고, 남아

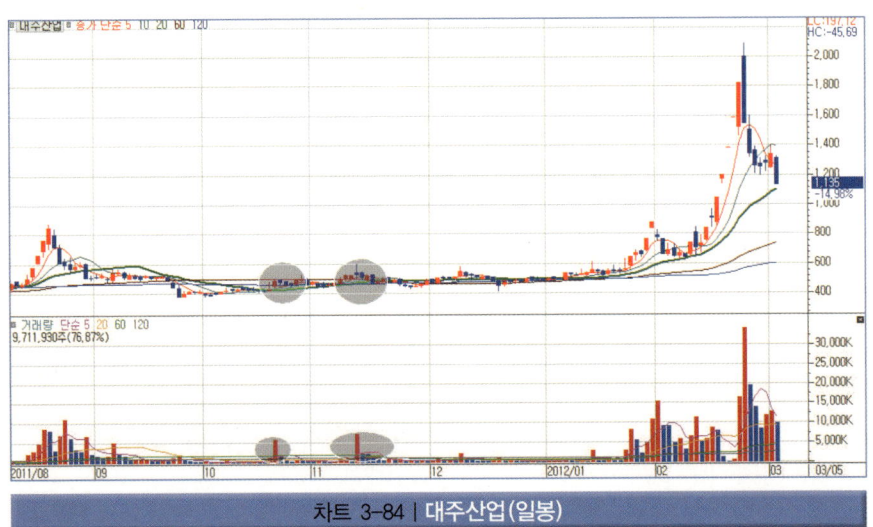

차트 3-84 | 대주산업(일봉)

있는 사람들은 느긋하게 보유하고 갈 사람들이 대다수이다. 그래서 소폭의 반등에도 반응하지 않는다. 거래가 이뤄지기 위해서는 매도하는 사람과 매수하는 사람들이 있어야 하는데 매도하는 사람들이 줄어들고 매수하려는 사람들도 상승할 만한 움직임을 보여주지 않기 때문에 종목에 관심을 갖지 않는 것이다. 이러한 상황에서 바닥권에서 횡보하는 주식은 거래량이 터져서 관심을 받기 전까지 관심을 가지지 않아도 상관없다.

하지만 바닥권에서 횡보할 때 거래량이 터진 종목은 관심을 가져야 한다. 거래량이 터졌는데도 주가에 큰 움직임이 없이 횡보한다면 이것은 결국 어떤 세력이 대량으로 주식을 매수했다고 봐야 한다. 옆으로 횡보하는 주식의 경우 거래량이 적기 때문에 조금만 매수해도 그 흔적이 바로 나타나게 된다. 이렇게 거래량이 갑자기 급증하면 많은 투자자들이 관심을 가지게 되므로 이러한 사실을 알고 있는 세력들은 당연히 자신의 흔적을 지우기 위해서 움직임을 한동안 자제한다. 하지만 그러한 흔적을 지우려고 해도 결국 거래량은 지울 수가 없다. 〈차트 3-84〉에서 10월 후반과 11월 중반에 거래량을 보면 횡보하는 중에 뜬금없이 거래량이 급등한 모습을 볼 수 있다.

이렇게 거래량이 급등했다면 그만큼 거래의 흔적으로 주가가 반응을 보이는 것이 정상인데도 아무런 반응이 없다는 것은 의도적으로 누군가 주가의 움직임을 막고 있다는 의미이다. 주가의 움직임을 얼마간 막게 되면 다시금 주가는 아무 일이 없었다는 듯 횡보하게 된다.

하지만 이런 종목들은 세력이 주식을 대량으로 매수해두었기 때문에 상승할 때는 강하게 상승하게 된다. 그러므로 이러한 종목이 눈에 들어온다면 관심 종목에 추가하고 회사의 상황과 매수하는 세력들의 주체 그리고 차트의 형태들을 관심 있게 지켜봐야 한다(차트 3-85).

상승 중에 거래량 또한 상승한다는 것은 새로운 투자자들이 들어오고 있다

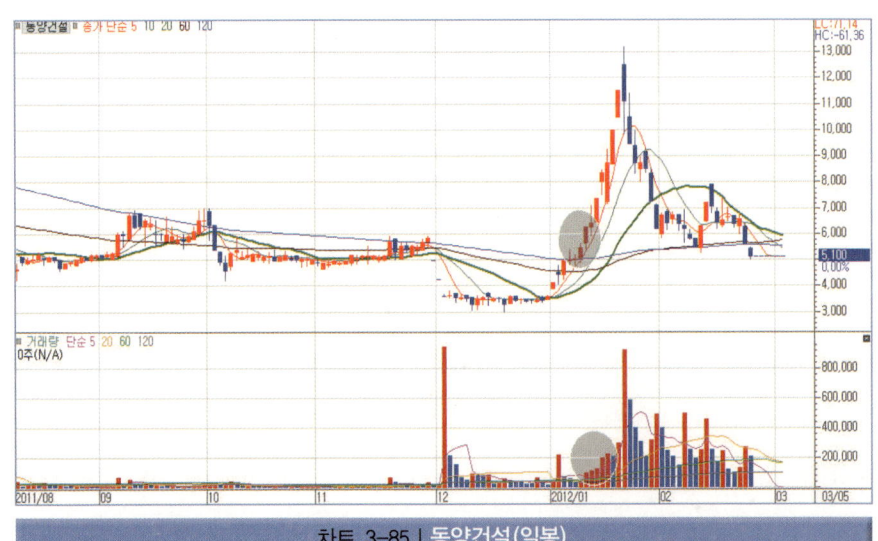
차트 3-85 | 동양건설(일봉)

는 것을 의미한다. 주가가 상승을 하기 위해서는 더 비싼 가격에 사줄 투자자가 반드시 필요하다. 많은 투자자가 주식을 사게 되면 주가가 올라갈수록 이익을 실현하려는 투자자들 역시 많아질 것이며, 매도자들의 주식을 모두 매수하면서 가격을 상승시키려면 당연히 더 많은 매수자가 들어와야만 한다. 그러한 점 때문에 거래량이 증가하면서 주가가 상승하는 것은 안정적으로 주가가 상승 중이라는 것을 의미한다.

하지만 이렇게 급등하는 종목의 경우에는 거래량이 상승한다는 것은 위험부담이 생긴다는 것을 의미한다(차트 3-86). 정말로 급등하는 경우 다른 사람들이 살 기회도 주지 않은 채 상승하게 된다. 그렇기 때문에 거래량이 늘어나기 힘들다. 반대로 누군가 파는 사람이 늘어난다는 것도 결국 거래량으로 드러난다. 즉 거래량에서 파는 사람이 늘어난 흔적이 고스란히 드러나는 것이다. 점점 파는 사람이 늘어나고 있다는 것은 상승하고 있어도 매도세가 증가하고 있다는 의미이다. 이렇게 되면 강한 매수세와 매도세가 서로 힘겨루기를 하기 때문에 유동성이

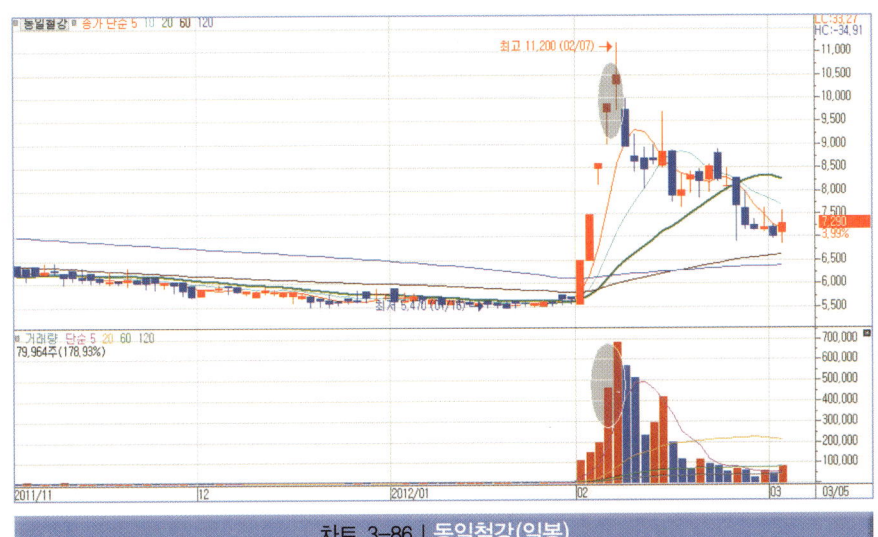

차트 3-86 | 동일철강(일봉)

좋아진다. 이런 이유로 단기 투자자나 초단기 투자자들이 많이 참여하게 되는 것이다.

주가의 상승 중에 거래량이 감소하는 경우는 크게 두 가지로 볼 수 있다.

첫째, 주가의 상승 중에서 주가가 조정을 받으면서 거래량이 급락하는 경우이다. 이러한 경우 주가가 하락은 하지만 매도하는 사람은 없다는 의미이다. 이렇게 매도하는 사람이 없다면 작은 매수세에도 상승을 하게 되는 것이다.

둘째, 큰 범위에서 거래량을 보게 되면 〈차트 3-87〉에서 3번처럼 거래량이 줄어드는 모습을 볼 수 있다. 이 경우에도 마찬가지로 매수하는 사람들과 매도하는 사람들이 서로의 눈치를 보기 시작했다는 의미이다. 이 경우 옆으로 횡보하거나 조정을 받으면서 상승과 하강을 결정짓게 된다. 그러므로 추세의 변화나 유지가 결정되기 전에는 상황을 지켜보는 것이 옳다.

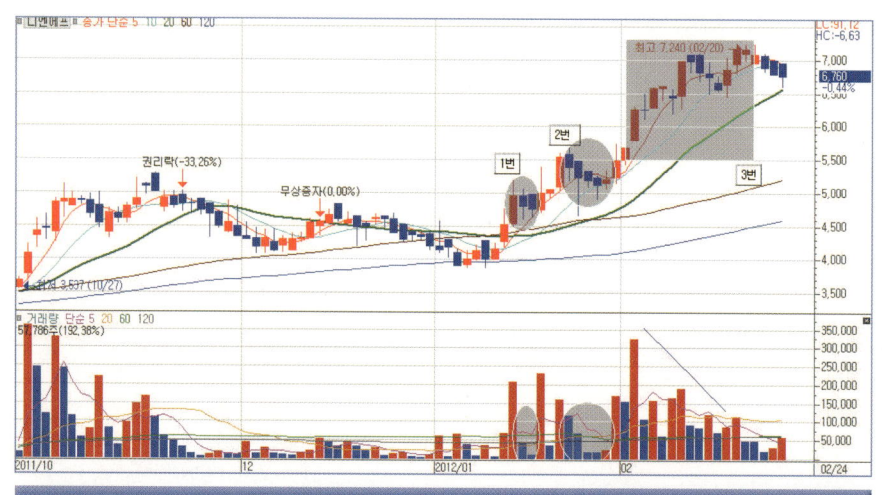

차트 3-87 | 디엔에프(일봉)

차트 3-88 | 에이프로테크놀러지(일봉)

　　주가가 급락을 하는 경우 거래량이 급증하는 것은 일단 급락이 멈출 것이라는 신호가 된다. 이러한 경우 낮은 가격에 매수하려는 단기투자자들이 대거 몰리면서 높은 거래량이 터지게 된다. 이렇게 매수세가 들어오게 되면 당연히 급락은 멈추게 된다. 이후에 대부분 상승세로 이어지지만 다시 급락하는 경우도 있기 때문에 상황을 파악하고 투자 결정을 내려야 한다.

급락이나 급등을 하게 되면 기회를 노리고 들어오는 단기투자자들이 많아져서 거래량이 계속 증가해야 한다. 하지만 급락이나 급등을 하지 않는다면 당연히 단기투자자들의 관심이 사라지면서 거래량이 급감하거나 횡보하게 된다. 이러한 경우 시장의 관심을 잃었기 때문에 차후 다시 거래량이 증가할 때까지 기다리는 것이 좋다.

하지만 〈차트 3-88〉에서 볼 수 있는 것처럼 에이프로테크놀러지처럼 회사가 믿음직하지 못할 때는 거래량 분석조차 하지 않는 게 좋다. 단기간 주가가 급락을 하더라도 이러한 회사들은 분석을 안 하는 게 좋다.

# Part 9

# 형태를 통해서 주가를 예측하는 패턴, 그리고 기타 보조지표들

# 29
## 추세의 변화를 알려주는 반전형 패턴

**많은** 사람이 추세에 따라 매매를 한다. 기관이나 외국인 같은 세력들은 추세 매매를 하지 않으면 자신들이 가진 큰돈을 굴리기가 힘들다. 그래서 회사가 괜찮은 종목을 매수해서 세력들이 가진 돈의 힘으로 매수하면서 주가를 꾸준히 끌어올리게 되면, 다른 투자자들의 관심을 받으며 스스로 추세를 타고 상승하게 된다. 추세와 너무 떨어질 경우 일부는 매도하고, 추세 근처에 다가오면 매수를 하면서 추세를 따라 주가가 우상향하도록 만든다.

그랜드백화점 역시 마찬가지이다(차트 3-89). 우상향하는 추세선에 지지되면서 주가가 상승하는 모습을 보이고 있다. 이러한 주가의 상승을 통해서 3,900원대였던 주가는 9,180원으로 6개월 동안 100%가 넘는 상승률을 보여주었다. 하지만 급락할 때에 주가는 추세선을 바로 깨버리는 모습을 보인다. 결국 추세선 매매만을 이용할 경우 투자금을 두 배 이상으로 불릴 수 있는 기회를 놓치고, 7,000원 아래에서 손절 처리해야 했다. 이런 추세 매매의 한계를 보안해주는 방법이 바로 패턴이다.

패턴이란 차트상에서 나타나는 특정한 형태를 의미한다. 공포영화에서 무서운 장면이 갑자기 등장하거나, 사람들이 장난으로 누군가를 깜짝 놀라게 만들 때 그들의 반응은 모두 비슷하다. 또한 우리나라에 사람들은 밥을 먹을 때는 일부 특정한 경우를 제외하고 대부분 숟가락과 젓가락을 이용해서 밥을 먹는다. 이렇게 사람들은 본능적으로 동일한 행동을 하거나, 한국이라는 공통된 사회에서의 경험과 교육으로 인해서 의식적으로나 무의식적으로 공통된 생각과 행동을 보이는 경우가 많다.

주식시장 역시 사람들이 주식을 사고파는 곳이기 때문에 주체는 사람이다. 사람들로 이루어진 시장이기 때문에 결국은 의식적이든 무의식적이든 비슷한 행동과 감정을 느끼게 되는 것이다. 그래서 주식시장의 주가의 변화 역시 비슷한 형태로 움직일 수밖에 없다. 사실 거래량이나 캔들의 움직임, 저항과 지지, 추세 마저도 하나의 패턴이라고 봐도 무방하다. 그리고 많은 투자자가 자신만 알고 있는 패턴을 찾아 그것을 기법으로 만들고자 지금도 열심히 주식을 공부하고 있다.

이러한 패턴 중에서도 가장 기본이 되는 패턴들이 있다. 패턴은 그 자체도 분

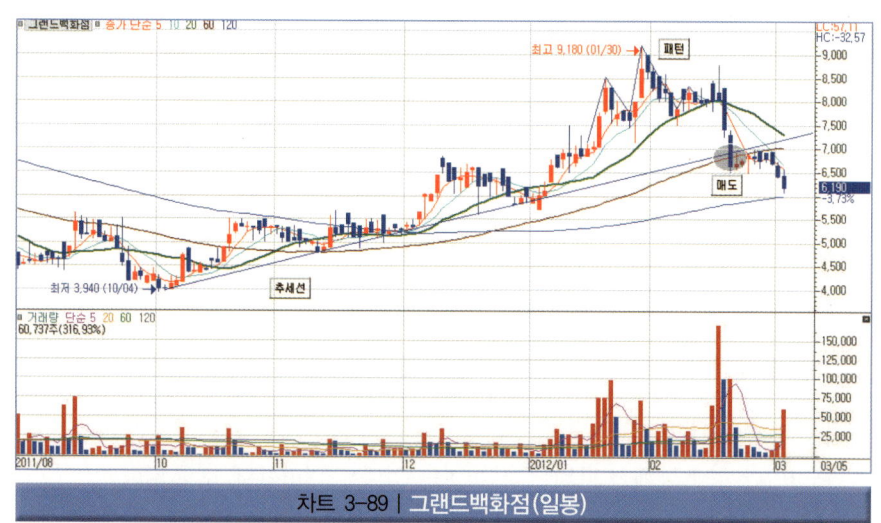

차트 3-89 | 그랜드백화점(일봉)

명히 중요하지만 '왜, 그리고 어떻게' 그러한 패턴이 나오게 되었는가를 충분히 이해한 후 주식의 특성을 이용해 자신만의 패턴을 만드는 데 도움을 얻기 위해서이다. 전자는 누구나 이야기하는 내용이지만, 후자의 경우는 굉장히 중요한데도 알고 있는 사람들은 쉽게 다른 사람들에게 알려주지 않는다. 알려줘도 쉽지 않을뿐더러, 쉽게 이해하고 받아들일 수 있는 내용이 아니기 때문이다. 멀리 바라보는 것보다 우선은 기존의 전통적인 패턴을 정확하게 이해하고 원리를 안다면 단단한 토대를 마련할 수 있을 것이다.

## 머리어깨형

패턴은 크게 추세의 반전을 뜻하는 반전형 패턴과 추세를 강화시키는 지속형 패턴이 있다. 그 중에서 머리어깨형은 대표적인 반전형 패턴의 형태이다.

〈차트 3-90〉을 보면 일반적으로 주가는 상승한 뒤 조정을 받고 다시 상승

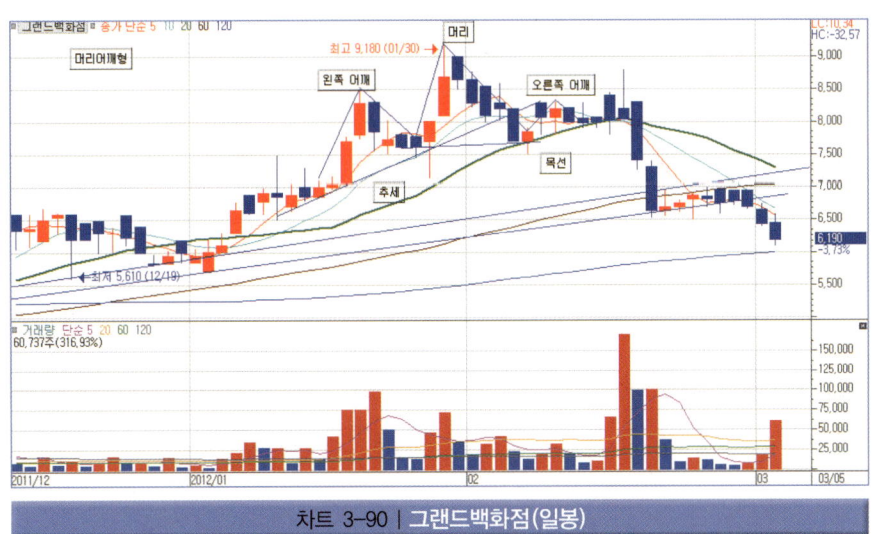

차트 3-90 | 그랜드백화점(일봉)

하는 형태를 취하면서 우상향한다. 왼쪽어깨 역시 처음 나올 때는 하나의 평범한 고점일 뿐이다. 아무런 반전의 분위기를 찾을 수 없다. 거래량도 상승하면서 계속 상승할 수 있는 여력을 보여주고 있다. 실제로 그랜드백화점의 경우에도 상승할 때 거래량이 증가하고, 조정받을 때 거래량이 급감하면서 전형적인 조정의 모습을 보여주고 있다.

하지만 조정이 끝난 후 머리 부분으로 상승할 때 거래량이 왼쪽어깨보다 적다. 별것 아니라고 생각할 수도 있지만 전고점을 돌파하게 되면 저항 부분이 사라지기 때문에 위로 올라갈 수 있는 부분이 많다. 하지만 사람들의 관심을 받지 못하면서 더 이상 올라갈 힘을 얻지 못했다는 의미가 된다. 결국 이러한 점을 증명하듯 추세를 깨고 내려가서 왼쪽어깨와 머리 사이에 조정을 받았던 저점과 비슷한 부분에서 하락을 멈추고 있다. 즉 상승하던 추세가 목선이라고 부르는 선으로 바뀌었다는 점에서 추세가 꺾였다고 말할 수 있다.

하지만 단지 조정으로 끝나고 다시 상승할 수도 있다. 목선에서 반등이 나오면 상승 추세를 계속 이어가기 위해서는 주가가 지지선에서 저항선으로 바뀐 추세선을 돌파해야만 한다. 하지만 이러한 것이 실패하면서 거래량이 줄어든 채로 반등하였지만 머리나 어깨에도 미치지 못하게 되었다. 이렇게 되면 사실 더 이상 상승할 여력이 없다는 것을 증명하는 것이나 마찬가지이다. 그랜드백화점에서도 추세선을 하향 돌파한 주가는 20일 이동평균선에서 반등하여 목선을 만들지만 추세선을 돌파하지 못하고 있다.

추세선을 돌파하지 못한 주가는 보통 목선 아래로 떨어져서 목선까지 되돌아가는 경우가 가장 정석이다. 하지만 그러한 정석이 반드시 맞아떨어지지는 않는다. 왜냐하면 주가에는 영향을 미치는 많은 변수들이 존재하기 때문이다. 그래서 그랜드백화점도 20일 이동평균선에서 지지되다가 결국은 강한 급락이 나오게 된 것이다.

여기서 목선의 역할을 20일 이동평균선이 대신한 것이며, 돌파하고 반등으로 나와야 하는 힘이 처음에 지지되었지만, 이미 사용되었기 때문에 반등 없이 떨어지게 된 것이다. 매수세와 매도세는 계속 어디선가 나오는 것이 아니라 소모되는 것이다. 지지선을 돌파하는 데 매도세가 소모되는 반면에, 매수세는 반응하지 않았기 때문에 결국은 반등이 나오는 것이다. 그리고 매수세가 이미 〈차트 3-91〉처럼 지지되는 데 사용되었기 때문에 하향 돌파된 뒤에 반등이 나오지 않은 것이다.

이러한 원리를 이용해서 투자자들은 머리에서 거래량이 줄고 추세선을 깨고 내려갈 때 매도해버린다면 추세를 이용해 매매하는 사람들은 수익을 극대화할 수 있다. 물론 이때 추세선은 캔들의 움직임을 따라서 다시 그린 추세선이다.

만약에 좀 더 올라갈 확률이 있다고 생각된다면 목선이 만들어진 후 목선을 손절선으로 잡아두고 좀 더 주식을 보유하고 있을 수도 있다. 하지만 왜 손절선으로 목선을 잡아야 하는지에 대한 이유는 머리어깨형이 나왔음에도 불구하고 상승을 하게 된다면 이때 매수세는 굉장히 강하다는 의미가 된다. 세력이 머리어

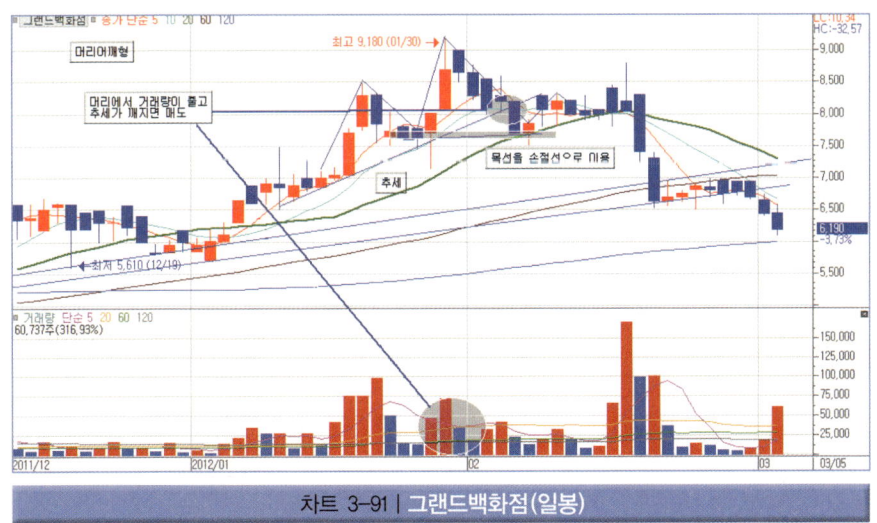

차트 3-91 | 그랜드백화점(일봉)

깨형까지 만들었다면 아마도 모두 주식을 매도하고 떠날 수밖에 없기 때문에 이때 상승은 정말 높게 올라갈 수 있다. 그러므로 종목이 괜찮고 만약 더 갈 수 있다는 생각이 든다면 손절선을 정하고 보유해보는 것도 좋은 방법일 수 있다.

### 2중 바닥형

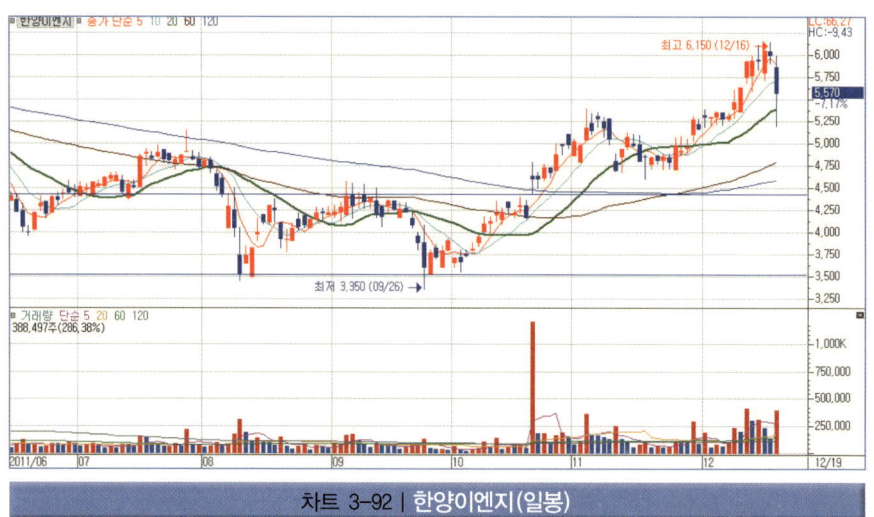

차트 3-92 | 한양이엔지(일봉)

바닥과 천장은 사실 새로운 내용이 아니다. 앞의 내용을 제대로 이해했다면 당연히 저항과 지지를 통해서 더 이상 하락하기 힘들다는 것을 이해할 수 있을 것이다. 전고점이 저항선이 되듯이 전저점이 강력한 지지선이 되어서 사람들이 저가라고 생각하고 매수를 하게 되는 것이다.

추세를 타고 계속 하락하기 위해서는 이러한 지지선을 지속적으로 돌파해야만 한다. 하지만 이런 지지선을 돌파하지 못한다는 것은 결국 하락하는 힘이 약해진다는 것을 의미한다. 이렇게 약해진 힘은 결국 하락하는 60일 이동평균선을 돌파하고 120일 이동평균선도 돌파해버렸다.

이러한 저항과 지지가 별것 아닌 것처럼 보일 수 있지만 이것이 중요한 것은 길게 추세와 함께 봐야 하기 때문이다. 〈차트 3-93〉의 차트를 보면 1년 가까이 추세가 하락하는 상황이다. 만약 저항이 되는 부분만 보면 이 부분이 추세의 끝이라고 생각하기 힘들다. 아래로 돌파하면서 추세를 강화시킬 수도 있기 때문이다. 하지만 지지가 되어 10월에 추세선을 돌파하는 모습을 보여주고 있다. 이렇게 추세의 전환이 생기는 것이다.

패턴이란 특별한 것이 아니라 주식의 특성들을 다른 특성과 조합해서 하나의 특성을 찾아내는 것이다. 천장과 바닥 역시 단순하게 '저항과 지지+추세의 돌파'로 단순하게 생각할 수 있다. 천장과 바닥에서 아무리 변종이 많다고 해도 결국은 하락 추세에서 저항과 지지 후 추세의 돌파로 결론이 난다.

천장형도 마찬가지이다. 〈차트 3-94〉의 차트를 보면 전고점을 제대로 돌파하지 못하고 거래량이 감소하는 모습을 보여주고 있다. 더 많은 투자자가 들어와서 매수를 해야만 하는데 거래량이 늘지 않는다는 것은 더 이상 오를 힘이 없

차트 3-93 | 한양이엔지(일봉)

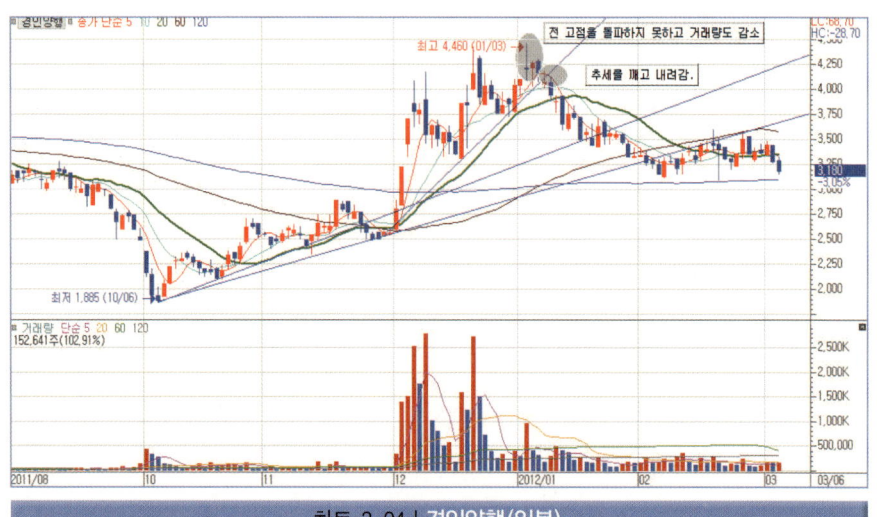

차트 3-94 | 경인양행(일봉)

다는 의미이다.

그러한 상황에서 추세선마저 깨버리게 되면서 추세가 꺾이는 것을 20일 이동평균선을 깨기 전에 알아볼 수 있다. 추세를 통해서 장기 매매를 하는 사람이라면 3,500원이나 3,250원에서 매도할 수 있는 것을 30% 이상 높은 가격인 4,100원에서 매도를 하게 되는 것이다.

결국 새로운 것은 하나도 없다. 단지 저항과 지지 그리고 거래량을 통해서 주가의 힘이 약해지는 것을 알아내고, 추세의 돌파로 인해서 추세가 변하는 것을 알아내는 것이 결국 패턴의 요점이다. 기본이 충실하면 다른 것은 자연스럽게 연결되는 것이다.

## 원형과 V자형

차트 3-95 | DSR제강(일봉)

원형천장 역시 이동평균선과 거래량에서 이야기한 내용을 응용하면 충분히 이해할 수 있는 내용이다. 이동평균선은 그 기울기로 주가의 강도를 알아볼 수 있다. 우하락하는 각도가 심하다면 당연히 하락하는 강도가 강하다는 말이며, 우상향하는 각도가 가파르다면 상승하는 힘이 강하다는 이야기가 되는 것이다. 강도가 조금씩조금씩 강해져 간다면 결국 이동평균선은 아치형을 그리게 된다. 위 차트에서 10일 이동평균선을 보게 되면 우하락하다가 처처히 머리를 우상향으로 움직이더니 평평해지다 다시 우상향하는 모습을 보여준다.

앞에서 거래량을 통해 횡보하는 주식에 세력이 들어온다는 이야기를 했다. 항상 이야기하지만 투자금이 일반투자자들보다 매우 많으면 모두 세력이라고 할 수 있다. 이러한 세력이 많은 물량을 사게 되면 결국은 거래량에서 표시가 나게 된다. 하지만 조금씩 꾸준하게 사게 된다면 이동평균선도 표시나지 않게 변화한다. 〈차트 3-96〉의 차트처럼 기간을 줄이게 되자 아치형으로 보이지 않고

차트 3-96 | DSR제강(일봉)

단지 횡보하는 것처럼 보인다. 이러한 이유로 다른 사람의 관심을 받지 않은 채 조용히 매수할 수 있게 되는 것이다.

하지만 120일 이동평균선을 돌파하는 것은 중요한 이슈이다. 120일 이동평균선을 돌파하면서 다른 투자자들이 관심을 가지게 된다. 이때 관심을 떨어뜨리기 위해서 2월에 이익실현 겸 주가 조정을 목표로 매도를 하게 된다. 그럼 당연히 주가는 하락하게 될 테고 사람들이 불안해할 때 이익실현으로 모인 자금과 남은 투자금으로 주가를 급격하게 끌어올린다. 그러면 사람들이 말하는 컵형이 완성되는 것이다.

〈차트 3-96〉의 DSR제강 역시 마치 횡보하는 것으로 보이도록 아무도 모르게 매수를 하면서 사람의 관심을 받지 못할 때 은근슬쩍 120일 이동평균선을 넘어버린다. 120일 이동평균선을 넘어서 투자자들에게 관심을 받으면 당연히 한 번의 조정을 통해서 성급한 투자자들을 떼어내고 날아가는 모습을 보여준다. 이렇게 장기간으로 차트를 보고 변하는 모습이 눈에 띈다면 관심 종목에 등록하는 것도 좋은 방법이다.

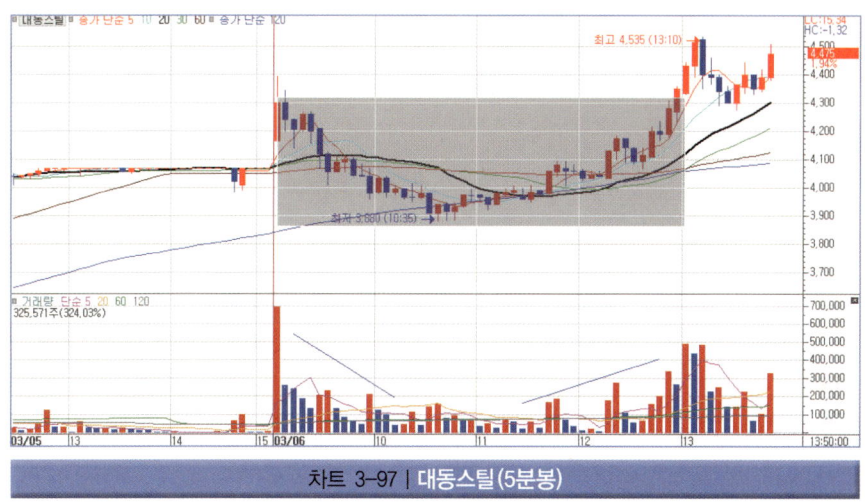

차트 3-97 | 대동스틸(5분봉)

    일봉의 경우 세력으로 판단하는 것은 분명히 유용하다. 하지만 5분봉같이 짧은 경우 세력이 아니더라도 사람들이 생각하는 것이 어떠한가를 생각해볼 수 있다. 캔들이 떨어지는 각도가 조금씩 약해지는 것을 보면서 매수세가 약해진다는 사실을 알 수 있다. 또한 성급한 투자자들의 매도하는 경향이 점점 약해지면서, 이러한 사실을 뒷받침해주는 것으로 거래량이 점점 줄어든다는 것을 알 수 있다.

    그리고 각도가 점점 완만해지더니 횡보하는 모습을 보여주게 된다. 여기서 아래로 돌파하면 당연히 한 단계 더 하락하는 징후로 볼 수 있다. 하지만 여기서 캔들의 각도가 우상향하기 시작하면서 거래량이 증가하기 시작한다면 추세의 변화가 시작됐다고 볼 수 있다. 그렇다면 상황과 종목을 보고 조정 부분에서 단기투자를 하는 것도 좋은 방법이 될 수 있다.

    어릴 적에 '통통볼'이라는 잘 튀어오르는 고무공을 가지고 논 적이 있을 것이다. 그 고무공은 굉장히 잘 튀어서 작은 힘에도 크게 튀어오른다. 이러한 공을 있는 힘을 다해서 바닥에 던져본 적이 있다. 어릴 적 내 키를 넘게 튀어오르는 모습을 보면서 대단하다는 생각을 했다.

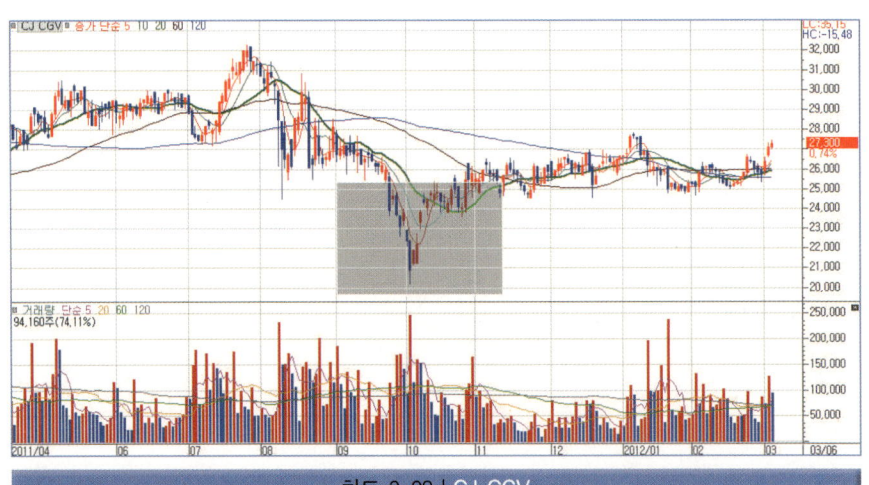

차트 3-98 | CJ CGV

주식도 마찬가지이다. 사람들이 주가가 빠르게 급락하는 모습을 보면서 공포에 질려 자신의 보유주식을 하나씩 던지다 보면 내려갈 만한 수준보다 더 내려가게 된다. 그렇게 된다면 냉정하게 상황을 바라보던 투자자들까지 깜짝 놀라서 손절을 하게 된다.

이때 현명한 투자자는 내려갈 만한 수준보다 훨씬 더 많이 하락하게 된 모습을 보고 매수를 한다. 결국 하락은 멈추게 되고 팔았던 투자자들은 정신을 차리게 된다. 그리고 자신이 혼란에 빠져서 팔지 않아도 될 만한 주식을 팔았다는 것을 깨닫고, 주식을 다시 매수한다. 그렇게 되면 주가는 다시 급등을 하게 된다(차트 3-98).

하지만 이 경우 갑자기 변화하기 때문에 그 변화점을 잡는다는 것이 쉽지 않다. 기울기가 가파르게 하락하는 경우 투자자들이 공포에 질려 매도하고 있다는 의미이며, 추세의 급반등이 나올 수 있기 때문에 관심을 가져야 한다.

상승 역시 마찬가지이다. 가파른 상승을 하게 되면 그 움직임을 보고 있는 투자자들은 눈 뜨고 기회를 놓치는 것같이 느껴져 조급해지기 시작한다. 그러면

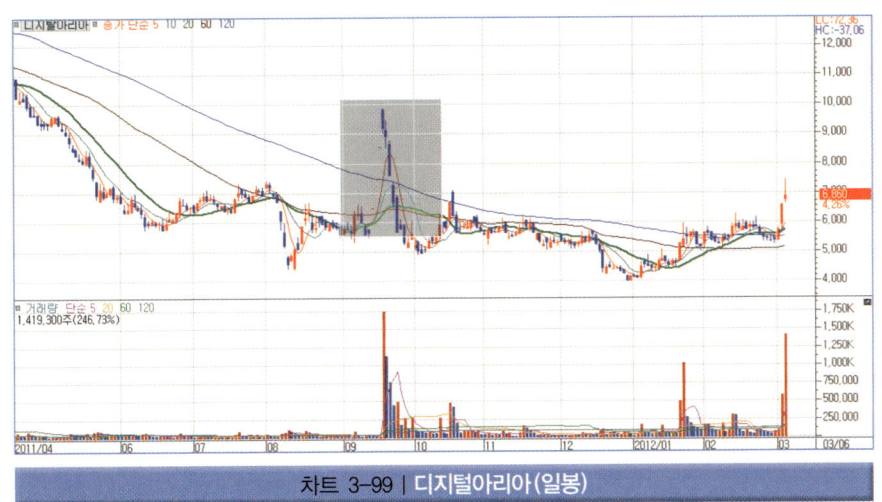

차트 3-99 | 디지털아리아(일봉)

모두들 사려고 안달이 난다. 자신이 사려고 하면 이미 주가는 저 위에 가 있고, 실패의 경험을 몇 번 하다 보면 무조건 시장가로 사게 된다. 하지만 자신이 살 때는 더 이상 오르지 못하는 고점일 경우가 있다. 사고 오를 때는 이성을 잃고 있다가 더 이상 오르지 못하자 정신을 차리게 된다(차트 3-99).

그때는 이미 아무도 사주지 않아서 올라갈 곳은 더 이상 보이지 않고, 내려갈 곳은 천 길 낭떠러지처럼 보이기 때문에 먼저 벗어나기 위해서 매도를 하게 된다. 그러면 매도가 매도를 부르고, 또 매도가 더 큰 매도를 부르게 되면서 급락이 나오게 된다. 이러한 것 역시 어느 순간 일어날지 모르는 일이다. 그래서 조금이라도 이상하면 벗어나야만 한다.

지금까지 차트의 반전형 패턴에 대해서 설명했다. 패턴이라고 해서 그렇게 신비하거나 숨겨진 형태가 아니다. 결국은 다 아는 것들을 조합해서 만들어놓은 것이다. 있는 내용을 얼마나 자신의 것으로 만들고 응용하느냐의 문제인 것이다. 그러므로 아는 것들을 연구하고 적용해보면서 자신만의 것을 만들라고 많은 고수들이 조언하는 것이다. 결국 기법을 아는 것이 중요한 것이 아니라 기법을 만들기 위해 연구하는 과정에서 주식에 대해서 알아가면서 자신만의 기법을 적용하는 것이 중요하다. 다른 이들의 기법을 알기 위해서 시간과 돈을 낭비하기보다는 스스로 연구하고 부단히 공부해야 한다. 그래야만 누군가 기법을 가르쳐주더라도 자신만의 방식으로 이해하고 적용할 수 있다.

# 30
## 추세 움직임의 변화를 보여주는 지속형 패턴

　**게임을** 하거나 경기를 할 때도 그렇지만 항상 잘 풀리는 것이 아니다. 잘될 때도 있고 안 될 때도 있기 마련이다. 갑자기 모든 것이 풀리는가 하면 멈춰 서서 서로 눈치만 보는 경우도 있다. 주식도 마찬가지이다. 위로 갈 때가 있고 잠시 멈춰 서서 숨고르기를 할 때도 있다. 어떨 때는 갑자기 떨어지는가 하면 그 자리에서 매수세와 매도세가 힘겨루기를 하기도 한다.

　지속형의 패턴에 대해 많은 책들에서 기존의 추세가 잠시 보합 상태로 머무르고 있는 형태라고 말한다. 보합 상태가 끝나고 나면 이전의 움직임과 같은 방향으로 돌아간다는 것이다. 하지만 이것은 틀린 말이다. 책에서 이야기한 것과 반대로 가는 경우가 너무나 많기 때문이다. 그래서 지속형 패턴이란 서로 간에 힘 싸움이 지속되는 구간으로 보는 것이 옳다.

　지금부터 이전 추세대로 가기 전에 잠시 쉬어가는 구간인 지속형 패턴이 아니라 힘겨루기를 하는 지속형 패턴으로 설명할 것이다. 주식에는 100% 정답이 없다. 항상 변화하기도 하고 설명하는 것과 반대로 움직이는 경우도 많다. 그렇기 때문에 패턴을 익히는 것이 아니라 패턴 안에 담겨져 있는 의미를 정확히 이해하고, 그 원리에 따라 차트를 연구하면서 경험을 쌓아 자신만의 원리를 구축하는 것이 중요하다.

### 삼각형 패턴

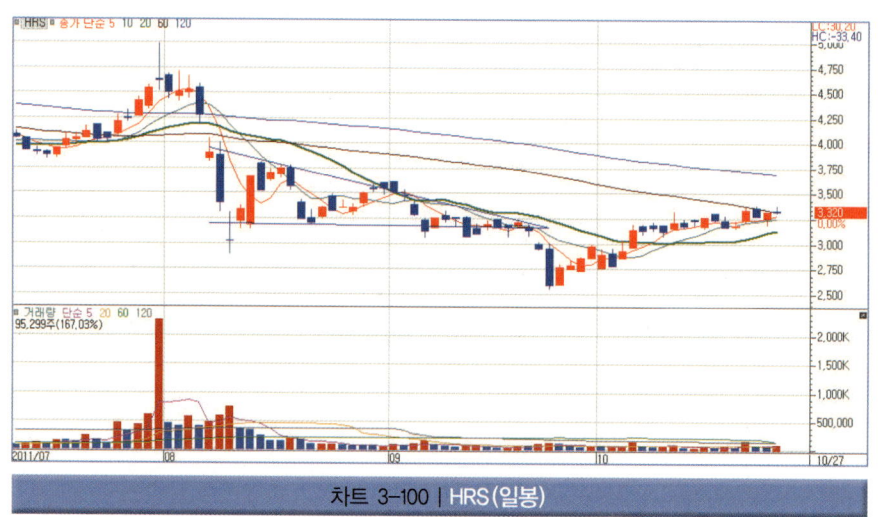

차트 3-100 | HRS(일봉)

삼각형의 패턴은 여러 가지 이름으로 불린다. 어디로 튈 줄 모르는 대칭 삼각형이나 상승 삼각형, 하락 삼각형, 확산형 삼각형, 현실에서는 거의 볼 수 없는 이론상으로만 이야기하는 다이아몬드형도 삼각형 패턴에 속한다. 또한 패넌트형이나 모서리가 위나 아래로 향하고 있는 쐐기형도 역시 삼각형 패턴과 같다. 하지만 이것도 추세와 저항과 지지를 조합해놓은 것이다. 알고 보면 결국은 앞에서 모두 설명한 내용이란 것을 깨닫게 될 것이다.

줄다리기를 하는 것을 보면 팽팽한 긴장감이 느껴진다. 이러한 긴장감은 서로가 자신의 영역으로 줄을 끌어당기기 위해서 사력을 다하기 때문이다. 그러면서 서로 멀지 않은 곳에서 조금씩 밀고 밀리다가 어느 순간 그 움직임마저도 사라지는 경우가 있다. 그 자리에서 팽팽하게 서로 밀리지 않으면서 움직임을 멈추는 것이다. 하지만 그러한 팽팽함이 지속되지 않고 어느 한쪽으로 당겨지면서 긴장감이 사라지고 승부가 갈리게 된다.

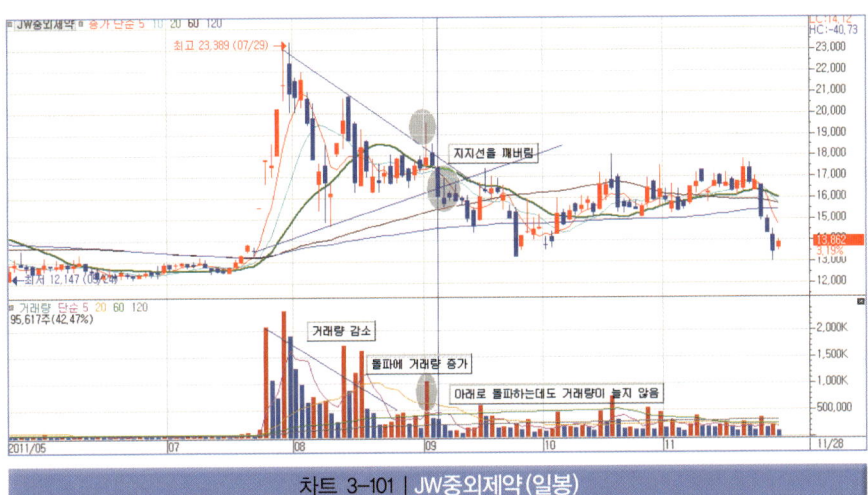

차트 3-101 | JW중외제약(일봉)

삼각형 패턴 역시 줄다리기와 같다. 추세에서 소강상태에 이르면 매수한 사람은 자신이 산 가격보다 무조건 더 올라갈 것이라고 생각하면서 사는 것이고, 매도한 사람은 자신이 매수한 가격보다 무조건 내려갈 것이라고 생각해서 파는 것이다. 그렇게 사는 사람은 더 오르기를 바라며 계속 매수를 하게 되고, 매도한 사람은 더 떨어질 것이라고 생각해서 매도를 하게 된다. 그렇게 매수세가 좀 더 자신이 산 가격이 올라가길 바라며 매수하기 때문에 저점은 당연히 높아져 간다. 하지만 매도하는 사람들 역시 더 내려갈 것이라고 생각하고 계속 매도하기 때문에 고점이 낮아져 가는 것이다.

이렇게 고점과 저점이 점점 가까워지게 되면 매수하는 사람들과 매도하는 사람들이 균형을 이루고 점점 움직임이 작아지면서 거래량도 줄어들게 된다. 그러다 어느 순간 거래량이 터지면서 어느 한쪽으로 돌파한다. 시중에 나와 있는 이론서에는 돌파한 쪽으로 추세를 이루며 움직인다고 이야기를 하고 있다. 하지만 〈차트 3-101〉에서 보듯이 현실에서는 돌파한 이후에 반대로 움직이는 경우도 많다. 이러한 부분 때문에 이론을 그대로 받아들이거나 그 안에 뭔가 숨겨져 있을 것이라고 생각하면 안 되는 것이다.

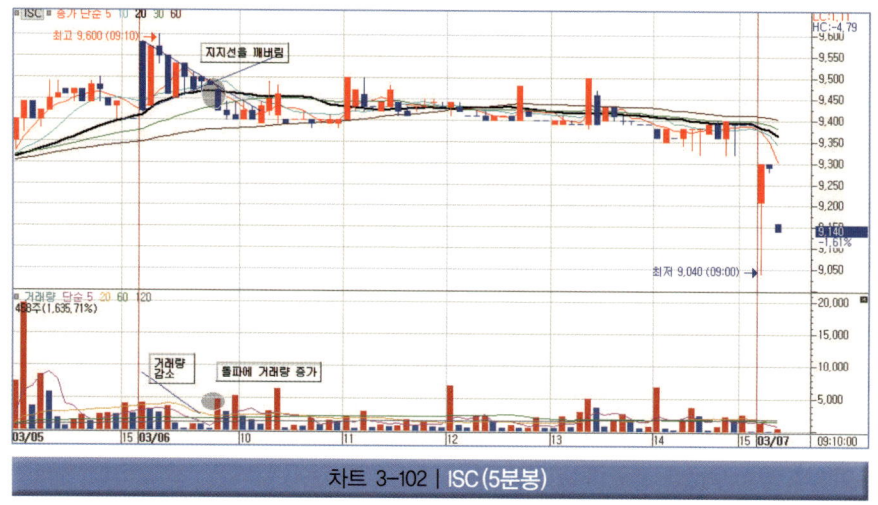

차트 3-102 | ISC (5분봉)

이러한 것은 분봉에서도 마찬가지이다. 오히려 일봉의 움직임보다 서로 간에 팽팽하게 줄다리기 하는 모습이 더 잘 표현되고 있다. 매수세와 매도세가 서로 밀고 당기면서 점점 팽팽해지다가 더 이상 밀고 밀릴 곳이 없자 거래량이 거의 없는 단계까지 이르게 된다. 하지만 〈차트 3-102〉의 원 안의 캔들에서 보이듯 양봉의 모습이 하나도 보이지 않는다. 이 경우 어느 정도 하락으로 예측해볼 수 있다. 결국 거래량이 급증하면서 하락하는 모습을 보여준다. 하지만 이렇게 고가가 점점 하락하는 각도나 저가가 점점 상승하는 각도의 차이가 별로 없는 경우 그 힘에 별 차이가 없기 때문에 위로 상승해도 전혀 이상하지 않은 자리이다. 그러므로 확률이 낮을 때는 항상 확인하고 투자하는 습관을 길러야만 한다.

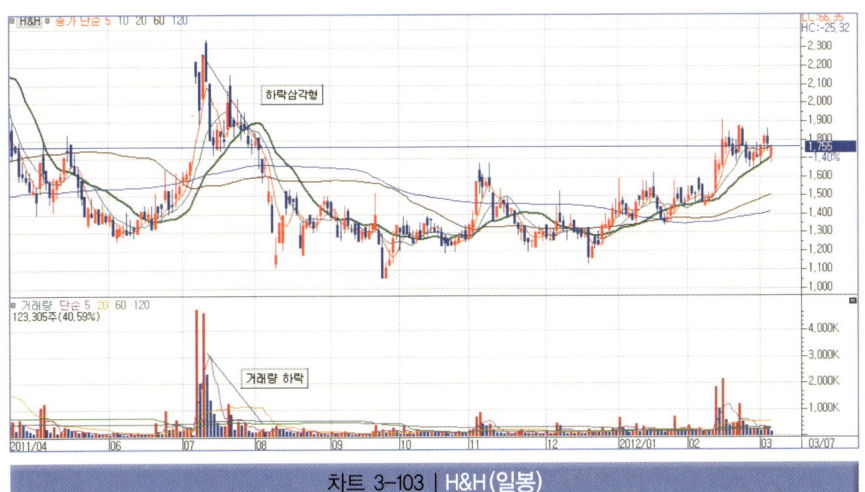

차트 3-103 | H&H(일봉)

삼각형의 양변이 어떠한 형태를 이루고 있는가도 중요한 요소이다. 왜냐하면 각 변의 각도는 그 추세의 강도를 말하는 것이기 때문이다. 이러한 것은 이동평균선의 각도나 추세선의 각도를 보는 것과 마찬가지이다. 〈차트 3-103〉에서처럼 아랫변이 바닥과 평행하고 윗변이 점점 내려오는 모습을 보일 수 있다. 이때 윗변을 볼 때 아래로 향한다는 것은 결국 전고점에도 도달하지 못하고 점점 고점이 낮아진다는 의미다. 이렇게 고점을 돌파하기는커녕 고점이 낮아진다는 것은 상승하려는 힘이 약해져간다는 것이다.

반면에 저점은 비록 돌파하지 못하더라도 지지선을 지키고 있는 모습을 볼 수 있다. 전고점에 도달하지 못하는 매수세보다 당연히 전저점에 도달하는 매도세가 더 강한 것은 당연하다. 그렇기 때문에 결국 서로 간에 힘 싸움을 하더라도 하락하는 힘이 더 강했기 때문에 아래쪽으로 돌파하게 되는 것이다.

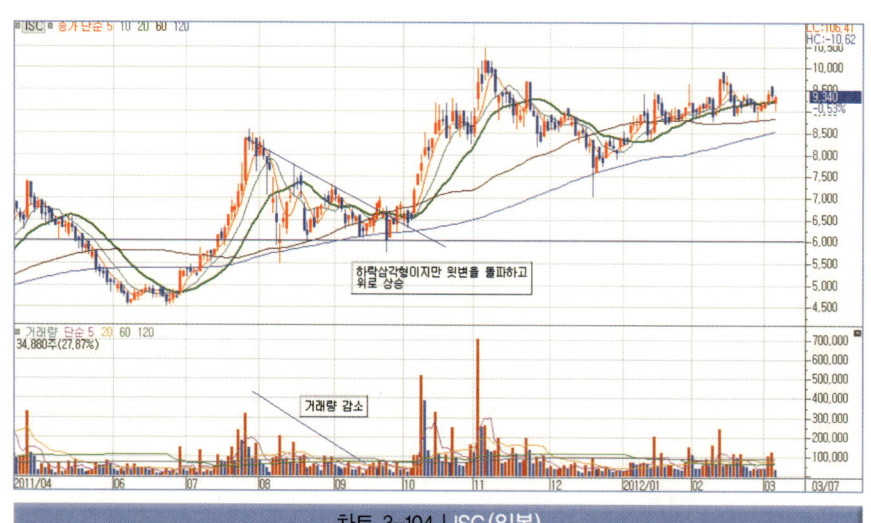

차트 3-104 | ISC (일봉)

하지만 역시나 이러한 패턴도 항상 그런 것은 아니다. ISC의 경우도 전형적인 하락 삼각형의 모습을 보여주지만 원칙과는 다르게 삼각형의 윗변을 뚫고 상승하는 모습을 보여주고 있다. 이 차트가 만들어질 때 많은 사람이 하락 삼각형의 형태로 움직이는 것을 보면서 하락에 무게를 두고 있는 상황일 것이다. 그렇게 생각한 사람들은 당연히 매도하려고 할 것이다. 매도세가 강해질 수밖에 없는 상황인 것이다.

이러한 상황에서 매도세를 뚫고 상승하는 모습을 보여준다는 것은 강력한 매도세를 압도하는 매수세가 있다는 의미이며, 자신이 모르는 무언가가 있다는 것이 된다. 그렇기 때문에 우선은 매수하고 대응하는 것이 좋다.

두 변이 하락하거나 상승하는 경우도 있는데, 이런 경우를 쐐기형이라고 한다(차트 3-105). 두 추세선이 한곳으로 모이게 될 경우 안에서 움직이던 주식이 밖으로 튕겨나갈 확률이 높다. 하지만 이러한 추세에서 급락이 나오는 것은 점하한가로 가는 수준이 아니라면 굉장히 힘들다. 그렇다면 결국 주가의 흐름이 움직일 수 있는 곳은 위쪽 밖에 없다.

또한 추세의 안을 커다란 캔들로 보게 된다면 점점 몸통이 작아지면서 하락하는 모습을 보여준다. 결국 이러한 캔들의 모습은 힘이 약해지는 것이다. 하락하는 힘이 약해진다면 당연히 상승할 일만 남았다는 의미이다.

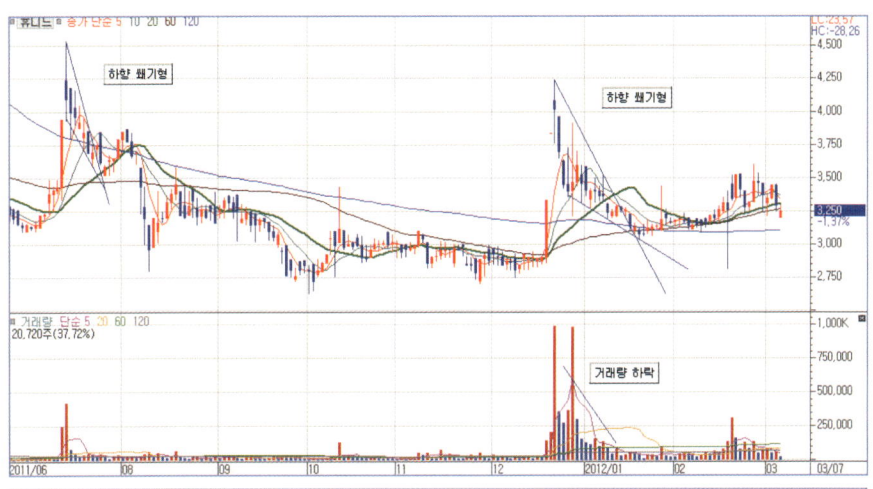

차트 3-105 | 휴니드(일봉)

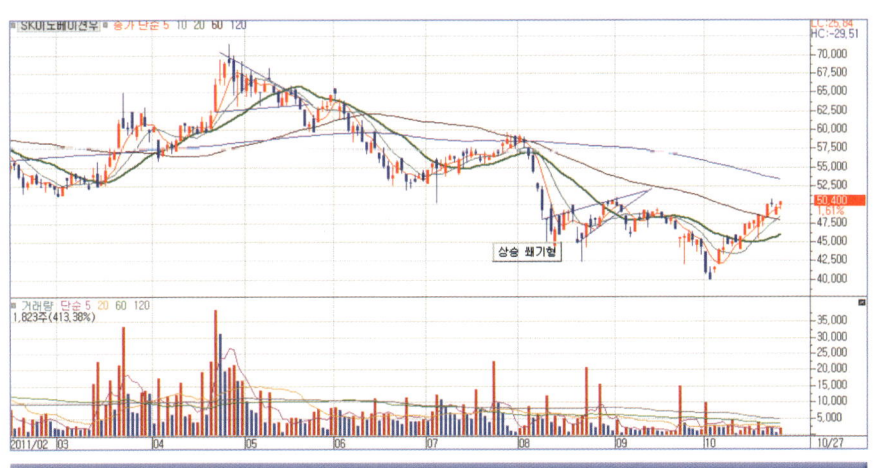

차트 3-106 | SK이노베이션우

상승 쐐기형도 비슷하다. 사람들이 들어오는 이유는 싸게 사서 비싸게 팔기 위해서이다. 그렇다면 꾸준하게 올라야만 한다. 만약 상승 쐐기형 안에서 주가가 움직이게 된다면 투자자는 추세선을 긋고 매매를 시작할 것이다. 하지만 〈차트 3-106〉의 추세를 보니 가면 갈수록 수익률이 줄어드는 것이 눈에 들어온다. 그러다 보니 거래하는 투자자의 수도 줄어들게 되고 더 이상 사는 사람이 없게 된다. 매수세가 없는 주가는 하락할 수밖에 없다.

결국 삼각형이라는 패턴들도 추세선의 각도로 보는 강도, 지지와 저항을 섞어서 만든 것이다. 이러한 내용을 이해한다면 사실 자연스럽게 삼각형 패턴들이 눈에 들어오게 될 것이다. 비법이나 패턴은 신비하거나 화려한 것이 아니라는 사실이 진정한 비법이라는 점을 깨달아야 한다.

### 박스형 패턴

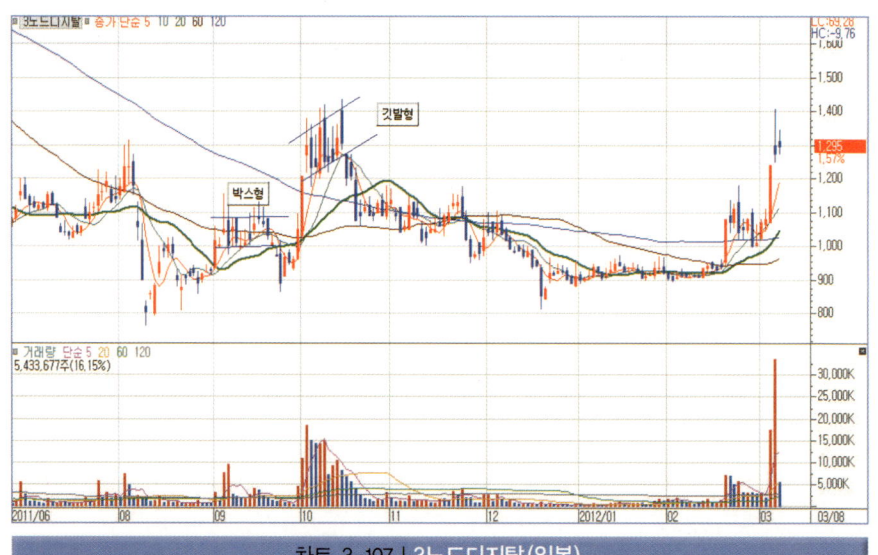

차트 3-107 | 3노드디지탈(일봉)

이제 기술적 분석의 마지막 부분에 도착했다. 지금까지 이 책을 읽은 분이라면 박스형 패턴도 사실 별것이 아니라는 것을 알게 될 것이다. 박스형 패턴은 앞에 나온 추세대와 다를 것이 없다. 단지 추세대는 그리는 방법을 설명하는 데 중점을 두었다면 박스형 패턴은 그 안에서 움직일 때 거래하는 방법과 돌파했을 때 사용하는 방법을 설명하기 위한 것이다.

원전에서는 기존의 추세가 계속 가기 위해서 잠시 휴식을 취하는 경우 사각형이 나온다고 이야기하고 있다. 하지만 정말 그런 식으로 이해하고 그 내용에 맞추어서 무언가 숨겨진 것을 찾으려 하면 당연히 아무것도 찾을 수 없다. 사실 꼭 그런 것이 아니기 때문이다.

우선 오르던 추세가 누워서 평행하게 횡보하게 된다면 당연히 그 차트 안에서 주가는 올라가는 힘이 약해졌다는 것을 의미한다. 하지만 아래로도 충분히 하락할 수 있다. 흔히 천장형들과 비교할 때 주가가 상승하면 거래량이 증가하고 내려갈 때 거래량이 줄어들면 사각형 패턴에서 추세가 계속된다고 이야기한다. 하지만 〈차트 3-107〉의 사각형 패턴에서 보는 것처럼 하락하면서도 거래량은 늘지 않는 경우가 분명히 있다. 결론적으로 반등은 했지만 그 전에 과연 박스권이라고 생각하고, 바닥에서 매수했는데 떨어진다면 당황할 수밖에 없다. 그렇기 때문에 항상 만약이라는 부분을 준비해야만 한다. 그래서 많은 고수가 분할매수를 하라고 이야기하는 것이다.

깃발형의 경우 가격이 급등하거나 급락할 경우에 자주 나타난다. 항상 주가가 빠르게 움직이면 성급한 투자자는 그 가격에 동조하여 매수나 매도하는 경우도 많지만 항상 그런 것은 아니다. 갭에서 설명했던 것을 떠올려보자. 갭을 형성하면서 상승하게 되면 그 갭 사이에 팔고자 했던 사람이 팔지 못했기 때문에 높은 가격에서 모두 팔게 된다. 그렇게 됨으로써 매도세의 강도가 강해진다는 것을 기억할 것이다. 마찬가지로 급등이나 급락이 나오게 되면 강한 힘에 주춤했던 반대 세력들이 정신을 차리게 되고, 너도나도 매도나 매수를 하려고 한다. 이렇게 급등하게 하는 세력과 반대 세력이 힘 싸움을 하는 모습 중에 하나가 페넌트형이다.

〈차트 3-107〉에서도 급등이 나온 뒤 페넌트형이 나오는 모습을 볼 수 있다. 강한 급등 이후 매도세가 나와서 치고받고 싸우다가 시간이 흘러가다 보니 이성을 차리는 사람이 하나둘씩 늘어가면서 서로 눈치만 보기 시작한다. 그러한 모습은 거래량이 줄어드는 것을 통해서 알 수 있다.

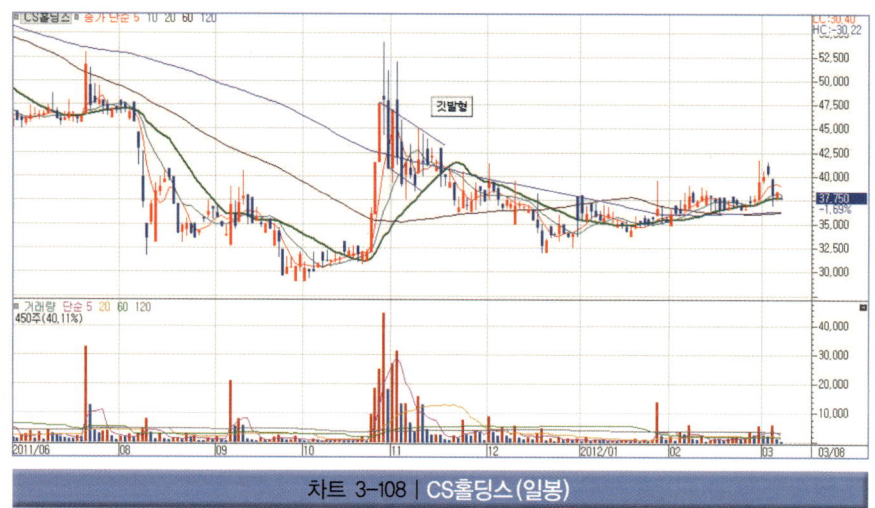

차트 3-108 | CS홀딩스(일봉)

〈차트 3-108〉은 많은 책에서 설명하는 깃발형의 형태를 가지고 있다. 거래량이 상승하는 구간에서 돌파를 해야 하지만 결국 돌파하지 못하고 추세를 따라 하락하는 모습을 보인다. 깃발형이라고 하더라도 추세선을 강한 거래량으로 돌파하지 못한다면 결국 상승하지 못한다. 또한 20일 이동평균선에 지지되지도 못하고 하락하는 모습을 보여주고 있다.

항상 모든 추세를 돌파했다면 지지를 확인한 후 투자를 해야 한다. 확률이 높지 않은 부분에 투자한다는 것은 결국 투자가 아니라 도박이나 다름이 없으며, 항상 어떻게 될지 모르기 때문에 위험에 대응할 수 있도록 한 종목에 모든 자금을 투자하거나 한 번에 투자해서는 안 된다. 위험관리가 되지 못한다면 그것도 역시 도박과 다름이 없다.

# 31 기타 보조지표들

**보조지표에** 대해서 인상 깊은 이야기를 들은 적이 있다. 스켈핑으로 큰돈을 번 투자자와 대화를 할 기회가 있었다. 그 역시 주식시장에 큰 수업료를 지불하고 깡통도 차보면서 많은 고생을 한 후 자신의 매매 기법을 만들고 성공한 투자자이다. 그는 성공하기 위해서 참으로 많은 사람을 만나고 많은 것을 보고 많은 것을 배우고 많은 실험했다. 하지만 그는 보조지표를 보지도 않고 보조지표를 배울 생각도 없다고 했다. 이유는 단 한 가지이다.

"주식으로 성공한 사람들을 정말 많이 만나봤다. 그 중에는 정말 주식으로 수백억 원을 번 사람들도 있었다. 하지만 그들 중에서 보조지표를 이용해서 돈을 번 투자자는 한 명도 없었다."

필자 역시 많은 지표를 연구해보았지만 결론은 보조지표는 크게 쓸모가 없다는 결론을 내렸다. 물론 보조지표를 이용해서 돈을 실제로 벌고 있는 분들이 있을 수 있다. 하지만 보조지표에 무언가 숨겨져 있다거나 남들이 모르는 신비한 것이 있다고 말하는 사람을 경계해야 한다. 보조지표는 단지 주가의 움직임을 단순화시켜서 보기 위한 지표에 불과하다.

보조지표는 말 그대로 보조지표일 뿐이다. 하지만 많은 사기꾼이 이러한 보조지표를 맹신해서 굉장한 비법으로 포장하여 사람들을 현혹하고 있다. 그래서 이곳에서는 보조지표를 설명하기보다는 몇 가지 보조지표를 가지고 왜 보조지표가 필요 없으며, 보조지표를 가지고 역으로 이동평균선과 캔들, 거래량을 공부하는 도구로 사용해야 하는지 이야기하려고 한다.

### MACD

사람들이 좋아하는 MACD의 수식은 '단기 이동평균-장기 이동평균'이다. 결국 이동평균선을 제대로 이해한다면 이동평균선을 통해서 충분히 이해하고 잡아낼 수 있는 내용이다. MACD 히스토그램 역시 강세장인지 약세장인지를 보여주기 때문에 많이 사용한다. 당일의 캔들이 전일의 캔들보다 높으면 히스토그램의 기울기가 상승하게 되고, 전일의 캔들보다 낮게 되면 그 낮은 정도에 따라서

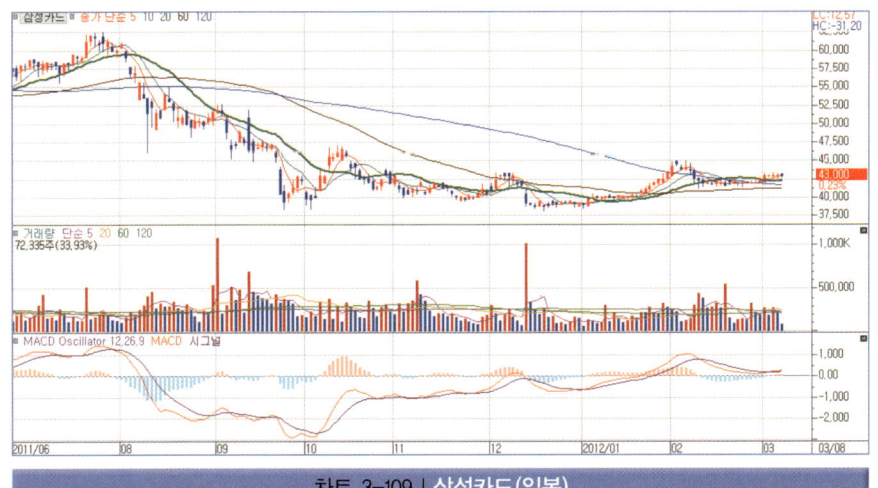

차트 3-109 | 삼성카드(일봉)

기울기가 하락하게 되는 것뿐이다. 결국은 이동평균선과 캔들에서 읽어낼 수 있는 내용을 좀 더 보기 쉽고, 단순하게 만들어놓은 것이 MACD인 것이다.

문제는 편리하고 단순하게 만들어서 사용하기는 편리하지만 단순하게 만드는 과정에서 사라진 정보들이 큰 부분을 차지하고 있는 경우가 있다. 그러한 것을 놓치지 않기 위해서라도 조금 힘들고 돌아가더라도 MACD를 공부해야 하는 것이 아니라 MACD를 이용해서 다른 이동평균선과 캔들을 이해하는 것이 올바른 선택이다.

### 스토캐스틱

누군가 마법의 지표라고까지 이야기했던 스토캐스틱이다. 이 스토캐스틱의 경우 '(오늘의 저가 – 최근 며칠간의 최저가)/(최근 며칠간의 최고가 – 최근 며칠간의 최저가)'이다. 결국 며칠 동안 캔들이 움직인 범위와 비교해서 최저가가 얼

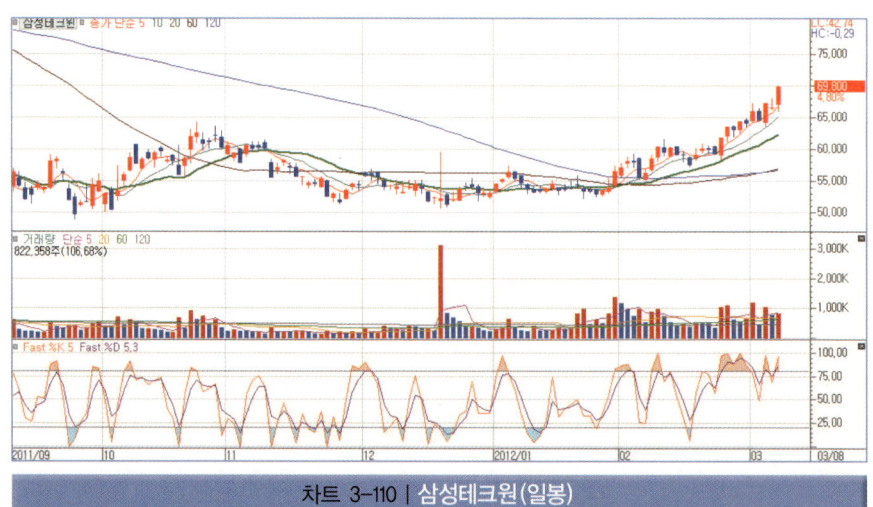

차트 3-110 | 삼성테크윈(일봉)

마나 상승했는가를 비교하는 것이다.

쉽게 말하면 횡보장에서 조금씩 매수세가 들어오면서 저점을 높인다면 스토캐스틱이 올라가는 것이다. 이러한 내용을 수식으로 공부하는 사람이라면 이해하기 쉽지만, 오히려 쉽게 표현하기 위해서 만든 수식이 평범한 사람들은 이해하기 어렵게 만드는 진입장벽이 될 수 있다. 그리고 이러한 것도 스토캐스틱이 왜 그렇게 움직였는가를 역으로 캔들에 접목시켜서 연구해본다면 캔들 내에서 스토캐스틱이 말하는 신호를 잡아낼 수 있다. 이렇게 되면 결국 보조지표는 필요 없어진다. 스토캐스틱도 주가의 움직임을 단순화시켜 놓은 것에 불과하다는 것을 깨닫게 된다면 스토캐스틱에 대한 환상이 사라지게 될 것이다.

### RSI

RSI 역시 그 수식 안에 들어가는 요소 중에서 필요한 것은 '기간 동안 상승폭

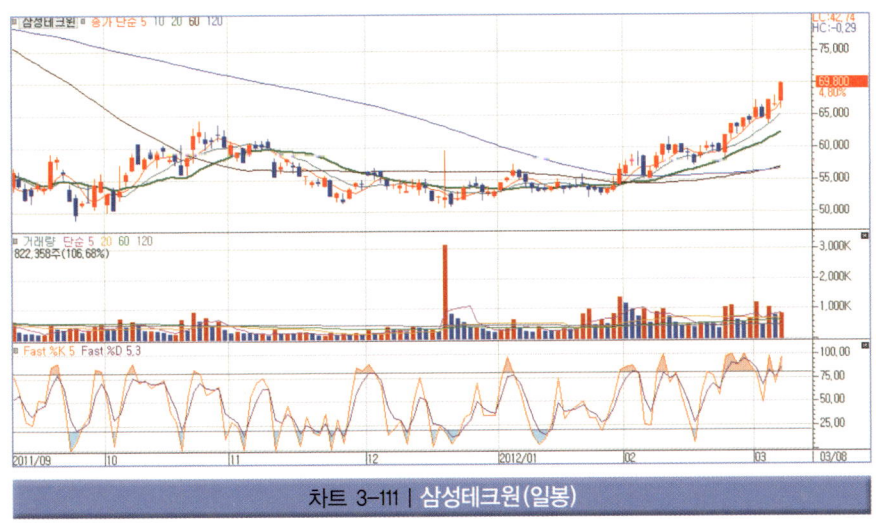

차트 3-111 | 삼성테크윈(일봉)

의 평균/기간 동안의 하락폭의 평균'이다. 그렇기 때문에 이러한 부분도 캔들 차트를 통해서 충분히 확인할 수 있다. 많은 지표를 전부 보는 것은 사실상 불가능하다. 결국 여러 가지 지표들을 하나의 차트로 나타내어 그 신호를 이해할 수 있는 공부가 필요하다. 그래서 단순화시키기 위해서 보조지표를 이해하는 것이 아니라 '왜 그러한 보조지표가 의미가 있는가'를 역으로 짚어가면서 캔들과 거래량, 이동평균선에서 읽어내는 것이 중요하다.

### 일목균형표

일목균형표는 이동평균선과 주가의 움직임을 보도록 만드는 것이다. 과거에 주가를 체계적으로 보지 않던 시대에는 이러한 것들이 도움이 되었을지 모르지만 지금은 시대가 바뀌었고 사용하는 도구들도 점점 발전해서 많은 사람이 차트를 보고 연구하면서 거래를 한다.

애매모호하게 비밀이 숨겨져 있는 듯 말하는 것을 경계해야 한다. 불확실하고 정확한 논리가 아닌 것은 볼 필요가 없다. 주식이 무서운 이유는 답이 없기 때문에 어떠한 것도 잘 꾸미면 답처럼 보인다는 것이다. 물론 답이 될 수도 있다. 하지만 그 답은 단순하고 명쾌해야만 한다. 거기다가 그 내용이 사용되지 않는 것이라면 더욱 필요가 없다.

〈차트 3-112〉 역시 지지되는 것처럼 보이고, 구름대가 대단한 것처럼 보이지만 결국 이동평균선의 사이를 구름대로 나타낸 것일 뿐이다. 구름대의 색이 변하는 것도 어느 이동평균선이 위에 있느냐에 따라서 다른 것뿐이다. 이러한 것은 일목균형표를 통하지 않아도 이동평균선에서 얼마든지 볼 수 있다. 단지 일목균형표를 만든 창시자가 자신이 정한 숫자가 마법의 숫자라고 생각할 정도로

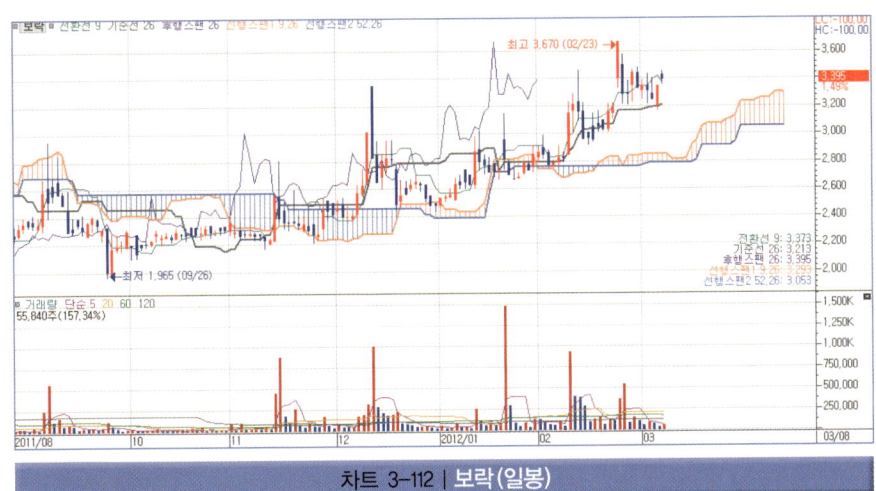

차트 3-112 | 보락(일봉)

중요하게 생각하지만 사실상 맞지 않는 것을 나타내는 사례는 얼마든지 찾아볼 수 있다.

그러므로 확실하지 않고 애매한 것을 공부하기보다 기본적이고 본질적인 것들을 제대로 이해하고 실전에 적용시켜 보는 것이 여러분을 지름길로 안내할 것이다. 다양한 보조지표를 사용하는 것보다 기본적인 것들을 제대로 이해하는 것이 더 빠르게 고수가 될 수 있는 길을 열어주는 것이다.

### 이격도와 엔빌로프

주가란 마치 고무줄과 같아서 이동평균선에서 너무 멀어지게 되면 돌아가려는 힘이 강해진다. 이러한 속성을 이용한 보조지표가 바로 이격도와 엔빌로프이다. 그 중에서 엔빌로프는 이동평균선을 중심으로 범위를 정한 것이다. 이러한 엔빌로프는 이격도보다 좋은 점이 지지와 저항으로도 사용할 수 있다는 것이다.

차트 3-113 | CJ씨푸드(일봉)

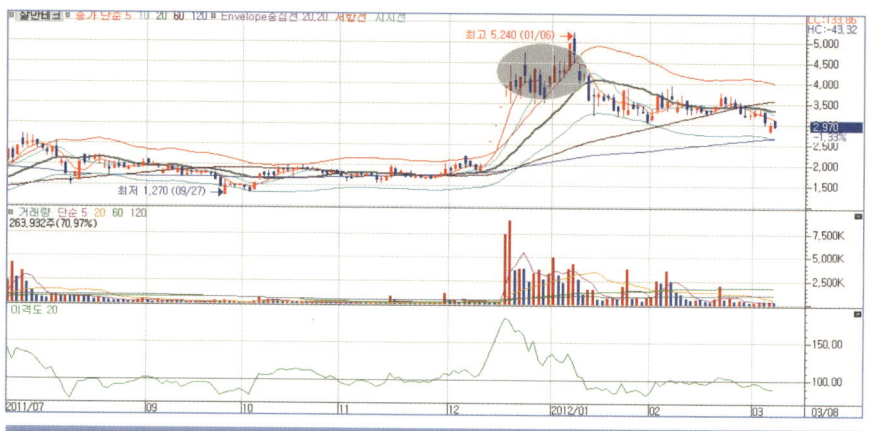

차트 3-114 | 잘만테크(일봉)

이격도로 보게 되면 매수/매도 신호로 보일 수 있지만 엔빌로프는 지지와 저항이 되는 모습을 눈으로 바로 확인하기는 힘들다.

하지만 엔빌로프는 〈차트 3-114〉처럼 이격도로는 볼 수 없는 저항과 지지를 알아볼 수 있다. 이격도가 올라간 상황이라면 그냥 매도 주문이 나오는 것뿐이다. 하지만 엔빌로프가 있다면 〈차트 3-114〉의 원 안에서처럼 지지와 저항이 되는 부분을 보면서 대응할 수 있다.

하지만 이 역시 각각의 종목에 맞는 이동평균선과 그 거리를 조종하는 작업을 거쳐야만 한다. 이러한 작업을 거치지 않는다면 단지 엔빌로프는 "정말 많이 올랐구나" 혹은 "정말 많이 내려갔구나"라는 정도로 움직임의 수준을 보는 도구로밖에 사용할 수 없다.

기술적 분석에 대한 이야기는 모두 다 했다. 이러한 내용을 정확하게 이해하고 그것을 실전에서 직접 활용하면서 자신에게 맞게 고치고, 주식시장에 맞게 자신의 능력을 다듬은 사람은 몇 명 없을 것이라고 생각한다. 그렇기 때문에 가장 먼저 주식이 무엇인지를 배우게 된 후 그다음 단계인 그러한 주식이 서로 어떻게 연결이 되고 시중에 나와 있는 책들이 말하는 기본의 너머에 무엇이 있는지를 여러분에게 보여주고 싶었다. 그러한 의도가 여러분에게 어떻게 전달되었는지는 알 수 없다.

주식은 항상 변한다. 스스로 살아 움직이는 유기체라고 해도 과언이 아니다. 그러한 것은 사실 말이나 책으로 전하는 것은 불가능하다. 하지만 책으로 전하는 것이 불가능하다고 하더라도 반드시 겪고 넘어가야만 한다. 아무것도 모르고 스스로 노력하지 않는데 갑자기 알게 되는 것은 세상에서 절대 있을 수 없는 일이다.

주식은 불교의 '돈오점수'와 다르지 않다. '돈오'는 깨닫는 것이고, '점수'는 끊임없이 스스로를 닦고 수련하는 것이다. 주식을 깨닫기 위해서 스스로 부단히 공부하고 연구해야 하며, 깨달은 뒤에는 그 깨달음을 유지하기 위해서 그리고 부단히 자신의 감각을 유지하기 위해서 주식시장에서 많은 경험을 쌓아야 한다. 이것이 주식을 진정으로 대하는 자세이다. 부디 대박의 마음을 가지고 주식을 대하지 말고 스스로 갈고 닦는 투자자가 되어 대한민국에서 외화를 벌어가는 외국인들을 이기는 대한민국 투자자가 되기를 바란다.

Part 10 기본적 분석의 응용
Part 11 기술적 분석의 응용

실전투자 절대지식 **4**

# 기본적 분석과 기술적 분석의 응용

# 기본적 분석의 응용

# 32
## 성장하는 주식을 골라내는 **방법**, 윌리엄 오닐의 CAN SLIM

　**윌리엄** 오닐은 전 세계가 대공황으로 신음하던 1933년에 태어나서 큰 부를 축적한 투자자이다. 그는 21살에 주식시장에 입문하여 자신만의 투자 전략인 CAN SLIM 모델을 만들어 26개월 동안 2,000%의 수익률을 올렸다. 이러한 성과는 서른 살이라는 어린 나이에 뉴욕증권거래소 회원권을, 그것도 최연소로 살 수 있게 되었다. 뉴욕증권거래소의 회원권이라고 이야기하면 크게 와 닿지 않을 수 있지만 미국에서 주식투자로 성공하는 사람의 최종 목표는 '뉴욕거래소의 회원권을 사는 것'이라고 말할 정도로 결국 뉴욕증권거래소 회원권은 명실상부한 성공의 상징이다.

　윌리엄 오닐이 있도록 만들어준 것이 바로 성장할 주식을 골라내는 조건인 'CAN SLIM'이다. 이것은 주식이 큰 상승을 보여주기 전에 보이는 7가지 중요한 성질의 머리글자를 따서 만든 것이다. 이러한 요건에 따라서 2012년 3월 14일의 종목을 검색해보았다.

　• CAN SLIM의 'C'는 현재 주당순이익<sup>Current earnings per share</sup>을 나타낸다. 대체로 성장을 하는 주식들은 순이익이 크게 증가한다. 분기 순이익이 크게 증가한 주

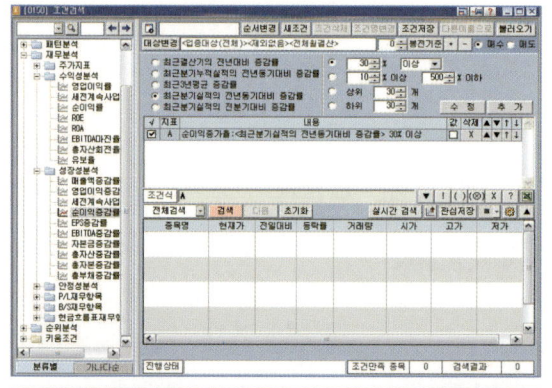

그림 4-1 | 조건검색-현재 주당순이익

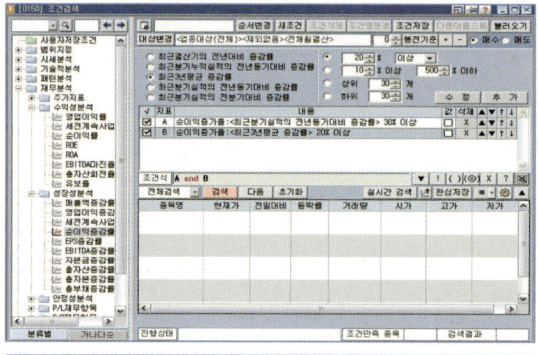

그림 4-2 | 조건검색-연간 주당순이익

식을 일차적으로 찾아보는 것이다. 실적은 주식의 영원한 테마이다. 실적은 결국 돈을 얼마나 많이 벌었는지를 묻는 것과 다름없다. 그런 것이 아니더라도 성장률이 갑자기 증가한다는 것은 회사에 중요한 일이 있다는 의미가 된다. 이런 식으로 중요한 일이 있거나 실적이 큰 폭으로 증가하게 되면 회사는 많은 투자자들로부터 주목을 받게 되어 주가가 상승할 수 있는 밑바탕이 된다.

· CAN SLIM의 'A'는 **연간 주당순이익**Annual earnings per share**을 나타낸다.** 장기적으로 괜찮은 회사라면 꾸준하면서도 높은 성장률을 보인다. 가장 이상적인 것은 매해 주당순이익이 작년의 순이익보다 높으면 더 좋다. 주식의 영원한 테마는 위에서도 이야기했듯이 실적이고, 실적은 결국 순이익이다. 높은 순이익을 내면서 그 순이익마저 계속 증가한다면 앞으로도 성장할 가능성이 크다. 그렇다면 당연히 미래가치는 더 높아질 것이 분명하다. 게다가 꾸준하게 수익을 내면서 상승한다는 것은 그 회사가 안정적이라는 것을 의미한다. 안정적이면서도 꾸준하게 상승하는 회사만큼 더

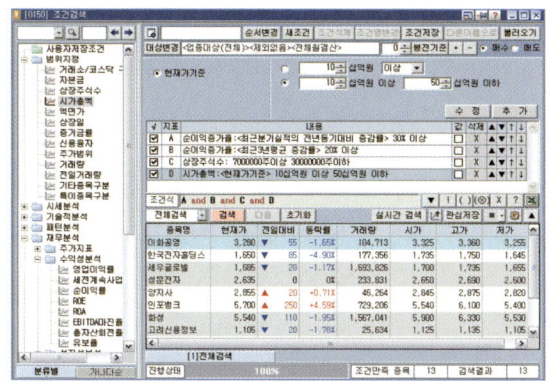

그림 4-3 | 조건검색-발행주식 수

그림 4-4 | 조건검색-검색된 종목들

좋은 회사는 없다.

• CAN SLIM의 'S'는 **발행주식 수**Shares outstanding **를 의미한다.** 주가가 오르는 데는 반드시 주식을 큰돈으로 매수하는 주체가 있어야 한다. 이러한 이들을 세력이라고 부른다. 이러한 세력들이 주식을 매수해서 주가를 올리려면 덩치가 작아야지만 자신들이 가진 자금으로 대량 매집을 할 수 있다. 만약에 주식 수가 같다면 시가총액 1,000억 원인 종목을 한 호가 움직이는 것은 시가총액 100억 원인 종목을 움직이는 것보다 10배의 돈이 더 필요하다. 물론 단순하게 계산한 것이지만 이를 통해서 시가총액이 100억 원인 종목을 1,000억 원으로 끌어올리는 것에 비해서 1,000억 원인 종목을 1조 원까지 끌어올리는 것이 얼마나 더 많은 돈이 필요한지 알 수 있을 것이다.

이러한 이유로 좀 더 쉽게 상승하는 종목을 고르기 위해서 상장주식 수를 제한하고 그 안에서 시가총액의 범위를 설정해서 조건을 정한다.

그러한 방법으로 주식을 검색하게 되면 자신이 찾아볼 수 있는 종목의 수가 크게 줄어든다. 그 중에서 한국전자홀딩스는 HTS에 반영되지 않은 매출액이

Part 10 기본적 분석의 응용
**371**

30% 감소하고, 당기순이익이 63% 감소했기 때문에 제외했다. 양지사에도 HTS 반영되지 않은 3개월간 수익률이 15% 감소했기 때문에 제외했다. 이화공영의 경우 2월 말에 대표이사가 대한건설협회장으로 변경되었지만 HTS에 반영되지 않은 수익률이 줄어들었기 때문에 제외했다. 고려신용정보 역시 당기순이익이 급감하였기 때문에 제외했다. 나라엠앤디 역시 마찬가지이다. 코리아에스이는 꾸준한 성장을 하고 있으나 지속적인 큰 성장의 모습을 보여주지 못하였기 때문에 제외했다. 이렇게 제외하면 우노앤컴퍼니와 성창에어텍, 브리지텍, 화성, 인포뱅크, 성문전자, 세우글로벌까지 총 7종목이 남게 된다.

하지만 이 중에서 세우글로벌의 경우 박근혜 새누리당 비상대책위원장의 신공항 추진 발언을 일부 언론에서 신공항 관련주로 언급하며 실적과 무관하게 2012년 2월 20일부터 이틀 연속 상한가를 간 종목이다. 대선 테마란 우리나라에서 굉장히 강한 이슈이고, 관련 종목들도 강하게 움직인다.

이러한 종목의 경우 CAN SLIM의 'M'인 시장$^{Market}$과 관련하여 생각해보면 회사의 실적과 전혀 상관없는 정치 공약 테마로 상승했기 때문에 제외해야만 한다. 정치 테마주의 특성상 주가가 엄청나게 급등하여 실적과 회사가치와는 상관없이 움직이기 때문이다.

인포뱅크 역시 이러한 시장에서 걸러져야만 한다. 이 종목 역시 정치 SNS 테마와 관련하여 급등하였고, 이미 실적과는 상관없이 움직이기 때문이다. 화성의 경우 2012년 3월 13일에 이명박 대통령이 선거에서 승리한 푸틴 러시아 대통령에게 축하전화를 하는 도중 남북러 가스관 건설 프로젝트에 서로 협력하기로 했다는 점에서 시장이 가스관 사업을 하는 화성에 이로운 쪽으로 변화하고 있다. 이러한 이유로 화성이라는 회사에 좀 더 관심을 가져볼 만하다.

성창에어텍의 경우 전기차용 인버터의 개발이 완료되었고 전기차의 핵심부품을 개발하여 제품의 다각화를 모색하고 있다는 점에서 고유가로 인해 전기차의 수요가 늘어날 수밖에 없는 시장의 상황에 따라 혜택을 받을 것으로 생각된다. 브리지텍의 경우에는 스마트폰, 티비, 자동차 등 산업 전반에 음성인식 기반 서비스가 퍼지는 가운데 애플의 아이폰, 아이패드에 한국어 음성인식 서비스 지원이 코앞까지 다가왔다. 때문에 그 시장에서 국내 최대의 음성인식 데이터베이스를 보유하고 있는 브리지텍은 당연히 시장의 흐름에 많은 영향을 받을 것이다. 다른 종목들도 좋지만 종목의 실적과 관련 없는 테마로 급등락하는 종목을 제외하고 시장이 회사에 우호적인 모습으로 변하고 있는 종목인 화성, 성창에어텍, 브리지텍으로 압축할 수 있다.

이제 CAN SLIM에서 중간에 빼먹은 'N'을 대입해볼 차례이다. **N은 새로운 것**NEW**를 뜻한다.** 새롭다는 것은 어떠한 것이든 가능하다. 전기차처럼 새로운 제품을 출시한다거나, 애플의 앱스토어처럼 새로운 서비스를 만들어낼 수도 있다. 2011년 일본의 원전 사태가 일어나면서 발전소시장에서 안전하고 친환경적인 발전소의 필요성이 증가한 것처럼 시장에 변화가 일어날 수도 있다. 또한 새로운 CEO가 취임하는 것도 역시 중요한 일이다. 이러한 일들로 인해서 회사는 또 다른 변화의 바람이 불게 되고, 성장의 원동력이 생기게 되는 것이다. 그러한 점에서 시장의 변화도 새로운 것에 포함되지만 미래의 새로운 제품인 전기차와 관련된 성창에어텍과 음성인식 산업이라는 새로운 서비스와 관련된 브리지텍의 두 종목으로 압축할 수 있다.

• **CAN SLIM의 'L'은 선도주 또는 느림보주**Leader or Laggard**를 의미한다.** 시장에는 "가는 종목이 더 간다"는 말이 있다. 이것은 강하게 상승하는 종목은 그만큼 다른 종목보다 회사의 내용이 좋고, 그로 인해서 투자자들의 관심도 많이 받아서 더 상승한다는 의미이다. 투자자들이 관심을 가지고 매수를 하게 되면 더 많은 투자자들을 끌어들이고 더 상승하게 된다. 그래서 이런 주식을 시장에서는 대장주라고 부른다.

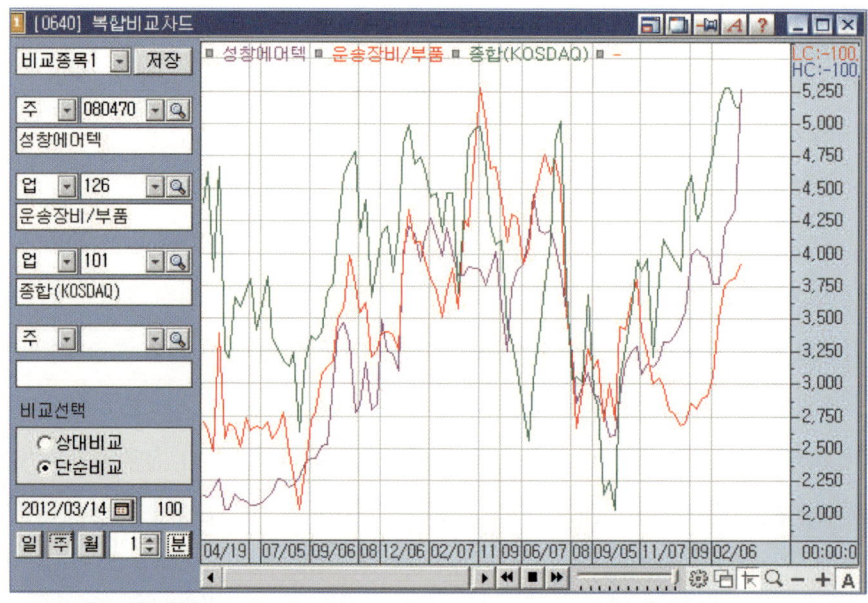

차트 4-1 | 성창에어텍 복합비교차트

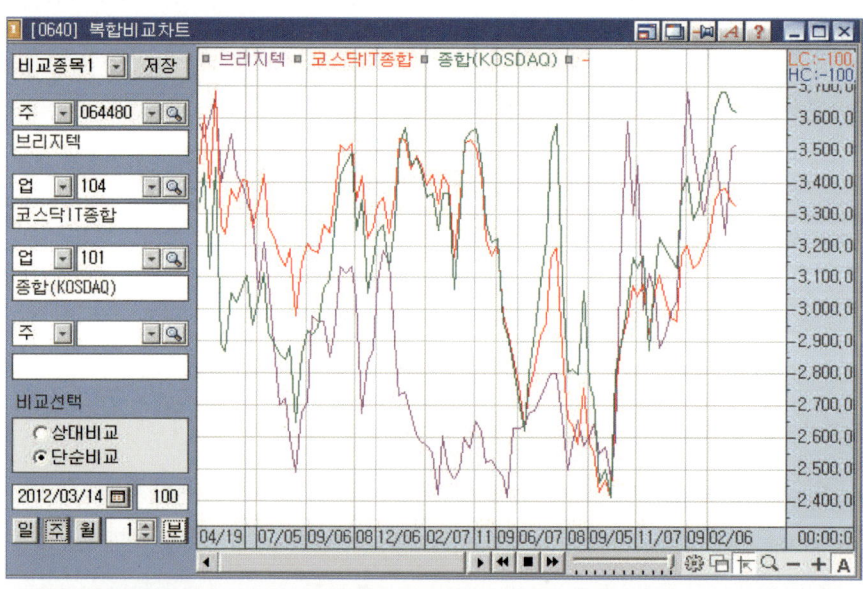

차트 4-2 | 브리지텍 복합비교차트

하지만 대장주가 영원히 대장주일 수는 없다. 단지 지금 이 상황에서 더 상승한다는 의미일 뿐이다. 언젠가는 그 상승이 멈추게 된다. 그럼 그 관심은 어디로 가게 될까? 다른 주식들이 모두 오를 때 상대적으로 덜 오른 주식에서 가격 메리트를 느낀 투자자들이 몰리게 되면 주가는 상승하게 될 것이다. 그래서 선도주와 느림보주에 관심을 가지는 것이다.

이러한 점에서 상대적으로 덜 오른 주식이나 상대적으로 많이 오른 주식에 투자를 해서 수익을 낸다면 좀 더 높은 확률로 이익을 낼 가능성이 커진다. 그러한 이유로 업종과 비슷하게 움직이는 브리지텍보다 성창에어텍에 관심을 더 가질 수 있다.

- 마지막으로 CAN SLIM에서 'I'는 기관의 후원Institutional sponsorship을 말한다. 기관은 돈이 많다. 주가가 오르기 위해서는 돈의 힘이 반드시 필요하다. 이러한 이유로 본다면 외국인이나 기관, 작전 세력은 모두 기관이나 다름이 없다. 그래서 이러한 세력들이 움직이고 있는가를 확인해야 하는데, 그렇다면 누가 매수해서 보유하고 있는지를 봐야만 한다. 브리지텍을 살펴보니 기관에 물려서 팔지 못하고 있는 물량이 있으며, 굉장히 단기적인 모습을 보여주면서 주가를 움직이는 외국인이 많이 매수한 것을 볼 수 있다. 이 상황이라면 매수해도 사실 외국인과 같이 물리기 때문에 크게 걱정할 필요 없이 들어갈 수 있을 것이다(차트 4-3).

그에 반면 성창에어텍은 외국인이 오히려 물타기를 하다가 손절하는 모습을 볼 수 있다. 그렇다면 이 종목을 움직이는 세력은 기관도 외국인도 아닌 작전 세력이라는 말이 된다. 작전 세력이 나쁜 것은 아니지만 기관이나 외국인처럼 자신이 매수하고 매도하는 근거가 있는 세력에 비해서 예측하기가 힘들다(차트 4-4).

브리지텍과 성창에어텍 중에서 어느 하나를 고르기 힘들다면 기술적 분석을 이용해보자. 성창에어텍의 경우 까마귀형 캔들이 마치 나뭇가지에 앉아서 바라

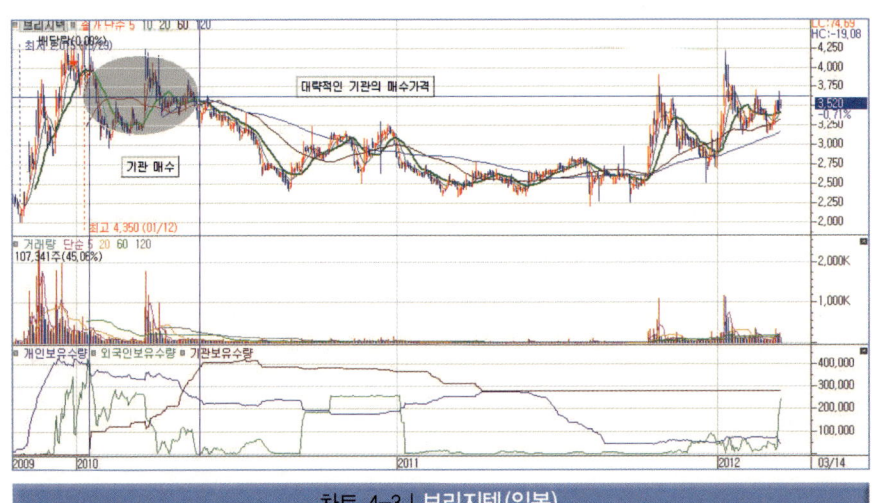

차트 4-3 | 브리지텍(일봉)

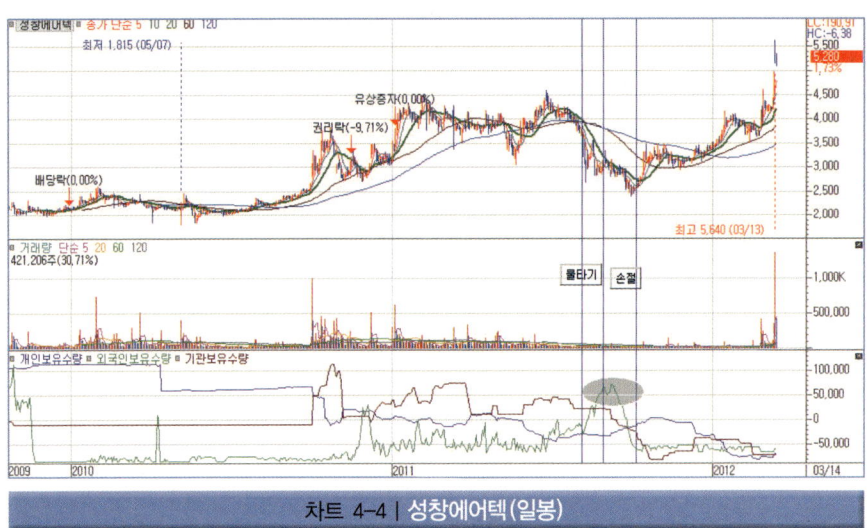

차트 4-4 | 성창에어텍(일봉)

보고 있는 것처럼 보인다(차트 4-5). 물론 올라갈 수도 있겠지만 이런 캔들이 나오면 우선 후퇴를 생각해야만 한다. 반면에 브리지텍은 아래 추세선에 잘 지지되면서 돌파를 시도하고 있는 모습이다(차트 4-6). 거기다가 외국인도 상승을 생각하

차트 4-5 | 성창에어텍(일봉)

차트 4-6 | 브리지텍(일봉)

고 돌파 시점에서 매수하고 있는 모습을 보이고 있다. 그렇다면 어떠한 종목을 골라야 될까? 하나라도 올라갈 이유가 더 많으며, 내려갈 이유가 적은 브리지텍을 고르는 것이 좋다.

물론 주식이기 때문에 항상 반대로 갈 확률이 존재한다. 그래서 윌리엄 오닐은 매매의 성공 요건으로 효과적인 선택 과정, 위험관리 그리고 앞의 두 가지 사항을 철저하게 지키는 극기심을 들었다. 오를 이유가 많으면 많을수록 오를 확률은 분명히 높아질 것이다. 하지만 내려갈 확률이 분명히 존재한다면 분할 매수와 손절을 통해서 반드시 위험관리를 해야 한다. 이러한 위험관리를 통해 이익은 길게 가져가고 손해를 짧게 가져가면서 오를 확률이 높은 주식에 투자한다면 당연히 돈을 벌 수밖에 없을 것이다. 그렇기 때문에 기술적 분석뿐 아니라 여러 가지 기본적 분석에서 오를 수 있는 이유를 찾아서 많이 적용되는 종목에 관심을 가져보길 바란다.

# 33
## 지수가 빠질 때는 쇼핑기간, 워런 버핏의 종목 고르기

　**주식투자를** 하지 않아도 워런 버핏을 모르는 사람은 거의 없을 것이다. 세계 제2의 갑부이자 오마하의 현인으로 알려진 그는 2011년 초에 대구텍에 투자하기 위해 전용기를 타고 한국에 방문하여 화제가 되기도 했다. 그는 11살 때 이미 증권회사에서 시세판 작성 업무를 하면서 주식시장과 친해진 인물이다. 어릴 때부터 사업을 해서 돈을 모은 뒤 벤저민 그레이엄의 밑에서 공부를 하였다. 그 뒤에는 그레이엄-뉴먼 사에 입사하여 실전을 배우게 된다. 결국 벤저민 그레이엄으로부터 이론과 실무 모두를 배운 것이다. 입사 후 2년 뒤 회사가 해체되면서 주주의 돈으로 펀드를 시작했는데, 이 펀드를 시작한 뒤 13년간 연평균 29.5%라는 수익률을 기록했다. 대략 30배에 가까운 돈을 벌게 된 것이다.

　이 돈을 가지고 버크셔 해서웨이를 인수하여 내셔널손해보험과 내셔널화재해상보험의 주식을 매수해 보험업까지 진출하였다. 그리고 보험업에서 매달 들어오는 자금으로 안정적인 투자를 하게 된 것이다. 그리고 그 돈으로 엄청난 부를 이룩했다.

　워런 버핏이 종목을 선정하는 방법 중에서 기본적 분석을 이용해 2012년 3월

14일을 기준으로 성장할 만한 종목을 살펴보자.

### 수익성

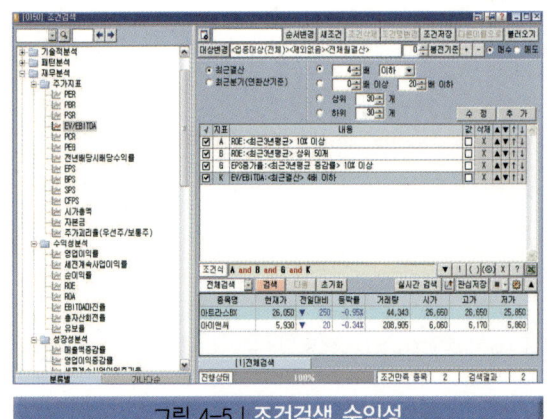

그림 4-5 | 조건검색 수익성

•ROE는 당기순이익을 자본으로 나눈 것을 말한다. ROE는 자신이 투자한 돈이 얼마만큼의 순이익을 창출하는지를 보여주게 된다. 이러한 점은 윌리엄 오닐이 순이익을 보는 것과 같다. 실적이야말로 주식의 영원한 테마이기 때문이다.

•EPS 증가율을 보는 것도 마찬가지이다. EPS는 당기순이익을 평균 발행한 주식 수로 나눈 것이다. 결국 자기자본 대비 이익이 얼마나 났는지를 보는 것이다. 이러한 부분에서 계속 연평균 10%씩 증가한다면 복리 효과로 8년이면 기업의 가치가 두 배 이상이 된다. 10조 원을 투자해서 8년 뒤 20조 원이 되어 있다면 16년 뒤에는 40조 원이 된다는 의미로 절대로 적은 돈이 아니며, 연평균수익률이 25%가 넘어가게 된다면 말이 필요 없다.

•EV/EBITDA의 경우 회사를 통째로 매입했을 경우 회사에서 벌어들이는 돈으로 몇 년 만에 본전을 찾을 수 있는지 알게 해준다. 〈그림 4-5〉에서처럼 'EV/

'EBITDA'가 '4배'라는 것은 이론상으로 4년이면 회사에 들어간 돈을 되찾아올 수 있다는 이야기가 된다.

### 안전성

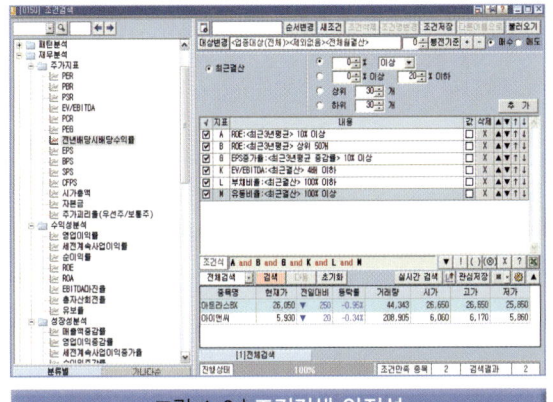

그림 4-6 | 조건검색 안전성

이렇게 회사의 실적을 봤다면 그다음에 필요한 것은 무엇일까? 워런 버핏처럼 장기투자를 하기 위해서는 첫째도 안전, 둘째도 안전, 셋째도 안전이다. 어떠한 일이 있어도 절대 망하지 않고 살아남아야만 하기 때문이다. 게다가 살아남은 회사들은 경기가 안정되고 다시 성장할 시기에 초반부터 모든 이익을 다 가져가기 때문에 엄청난 성장을 이룰 수 있다는 장점이 있다.

당연히 망하지 않으려면 꾸준히 수익을 내면서 부채가 없어야 한다. 부채는 갚아야 할 돈이기 때문에 주기적으로 돈이 나갈 수밖에 없다. 이러한 돈이 나가지 않는다면 회사의 입장에서 돈을 덜 벌어도 조금 어려워질 뿐이지 망하지 않는다. 또한 유동성이 좋다면 갑자기 돈이 필요한 상황에서 풍부한 유동성에 의지해서 잠시 돈을 끌어와 필요한 부분을 해결하여 시간을 벌 수 있다. 이로 인해서 갑자기 닥칠 흑자도산의 위험도 사라지게 되는 것이다.

이렇게 결정된 주식들은 두 개로 압축할 수 있다. 하지만 여기서 끝나는 것이 아니다. 흔히 사람들이 말하는 가치 있는 주식을 찾았다면 이제는 가치에 비해

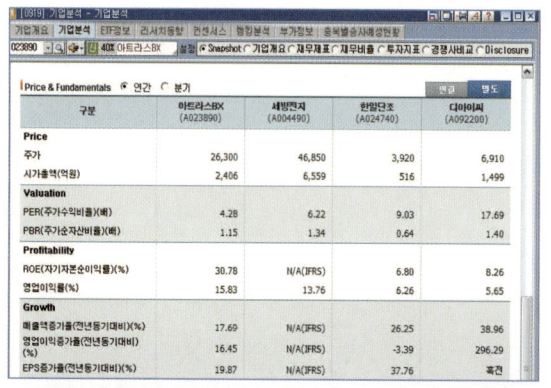

| 구분 | 아트라스BX (A023890) | 세방전지 (A004490) | 한일단조 (A024740) | 디아이씨 (A092200) |
|---|---|---|---|---|
| **Price** | | | | |
| 주가 | 26,300 | 46,850 | 3,920 | 6,910 |
| 시가총액(억원) | 2,406 | 6,559 | 516 | 1,499 |
| **Valuation** | | | | |
| PER(주가수익비율)(배) | 4.28 | 6.22 | 9.03 | 17.69 |
| PBR(주가순자산비율)(배) | 1.15 | 1.34 | 0.64 | 1.40 |
| **Profitability** | | | | |
| ROE(자기자본순이익률)(%) | 30.78 | N/A(IFRS) | 6.80 | 8.26 |
| 영업이익률(%) | 15.83 | 13.76 | 6.26 | 5.65 |
| **Growth** | | | | |
| 매출액증가율(전년동기대비)(%) | 17.69 | N/A(IFRS) | 26.25 | 38.96 |
| 영업이익증가율(전년동기대비)(%) | 16.45 | N/A(IFRS) | -3.39 | 296.29 |
| EPS증가율(전년동기대비)(%) | 19.87 | N/A(IFRS) | 37.76 | 흑전 |

그림 4-7 | 아틀라스BX 경쟁사 비교

| 구분 | 아이앤씨 (A052860) | 디지텍시스템 (A091690) | 우주일렉트로 (A065680) | 파트론 (A091700) |
|---|---|---|---|---|
| **Price** | | | | |
| 주가 | 5,950 | 10,850 | 24,300 | 14,200 |
| 시가총액(억원) | 819 | 1,487 | 2,414 | 4,241 |
| **Valuation** | | | | |
| PER(주가수익비율)(배) | 10.04 | 8.93 | 8.53 | 17.93 |
| PBR(주가순자산비율)(배) | 0.87 | 1.37 | 1.76 | 3.61 |
| **Profitability** | | | | |
| ROE(자기자본순이익률)(%) | N/A(IFRS) | 17.20 | N/A(IFRS) | 22.93 |
| 영업이익률(%) | 28.23 | 13.65 | 19.79 | 15.59 |
| **Growth** | | | | |
| 매출액증가율(전년동기대비)(%) | N/A(IFRS) | 17.57 | N/A(IFRS) | 21.05 |
| 영업이익증가율(전년동기대비)(%) | N/A(IFRS) | -14.68 | N/A(IFRS) | 8.82 |
| EPS증가율(전년동기대비)(%) | N/A(IFRS) | -31.95 | N/A(IFRS) | -1.91 |

FnGuide에서 제공하는 정보는 신뢰할 만한 자료 및 정보로부터 얻어진 것이나 그 정확성이나 완전성을 보장할 수 없으며, 시간이 경과함에 따라 변경될 수 있습니다. 따라서 정보의 오류, 누락에 대하여 FnGuide 또는 FnGuide에 자료를 제공하는 회사에서는 그 결과에 대해 법적인 책임을 지지 않습니다.

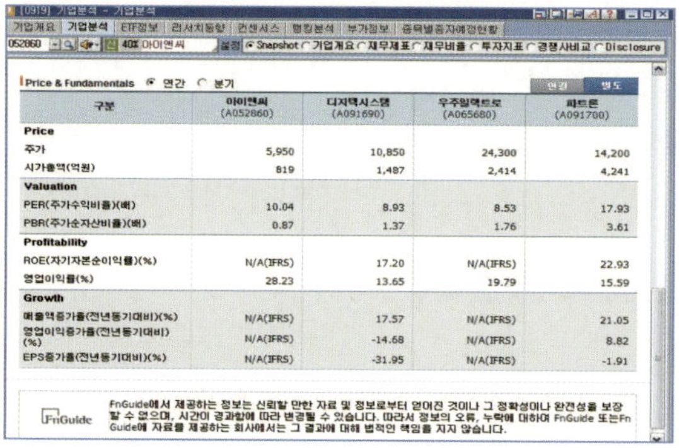

그림 4-8 | 아이앤씨 기업 분석

서 저평가되어 있는 종목을 찾아야 한다. 저평가되어 있는지를 알기 위해서는 비교할 대상이 반드시 필요하다. 예를 들어 농심같이 라면을 판매하는 회사를 게임회사와 비교해서 주가가 싸다 비싸다를 판별할 수는 없다. 그래서 비교할 대상은 동종업계의 회사와 비교해야 한다.

이럴 경우 **PER**이 필요하다. PER은 수익에 비해서 주가가 얼마나 비싼지를 비교하는 것이다. 결국 PER이 높다는 것은 그만큼 고평가되어 있다는 뜻이다. 하지만 분명히 PER이 낮으면 낮은 이유가 있기 마련이고, 높으면 다른 사람들이 높은 가격을 지불하면서 살 만한 이유가 있는 것이다. 그래서 반드시 PER은 모든 것을 비교한 후 더 이상 고르기 힘든 상황에서 사용하는 것이 좋다.

그에 반면에 **PBR**은 회사가 얼마나 저평가되어 있는지를 바로 알 수 있기 때문에 PER보다는 단독으로 가치가 있다. PBR이 1배 이하라면 지금 회사를 모두 청산해도 주가보다 더 많은 돈을 받을 수 있다는 말이 된다.

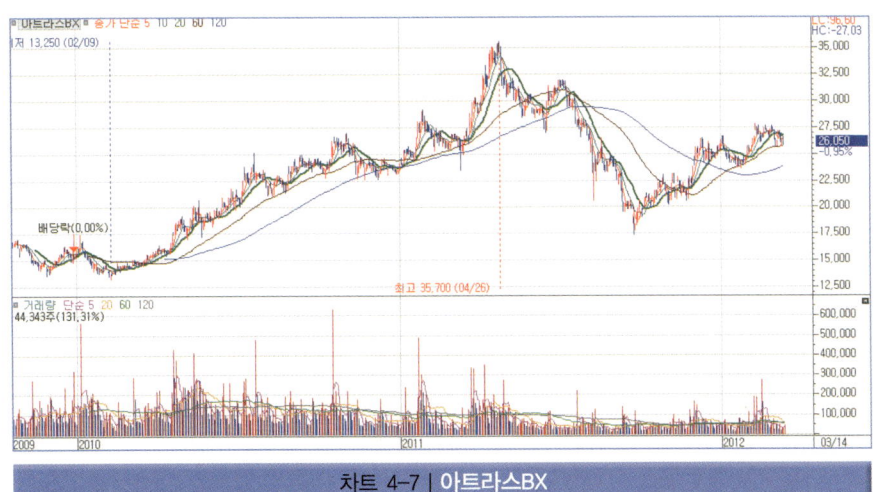

차트 4-7 | 아트라스BX

　이렇게 두 가지 조건으로 보면 아트라스BX의 경우 비교 대상 중에서 저PER 주이면서 PBR도 낮은 편에 속한다. 아이엔씨의 경우에는 PER을 보면 고평가되어 있는 것으로 보이지만 PBR을 보면 지금 당장 회사를 청산해도 주가보다 더 많은 돈을 받을 수 있기 때문에 절대 비싼 것이 아님을 알 수 있다. 하지만 반대로 생각해보면 그렇게 많은 순자산을 가지고도 적은 수익밖에 내지 못했다는 말이 되기도 한다. 영업이익률도 다른 동종업계의 회사와 비교해보아도 아트라스BX의 경우 크게 3배까지 차이가 나지만, 아이엔씨의 경우 가장 많이 차이가 나도 겨우 2배로 끝나는 것을 확인할 수 있다.

　이러한 이유로 기본적 분석의 내용만으로 장기투자를 할 종목을 고르게 된다면 아트라스BX의 종목을 매수하게 될 것이다. 만약 주가가 폭락하더라도 웬만해서는 망하지 않을 회사이기 때문에 좀 더 매수단가를 낮출 수 있는 절호의 기회가 되는 것이다. 하지만 정말로 워런 버핏처럼 투자를 하고 싶다면 회사 내부의 시스템과 산업 전반의 모습 그리고 시장점유율과 CEO의 자질 등 다양한 부분에서 다각도로 긴 시간 동안 검증해야 한다. 그렇게 한다면 장기적으로 들고 있을 때 수익을 올릴 수 있다.

지금까지 여러분에게 설명한 것은 기본적 분석을 통한 불패의 종목 선정법이 아니다. 분명 이 방식대로 종목을 선정해도 나쁘지는 않다. 하지만 항상 이기지는 못할 것이며 이에 대한 자신만의 매매법이 정립되지 않은 상태에서 어설프게 따라 한다면 손해만 보게 된다. 다시 말해서 이들의 방식을 그대로 따라 하라는 것이 아니다. 단지 여러분에게 기본적 분석을 응용해서 어떤 식으로 사용해야 하는지를 독자 여러분에게 예시를 보여준 것이다. 항상 변하는 시장 속에서 고기를 잡아서 여러분에게 주더라도 결국은 완전히 이해하고 변형할 수 있을 정도의 능력을 키운 사람들을 제외하고는 모두 시장에서 얻은 이익을 반납해야만 한다. 결국은 아무런 의미가 없는 행위일 뿐인 것이다. 그래서 여러분에게 고기를 잡는 방법을 가르쳐준 것이다. 이제는 연구하고 노력해서 자신만의 고기 잡는 방법을 몸에 익혀야 한다.

주식투자라는 것은 분명히 쉬운 것도 아니고 불패의 기법도 없다. 부단히 노력하고 끊임없이 연구해야만 살아남을 수 있는 곳이며, 단 한순간의 실수도 큰 손해로 다가오기 때문에 긴장을 풀어서는 안 된다.

### 진정한 장기투자의 매력 가치주

만약 2008년도에 화신이라는 회사를 발굴해서 산다면 어떻게 되었을까? 큰 수익을 얻을 수 있었을 것이다. 그렇다면 2008년도에 무엇을 보고 이 회사를 매수할 수 있었을까? 결국 그 회사의 가치와 저평가되어 있는 점을 보고 매수하게 될 것이다.

차트 4-8 | 화신(주봉)

그림 4-9 | 화신 기업 분석

회사의 가치를 평가한다는 것은 정말 어려운 작업이다. 특히 회사의 가치가 저평가되어 있는지 고평가되어 있는지를 판단하는 것은 더욱 어려운 일이다. 하지만 진정한 대박은 분명히 가치투자에 있다. 하지만 단지 PER이 낮아 저평가되어 있다고 저평가된 가치주가 되는 것은 아니다. 항상 기업가치는 '안전성, 수익성, 성장성'이 함께 존재해야만 한다. 하지만 실제로 이 모든 것을 함께 가진 주식을 찾아낸다는 것은 사실상 불가능하다. 신이 아닌 이상 이러한 것에 대해서 알 수 없다.

윌리엄 오닐은 새로운 성장성을 가진 사업이나 제품을 출시하는 것을 확인

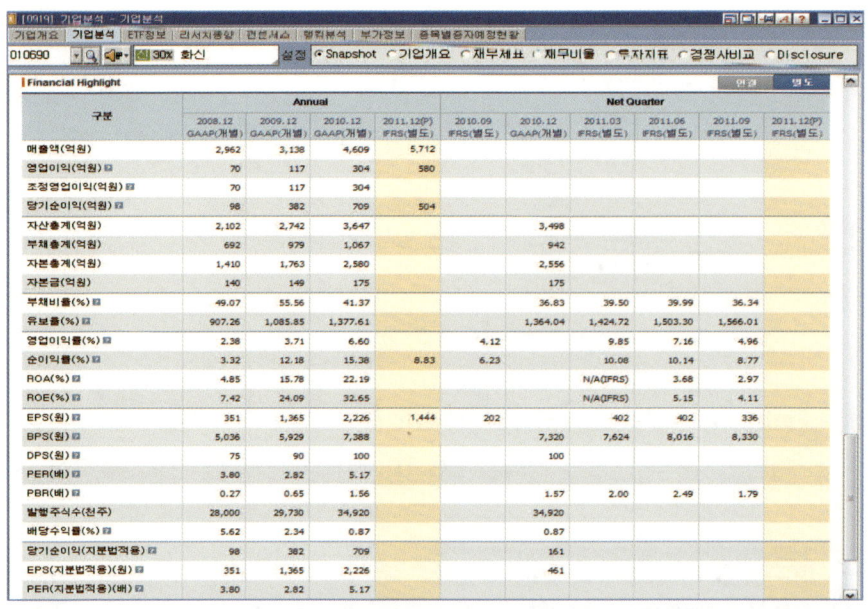

그림 4-10 | 화신 기업 분석

함으로써 그러한 성장성을 파악하려고 했다. 워런 버핏은 시장의 속성과 점유율 그리고 과거 긴 시간 동안 회사의 재무상태를 통해 흐름을 알아보고 그것을 통해서 미래를 예측하고자 했다. 그래도 역시 미래를 예측하는 것이기 때문에 한계가 있을 수밖에 없다.

당장에 장기투자를 할 생각인데 성장성을 알기 힘들다면 안전성에 중점을 둬야만 한다. 회사에 부채가 적고 꾸준하게 들어오는 수입원이 있으며, 이루어놓은 자산이 많다면 그 회사는 어지간한 일로는 망하지 않는다. 이러한 것을 안전성 비율과 활동성 비율을 통해서 알 수 있다. 이것을 통해서 절대 망하지 않을 것이라는 믿음이 생긴다면 수익성을 봐야 한다. 수익성 역시 나쁘지 않다는 것을 알게 된다면 저평가주인가를 확인해보는 것이다.

화신의 2008년도 안전성 비율을 통해서 유동비율과 부채비율을 보면 부채가 굉장히 적은 것을 알 수 있다. 또한 자산이 많이 회전하기 때문에 자신들의 자산을 효율적으로 운영하여 들어오는 돈이 많기 때문에 갑자기 목돈이 필요한 경우라도 충분히 대처할 수 있는 여력이 있다. 수익성 역시 제조업에서 매출 대비 이익이 12%가 넘는다면 결코 작은 이익률이 아니다. 결국 회사는 굉장히 안전하고 효율적으로 잘 운용되고 있다는 의미이다.

회사도 괜찮고 수익률도 나쁘지 않은데 단지 사람들의 관심을 받지 못해서 저평가되어 있는 주식이야말로 진정한 가치주다. 〈그림 4-10〉에서 PBR을 보면 화신 역시 2008년 수익률도 좋고 안전하여 지금 회사를 청산해도 주가보다 3배는 많은 돈을 받을 수 있을 것으로 보인다. 이는 심하게 저평가되어 있다는 의미이다. 수익성이나 이익도 좋은 회사가 PER도 낮다. 결국 괜찮은 회사 중에서 PER이나 PBR이 낮은 주식은 언젠가는 자기가치를 찾아가게 되며, 그때 사람들의 관심을 받게 된다면 화성이 20배 상승했던 것처럼 화려하게 급등을 하게 되는 것이다.

많은 사람이 단기적으로만 주식에 접근하려고 한다. 조금 오르면 팔고 싶고, 내리면 자신의 돈이 사라지는 것을 보면서 가슴 아파한다. 하지만 이렇게 회사의 가치와 안전성을 제대로 이해하고 투자한다면 마음 편하게 수익을 누릴 수 있게 된다. 그러므로 항상 주식시장을 바라볼 때 장기적으로 투자할 수 있는 회사를 고를 수 있는 눈을 키운다면 여러분의 투자금도 안전하게 큰 수익을 낼 수 있을 것이다.

**보컬의 칼럼 3** Column

## 장기투자 이야기

투자자들은 이런 생각을 한다. 특히 장기투자하는 투자자들은 "이 회사 좋은 회사야"하면서 "안 오르면 장기투자하면 돼" 이런 생각을 많이 가지고 한다. 장기투자는 실적이 좋아지는 기업이 제일 좋다. 장기투자할 때는 예를 들어 주가가 떨어질 때 물타기를 하다 보면 대주주가 될 때가 많다. 물론 웃자고 하는 말이다.

그 회사가 계속 좋아진다면 팔 이유는 절대 없다. 최근 포휴먼을 보면서 장기투자 정말 무섭구나, 특히 코스닥 장기투자는 정말 무섭구나라고 느낀다. 포휴먼은 한때 증권사 추천을 받으면서 탄소 관련주로서 2,000원에서 4만 원까지 갔던 주식인데, 지금은 회사홈페이지도 열리지 않는다. 적자폭을 보면 정말 어이가 없을 정도이다. 예전 네오세미테크 때도 많은 장기투자자들이 눈물을 흘렸다. 지금 회사가 좋다고 영원히 회사가 좋을 거라는 생각은 절대 해서는 안 된다.

그러면 대형주는 안전한가?
예전 재계 13위였던 한보철강이 IMF를 맞으면서 상장폐지가 되었다. 지금 하이닉스는 많이 좋아졌지만 예전 4만 원에서 200원까지 떨어졌다. 카드회사에서 1위였던 LG카드도 8만 원에서 200원까지 떨어졌었다. 이 세 종목들은 대형주들이었다. 금호산업 또한 감자를 포함하면 10만 원에서 1,000원까지 떨어졌었다. 금호산업도 대형주였다.

지금 참 좋은 기업도 언제든 이상하게 변할 수 있다. 기업의 성장성을 보고 들어갔는데 느낌이 이상하게 변할 때는 과감히 손절할 수 있어야 한다. 포휴먼 같은 경우도 2년 전에 적자로 돌아선 적이 있었다. 재무제표상으로 영업이익은 무려 20억 원 손실, 당기순이익은 무려 110억 원 손실이었다. 그렇다면 과감히 일단 손절하고 좀 살펴봐야 되는 건 아닐까?

대형주고 소형주고 장기투자일수록 기업 내용을 꼼꼼히 살펴보아야 한다. 왜냐하면 회사는 갑자기 변할 수 있기 때문이다. 항상 장기투자한다고 그냥 묻어두고 언젠가는 올라가겠지라고 생각하는 것은 매우 위험한 생각이다. 기업을 꼼꼼히 살펴보고, 회사도 방문해보고 항상 기업을 분석해보길 바란다. 자기 재산은 누가 지켜주는 것이 아니라 자기자신이 지켜야 하는 것이다.

# Part 11

# 기술적 분석의 응용

# 34
## 이기기 위해서 들어가는 것이 아니라 이긴 후에 들어가라

어느 오후 삼성동의 코엑스에서 약속이 있어서 사람을 기다린 적이 있었다. 한가했던 나는 두 시간 정도 일찍 도착해서 코엑스를 구경하면서 시간을 보냈다. 그때 대형서점이 눈에 들어왔다. 요즘 나오는 주식 서적은 어떤 것이 있는지 알아보기 위해 서점에 들어가서 최근에 나온 책들을 보았다. 참 많은 책들과 많은 기법들이 있었다. 그들의 기법들은 거의 대부분 하나같이 대단했고 실패한 내용이 하나도 없었다. 마치 자신들이 시키는 대로만 하면 모든 사람이 일확천금을 만질 수 있는 것처럼 이야기하고 있었다. 또한 대단한 것을 설명하는 것처럼 이야기하면서 필요 없고 쓸모없는 주변의 것들만 설명하는 것을 보고 핵심이 없는 책이 많다고 느꼈다.

고가권에서 하는 상항가 따라잡기, 전고점을 돌파할 때 매수하는 전고점 돌파 매매법, 이동평균선에서 지지를 확인하고 매수하는 매매법, 고가놀이 기법도 생각해볼 수 있으며, 저가권에서 점하한가로 가는 종목을 따라잡는 하한가 따라잡기 매매법, 이동평균선 돌파 매매법, 바닥권 수렴기법 등 참 많다. 이러한 기법들은 전부 정말 좋은 기법들이다. 만나본 많은 고수 역시 이러한 기법들을 사용하고 있었다.

하지만 같은 기법을 사용하는 데도 사람마다 수익률은 천차만별이다. 그 이유는 같은 기법이라도 사람에 따라서 전혀 다른 방식으로 사용되기 때문이다. 또한 기법이라고 해도 100%의 확률을 가진 것이 아니기 때문에 항상 다르게 갈 확률을 생각하고 대응하는 능력이 다르기 때문이다. 기법을 배웠으면 그것을 자신의 것으로 만들라는 말의 의미는 결국 실전에서 직접 경험해보면서 자신만의 대응법을 체계화시키라는 것이다.

이런 대응법 중에서 초보 투자자들에게 반드시 필요한 것들 세 가지에 대해 소개하려고 한다.

첫째, 매수할 때는 이기기 위해서 들어가는 것이 아니라 다 이기고 난 후에 들어가는 것이다. 많은 투자자가 매수를 할 때는 자신이 사는 가격이 저점이라 생각하고 매수를 하게 된다. 자신이 산 가격보다 무조건 오를 것이라고 생각하기 때문에 사는 것이다. 하지만 항상 문제가 되는 것은 스스로의 '기대'와 '확신'을 쉽게 구별하지 못한다는 점이다.

예를 들어 광명전기의 차트와 소리바다의 차트는 고가권에서 고가놀이를 하는 모습이다. 광명전기의 경우 전형적인 사각형 패턴 중 하나이다. 급등 중에 잠시 조정을 받는 모습을 보여주고 있지만 거래량이 계속 줄어들고 있는 모습이 매도하는 사람이 점점 줄어들고 있다는 것을 알려주고 있다. 게다가 20일 이동평균선에서 확실하게 지지되는 모습을 보여주고 있다. 이렇게 지지되는 모습을 보면서 상승을 점치고 매수를 생각할 수 있다.

소리바다의 경우에도 급등한 뒤에 거래량이 줄면서 조정을 받게 된 후 거래량이 증가하며 전고점을 돌파하려고 시도하였다. 그러나 성공하지 못하고 하락하여 20일 이동평균선에 지지받는 모습을 보여주고 있다.

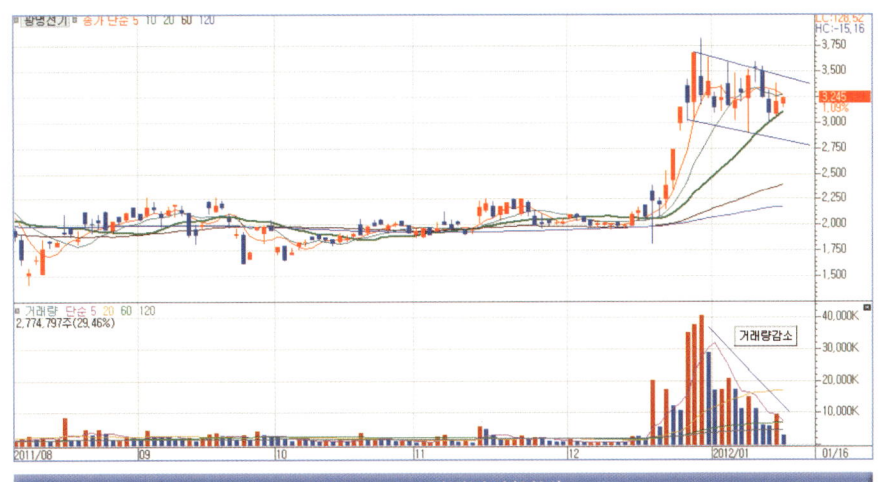

차트 4-9 | 광명전기(일봉)

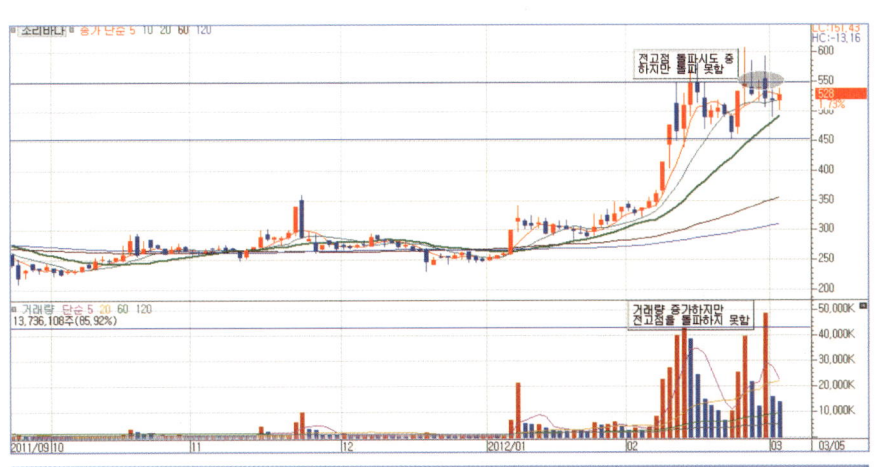

차트 4-10 | 소리바다(일봉)

초보투자자라면 아직 돌파를 시도하지 않았고, 지지도 잘 되는 광명전기의 차트가 더 좋게 보일 것이다. 하지만 어느 정도 공부한 투자자라면 소리바다가 20일 이동평균선에 닿지 않고 지지되는 모습을 보고 두 차트가 비슷하게 상승 가능성이 있다고 생각할 것이다. 하지만 여기서 중요한 문제가 있다. 정말로 돌파하는지는 사실 알 수 없다. 결국 지금까지 상승할 것이리고 생각한 것은 기대에 불과한 것이다. 그렇다면 어떻게 해야 될까? 오를 것이라 생각하면 오르는 것을 보고 돌파할 때 매수하면 되는 것이다.

다음 날 광명전기의 경우 음봉으로 상승하는 모습을 보여주었지만 아직 추

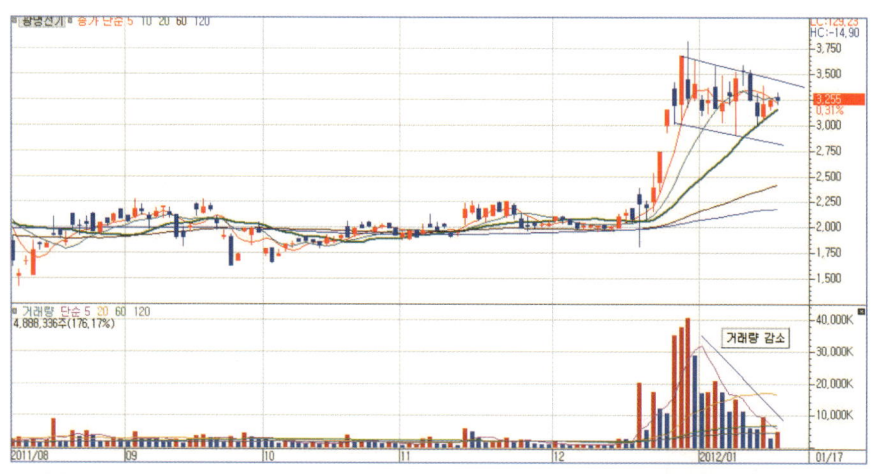

차트 4-11 | 광명전기(일봉)

차트 4-12 | 소리바다(일봉)

4부 기본적 분석과 기술적 분석의 응용

세를 돌파한 것이 아니기 때문에 관종을 한다(차트 4-11). 소리바다의 경우 주가가 추세를 살짝 돌파했지만 이 정도로 돌파했다고 보기에는 거래량이 증가하거나 큰 폭으로 증가하는 강한 돌파로 보기 어렵기 때문에 여기서도 매수하지 않고 관종한다(차트 4-12).

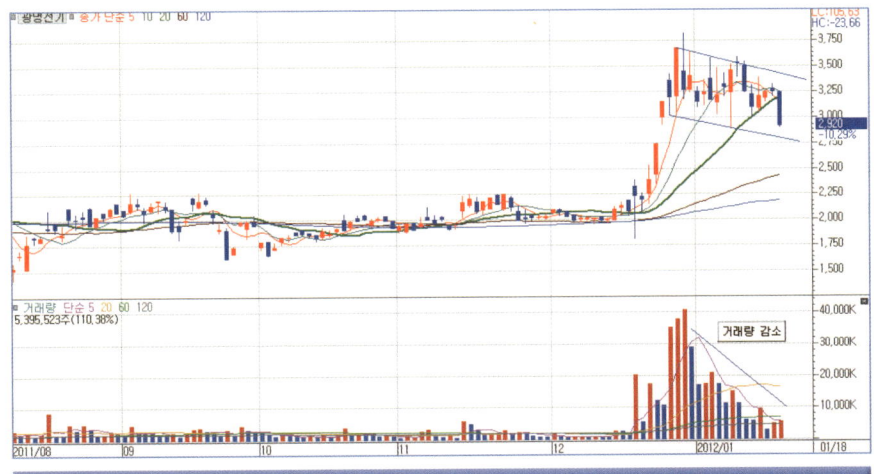
차트 4-13 | 광명전기(일봉)

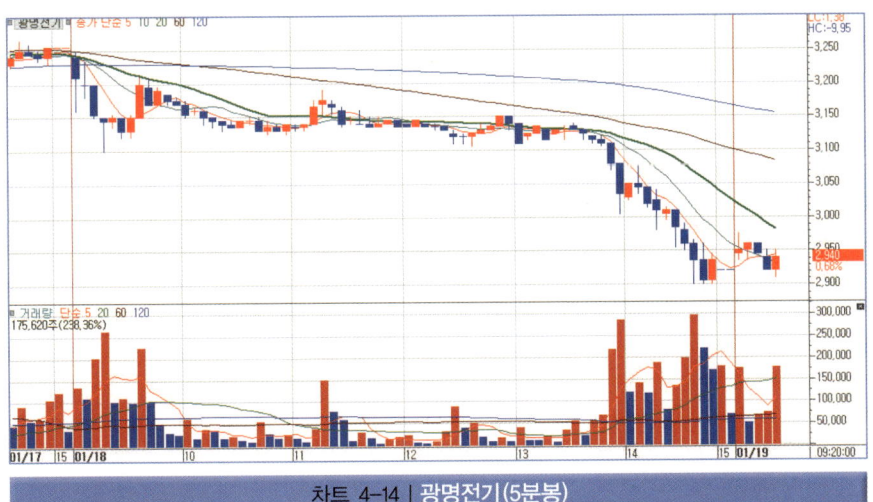
차트 4-14 | 광명전기(5분봉)

광명전기의 경우 거래량이 줄면서 조정을 받아 이동평균선에 지지되는 모습을 보고 매수를 했다면 장대 음봉에 손해를 보는 일이 생겼을 것이다. 결국 상승하는 것을 확인하지 않고 상승한다는 생각만으로 매수했다면 이러한 상황에 처할 수 있다. 상승을 확인하고 매수하는 것이 아니라, 이동평균선의 지지만 보고

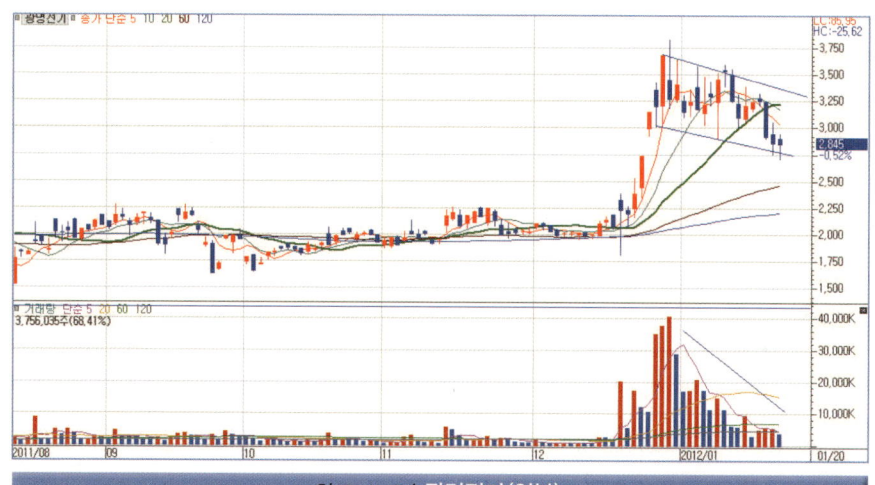

차트 4-15 | 광명전기(일봉)

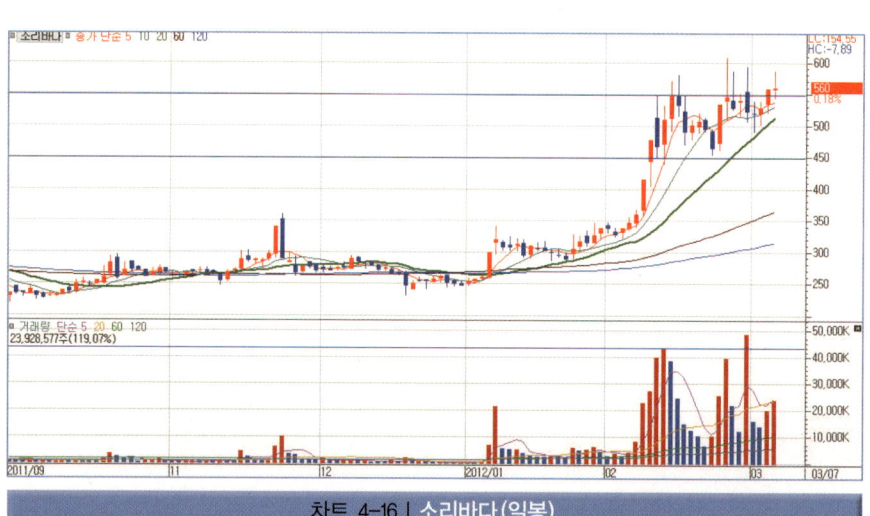

차트 4-16 | 소리바다(일봉)

매수하는 경우 장중에 〈차트 4-14〉처럼 흘러내리면 쉽게 손절하지 못하다가 장 후반에 급락을 당하게 된다. 그래서 손절을 하지 않기 위해서라도 반드시 확인하고 거래를 하는 습관을 들여야만 한다.

결국 손절가에서 손절하지 못한다면 투자금의 1/4이 사라지게 된다. 소리바다의 경우에는 이동평균선을 돌파한 뒤 이동평균선 바로 위에서 도지를 만드는 모습을 보여주고 있다(차트 4-17). 이러한 모습은 돌파한 후 지지되는 모습을 나타내는 것으로 볼 수 있다. 그래서 어느 정도 모습을 보여주면 많은 사람들이 매수를 하게 된다. 하지만 이러한 상황에서도 주가가 하락하는 경우가 많다는 것을 알아야만 한다.

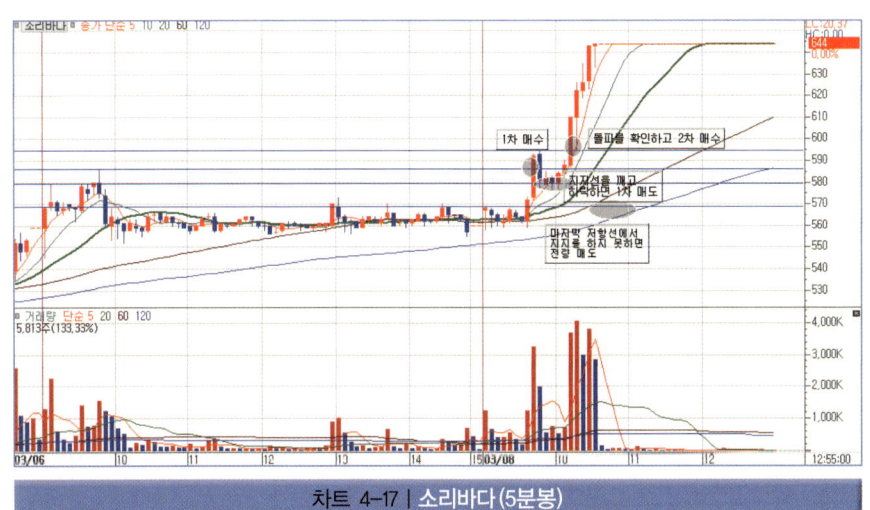

차트 4-17 | 소리바다 (5분봉)

그래서 도지가 나온 다음 날 주가가 움직이는 것을 보고 매수할 수 있다. 매수는 상승한다는 것을 확인하기 위해서 전고점을 돌파할 때 1차로 매수할 수 있다. 이러한 전고점은 당연히 강력한 지지대로 작용한다고 설명했다. 이러한 지지대를 강한 거래량으로 돌파한다면 많은 사람이 매수하고 있다는 의미이다. 이때 강한 종목은 조정을 받지 않고 바로 상승해서 상한가를 가기도 한다. 그래서 돌파할 때 1차로 매수를 하는 것이다.

하지만 예상과 달리 주가는 더 상승하지 못하고 하락하는 모습을 보여주고 있다. 하락하게 되면 당연히 그다음에 지지되는 부분이 어디인지 빠르게 찾아야 된다. 지지선을 찾았다면 그러한 지지선에서 지지 여부를 확인한 후 지지선을 깨고 하락한다면 수량의 반을 매도하고, 다음 지지선에서도 지지를 못한다면 전량 매도하는 식의 시나리오를 생각해야 한다.

하지만 다행히 1차 지지선에서 지지가 되면서 상승하는 모습을 보여주고 있다. 그렇다면 당연히 다시 고점을 돌파하는 순간 2차 매수를 하는 것이다. 1차 매수, 2차 매수로 나누고 있지만 그 비중은 자신의 실력과 경험에 따라서 조정을 해야 한다. 결국 3월 8일의 고점을 돌파한 주가는 급등하는 모습을 보여준다.

소리바다의 분봉이 급등하는 모습은 전형적인 급등 패턴을 보여주기 때문에 이러한 투자 대응법은 다른 상황에서도 사용할 수 있다. 이러한 대응법도 실전에서 많이 연습하고 복기해보면서 수정하지 않으면 자신의 기법으로 사용할 수 없다.

또한 고수들은 이미 많은 차트들을 경험하고 봐왔기 때문에 차트가 어떤 식으로 움직일지 이미 예상 시나리오를 머릿속에 그리고 있다. 그리고 그 시나리오대로 움직이는 종목을 거래하는 것이다. 그래서 여러분이 한 단계 실력이 업그레이드되면 지지와 저항뿐 아니라 예상 시나리오에 따라서 가지 말아야 할 종목일 경우 손절할 수 있게 된다.

분명 광명전기와 소리바다는 충분히 상승 가능성이 있는 자리에 있었다. 하지만 그러한 자리에서도 더 하락하는 경우가 많다. 혹자는 그래서 기법이란 상승과 하락이 반반씩인 시장에서 1%의 가능성을 높여서 51% 가능성으로 투자하게 만들어주는 것이라고 말했다. 그렇다면 51%에서 투자하는 것이 아니라 51%

를 이겨놓고 투자를 하면 된다. 물론 그때도 어떠한 일이 있을지 알 수 없으니 투자금의 일부만 투자를 하는 것이다. 큰돈은 아니더라도 잃지 않는 매매를 할 수 있게 되는 것이다. 그렇게 경험이 쌓이고 같은 상황에서 승률이 높아지게 되면 투자금을 더 높일 수 있을 것이다.

초보투자자들이 매수하는 이유 3가지를 말할 수 있을 때 전문투자자들은 매수하는 이유 10가지는 말할 수 있다. 물론 고수들은 그보다 더 많을 것이다. 이러한 말은 결국 그만큼 여러 가지를 확인한 뒤에 매수한다는 의미이다. 신호도 이 정도로 많아지게 되면 사실 예상의 단계를 넘어서 확신의 단계로 넘어가게 된다. 그래서 이기는 투자를 하기 위한 투자가 아니라 이긴 뒤에 투자를 하는 것이나 다름없다. 그러므로 이 글을 읽는 독자 여러분도 모든 것을 확인하면서 투자를 하길 바란다.

# 35
# 첫째도 안전, 둘째도 안전, 셋째도 안전

두 종목 모두 횡보하다가 박스권 돌파 후, 지지선으로 변한 박스권 추세선에서 거래량이 줄어들며 지지되는 모습을 보여주고 있다. 이렇게 두 차트를 비교해보면(차트 4-18, 4-19) 어느 것이 좋은지 쉽게 눈에 들어오지 않는다. 하지만 전에 배웠듯이 예상만으로 주식을 거래해서는 안 된다. 좀 더 많은 이유를 찾고 많은 생각을 해야만 한다.

이번에는 차트를 길게 늘여서 보자. 길게 차트를 늘려보면 코엔텍은 고점에 있고(차트 4-20), OCI은 더 이상 떨어질 곳이 없는 바닥권에서 횡보하고 있는 모습을 볼 수 있다(차트 4-21). 이럴 경우 코엔텍은 물론 지지되는 지지선도 아래에 있지만 그래도 바닥 대비 30~40% 정도 올랐기 때문에 떨어질 곳 역시 많다. 물론 "가는 놈이 더 간다"는 말처럼 더 갈 수도 있다. 하지만 이왕이면 위험이 없는 곳에서 오르는 것이 더 좋다.

OCI은 주가가 이미 바닥이기 때문에 더 이상 떨어질 곳이 존재하지 않는다. 물론 "바닥 밑에는 지하실이 있다"라는 이야기도 있지만, 아무리 지하실이 있어도 5층에서 지하실로 떨어지는 것과 1층에서 지하실로 떨어지는 것의 파괴력은 다르다. 그렇다면 당연히 떨어질 곳이 적은 OCI에 더 많은 관심을 가져야 한다. 그래서 처음 차트에서는 코엔텍이 좋아 보이더라도 OCI을 거래하는 것이 옳다. 위험을 관리할 능력이 적다면 첫째도 안전, 둘째도 안전, 셋째도 안전하게 가면서 경험을 조금씩 늘려가야 한다.

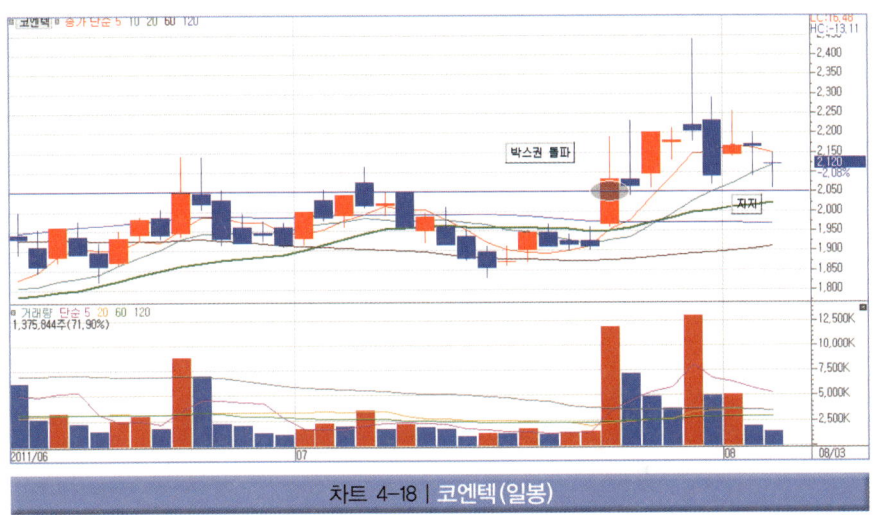

차트 4-18 | 코엔텍(일봉)

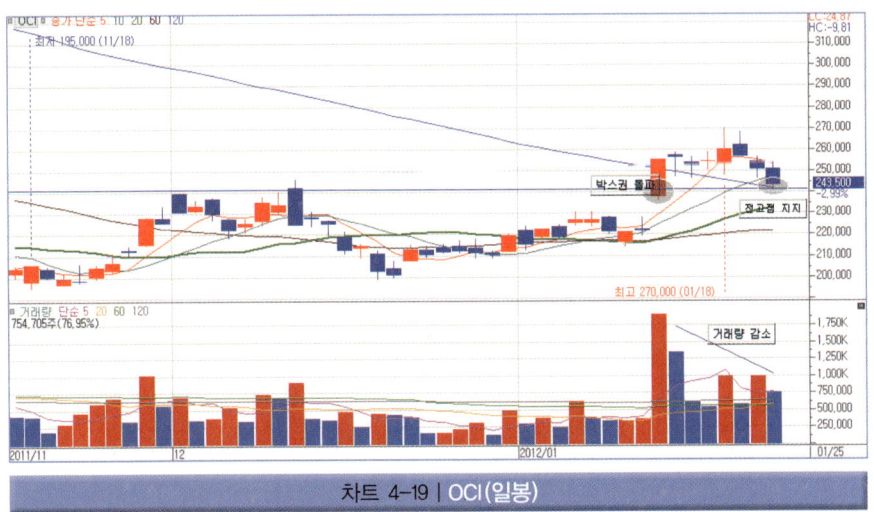

차트 4-19 | OCI(일봉)

이것이 중요한 이유는 하락할 곳이 낮다는 것 외에도 또 있다. 바로 누가 봐도 바닥이라고 생각한다는 점이다. 어느 누가 바닥이라고 생각한다면 다른 사람들도 바닥이라고 생각할 수 있다. 그렇다면 더 이상 떨어지지 않을 곳에서 안전하게 투자할 수 있기 때문에 사람들이 마음 놓고 매수할 수 있다. 또한 오를 때

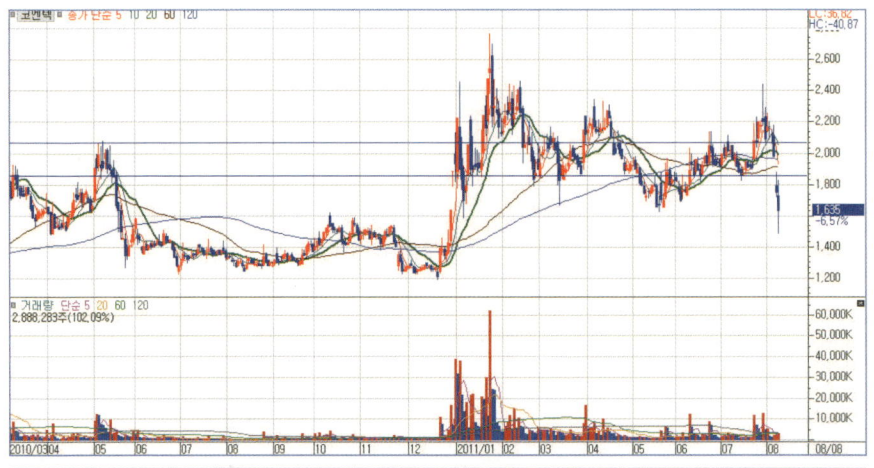

차트 4-20 | 코엔텍(일봉)

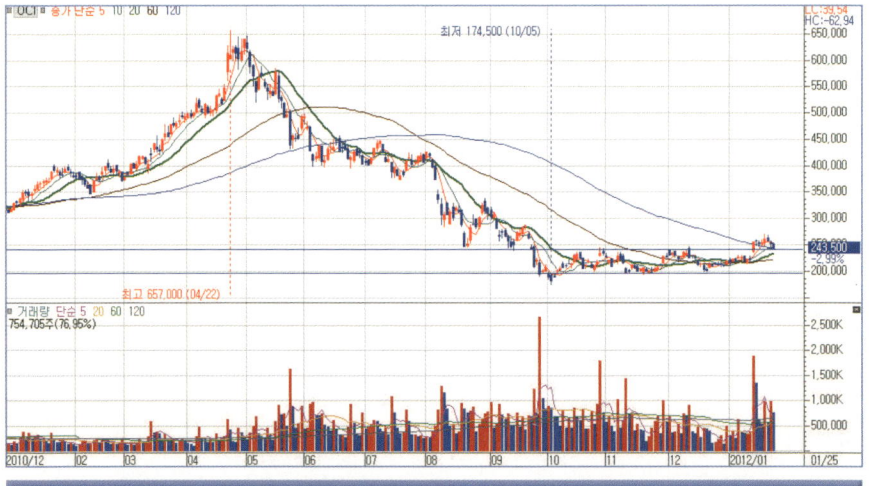

차트 4-21 | OCI(일봉)

도 바닥에서 오른 것이기 때문에 부담 없이 매수할 수 있다. 이런 부담 없는 점 때문에 상승에도 OCI가 더 안전하다고 볼 수 있다.

결국 많이 오른 코엔텍은 바닥권에서 매수한 사람들의 이익실현으로 매도세가 존재할 수밖에 없다는 점에서 하락해도 전혀 이상한 것이 아니다. 하지만 OCI

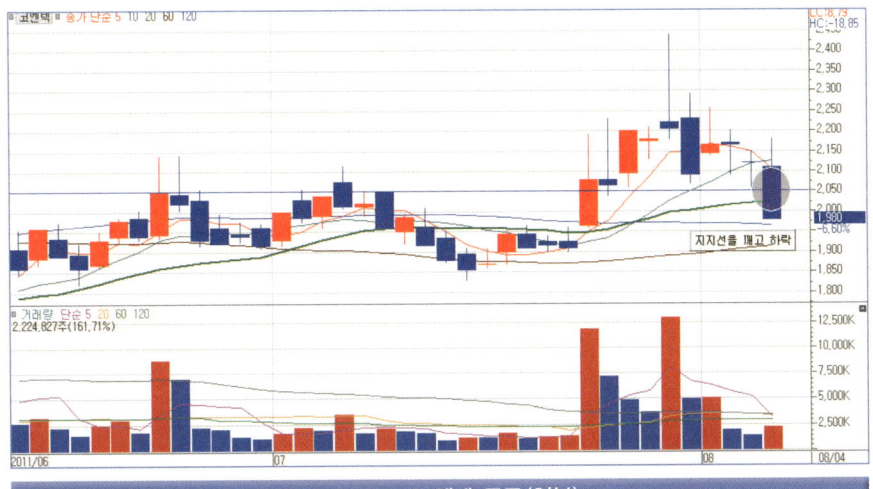

차트 4-22 | 코엔텍 종목(일봉)

차트 4-23 | OCI(일봉)

의 경우에는 더 이상 내려갈 곳이 없기 때문에 더 이상 하락하지 않고 상승하는 모습을 보여주고 있다(차트 4-22, 4-23).

고가권의 무서운 점은 지지선이나 하나의 단서를 만들고 그것을 깨면 무조건 손절한다라고 생각해도 때마침 그 종목을 보고 있지 않거나, 빠르게 움직이

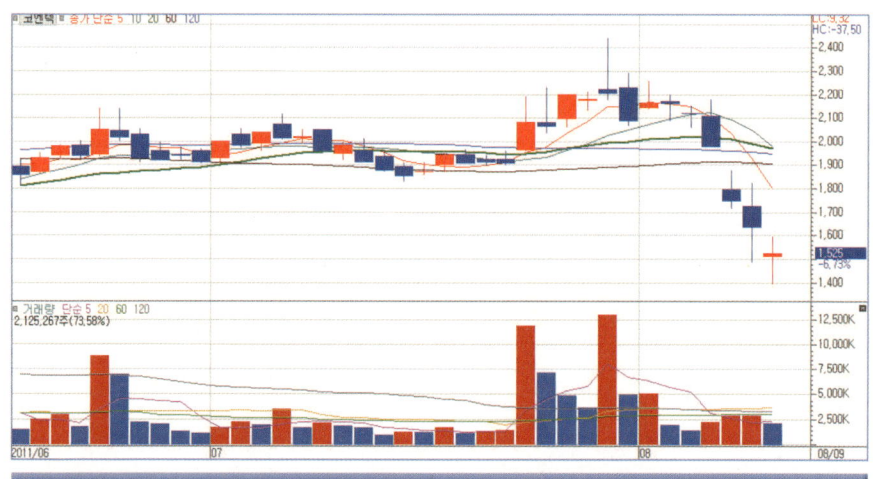

차트 4-24 | 코엔텍(일봉)

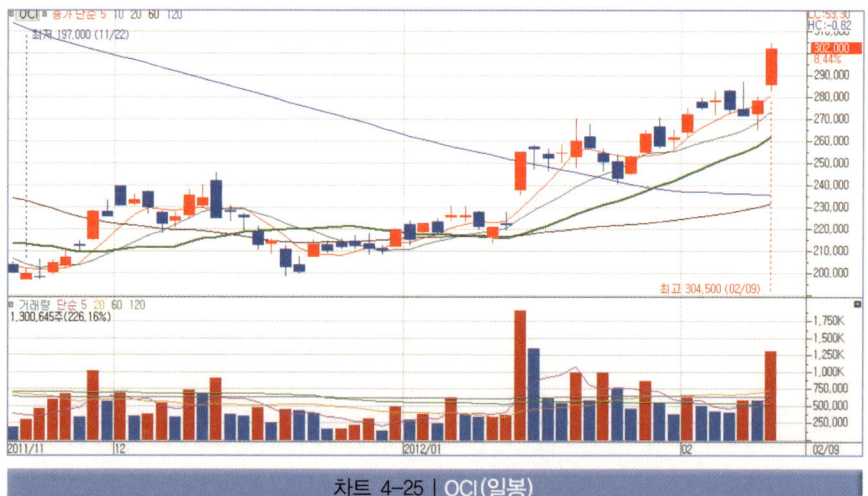

차트 4-25 | OCI(일봉)

는 주가에 대응 자체를 못하게 되거나, 그냥 무덤덤하게 멍하니 지켜볼 수도 있다. 투자자가 어떠한 상태든 생각이 틀려서 물리면 20~30%는 쉽게 사라져버린다. 이것은 굉장히 흔한 일이다. 코엔텍 역시 손절해야 하는 부분에서 손절을 못하자 하락하여 손절라인인 2,000원 대비 1,500원까지 떨어졌다는 것은 자신이 투자한 금액의 1/4이 한순간에 공중으로 사라져 버렸다는 것이다(차트 4-24).

〈차트 4-25〉에서 볼 수 있듯이 마음 편한 주식은 다른 사람들도 마음이 편하기 때문에 조금 떨어진다고 해서 잘 팔지 않는다. 매도세가 없으니 당연히 상승 역시 쉽다. 그래서 10일 이동평균선을 돌파하는 25만 원에 마음 편하게 매수를 하거나 120일 이동평균선에 지지되는 24만 원에 매수한 후 10일 이동평균선에 지지되는 것을 보면서 보유를 한다면 큰돈을 벌 수 있을 것이다. 자신이 마음 편하게 투자했다면, 다른 사람들도 마음 편하게 투자를 했다는 의미이다. 그 말은 즉 매수가 쉽다는 말이나 다름없다. 그래서 마음 편한 주식이 더 잘 가는 것이다.

이러한 이유로 항상 차트를 길게 보면서 긴 그림에서 주가가 어느 위치에 있는지 항상 확인하고 회사의 상태가 어떠한지 확인하면서 투자를 하는 투자자가 되어 자신의 투자금을 안전하게 지키면서 높은 수익을 올리기를 바란다.

# 36
# 아무리 힘들어도 반드시 놓치지 말고 해야 하는 손절

**만약에** 종목을 잘못 선택하거나 제대로 선택했다고 해도 자신의 마음과 다르게 갈 경우가 항상 존재한다. 그럴 때 대응은 굉장히 중요하다. 왜냐하면 위에서도 보았듯이 투자금의 1/4 정도가 날아가는 것은 한순간이기 때문이다. 그러한 손해를 초반에 막기 위해서 손절매가 존재한다.

손절매란 손해를 끊어서 더 이상 손해가 나지 않도록 막는 것을 의미한다. 주식을 보유하고 있을 때는 손해가 확정된 것은 아니지만 매도를 하게 됨으로써 그러한 손해가 눈에 보이게 된다. 자기 손에 들어오지 않은 돈이기 때문에 막연하게 손해라는 느낌이었지만 자신의 손에 들어온 돈이 정말로 줄어서 들어오면 그것은 또 다른 느낌이기 때문이다. 그러한 것은 많이 경험해서 익숙해지지 않은 사람들에게는 굉장히 무서운 일이다.

그래서 많은 투자자가 여러 가지 이유를 만들어낸다. "주가는 하락하지만 종목의 미래가치는 좋으니까 들고 있어도 괜찮아"라는 식의 이유를 만들어내는 것이다. 하지만 손절매는 주가의 미래 모습과 상관이 없다. 손절매는 지금 떨어지는 폭우를 피하는 것에 의미가 있기 때문이다. 폭우를 피하고 나면 언제든지 들어가고 싶을 때 다시 들어가면 된다.

하지만 주식시장에 익숙하지 않은 투자자라면 조급한 마음을 다스리지 못하기 때문에 반드시 무리한 거래를 하게 된다. 그러므로 손실을 끊는 것에만 집중해야 한다.

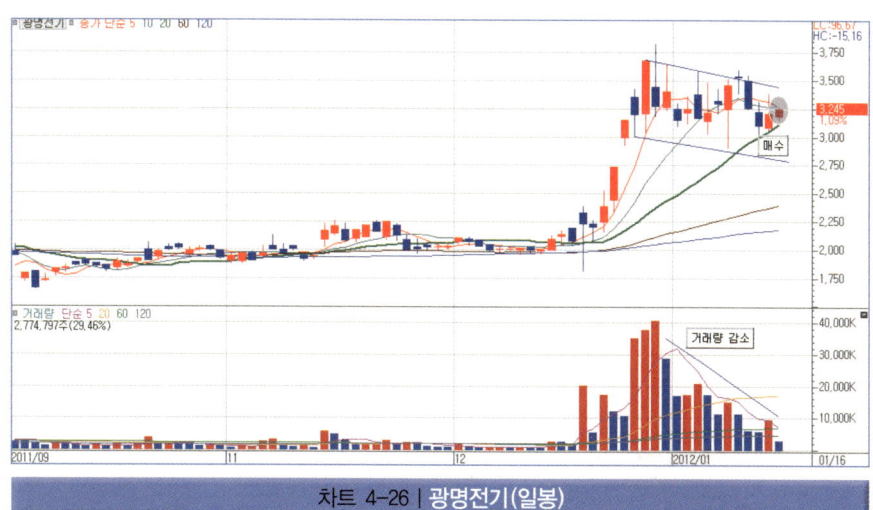

차트 4-26 | 광명전기(일봉)

〈차트 4-26〉은 앞에서 본 광명전기의 차트이다. 사람들이 살 때는 자신이 살 때가 저점이라고 생각한다. 하지만 자신이 생각한다고 해서 항상 오르는 것이 아니기 때문에 자신이 생각한 대로 흘러가지 않는다면 당연히 손절이나 익절을 하고 시장에서 빠져나와서 다른 기회를 노려야만 한다. 자신의 투자금을 지키기 위해서 시장에서 우선 빠져나와야만 하는 것이다. 이러한 손절 방법에는 무조건 일정 부분 손해를 보게 된다고 생각하여 매도하는 방법이 있으며, 지지와 저항을 보고 매도하는 방법이 있다. 마지막으로 어느 정도 예상 시나리오를 그릴 수 있게 된다면 시나리오대로 움직이지 않을 때 매도하는 방법이 있다. 여기서 이야기하고자 하는 것은 지지와 저항을 보고 손절을 하는 방법이다. 일정 퍼센트에서 손절을 하는 것은 자신이 마음만 굳게 먹고 있거나, 시스템의 힘을 빌리면 쉽게 할 수 있으며, 시나리오를 보고 손절하는 것은 나중에 어느 정도 수준에 이를 때 하는 것이기 때문이다.

그렇다면 광명전기의 손절 시점은 어디가 될지 생각해보아야만 한다. 우선은

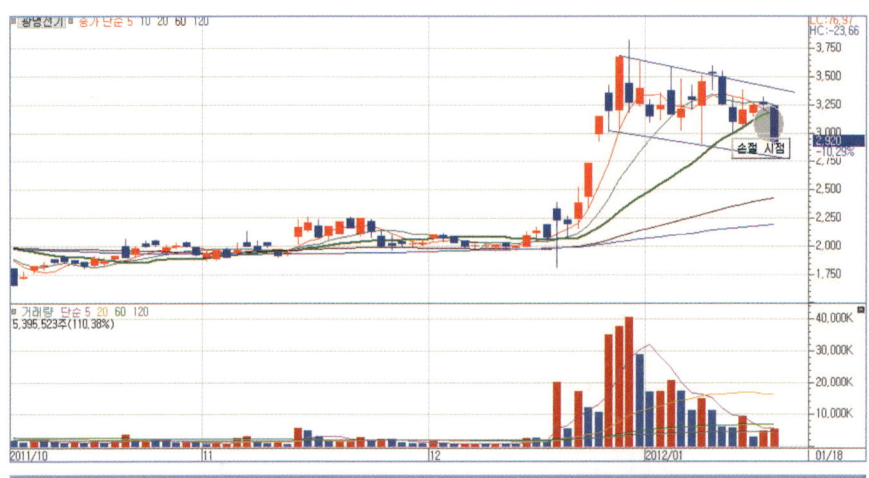
차트 4-27 | 광명전기(일봉)

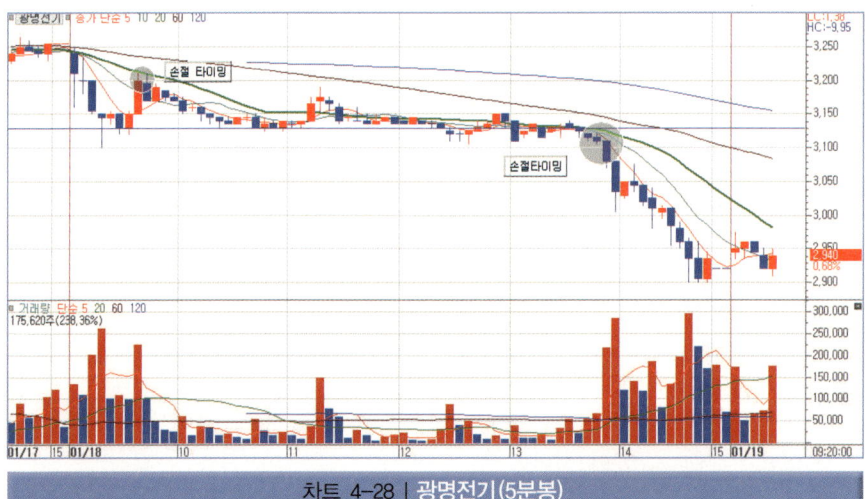
차트 4-28 | 광명전기(5분봉)

투자금을 지키기 위해서 첫 번째 손절 부분은 자신이 산 가격이 첫 번째 손절 시기가 된다. 하지만 그 정도는 괜찮다 싶으면 아래에 존재하는 지지선을 찾아보면 된다.

만약 장이 시작하고 하락하는 부분을 바라보면서 대응을 못했다면 그때는 매도 타이밍이 아니다. 바로 던지는 것이 아니라 대부분 지지해서 반등하는 부분이 나오게 된다. 그래서 처음 손절 타이밍처럼 반등할 때를 기다렸다가 저항 근처에서 매도해야 한다. 손절할 때는 절대로 돌파하리라는 미련을 가지면 안 된다. 하지만 여기서 반등이 나오는 모습과 상승에 무게를 두고 있다면 아직은 보유해둘 수도 있다. 그렇다면 장 초반에 만들어진 저점에서 지지 여부를 확인하고 그러한 지지가 깨질 경우 매도하면 된다. 그렇게 매도를 하는 것이 장 후반에 매도하는 경우이다. 이렇게 손절을 하게 되면 투자금의 손해를 어느 정도 끊을 수 있게 된다.

부록;

실전투자 절대지식 업그레이드 1.
# 120일 하향 매매법

실전투자 절대지식 업그레이드 2.
# 갭 매매법

실전투자 절대지식 업그레이드 3.
# 더 알아야 할 주식 매매법

# 01
# 120일 하향 매매법

　　**주식을** 하는 이유는 돈을 벌기 위해서이다. 하지만 대부분의 개미투자자들은 아무런 준비도 하지 않고 주식시장에 뛰어드는 경우가 많다. 사실 일반투자자들은 단기투자에 대해 많은 환상을 가지고 있다. 어떻게 보면 단기투자가 더 보수적인 투자가 될 수도 있다는 것에 대해 나 역시 동감을 한다. 나 또한 단기투자로 돈을 벌었기 때문이다. 단기투자는 많은 노력과 경험이 필요하다. 하지만 일반투자자들은 준비도 없이 그냥 무작정 단기투자에 뛰어들었다가 신용 미수까지 사용하며, 결국에는 깡통계좌를 만드는 경우가 많다.

　　그래서 일반투자자들을 위해 단기매매보다는 중·장기 스윙매매 중 저점을 잡아 매수할 수 있는 120일 하향 매매법에 대해 소개하려고 한다. 물론 이 매매법에 대해 알고 계신 분들도 있겠지만, 다시 한 번 읽어 보고 한 번 더 120일 하향 매매법에 대해 익혀두기를 바란다.

## 120일 하향매매를 발견한 이유

예전에 매매를 할 때 나는 120일선을 깰 경우 손절을 할 때가 많이 있었다. 보통 모든 투자자가 손절을 한 종목은 쳐다보기도 싫을 것이다. 나 또한 120일선을 깨면서 손절을 한 종목은 쳐다보기 싫었다. 하지만 어느 날 120일선을 깬 종목을 가만히 살펴보니 다시 120일선을 올라가는 경우가 많은 것이었다.

〈차트 B-1〉의 종목은 시간이 얼마 지나지 않아 바로 올라간 종목이다. 하지만 보통 시간이 걸리더라도 80% 이상은 지지선에서만 사면 주가는 다시 올라갈 때가 많다. 주식은 역발상을 해야 돈을 벌 수 있다고 생각을 한다. 남들이 그 주식을 버릴 때 사야 하는 경우도 있고, 남들이 그 주식을 사고 싶을 때 과감히 매도를 해야 되는 경우도 있다. 항상 남들과 똑같은 매매를 하다 보면 뒤처질 수 있다. 그래서 주식은 항상 남들과는 다르게 생각하는 관점이 필요하다.

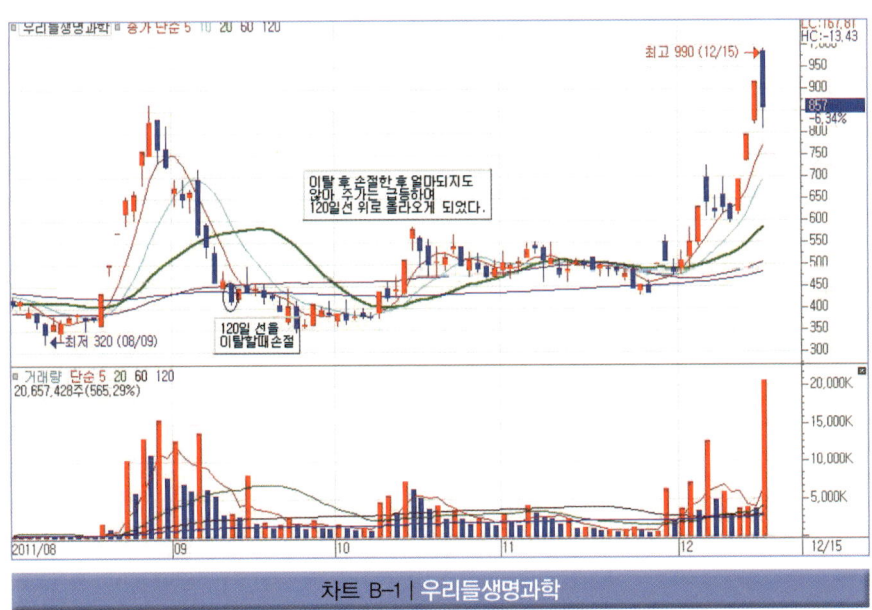

차트 B-1 | 우리들생명과학

### 120일 하향에 대한 조건

**• 상장폐지가 되거나 너무 안 좋은 회사는 배제해야 한다**

같은 차트와 같은 거래량, 같은 조건이라도 120일선 하향은 물타기가 필요한 매매법이다. 하지만 회사가 너무 안 좋을 경우 물타기를 할 때에는 절대로 편안한 마음으로 할 수 없다. 그러나 우량회사는 오히려 수량을 늘릴 수 있는 기회가 되기 때문에 기쁜 마음으로 물타기를 할 수 있다.

다음 〈차트 B-2〉와 〈차트 B-3〉을 보자.

황사 관련주로 꾸준히 배당을 주고 영업이익이나 당기순이익이 흑자가 나는 크린앤사이언스와 4년 연속 적자기업에 환기까지 지정되어 있는 스포츠서울이 있다. 두 종목 모두 처음에는 지지선을 이탈하였다. 하지만 크린앤사이언은 이탈하여도 마음 편하게 추가 매수하였다면 그 뒤로 더 상승하였을 것이다. 그러나 상승하는 중간에 매도하였더라도 많은 수익을 안겨주었을 것이다.

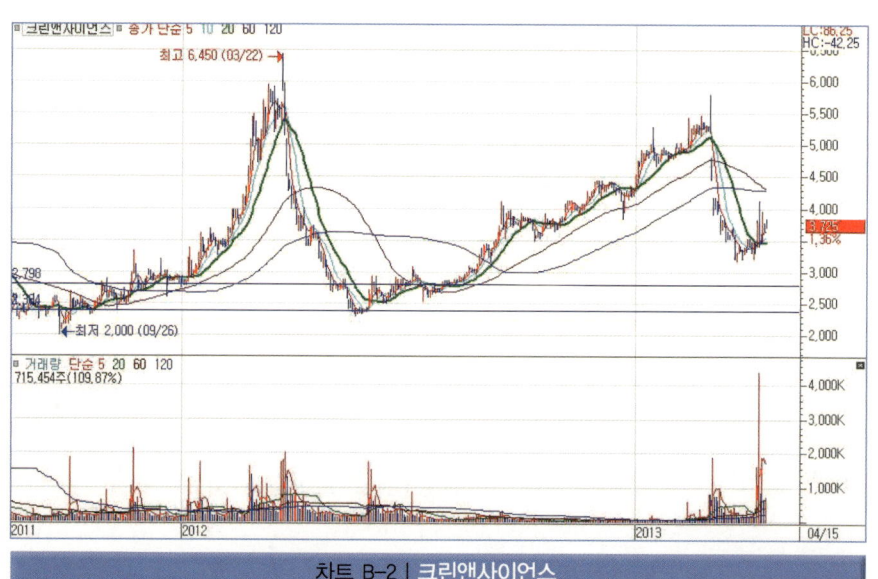

차트 B-2 | 크린앤사이언스

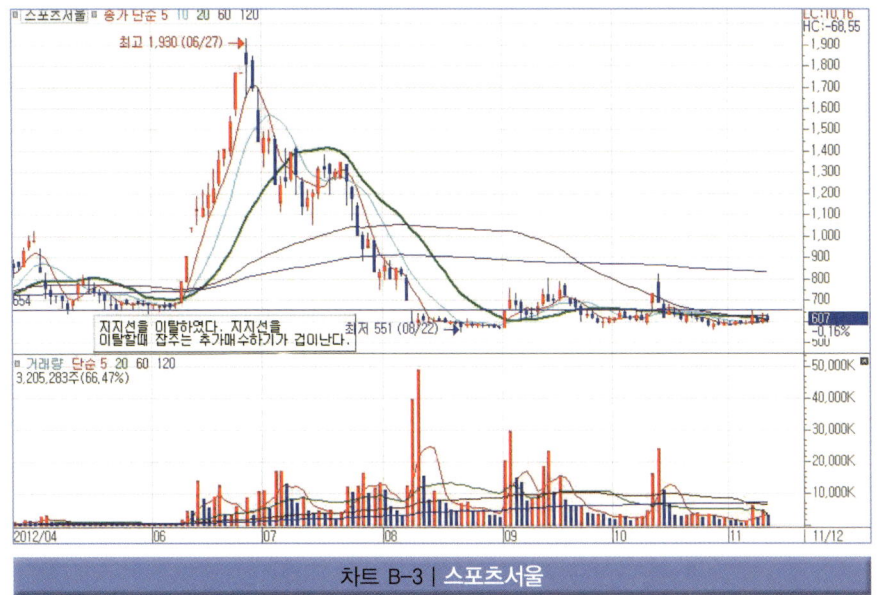

차트 B-3 | 스포츠서울

　스포츠서울은 당시 급락이 나와서 120일 하향을 이탈하였는데, 처음 지지선을 이탈하였을 때 추가 매수를 하기에는 겁이 날 것이다. 물론 이 종목도 600원에서 800원까지 오르긴 하였지만, 마음 편안하게 보유하기는 어려울 것이다. 지지선을 이탈하였을 때 추가 매수를 하는 것도 마음 편하지 않았을 것이다. 주식은 마음 편안하게 하는 것이 중요하다. 동일한 업종에 비슷한 패턴을 보인다고 하더라도 반드시 좋은 회사를 매수해야 한다.

・첫 매수 시점이 중요하다

　120일 하향 매매법은 120일선을 돌파했을 때 바로 매수하는 것이 아니다. 120일선을 이탈하고 바로 급반등을 할 때도 종종 있다. 하지만 이렇게 바로 급반등이 나오는 종목은 내가 매매할 종목이 아니라고 생각을 하면 마음이 편안하다.

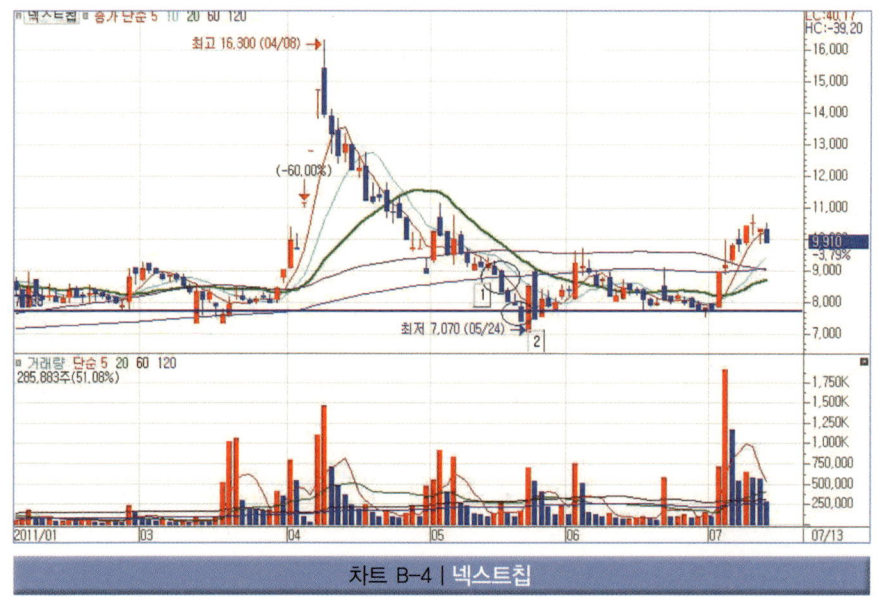

차트 B-4 | 넥스트칩

    120일선을 하향 이탈하였다고 1번에서 매수를 하였으면 주가는 거의 8,000원 후반대였을 것이다. 그 뒤로 주가는 7,000원 초반까지 떨어졌는데 거의 1,600원 정도로 잡으면 20%가량이 빠진 것이다. 물론 그 뒤로 주가는 처음 매수한 시점보다 상승은 했지만, 지지선도 안 보고 120일선만 이탈하였다고 매수하였다면 마음고생이 심했을 것이다. 또 막상 사야 할 자리에서 겁이 나서 사지도 못했을 수도 있다. 이처럼 120일선 하향 매매에서 중요한 것은 처음 사야 하는 시점이다.

### •이왕이면 시간가치를 아낄 수 있어야 한다

    테마주 중에 끼 있는 종목군들을 사야지 시간가치를 누릴 수 있으며, 큰 수익률을 올릴 수 있다.

• 같은 120일선을 이탈하였을 때는 급등주를 공략해야 한다

급등주들은 힘이 있는 주식들이다. 급등주들은 하락을 할 때 짧은 기간에 큰 폭으로 하락을 하지만, 올라갈 때도 짧은 시간에 큰 폭으로 올라간다. 만약 급등주가 아닌 종목들로 120일선 하향 매매를 할 때는 저점을 진짜 잘 잡아야 한다.

〈차트 B-5〉의 하이텍팜은 우량한 회사이다. 120일선을 이탈하였을 때 첫 번째 지지선에서 매수하였으면 그 가격은 1만 7,500원이었을 것이다. 하지만 그 뒤로 3번째 지지선까지 하락하여 주가는 1만 2,500원까지 30%가량 빠졌다. 이처럼 급등주가 아닌 종목은 지지 라인 2번째부터 매수에 들어가야 한다는 것을 명심하길 바란다. 물론 내가 말한 것이 정답은 아니기 때문에, 여러분들도 스스로 많은 차트와 회사 분석을 하면서 계속 복기해보길 바란다.

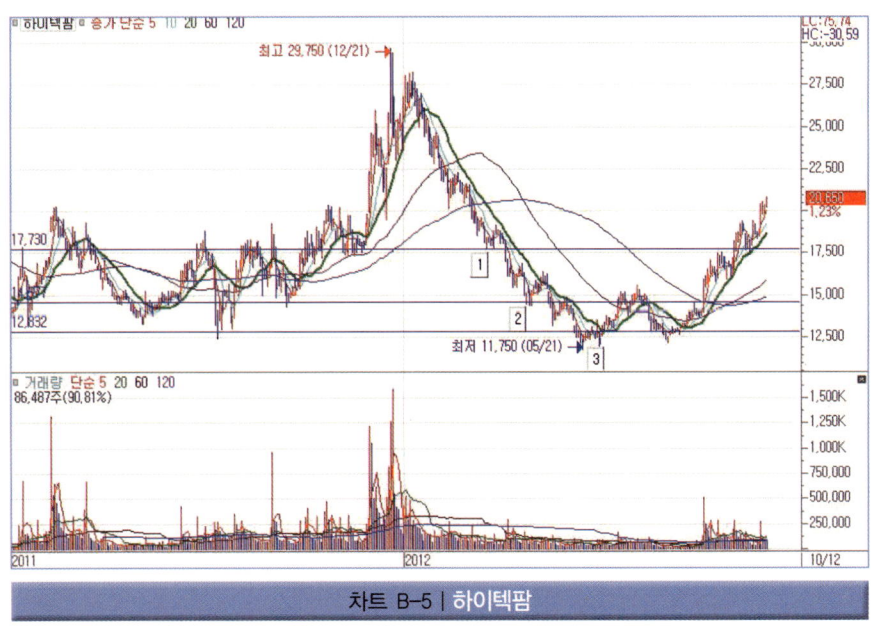

차트 B-5 | 하이텍팜

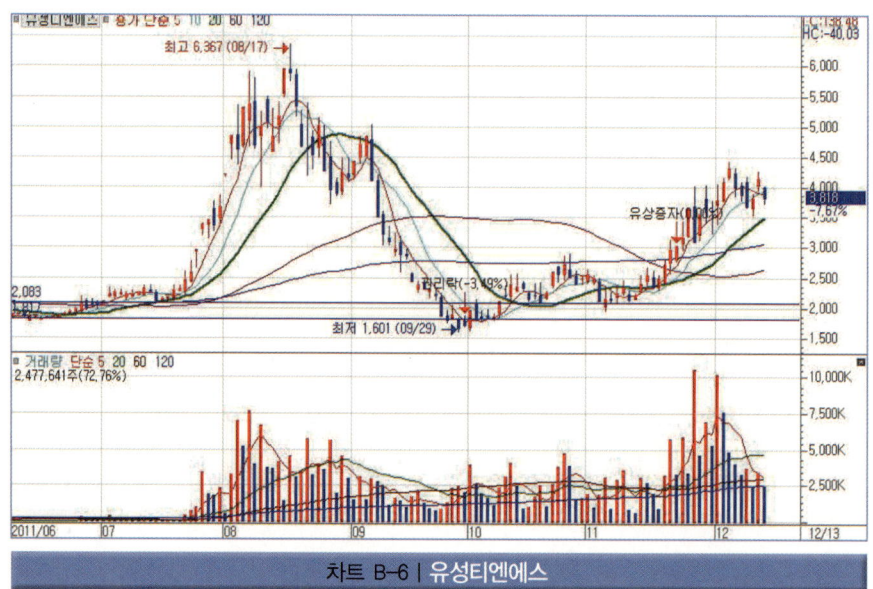

차트 B-6 | 유성티엔에스

〈차트 B-6〉의 유성티엔에스는 문재인 관련주로, 당시 문재인 테마주의 대장주 격이었다. 차트를 보면 1차 지지선에서 2차 지지선까지의 가격이 200원 정도 차이가 난다. 10%가량 빠진 것이다. 물론 2차 지지선에서 샀으면 더 좋았겠지만 보통 테마주들 같은 경우에는 1차 지지선에서 급등하는 경우도 많기 때문에 1차 지지선에서 매수하는 것이 좋다.

하이텍팜 같은 우량주들은 시간간치가 길어지는 반면에, 테마주의 급등주 대장주들은 시간가치가 짧아질 때가 많이 있다.

## 120일 하향 매매법

1) 급등주가 120일선을 하향 이탈했을 때 처음 급등 후 하향했을 때는 무조건 관심종목에 추가시켜놓는다.

2) 급등한 이후 120일 하향을 이탈했을 때 테마가 살아 있으면 더욱 관심 있게 지켜본다.

3) 120일선 하향에서 매수를 한 다음 어느 정도 물량에 대해서는 반등이 나오면 센스 있게 매도하도록 하자. 만약 정말 힘이 좋고 대장주면 그 종목은 계속 갖고 가본다.

4) 120일선 이탈 후 120일선 근처까지 다가오면 일단 1차 매도를 하도록 하자. 만약 120일선을 확실히 뚫는다면 더 급등할 수도 있다.

5) 가끔 2~4주 내로 보통 주가가 올라오지만 최악의 경우 시간이 오래 걸릴 수 있다. 그렇기 때문에 120일 하향은 한 종목으로 올인하면 안 된다.

• **눌림목 형성을 안 준 종목은 120일선 하향에서 빨리 반등을 준다**

급등주 중에서 보면 최소한 20일선 60일선에서 눌림목 반응을 보통 크게 줄 때가 많이 있다. 하지만 가끔 보면 이런 눌림목을 하나도 안 주고 그냥 떨어지는 종목들이 간혹 나온다. 이런 종목들은 보통 주포가 힘이 없거나 비실대는 경우가 많이 있는데, 이런 종목들이 120일 하향에 오면 빠른 시간 내에 급반등을 할 때가 많이 있다. 물론 이런 경우 매매를 할 때도 괜찮은 회사만 해야 한다.

〈차트 B-7〉의 영흥철강도 바닥에서 급등을 한 종목이다. 하지만 중간에 20일선 60일선에서 눌림목 구간에서 반등다운 반등이 한 번도 나오지 않았다. 그러다 지지선을 그어놓고 일주일 정도 횡보하더니 급반등이 나오게 된 것이다. 영

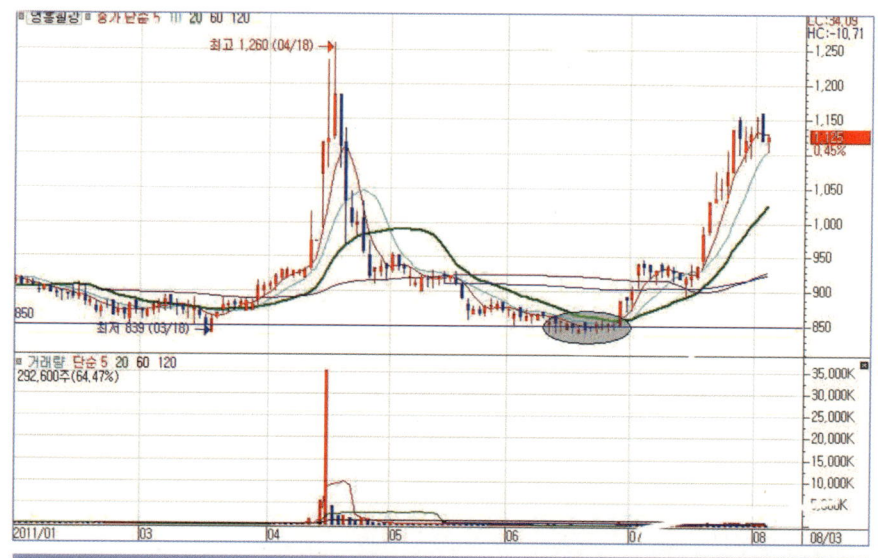

차트 B-7 | 영흥철강

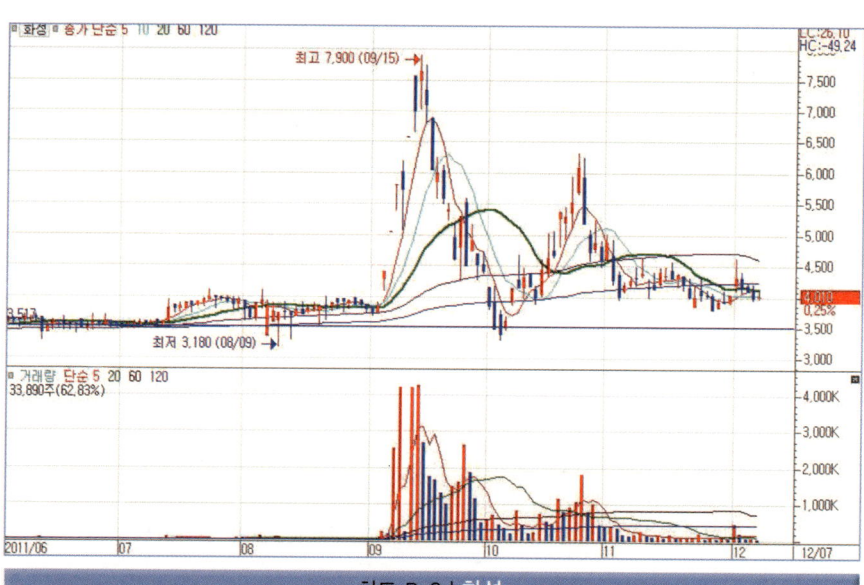

차트 B-8 | 화성

홍철강이 급반등이 나오기까지 시간이 걸린 이유는 상한가로 올라갔던 종목이 아니기 때문에 약간의 시간이 걸린 것이다.

〈차트 B-8〉의 화성 같은 경우는 5일선 조정 이후 반등을 주었지만 10일선 20일선 60일선에서 제대로 된 2차 반등을 주지 않고 120일선 밑으로 떨어지게 된다. 그 이후 지지선을 긋고 2~3일 내에 바로 120일선을 뚫고 급등하였다.

〈차트 B-9〉의 금양도 보면 급등한 이후 떨어질 때 눌림목을 제대로 주지 않았다. 그 뒤로 지지선을 그은 다음 며칠 내로 바로 급등으로 이어지지는 않았지만, 계속 우상향하면서 지속적으로 상승을 하였다.

〈차트 B-10〉의 대성엘텍을 보면 평상시 거래량이 거의 없었던 종목인데 갑자기 4연상이 나오기 시작하였다. 상한가를 갈 때도 100만 주 이내였다. 1,000원짜리 주식이 100만 주라고 해봐야 거래대금으로 따졌을 때 10억 원도 되지 않는다.

상한가로 날아갈 때 거래대금이 얼마 되지 않는 종목은 절대 눌림목 매매를 해서는 안 된다. 눌림목도 보통 종목이 힘이 있을 때 상승하는 것이지, 평상시 힘

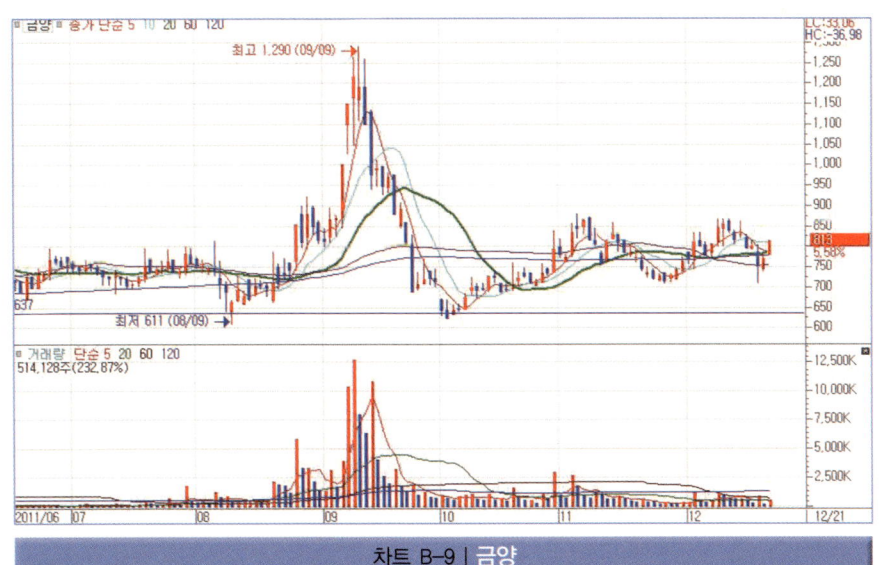

차트 B-9 | 금양

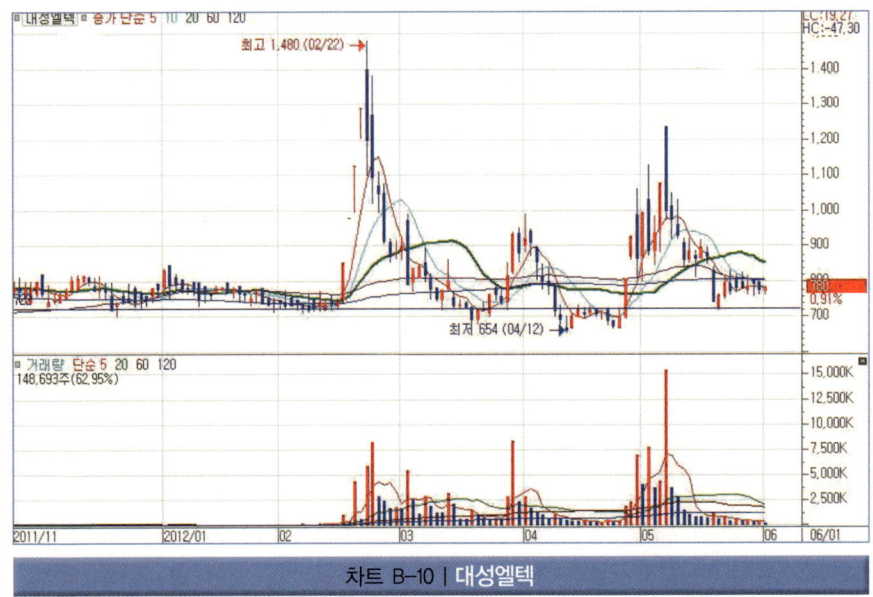

차트 B-10 | 대성엘텍

이 없는 종목들은 눌림목을 형성하지 않고 그냥 급등한 후 바로 급락이 나올 경우가 많다. 대성엘텍은 120일 하향으로 지지선을 잠시 조금 이탈했지만, 그 이후 바로 급반등됨을 볼 수 있다.

지금까지 눌림목 없이 떨어진 120일 하향에 대해 설명했다. 보통 눌림목을 형성하지 않고 바로 떨어지는 주식이 그렇게 많지는 않다. 하지만 만약 그런 종목들이 나온다면 매수를 해야 한다는 것을 예제를 통해 느꼈을 것이다. 사실 많은 투자자가 급등주를 매수하는 이유는 투자 시간을 그만큼 아끼고 싶어서 위험을 무릅쓰고 아무런 준비도 없이 뛰어드는 것이다.

나 역시도 그런 급등주들을 아무런 준비 없이 뛰어들다가 손실을 본 적이 많다. 중간에 반등이 안 나온 종목일수록 손절을 못하고 있다가 120일선을 깰 때 손절을 한다면 손해는 어마어마해진다. 가끔 120일 하향에서 반등 없이 떨어지는 종목이 지지선을 그어서 매수를 했는데, 만약 또 밀린다면 추가 매수를 하면 된다.

추가 매수를 할 때에는 이렇게 생각해보도록 하자. '나야 어차피 밑에서 샀지만 위에서 물린 주주들은 얼마나 고통이 심할까? 주가가 떨어지면 그 위에서 매수한 주주들은 더 힘이 들 테니 나야 참 마음 편안하게 매수하는 게 아닐까?'라는 마음을 가지고 산다면 편안하게 매수를 할 수 있을 것이다.

• **기업가치가 있고 테마주가 아닌 종목은 끈기를 가지고 매매해야 한다**

기본적으로 120일 하향 매매는 단기 매매가 아니다. 물론 테마주의 대장주나 눌림목 없는 120일 하향은 급반등이 나올 때가 많으므로 단기적으로 큰 수익을 낼 수 있다. 하지만 보통 급등주였지만 테마가 없고 그다음에 바로 호재가 나오지 않는 한 시간가치가 걸림돌이 될 때가 많이 있다. 하지만 잘 들고 가서 한두 달 만에 10~30% 수익률이 나온다면 최고 아닌가?

단기매매로 얼마나 돈을 벌지 모르지만 1,000만 원을 투자해서 한두 달 만에 100~300만 원 정도를 번다면 참 괜찮은 매매법일 것이다. 즉 기업가치가 좋은 종목인데 바로 움직이지 않는다고 짜증을 내지 말고 마음 편안하게 들고 가는 것이 좋다.

〈차트 B-11〉의 청보산업은 꾸준한 배당을 하면서 영업이익과 당기순이익이 크지는 않지만, 꾸준하게 흑자가 나는 회사이다. 예전 파워텍(리타워텍)을 인수하여 200배 가까운 주가를 띄운 주가조작에 휘말렸던 최 회장이 지분 6%를 매수하여 처음에는 단순투자였지만 경영참여를 한 다음부터 주가가 급등하기 시작하였다. 하지만 주가 급등 후 바로 주가를 매도하게 된다. 예전 경력이 있으니 역시 경영참여보다는 주가 차익이 우선시 하는 것이라는 생각이 든다.

주포가 다 빠져나갔으니 주가는 계속 떨어지게 되고, 결국 120일선 밑에까지

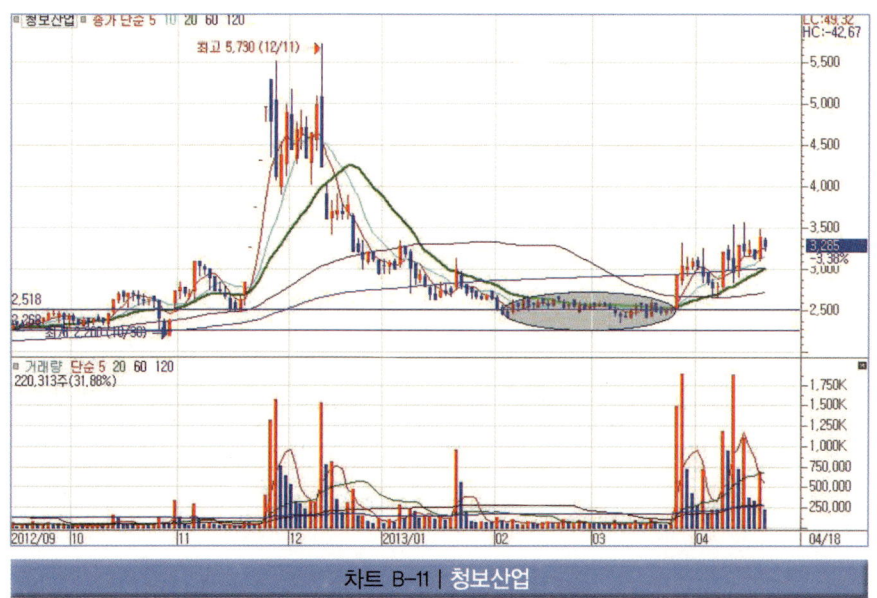

차트 B-11 | 청보산업

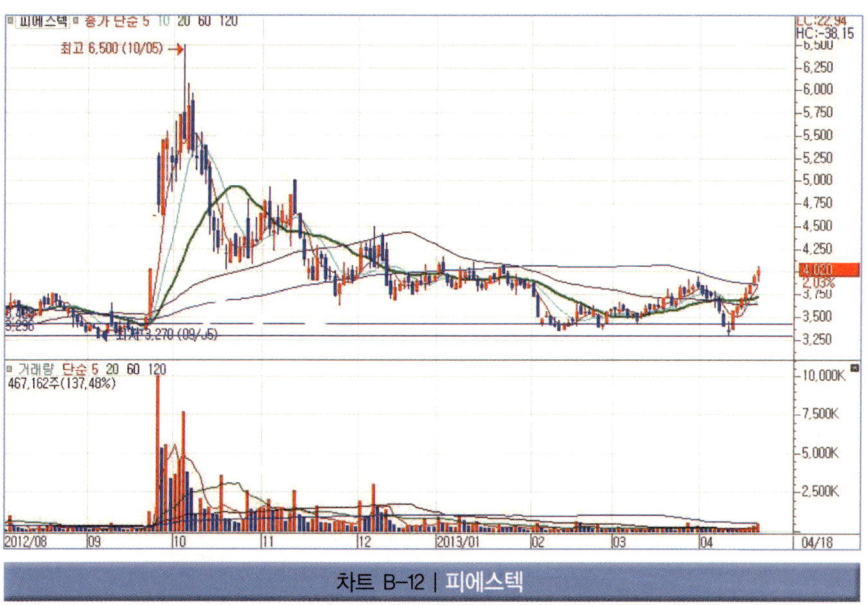

차트 B-12 | 피에스텍

떨어지게 된다. 이럴 때는 지지선을 2~3개 그어놓으면서 분할매수를 하면 된다. 2월 달에 첫 매수를 하였다면 2달 만에 주가는 2,500~3,500원까지 50% 이상 급등을 하게 될 것이다.

〈차트 B-12〉의 피에스텍은 최대주주가 풍성모터스로 꾸준한 배당을 하는 자회사들이 좋은 회사이다. 그 당시 피에스텍이 급등할 때 안철수 대선 후보가 원자력발전소 증설을 중단하고 스마트그리드 기술 발전을 통해 신재생에너지 산업을 육성하겠다는 공약을 밝히면서 스마트그리드 관련주가 상승을 하게 되었다.

하지만 결국 120일 하향까지 떨어지게 되면서 처음 상승하던 자리까지 떨어지게 된다. 그 이후 2월 중순쯤 매수를 하였다면 120일선 근처까지 40일 정도만에 120일선 근처까지 올라갔을 것이다. 센스 있는 투자자라면 매수세의 강도를 보고 뚫을지 안 뚫을지에 대해 파악하면 어느 정도 물량을 매도하고, 다시

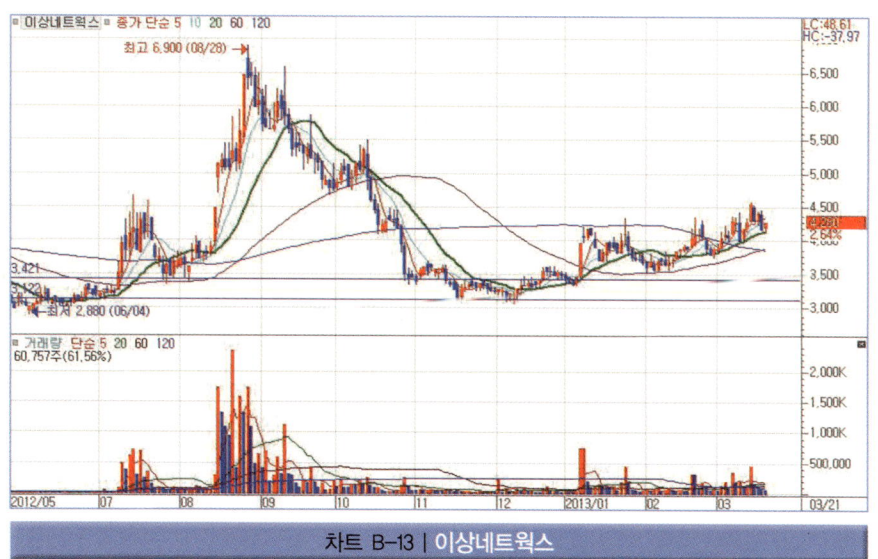

차트 B-13 | 이상네트웍스

지지신이 올 때 매수를 하였다면 바로 큰 수익을 얻을 수 있다.

〈차트 B-13〉의 이상네트웍스는 황금에스티가 대주주로 있는 회사이다. 이 회사도 보면 영업이익과 당기순이익이 꾸준히 나오는 회사이다. 삼성이 소모성 자재 구매대행 사업에서 철수한다는 소식에 8월 이상네트웍스의 주가가 급등하였다. 그 이후 주가는 하락하여 120일선을 깨고 처음 올라간 자리까지 떨어졌다. 비록 실적은 작년에 비해 조금 떨어졌지만 1차 지지선과 2차 지지선을 그어 놓고 한두 달 정도 매집을 하였다면 40%가량 수익을 챙길 수 있었을 것이다.

- **지속 테마가 있는 종목이 120일선 하향에 떨어지면 꼭 매수하자**

보통 강한 테마, 특히 대선 테마 같은 경우는 그 선거후보의 인맥이나 정책을 꼭 살펴보아야 한다. 그 후보가 지지율이 상승할 것 같으면 처음 오르는 자리를 지켜보다가 주가가 120일선 하향까지 떨어지면 그때부터는 유심히 지켜보면서 매매를 해야 할 때를 기다려야 한다. 처음 올라간 자리보다 더 올라갈 때는 그 이상으로 더욱 올라가는 경우가 많기 때문이다.

〈차트 B-14〉~〈차트 B-17〉을 모두 문재인 관련주들이다. 그 당시 문재인은 지지율이 계속해서 상승하고 있었고, 처음 문재인이 부각되었을 때 주가가 오르다가 처음으로 120일 하향으로 떨어졌었다. 이때 매수를 꼭 해서 들고 갔다면 기본 300% 이상을 벌 수 있었을 것이다. 특히 유성티엔에스 같은 경우 유상증자 물량이 있었음에도 불구하고 무시하고 급등을 하였다. 보통 강력한 테마들은 120일 하향까지 오지 않을 때도 불구하고 문재인 관련 주들은 그 당시 120일 하향까지 많이 내려왔었다. 이건 돈을 벌 기회를 그냥 준 것이나 마찬가지이다.

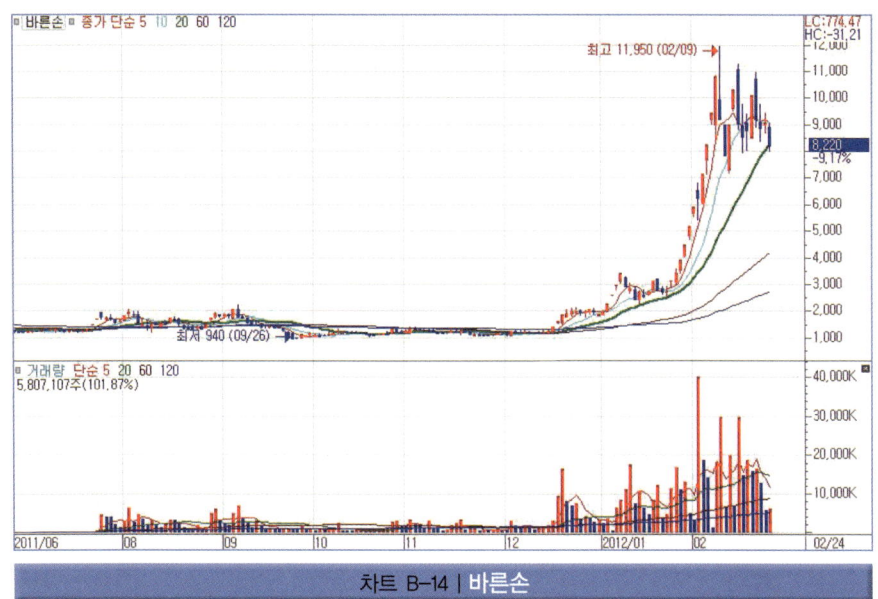

차트 B-14 | 바른손

차트 B-15 | 우리들생명과학

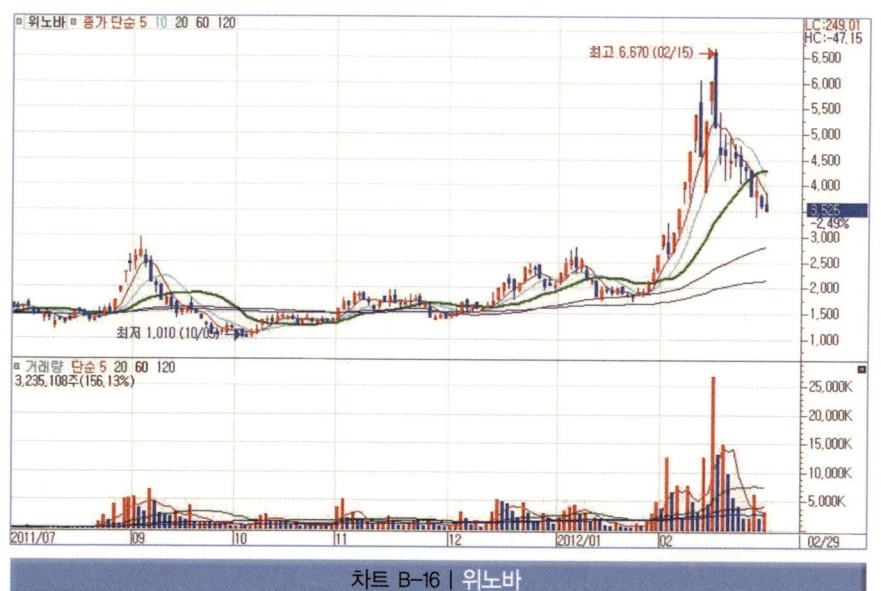

차트 B-16 | 위노바

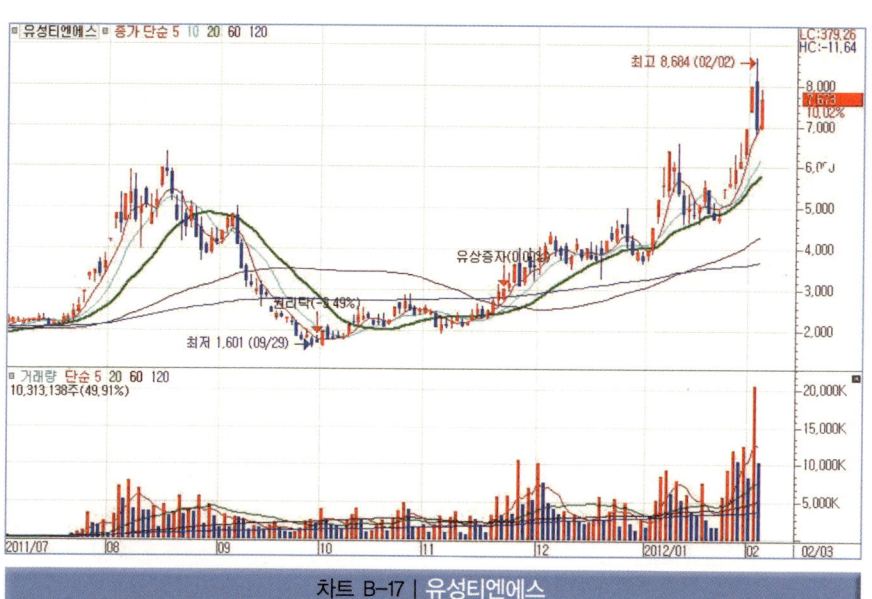

차트 B-17 | 유성티엔에스

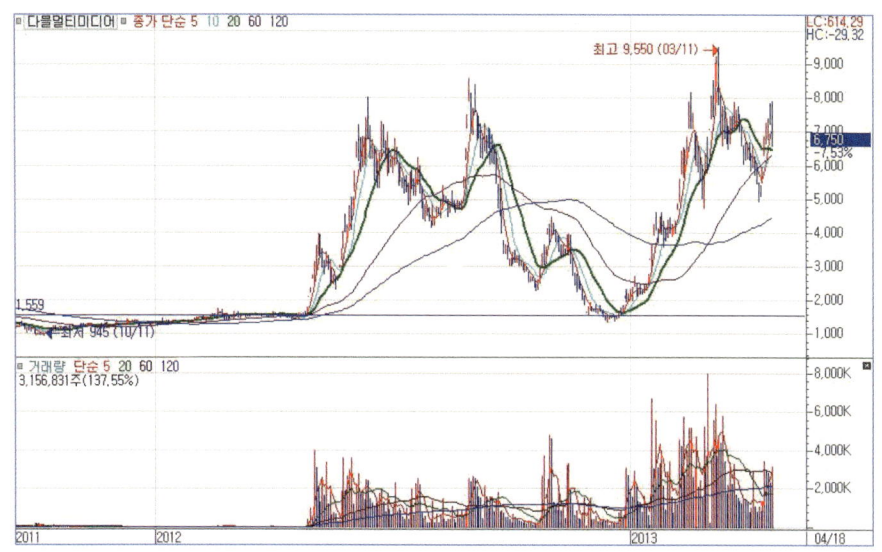

차트 B-18 | 다믈멀티미디어

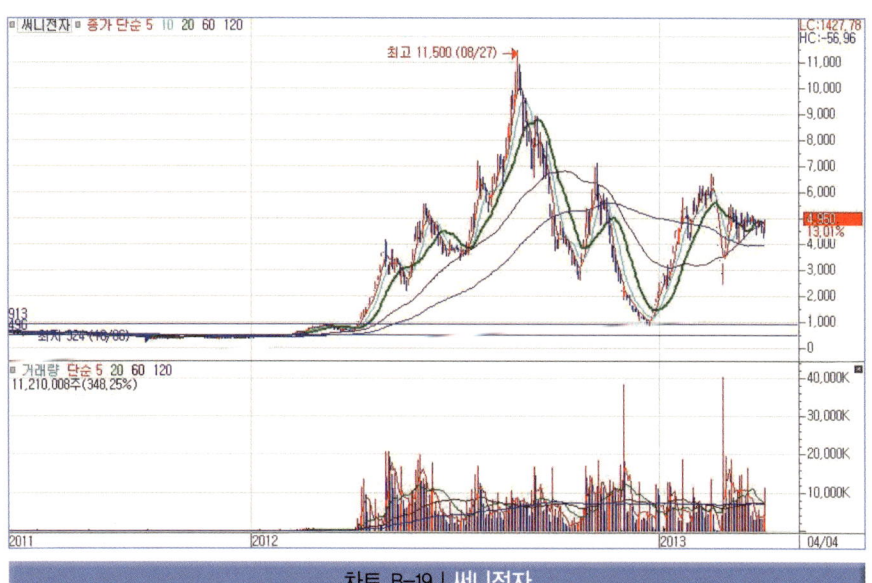

차트 B-19 | 써니전자

〈차트 B-18〉~〈차트 B-20〉은 안철수 관련주로, 대선이 끝난 후에 다시 급등을 한 종목군들이다. '대선이 끝났는데 왜 주가가 급등을 하지'라는 의구심을 갖는 분들도 있을 것이다. 잘 생각해보면 문재인이 단일후보가 된 후 안철수는 그렇게 많은 도움을 주지 않았다. 어떻게 보면 차기 대선을 노리려는 노림수일 수도 있고, 문재인이 떨어진다고 해도 안철수는 타격을 입을 게 없기 때문이다. 차기에 오히려 정치행보를 펼칠 수 있는 발판이 마련된 건 아닐까라는 생각이 주식시장에 적용이 된 것으로 보인다. 이때도 120일선 하향을 적용했으면 마음 편안하게 사서 큰 수익을 올릴 수 있었을 것이다.

120일선 하향 매매에서 조심을 해야 하는 경우는 올라갈 때 어쩡쩡하게 오른 종목들이나 회사가 부실한 경우이다.

〈차트 B-21〉의 웰크론은 황사 관련주이다. 황사 관련주인데 억지로 진드기

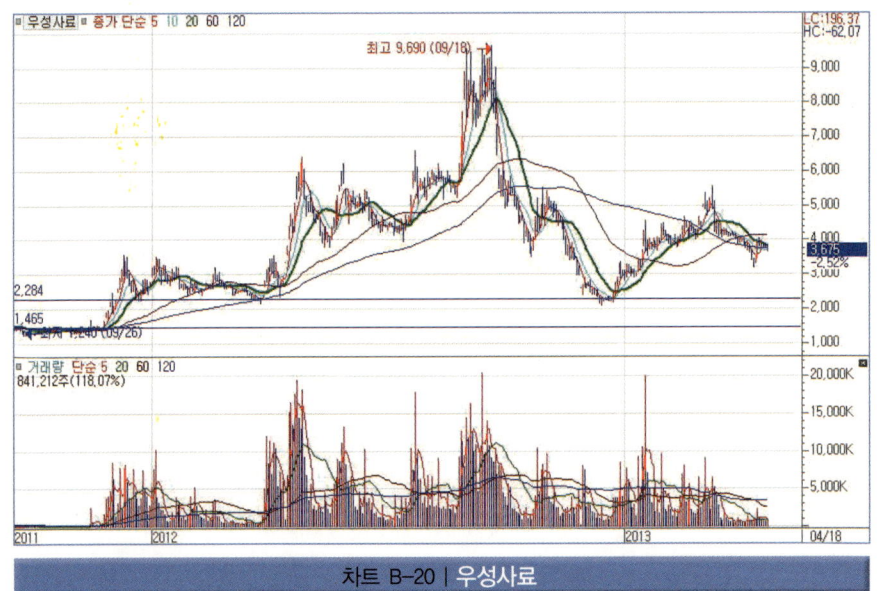

차트 B-20 | 우성사료

차트 B-21 | 웰크론

관련 주로 엮어서 그 당시 이글벳, 제일바이오, 대한뉴팜 등에 편입되면서 잠시 올랐던 종목이다.

하지만 이글벳 같은 다른 종목들은 강하게 많이 오른 반면, 120일선에서 강한 반등이 나옴에도 불구하고 웰크론은 반등하지 못했다. 웰크론이 억지로 올랐을 당시 강한 상승을 이끌어내지 못했고, 상한가 한 방 이후 조금 오르다가 120일선 하향으로 떨어진 종목이다. 이런 종목은 120일 하향이 올 때는 조심해야 한다. 120일선 하향도 대장주 매매를 하는 것이 좋다. 차라리 120일선 하향 지지라인에 오지 않고 120일선을 잠시 이탈했을 때라도 대장주를 계속 매집할 생각으로 들어가는 편이 오히려 더 좋다.

〈차트 B-23〉의 위지트 같은 경우 3차까지 떨어진 경우이다. 3차 지지선도 깨진다면 공포심까지 들게 될 수가 있다. 위지트는 적자회사는 아니지만 부채가 많이 있고, 자본잠식이 조금 있다. 그렇기 때문에 회사가 좀 이상하다 싶으면

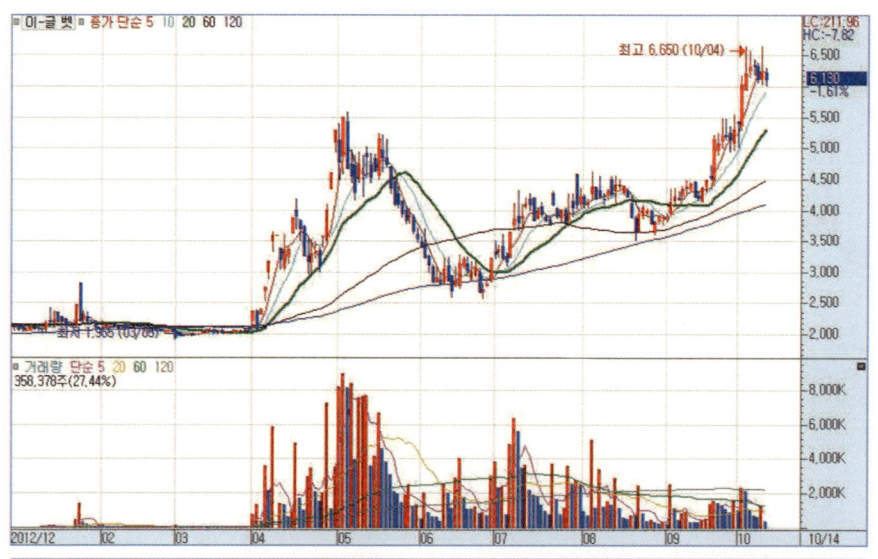

차트 B-22 | 이글벳

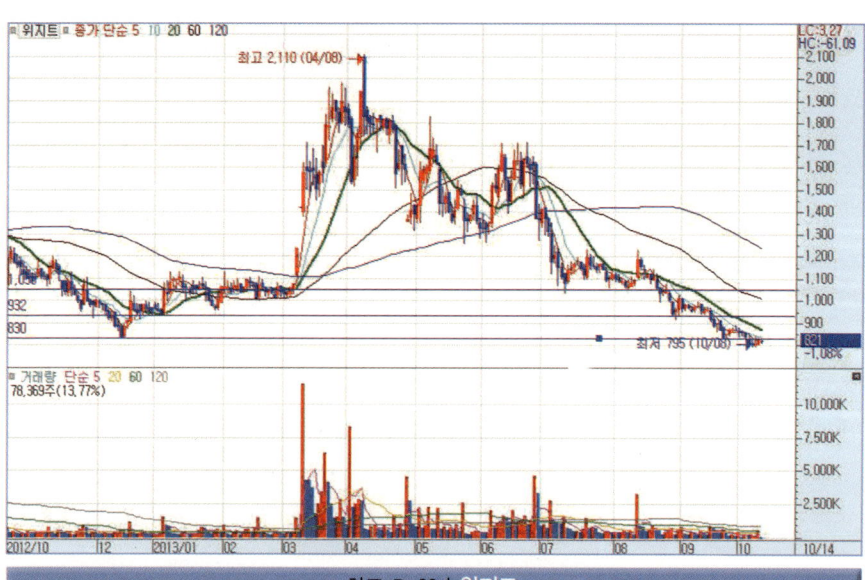

차트 B-23 | 위지트

120일선 하향에 접근할 때 조심해야 한다. 물론 보유한다면 오르는 경우가 많이 있지만, 바로 오르지 않기 때문에 시간이 지나갈수록 사람의 마음은 별의별 생각이 다 들게 된다. 그렇기 때문에 회사가 좋으면 오래 갖고 가겠다는 마음으로 접근하면 되는데, 회사에 무언가 부실징후가 보이면 불안해진다. 120일선 하향으로 접근할 때는 실적이 좋거나 아니면 강한 테마주들이 떨어졌을 때 매매하는 게 제일 좋다고 본다.

지금까지 120일선 하향 매매법에 대해 소개했다. 100%를 다 맞추는 매매법은 있을 수 없다. 하지만 주식투자를 할 때 자기만의 매매법이 없다면 접근조차 할 수 없는 게 주식시장이다. 120일선 하향은 기본 모태가 스윙, 중기투자지만 그 안에서 단기로도 응용을 할 수 있는 경우가 많다. 그 안에서 단기로 이용하는 건 이 책을 읽는 독자분들이 많은 연구를 해서 발견했으면 하는 바람이다.

120일 하향 매매가 왜 좋은지에 대해 말하라고 한다면 하루하루에 신경 쓸 필요가 없이 마음 편안하게 매매할 수 있다는 걸 장점으로 꼽고 싶다. 매매법을 발견한 건 나지만 여러분들은 이 매매법을 습득하여 자기만의 특화된 방법으로 발전시켜 실력을 더욱 키워나가기를 바란다.

# 02 갭 매매법

### 시가 갭 매매

시가 갭 매매란 시가가 강하게 출발할 때 같이 따라붙어서 매매하는 매매법이다. 보통 이평선을 뚫은 시가 갭이 나와야지 잘 올라간다. 시가는 보통 2%나 3%내에 출발해야 한다. 특히 5일선을 따라 올라가다가 갭이 나올 때 잘 올라간다. 더 좋은 건 모든 이평선을 뚫을 때 더욱 잘 간다는 것이다.

#### 시가 갭 매매 조건

첫째, 고가 놀이를 하는 종목이 갑자기 시가 갭이 되었을 때
둘째, 골든크로스 종목이 갑자기 시가 갭이 되었을 때(보통 이평선이 밀집되어 있을 때 다 뚫으면서 갭이 되는 경우)
셋째, 5일선을 타고 가는 종목이 시가 갭이 되었을 때

## 시가 갭 매수/매도 방법

시가 갭 시가에 반을 매수, 시가 밑에서 나머지 반을 매수한다. 보통 시가 갭이 뜨는 종목은 그렇게 많이 밀리지 않는다. 시가 갭 매매하는 종목은 9시 30분 이내로 끝내는 편이 좋다.

• 손절매 하는 경우
시가에서 갭 상승했지만 후속세가 없는, 즉 거래량이 없는 경우는 추가 상승을 못하는 경우다. 거래량이 받쳐주어야지만 주가가 상승하는데 거래량이 없을 때에는 절대 올라갈 수가 없다. 10시까지도 거래량이 받쳐주지 않으면 손절매를 염두에 두자.

• 고가 놀이를 하는 종목이 갑자기 시가 갭이 되었을 때

〈차트 B-24〉의 현진소재 전일 종가가 6,800원인데 시가가 7,090원으로 시작을 하였다. 290원 갭을 뛰어서 출발하였는데 그 뒤로 시가에서 10원 밀리더니 바로 급상승을 하였다. 시가에만 사서 3분 차트에서 음봉이 나올 때 팔더라도 3%는 3분 안에 먹을 수 있다. 보통 시가 갭이 뜨면 바로 급상승할 때가 많이 있다. 이때는 거래량이 급증하는 시점으로 매도하기도 쉬워진다.

〈차트 B-26〉의 딜리도 주가가 오른 다음 고가놀이를 하다가 갭이 나왔다. 이날 갭은 1% 정도밖에 나오지 않았다. 하지만 전날 거래량이 급감한 후 갭이 어느 정도만 형성되면 급등이 나올 수 있다는 걸 예측할 수 있다.

〈차트 B-26〉을 보면 시가에서 출발하자마자 급등세가 나온 모습이다. 고가놀이 조정을 받은 이후에는 보통 갭이 나오면 급등이 나올 때가 종종 많이 있다.

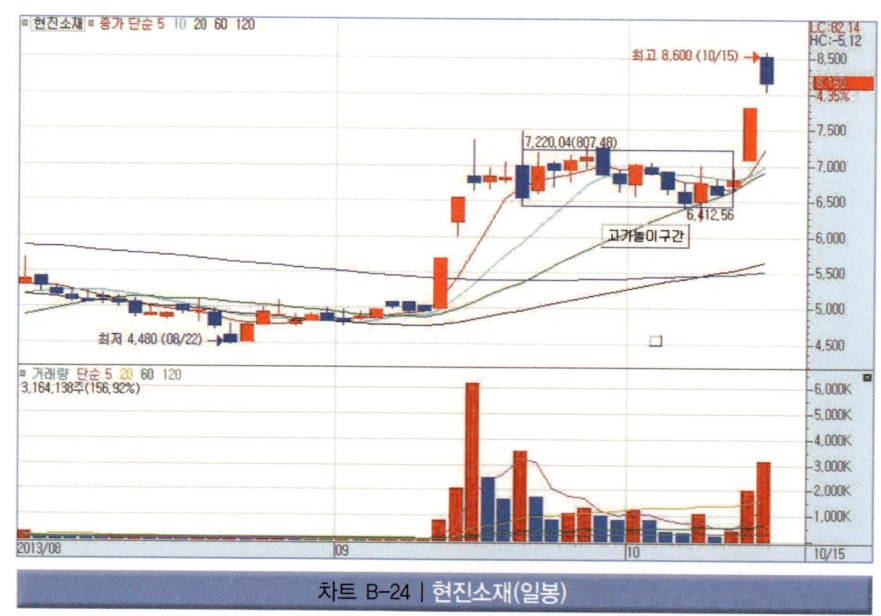

차트 B-24 | 현진소재(일봉)

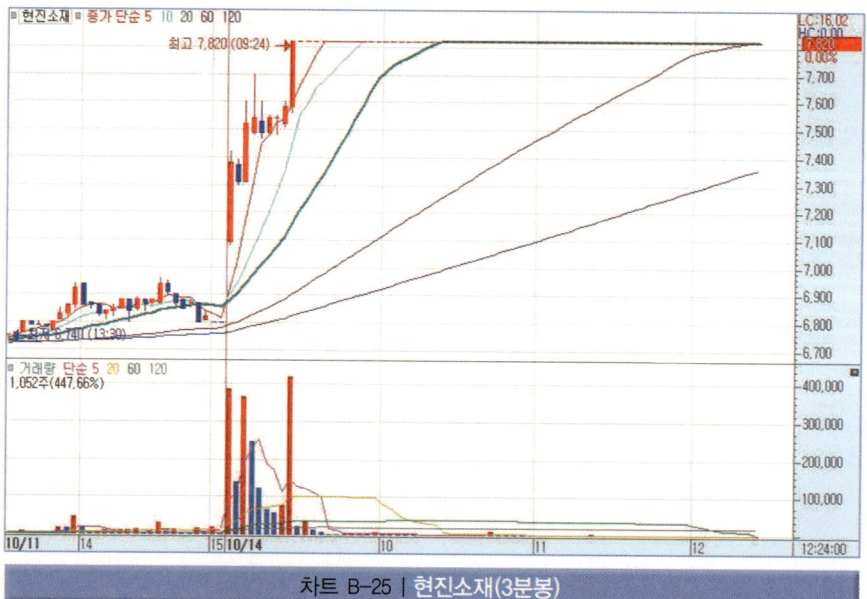

차트 B-25 | 현진소재(3분봉)

차트 B-26 | 딜리(일봉)

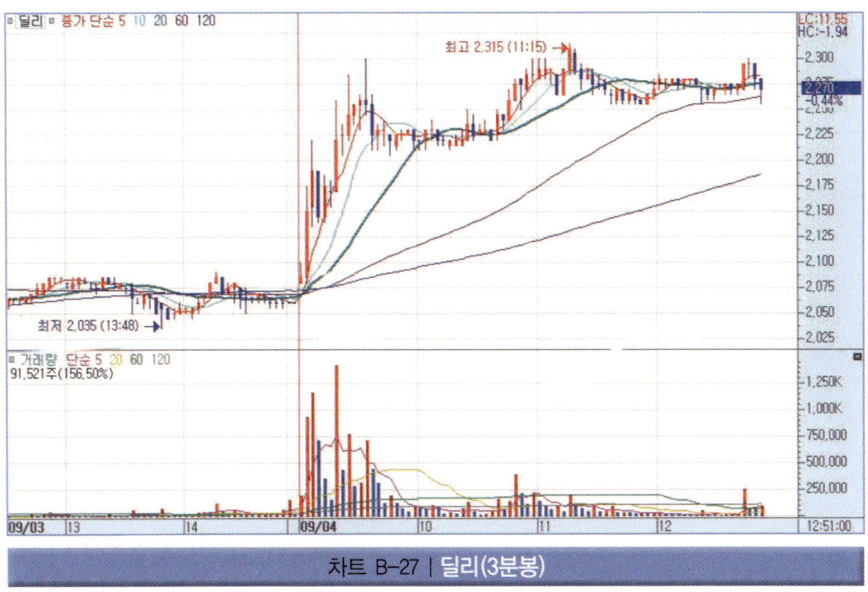

차트 B-27 | 딜리(3분봉)

### 고가놀이란?

주식이 가격이 상승 후 조정 시 하락이 아닌 위아래로 횡보하면서 추가 상승 여력이 있는 걸 말한다. 일반적으로 상승한 주가는 하락 조정이 오기 마련인데 강한 종목일수록 하락보다는 횡보로 조정을 마무리한 후 다시 상승하는 경우가 많다. 이런 걸 고가놀이라고 한다.

• 골든크로스 종목이 갑자기 시가 갭이 되었을 때

〈차트 B-28〉을 보면 바닥에서 이평선을 다 뚫고 갭이 나오니까 바로 장 시작하자마자 상한가로 간 모습이다.

차트 B-28 | 루보(일봉)

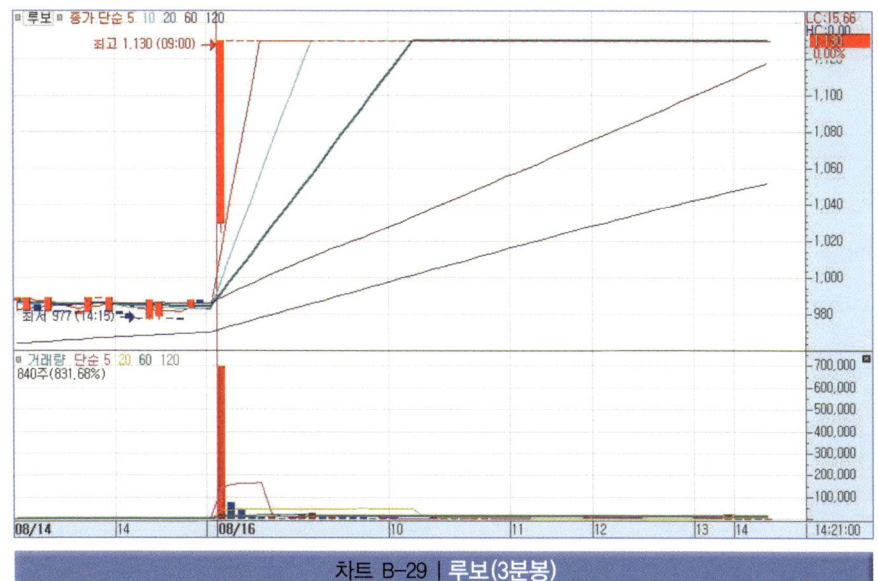

차트 B-29 | 루보(3분봉)

〈차트 B-29〉는 장이 시작하자마자 바로 급등이 나오는 모습이다.

〈차트 B-30〉의 코디에스는 전일 상한가가 나온 종목이다. 만약 전일 상한가가 아니라 5% 정도 오른 다음 60일선과 120일선을 뚫으면서 갭이 나왔으면 상한가도 갈 수 있었던 종목이다. 그런데 전일 상한가를 갔었기 때문에 다음 날 갭이 나오더라도 끝까지 급등세를 지킬 수 없어 조정이 나왔다. 하지만 그 후 일봉 60일, 120일선 지지를 받으면 주가는 급등이 나왔다.

〈차트 B-31〉을 보면 전일 상한가가 나온 종목이라 갭이 떠도 바로 급상승을 하지 못하고 아침에 조정이 나온 이후 급등이 나온 모습이다. 상한가 한 방짜리는 이평선을 뚫은 시가 갭이라도 시가 밑에서 사는 전략을 취하면 된다. 보통 바닥권에서 이평선이 밀집되어 있으면서 아침에 모든 이평선을 뚫는 시가 갭이 나오면 그 당일에 시세가 상승하는 경우가 있다.

차트 B-30 | 코디에스(일봉)

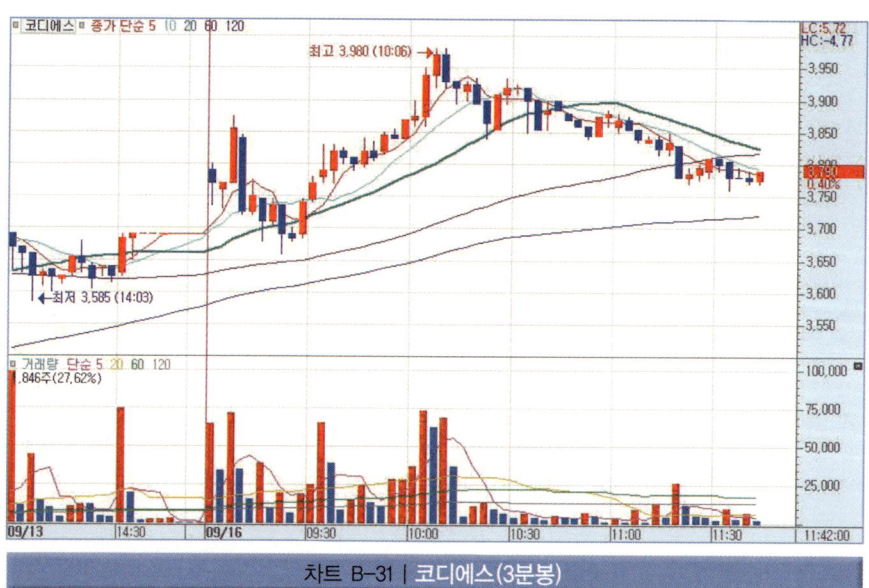

차트 B-31 | 코디에스(3분봉)

• 5일선을 타고 가는 종목이 시가 갭이 되었을 때

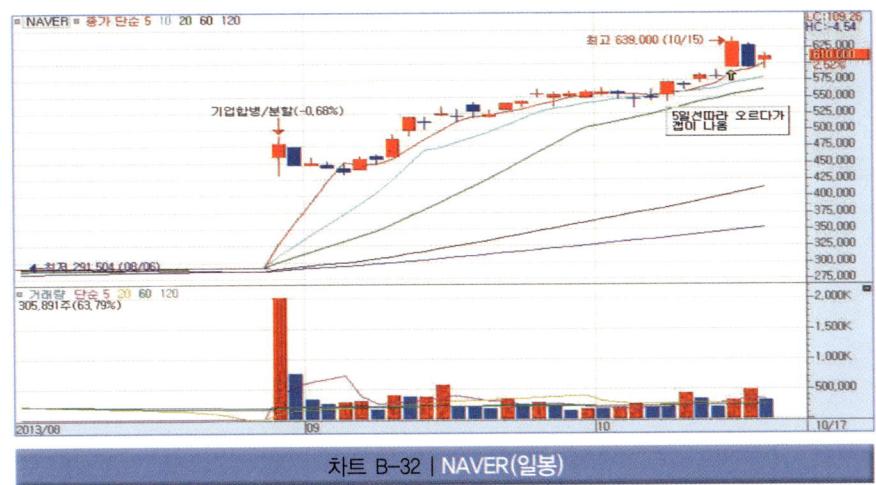

차트 B-32 | NAVER(일봉)

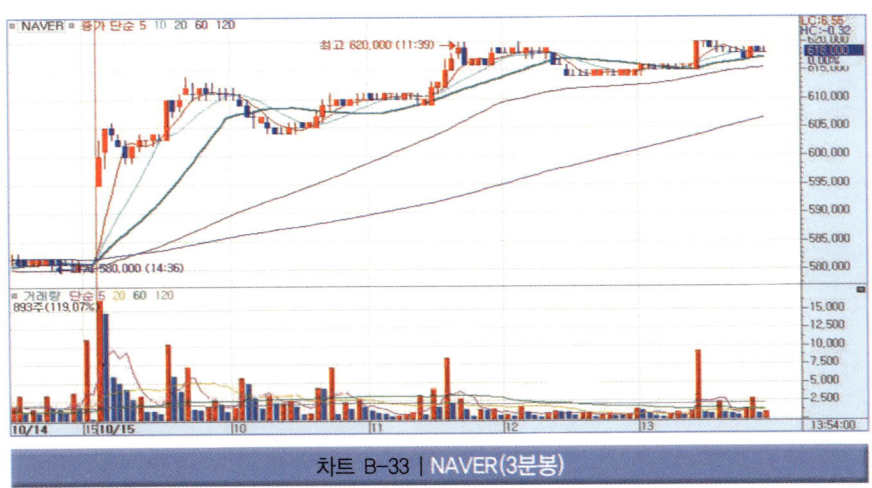

차트 B-33 | NAVER(3분봉)

〈차트 B-32〉는 5일선을 따라 오르다가 전날 거래량이 죽고 갑자기 갭이 나오더니 당일 큰 폭으로 상승한 모습이다.

〈차트 B-33〉은 아침에 갭이 뜨더니 바로 움직이는 모습이다.

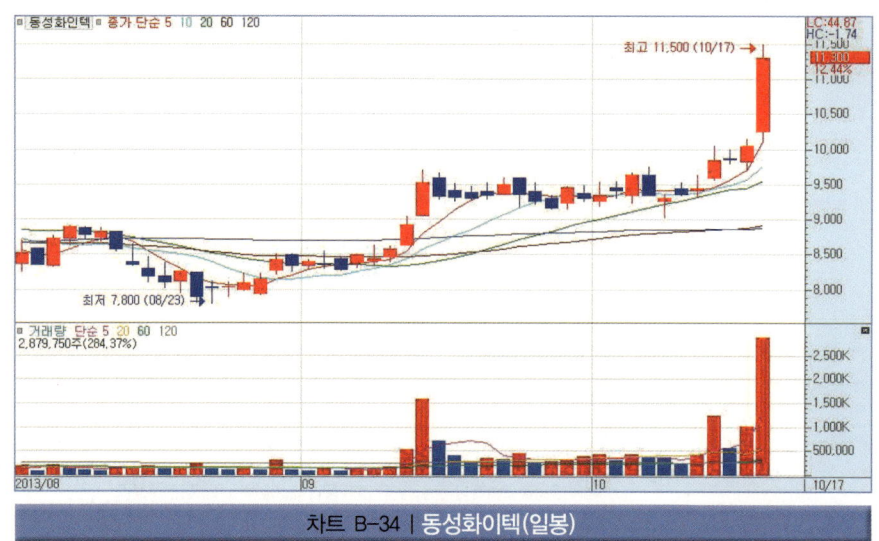

차트 B-34 | 동성화이텍(일봉)

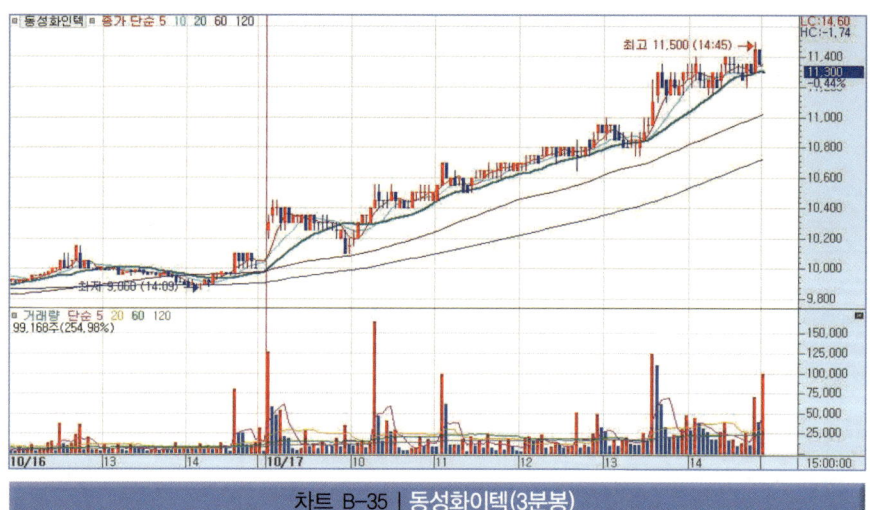

차트 B-35 | 동성화이텍(3분봉)

〈차트 B-34〉는 5일선을 타고 오르다가 그 전날에도 시세를 주었지만 10월 17일에 더욱 큰 시세를 형성하였다.

〈차트 B-35〉는 아침에 갭을 띄우고 잠시 조정을 받더니 지속적으로 오르는 모양이다. 보통 아침 표에 있는 대로 예상 체결가 직전 대비 현황을 보면서 아침에 갭이 뜨는 것을 파악할 수 있다. 하지만 모든 종목이 갭이 뜬다고 매수를 하면 안 된다. 지금까지 설명한 3가지 패턴과 일단 갭을 뜰 때 기본 거래량이 되는지는 꼭 확인하도록 하자. 모든 것에는 거래량이 상승이 되어야만 주가는 오른다는 기본을 생각하자. 거래량도 없는 건 시가의 누군가 살짝만 매수를 넣어도 갭이 뜰 수 있다. 하지만 기본 거래량이 되는 종목이 갭을 뜬다는 건 그날 상승을 시키겠다는 의지가 있다는 것이다.

첫째, 고가 놀이를 하는 종목이 갑자기 시가 갭이 되었을 때
둘째, 골든크로스 종목이 갑자기 시가 갭이 되었을 때(보통 이평선이 밀집되어 있을 때 모두 뚫으면서 갭이 되는 경우)
셋째, 5일선을 타고 가는 종목이 시가 갭이 되었을 때

이 3가지 조건을 잘 살펴보면서 전날에 미리 관심 종목을 뽑는 것도 괜찮다. 고가 놀이를 하는 종목이 갑자기 시가 갭이 되었을 때, 바닥에서 모든 이평선을 뚫는 종목, 5일선을 타고 가는 종목 등 미리 관심종목에 넣어놓고 시가가 갭이 뜨면 마음 편하게 따라서 매매하면 된다. 아침에 부랴부랴 예상 체결가 직전 대비를 봐서 종목을 찾기보다는 미리 관심 종목을 선정하면 매매하기가 훨씬 수월해질 것이다.

갭 매매의 장점은 시간가치 대비 오르는 속도가 빠르다는 것이다. 어떤 우량주가 있다고 하더라도 그 우량주가 몇 년 뒤에 오른다면 무슨 의미가 있겠는가? 개미투자자들은 그렇게 긴 시간에 녹초가 되어버리고 자금도 그렇게 충분하지도 않다. 그러나 갭 매매가 이론상으로는 쉬울지 모르지만 많은 경험이 필요하다. 그렇기 때문에 많은 연습을 한 다음 실전에 뛰어들기를 바란다.

# 03 더 알아야 할 주식 매매법

**공매도**

공매도는 유상증자라든지, 3자 배정이라든지 취득이 확정된 때 할 수 있는 것이다. 만약 유상증자를 받았다면 그 주식을 이틀 전에 팔 수 있는 것처럼, 공매도도 이틀 이내에 해결해야 한다. 선물 매도와 똑같지만 이틀 만에 환매해야 하는 것이다.

최근의 셀트리온의 사례를 보면 보면 공매도 세력이라는 말을 들을 수 있는데, 이는 실질적으로 공매도 세력의 영향이라고 할 수는 없다. 또한 개미투자자들은 유상증자를 통해서만 공매도를 할 수 있다. 하지만 기관투자자나 외국인투자자들처럼 특정 세력은 가능하다.

## 대차거래

대차거래는 개미투자자들은 할 수 없고, 기관투자자들이나 외국인 투자자들도 증권예탁결제원을 통해서면 할 수 있다. 그러나 대차거래의 문제는 부실회사들도 할 수 있다는 데 있다. 셀트리온의 경우를 보면 공매도 세력이 아니라 바로 대차 세력 때문이다.

대차거래의 기간은 3~6개월인데, 이 기간은 연장이 가능하다. 대차거래가 모든 종목에서 가능하다면 나 역시 많은 돈을 벌 자신이 있다. 예를 들어 상장폐지될 만한 종목들을 대차거래한다면 큰 이익을 얻을 수 있을 것이다.

룩손에너지와 알엔엘바이오 이 두 종목은 상장폐지된 종목인데, 상장폐지될 때 대차잔고를 모두 상환하고 있다. 만약 이 종목에 완전 대차한 주체들은 이 종목에 투자했다가 피눈물을 흘리는 투자자들도 있겠지만, 수익을 얻었을 것이다.

하지만 대차거래는 앞에서도 말했지만 개미투자자들은 할 수 없으니 아쉽기

| 일자 | 종가 | 대비 | 등락률 | 거래량 | 대차체결량 | 대차상환량 | 대차잔고 | 대차잔고금액 |
|---|---|---|---|---|---|---|---|---|
| 2013/04/25 | 170 | ▼ 409 | -70.63 | 8,015,402 | 0 | 316,115 | 332,623 | 57 |
| 2013/04/24 | 579 | 0 | | 0 | 0 | 0 | 648,738 | 376 |
| 2013/04/23 | 579 | 0 | | 0 | 0 | 0 | 648,738 | 376 |
| 2013/04/22 | 579 | 0 | | 0 | 0 | 0 | 648,738 | 376 |
| 2013/04/19 | 579 | 0 | | 0 | 0 | 0 | 648,738 | 376 |
| 2013/04/18 | 579 | 0 | | 0 | 0 | 0 | 648,738 | 376 |
| 2013/04/17 | 579 | 0 | | 0 | 0 | 0 | 648,738 | 376 |
| 2013/04/16 | 579 | 0 | | 0 | 0 | 0 | 648,738 | 376 |
| 2013/04/15 | 579 | 0 | | 0 | 0 | 0 | 648,738 | 376 |
| 2013/04/12 | 579 | 0 | | 0 | 0 | 0 | 648,738 | 376 |
| 2013/04/11 | 579 | 0 | | 0 | 0 | 0 | 648,738 | 376 |
| 2013/04/10 | 579 | 0 | | 0 | 0 | 0 | 648,738 | 376 |
| 2013/04/09 | 579 | 0 | | 0 | 0 | 0 | 648,738 | 376 |
| 2013/04/08 | 579 | 0 | | 0 | 0 | 0 | 648,738 | 376 |
| 2013/04/05 | 579 | 0 | | 0 | 0 | 0 | 648,738 | 376 |
| 2013/04/04 | 579 | 0 | | 0 | 0 | 0 | 648,738 | 376 |

차트 B-36 | 룩손에너지

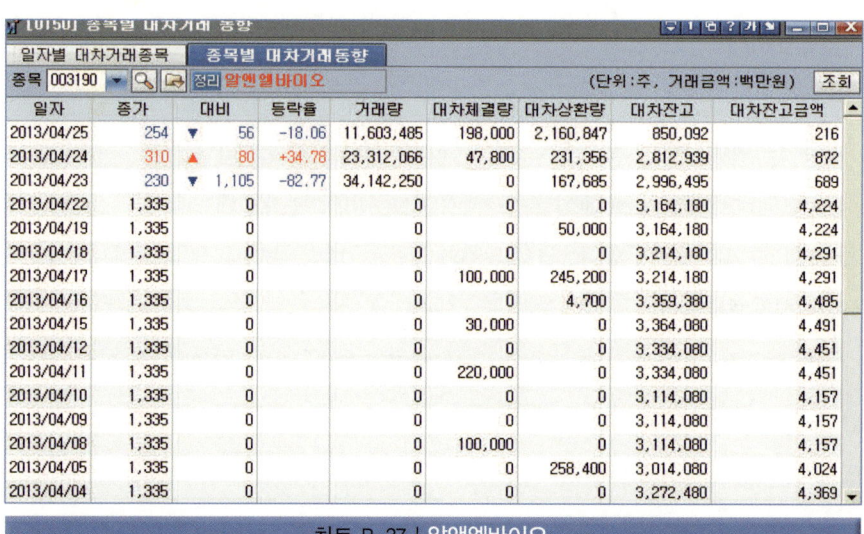

차트 B-37 | 알앤엘바이오

만 하다. 이를 통해 보면 주식시장은 기관이나 외인, 기타 특정주체들은 쉽게 돈을 벌 수 있는 반면, 개미투자자들은 정보도 없고 주식시장에서 돈 벌기가 힘이 드는 건 사실이다. 그렇기 때문에 더 많은 공부와 노력이 필요한 것이다.

개미투자자들은 대차거래도 할 수 없고, 공매도도 할 수 없다. 그럼 개인투자자들이 접근할 수 있는 대주거래에 대해 좀 더 자세히 그리고 제대로 공부해 보도록 하자.

### 대주거래

대주거래는 일반적으로 주식을 빌려서 매도하는 것을 말한다. 개미투자자들도 할 수 있지만 우량한 기업으로 종목이 제한되어 있다. 그리고 물량이 소진되었을 때 대주거래의 경우는 부실주를 거래해야만 대박이 터질 수 있다. 하지만 일반적으로 대주거래 되는 회사들을 보면 탄탄한 기업들이 많다. 대주거래의 기간은 보통 한 달 정도가 만기이다. 증권사들의 대주거래 종목들을 보면 300종목도 되지 않는다. 보통 증권사별로 대주거래를 많이 하는 증권사가 있고, 대주 매매 자체가 거의 없는 증권사도 있다.

대주 매도는 주가 하락이 예상되는 경우에 주가가 하락하기 전에 일단 증권사에서 주식을 빌려서 비싼 가격에 매도해놓고, 나중에 주가가 떨어졌을 때 싼 가격으로 되사서 증권사에 되돌려주는 방식으로 이익을 챙기는 것이다.

물론 대주거래가 쉬운 건 아니다. 대주거래는 예측한 지점에 매도를 걸어야 한다. 주식거래에서는 시장가 매수/매도가 가능하지만, 대주거래에서는 시장가 매도가 불가능하다.

· **대주거래의 장점**
주가가 하락할수록 이익이 나기 때문에 지수나 주식이 하락할 때 돈을 벌 수 있다.

· **대주거래의 단점**
1) 기간이 제한되어 있다(증권사별로 차이가 있지만 보통 3개월).
2) 주가가 계속 올라가서 대주거래를 하다가 이젠 꼭지에 온 것 같아서 대주 물타기를 하려고 하면 물량이 소진되어서 물타기를 할 수가 없다.
3) 종목에 제한이 있다.
4) 미리 대응을 하면서 매도를 할 수 있는 게 아니라, 미리 예측을 하고 대주 매도 가격을 지정해서 넣어야 한다.

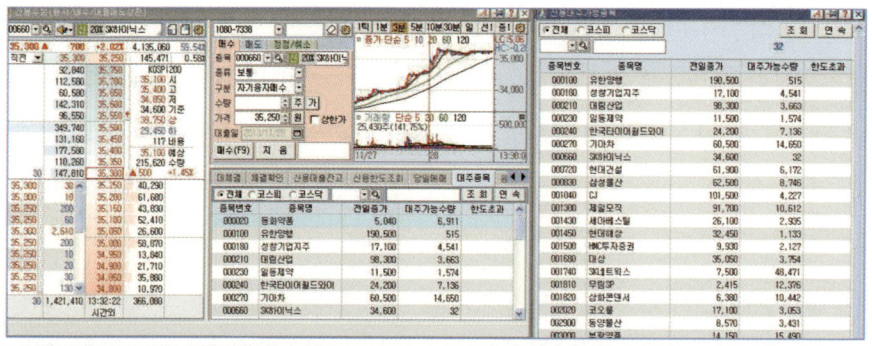

차트 B-38 | 키움증권 대주거래 창

대주매도는 신용거래 약정이 되어 있어야 한다. 키움증권의 대주거래 창을 보면 대주 종목이 나와 있다. 이 종목에 한해서만 대주거래를 할 수 있다. 보통 대주거래는 어떻게 해야 하는지는 증권사 콜센터에 문의하면 친절하게 가르쳐주기 때문에 이 책에서는 별도의 설명은 생략하겠다.

그럼 언제 대주거래의 시점을 잡아야 좋은지에 대해 이야기해보도록 하자.

- **가장 좋은 대주거래 시점**

1) 종합주가 지수가 약세를 보이고 있을 때
2) 종목이 갑자기 실적이 안 좋아질 때
3) 역배열로 떨어지고 있을 때
4) 지지선이 깨졌을 때
5) 전고점을 돌파하지 못할 때
6) 실적이 아닌 테마주가 2차 급등까지 나왔을 때

보통 대주매매가 되는 종목 중에서 순식간에 망하는 회사는 별로 없다. 보통 부실회사일수록 대주매매를 할 수 있도록 해줘야 하는데, 이상하게도 부실회사일수록 대주매매를 할 수 없다. 그 이유는 대주 물량을 줘야 하는 증권사에서 그 물량을 주지 않기 때문이다.

〈차트 B-39〉를 보면 지지선이 이탈하였다. 보통 지지선이 지지받지 못하면 그 자리에서 주가는 급락이 나올 때가 있다. 이처럼 지지선이 이탈하였을 때 대주매도를 하였다면 단기간에 15%가량 수익을 낼 수 있었을 것이다.

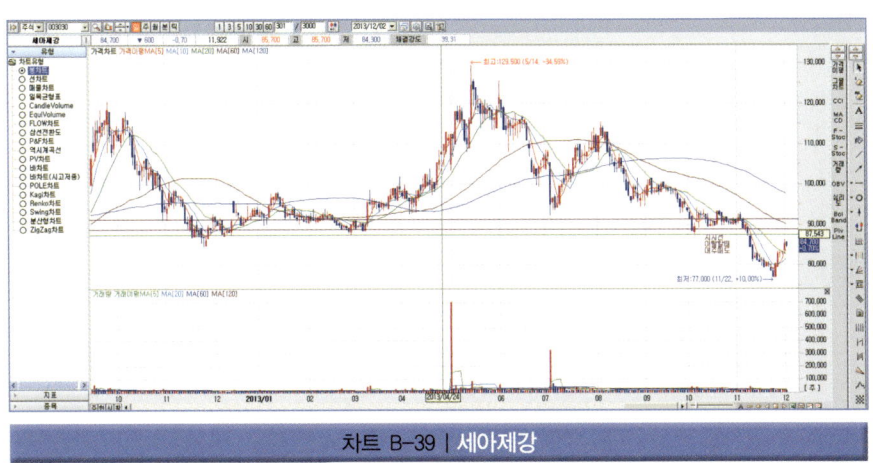

차트 B-39 | 세아제강

차트 B-40 | 코이즈

부록
449

코이즈의 차트(〈차트 B-40〉)를 보면 주가가 상승하다가 갑자기 하락한 후 재차 상승한 것을 볼 수 있다. 전고점에서 공방을 하다가 갑자기 급락이 나온 경우이다. 이것은 더 이상 올라갈 힘이 없다는 것을 의미한다. 그때 대주매도를 한다면 단기간에 10% 이상의 수익을 낼 수 있었을 것이고, 계속해서 보유한다면 50% 이상의 수익을 얻을 수 있었던 종목이다.

피엔티의 차트(〈차트 B-41〉)를 보면 120일선을 이탈한 후 주가는 역배열로 가는 모습을 볼 수 있다. 역배열로 갈 때 대주매도를 한 후 다음 지지선까지 가지고 간다면 이 종목도 10% 이상의 수익을 단시간에 얻을 수 있었을 것이다.

차트 B-41 | 피엔티

제룡전기는 대북테마로 주가가 오른 종목이었다. 실적이 아닌 테마로 오른 종목은 결국 단기간에 떨어지게 마련이다. 차후에 테마가 형성되었을 때 주가가 떨어진 다음 단기간에 급등할 때가 많다. 2차 급등할 때 대주매매를 했는데 주가가 떨어졌다고 해서 그때 팔지 못했다고 걱정할 필요는 없다. 3차 급등이 나온다고 하더라도 주가는 떨어지게 되어 있기 때문이다.

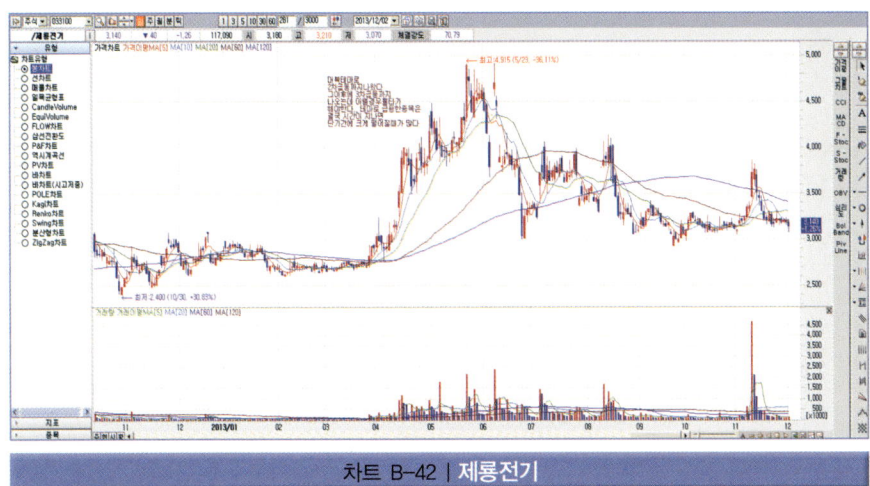

차트 B-42 | 제룡전기

　보통 테마주 중에 대주되는 종목은 많지 않지만, 제룡전기는 대주가 되었다. 하지만 3차 급등이 나올 때 더 추매를 하면 대박이 났겠지만, 그때는 대주 물량이 소진되어 있을 것이다. 그렇더라도 만약 대주매매를 한 다음 주가가 더 오른다고 하더라도 계속 들고 가기를 바란다. 실적이 아닌 테마로 오른 종목은 분명 단기간에 떨어지기 때문이다.

　경기는 좋았다가 나빠지는 사이클을 순환한다. 종합주가지수가 계속 하락하고 있는데, 과연 투자할 종목을 찾기가 쉬울까? 이때 대주거래를 시도해보는 것도 좋다. 물론 대주거래를 적극적으로 하라는 말은 아니다. 차후에 경기가 정말 안 좋아지고, 서브프라임 때처럼 종합주가지수가 미친 듯이 하락할 때를 대비하여 미리 알아두면 좋을 것이다.

# 주식시장에서
# 지켜야 할 것들

1. 자기가 매수를 하려고 했는데 놓쳤다면 그 종목을 잊어라

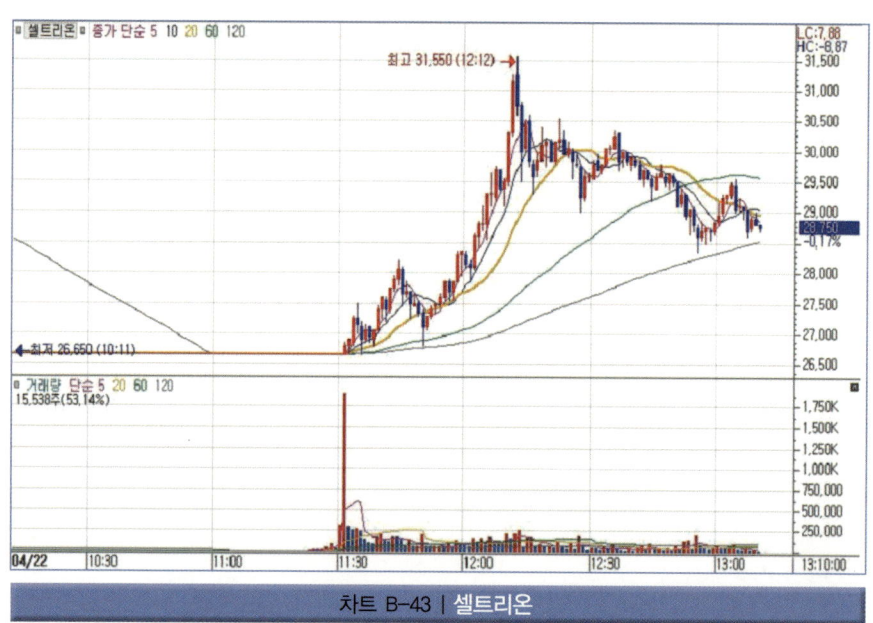

차트 B-43 | 셀트리온

## 2. 매매를 하고 나서 그 종목을 삭제시킬 때는 다음 관심 종목에다가 넣어 두어라

## 3. 항상 공시를 살펴본다

주가가 급락이 나온다고 바로 사지 말고 공시를 살펴보기를 바란다. 커다란 악재(감자, 유상증자, 워크아웃 부도, 대규모 실적 악화 등)일 때는 매수하면 안 된다.

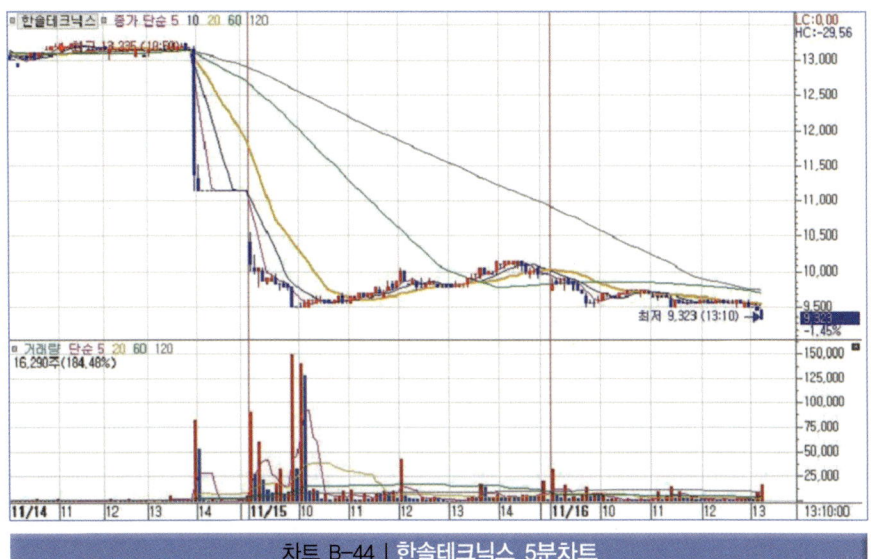

차트 B-44 | 한솔테크닉스 5분차트

〈차트 B-44〉를 보면 1시 30분쯤에 유상증자 공시가 되었는데, 공시를 안 보고 그냥 떨어진다고 매수했으면 그다음 날에 갭 하락을 때려 맞게 될 것이다.

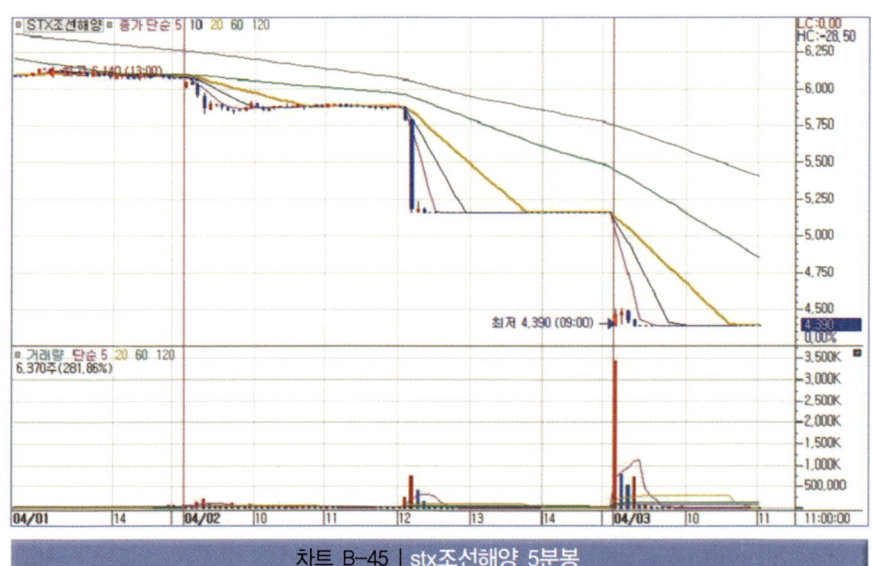

차트 B-45 | stx조선해양 5분봉

조회공시 요구(풍문 또는 보도)

| STX조선해양(주), 워크아웃설에 대한 조회공시 요구(2013.04.02) | | |
|---|---|---|
| 1. 조회공시요구내용 | 워크아웃설 | |
| 2. 공시시한 | 2013-04-03 | 12:00 |
| 3. 기타 투자판단에 참고할 사항 | — | |
| | ※ 관련공시 | — |

〈차트 B-45〉를 보면 공시도 안 보고 샀다면 그다음 날 하한가를 때려 맞았을 것이다.

### 4. 똑같은 실수를 반복하지 마라

예를 들어 주문 실수를 했을 경우 이것은 누구나 할 수 있다. 하지만 주문 실수를 해서 돈을 잃었다고 이성까지 잃어서는 안 된다.

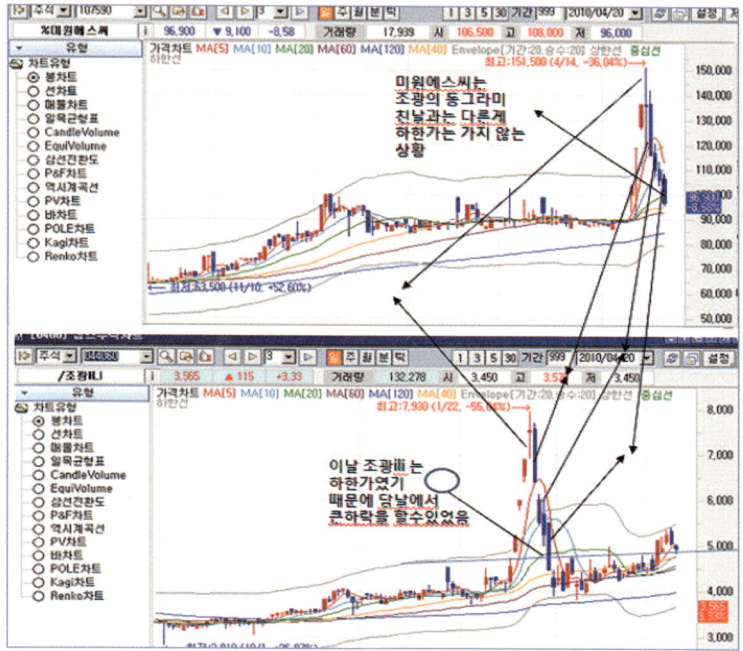

5. 패턴 분석을 항상 하도록 하자. 유사 패턴이 있으면 함께 계속 공부해보도록 하자

6. 같은 패턴에서의 차이를 생각하자

예를 들어 만도는 한라건설 유상증자 참여로 인해 쩜하를 맞았고, GS건설은 실적 악화로 인한 쩜하를 맞았다. 이때 어떤 종목이 옥석인지 구별해야 한다. GS건설은 실적을 회복하려면 시간이 많이 걸리게 된다. 그건 주가에도 악영향이다.

하지만 만도는 유상증자 참여 때문에 쩜하를 맞았지만 실적은 변함이 없다. 그건 일시적인 쇼크가 될 수 있다. 그렇기 때문에 급락이 나오는 시기에 만도에 들어가야 한다.

### 7. 분할 매수, 분할 매도는 주식시장에 꼭 필요하다

대박을 꿈꾸기보다는 안전하게 매매를 해야 한다.

### 8. 주식시장에서 너무 확신을 하지 말자

주식은 100%란 없는 것이다. 확률이 80% 이상의 매매법만 갖고 있어도 훌륭한 것이다. 하지만 그 20%도 틀릴 수가 있다. 그러기 때문에 손절이라는 것이 필요한 것이다.

### 9. 잡주일수록 주식 분석이 필요하다

단기니까 기술적 분석만 해야 된다고 생각해서는 안 된다. 예를 들어 자본잠식 상태인지 확인하지도 않고, 주가가 떨어질 때 이 회사가 잘못하면 거래정지가 될 수 있는 종목은 절대 들어가면 안 된다.

### 10. 공포에 사야 한다

예전 셀트리온 시가총액 1위였다. 그런데 팍스넷에 가보니 상장폐지에 별 희한한 소리가 나온다. 시가총액 1위 회사가 갑자기 상폐가 되면 어떤 누가 코스닥을 투자하겠는가?

# 현명한 투자자의
# 투자 마인드

주식투자를 시작하기 위해서는 일단 마인드를 갖추어야 한다. 마인드를 갖추지 않고 주식투자를 하는 순간, 계좌에는 손실밖에 남지 않을 것이다. 여기서는 내가 주식투자를 하면서 갖춘 원칙들을 정리해둔 것이다. 나의 주식투자 마인드를 살펴보고 참고하여 좋은 마인드를 가진 투자자가 되길 바란다.

### 주식투자 마인드 1  주식투자를 할 때는 여유 자금으로 해야 한다

빚을 지고 대출을 받아 주식투자를 한다면 이런 자금들은 쫓기에 되어 있다. 예를 들어 대출금을 갚아야 할 날짜인데 주식은 안 오르고, 분명히 들고 가면 오를 주식인데라고 생각해도 대출금 때문에 팔아야 하는 경우도 생긴다. 또한 주식투자는 마음이 편하게 해야 하는데 빚에 쫓기는 바람에 하루라도 돈을 더 벌려다가 오히려 손실이 날 때가 있다.

### 주식투자 마인드 2 | 종목이 없을 때는 매매를 쉬어야 한다

보통 살 종목이 없을 때는 매매를 하지 말아야 한다. 억지로 종목을 찾아서 매매를 하면 그건 분명 손실로 이어질 때가 많다. 특히 단기 매매 같은 경우 더욱 큰 손실을 볼 때가 있다.

### 주식투자 마인드 3 | 주식시장에 항상 겸손해야 한다

얼마를 벌었든지 간에 교만에 빠지면 주식시장은 바로 그 투자자에게 큰 손실로 다가온다. 비단 주식투자만이 아니라 인생에서 다른 일들도 마찬가지다. 교만에 빠진 사람보다 겸손한 사람에게 성공의 기회가 더 많이 주어진다.

### 주식투자 마인드 4 | 나만의 매매 원칙이 있어야 한다

자신만의 매매 원칙을 꼭 만들어야 한다. 예를 들어 오전장에 이익이 나고 오후장에 손실을 난다고 해도 오후장에 매매를 하지 말자라는 규칙을 만들면, 그것이 자신만의 원칙이 되는 것이다. 하지만 사람은 망각의 동물이라고 자꾸 원칙을 어긴다. 자신의 원칙을 지키지 않으면 주식은 손실로 돌아오게 될 것이다. 여러분도 자신이 세운 원칙은 꼭 실천하는 투자자가 되기를 바란다.

### 주식투자 마인드 5 | 나만의 매매법이 있어야 한다

책에서 소개된 매매법이든, 자신이 경험을 통해 만든 매매법이든지 주식시장에는 수많은 매매법이 존재한다. 하지만 그 매매법을 익혔다고 해서 자신의 매매법이 되지는 않는다. 계속 활용해보고 자신에게 맞는다고 생각되면 그것을 자신의 매매법으로 만들어야 한다. 주식을 매수/매도할 때는 자신만의 매매법이 있어야 한다는 걸 명심하자.

**주식투자 마인드 6** 자기가 원하는 종목이 있는데 원하는 가격까지 기다리지 못하고 사다가는 큰 손실을 본다

　보통 자기가 사려고 하는 종목이 있다. 하지만 그 종목이 원하는 가격까지 떨어지지 않을 때 급한 성격 때문에 기다리지 못하고 그냥 사버린다. 하지만 산 다음 바로 가격이 떨어지기 쉽다는 사실을 명심하자.

**주식투자 마인드 7** 실력도 없으면서 많은 자금을 굴리지 마라

　일명 주식투자에서 돈질이라는 건 그만큼 많은 경험과 실력을 쌓아야 한다. 실력도 없으면서 많은 자금을 갖고 한다는 건 주식시장에 그냥 돈을 갖다 바치는 것과 같다.

**주식투자 마인드 8** 항상 출금하는 습관을 가져라

　수익이 어느 정도 나면 출금을 하자. 왜냐하면 누적이 되다 보면 투자 자금은 커지게 되고, 그만큼 큰 손실을 볼 수 있기 때문이다. 예를 들어 1,000만 원에서 10%로 수익률이 하락하면 100만 원을 잃게 된다. 이후 점점 더 돈을 벌어 5,000만 원이 되었다고 해보자. 5,000만 원에서 10% 하락하면 500만 원을 잃게 된다는 사실을 기억하길 바란다.

**주식투자 마인드 9** 익절을 할 수 있어야 한다

　자신이 산 주식이 오르기 시작하고 고점을 찍게 되면서 자신의 매수가를 위협하는 경우가 있다. 보통 이런 경우에는 자신이 산 다음 오른 그 가격 때문에 다시 자신이 정한 매도가에 와도 팔지 못한다. 그러다가 자신이 산 매수가보다 하락하면 또 그때는 원칙도 없이 그저 억울한 마음에 장기투자를 하게 된다. 추세가 오르면 팔지 못하고, 또 매수가를 위협하는 종목은 추세가 꺾이게 되면 훨

씬 더 내려갈 수 있다는 사실을 명심하자.

### 주식투자 마인드 10 미수 신용 풀 베팅을 자제해야 한다
가족과 지인들을 모두 힘들게 하는 길, 그것은 바로 탐욕의 결과이다.

### 주식투자 마인드 11 단기 매매는 거래량이 많은 종목을 매매하는 습관을 가져라
투자 자금을 적게 가지고 거래량 없는 종목을 선정해 투자하겠다는 생각을 한다. 하지만 평생 적은 투자 자금만을 운용할 것인가? 좀 더 멋진 투자자가 되기를 바란다면 같은 패턴이나 같은 자리에서는 항상 거래량이 많은 종목을 선택해야 한다.

### 주식투자 마인드 12 종목을 사랑하지 말아야 한다
만약 A란 종목은 살 때마다 이익을 자꾸 준다고 해보자. 그렇게 되면 자신도 모르는 사이에 A란 종목을 사랑하게 된다. 하지만 사랑에는 이별이라는 아픔이 있다는 것을 명심하자. 결국 주가가 떨어질 때도 사랑이라는 믿음으로 버티다가는 오히려 큰 손실을 입게 된다.

### 주식투자 마인드 13 공시 매매를 하지 말아야 한다
보통 호재 같은 경우 종목 차트를 보면 먼저 반영이 되어 있다. 하지만 좋은 호재가 나오더라도 공시 때 잠깐 오른 후 크게 떨어지는 종목이 너무나도 많이 있다. 그렇기 때문에 공시 매매는 하지 말기를 바란다.

### 주식투자 마인드 14 매매법은 변화가 필요하다
스스로 매매법을 개발하였는데 너무 잘 맞아서 계속 수익을 냈다. 하지만 어느 순간 그 매매법이 손실만 안겨주었다. 이때 자신의 매매법에 대해 제고해봐야 한다. 그 매매법만을 고집하다 보면 결국 손실이 난다는 사실을 기억하자.

**주식투자 마인드 15** 작전주는 자기한테 들어오는 순간 쓰레기 정보라는 걸 알아야 한다(단 회사가 정말 좋고 바닥일 경우는 한번 살펴볼 가치가 있다)

작전주에 대한 정보는 자신에게 들어왔을 때는 돌고 돌다가 마지막에 들어오는 것이라는 사실을 알아야 한다.

**주식투자 마인드 16** 주식을 즐기자

어차피 주식시장에 들어왔으면 즐거운 마음으로 주식시장에 접근하는 게 좋다. 부정적인 마인드보다는 긍정적인 마인드가 좋지 않을까?

**주식투자 마인드 17** 탐욕을 부리지 말자

보통 실력을 갖추지 않았음에도 욕심이 많은 경우가 있다. 욕심만 많다면 결국 돌아오는 게 실패 아닐까?

**주식투자 마인드 18** 쉬는 것도 투자라는 걸 알아야 한다

실력을 갖추지 않았을 때 주식시장이 하락장임에도 불구하고 계속해서 돈을 벌려고 하다 보면 손실만 나게 된다. 또한 슬럼프가 왔을 때도 억지로 돈을 벌려고 하다 보면 오히려 큰 손실을 볼 수 있다는 것을 명심하라.

**주식투자 마인드 19** 오후 장에는 조심히 매매해야 한다. 정말 많은 베팅을 하려면 종가 매수를 하라

물론 고수들이야 상관이 없지만 초보들은 오후 장에, 특히 단기 매매에 들어

가다가 크게 손실을 보게 된다.

**주식투자 마인드 20** **투자는 항상 자기 책임이다**
　참 많은 주식 사이트가 있다. 그곳에 가보면 많은 종목들을 추천한다. 대부분의 사람들은 그곳에서 제공하는 정보에 따라 그 종목을 덥석 사고 만다. 추천하는 사람이 어떤 사람인지도 알지 못한 채, 종목 주가가 떨어지면 그 사람을 원망한다. 반대로 수익이 나면 그 사람에게 보답을 할 것인가? 일이 벌어지고 난 후에 누군가를 원망하는 건 자기 자신만 바보가 될 뿐이다. 매수/매도키를 누르는 것은 자신의 책임이기 때문에 꼭 신중하게 결정해야 한다.

**주식투자 마인드 21** **기업 분석은 꼭 해야 한다. 공시도 더불어 봐야 한다**
　일반투자자들은 기업 분석은 하지 않은 채 차트만 보고 그냥 덥석 매수해버린다. 그리고 매수한 후에 어떠한 회사인지 알아보려고 한다. TV 한 대를 사는 데도 신중하게 여기저기 비교해보면서, 주식을 살 때는 왜 그렇게 쉽게 결정을 내릴까? 만약 그 회사가 거래정지라도 당한다면 그때는 어떻게 할 것인가?

**주식투자 마인드 22** **매수할 때 한 번 더 생각하고 매수하라**

**주식투자 마인드 23** **포트 비중을 잘 지켜야 한다**
　포트 비중을 잘 지킨다면 손실이 나더라도 크게 나지는 않는다. 100% 몰방한 종목이 오르면 좋겠지만, 떨어진다면 스트레스는 굉장할 것이다.

**주식투자 마인드 24** **현금이 최고의 종목이다**
　현금을 가지고 있으면 기회가 온다. 초보투자자들조차 알고 있는 것이다. 현금을 보유하지 않은 채 모두 주식을 살 필요가 없다. 여유 있는 현금을 가지고 있다가 좋은 종목이 나왔을 때 사면 되는 것이다.

### 주식투자 마인드 25 항상 매너와 좋은 마인드를 가져야 한다

주식투자를 떠나서 매너가 좋은 사람은 다음에 또 만나기를 바란다. 하지만 매너가 좋지 않은 사람은 한번 만난 후 다시 만나고 싶어지지 않는다. 주식시장에서 항상 삐딱한 생각만 하고 좋지 않은 매너를 가지고 있는 사람들이 있다. 이런 사람들은 좋은 기회를 가질 확률이 낮다. 항상 좋은 마인드로 무장하고, 좋은 매너를 길러라.

### 주식투자 마인드 26 손절매하지 않을 종목을 찾는 것이 중요하다

손절매를 하지 않을 종목을 찾는다는 것은 참 어려운 말이다. 이 말은 다르게 말하면 저평가되어 있는 좋은 종목을 찾는 것이다. 많은 회사를 분석한 후 중·장기투자를 할 수 있는 종목을 찾는 것이다. 하지만 회사가치가 변하지 않는데 주가가 떨어진다면 오히려 더 사야 되는 것 아닐까?

### 주식투자 마인드 27 손절매는 주식시장에서 꼭 필요하다

손절매를 하지 않을 종목을 찾는 게 중요하다고 말하면서 손절매는 꼭 필요하다라는 말에 의문을 가질 것이다. 급등주에서 몇 % 수익을 내려고 들고 있다가 순간 판단이 잘못된 것을 알았을 때는 바로 손절매하는 것이 정석이다. 변동성이 심한 주식은 손절매가 필수라고 생각한다. 단기 매매에서는 특히 손절, 익절을 안할 수가 없다. 어떤 경우에는 시간가치를 아끼기 위해, 어떤 경우에는 더 큰 손실을 막기 위해 하는 경우도 있다. 중·장기투자에서는 기업가치가 훼손될 때 손절을 해야 한다.

 | 마치는 글

　실전투자의 비밀을 내고 3년 만에 다시 《실전투자 절대지식》이란 책을 내게 되었습니다. 이 책은 주식투자를 하는 투자자들에게 기본서 같은 책이 되기를 바라면서 집필하였습니다. 주식의 실력은 한순간에 올라가지 않습니다. 한순간에 운 좋게 큰돈을 벌게 되었다면 그 돈의 몇 배로 다시 주식시장에 갖다 바치게 될 확률이 높습니다. 주식시장은 어떠한 학문보다 많은 공부가 필요합니다. 물론 이론만 쌓는다고 되는 게 아니라 많은 경험을 쌓아야 성공할 수 있습니다. 그렇기 때문에 어려운 것입니다.

　원고를 집필하면서 수많은 밤을 새며 투자자들에게 좋은 책을 만들기 위해 많은 노력을 하였습니다. 이 책이 초보투자나 주식에 대한 전반적인 지식을 쌓고자 하는 투자자들에게 반드시 알고 가야 할 내용만을 알려주는 투자의 나침반이자 길잡이가 될 것이라고 감히 말하고 싶습니다.

　주식시장이 어렵지만 노력하는 투자자들에게는 큰 희망이 될 수 있는 곳도 주식시장입니다. 주식시장에서 한 번에 일확천금을 꿈꾸지 않고 현명한 투자자가 되셨으면 좋겠습니다. 반드시 주식투자로 성공할 수 있다는 신념을 가지고 꼭 성공하는 투자자가 되기를 진심으로 바랍니다. 마지막으로 이 책을 내게 도와주신 많은 분들에게 감사의 말을 전합니다.

―보컬 김형준